전봉준 평전

■ 일러두기

『전봉준 평전』 개정 4판에 앞서,
• 1982년 5월 15일에 『전봉준의 생애와 사상』(양영각)이라는 제목의 초판이, 1996년 4월 30일에 『전봉준 평전』(지식산업사)이라는 제목의 재판이, 2006년 7월 10일에 같은 제목으로 같은 출판사에서 개정판 3쇄가, 2019년 5월 10일에 『전봉준 평전』(들녘) 개정 3판이 출간된 바 있습니다.
• 이번 개정 4판은 이전 판본의 편제를 일부 변경하고 본문 내용도 시간의 흐름에 따라 변화한 상황을 반영하여 첨삭하였습니다.

전봉준 평전

글을읽다 초판(개정 4판) 발행 : 2024년 9월 25일

지은이 : 신복룡
펴낸 이 : 김예옥
펴낸 곳 : 글을읽다
       16007 경기도 의왕시 양지편로 39-7
       등록 2005.11.10. 제138-90-47183
       전화 031)422-2215, 팩스 031)426-2225
       이메일 geuleul@daum.net

교정 · 교열 : 우종호, 김은윤
표지 및 본문 디자인 : 곽유미

ISBN 978-89-93587-35-7 93990

* 책값은 뒤표지에 표시되어 있습니다. 파본은 바꾸어 드립니다.

전봉준 평전

신복룡

글을읽다

| 개정 4판 서문 |

서장(緒章)에 대신하여

[1] 나는 왜 이 개정판을 썼는가?

내가 이 책의 초판을 출판한 것이 1982년이니 벌써 42년의 세월이 흘렀다. 세상도 많이 변했다. 사람도 많이 바뀌고 자료도 나올 만큼 나왔다. 바깥세상도 많이 변했지만 나라 안도 격동의 세월을 겪었다. 역사학이 시대를 이끈다지만 오히려 역사학이 시류를 탔다.

많은 이데올로기의 격변을 겪으면서 좌우익 또는 진보와 보수는 서로가 자신이 역사의 주인이라고 고함치며 깃발을 들고 거리를 질주했다. 그러한 와중에서 역사학자들 가운데에는 지조를 지키고 나라가 흘러가는 돛대의 중심을 잡으려고 위험을 무릅쓰며 노력한 사람도 있지만, 훼절과 어용이 많았고, 정치적 풍향을 바라보며 돈과 명예와 "한자리"를 추구했다.

그런 무리 가운데 숫자로 치자면 정치학과 법학과 경제학이 가장 많았겠지만, 역사학의 훼절도 만만치 않았다. 정권이 바뀔 때면 그 과실(果實)로서의 수많은 자리, 이를테면 무슨 박물관이니, 기념관이니, 학술 재단은 학문의 깊이나 양식이 잣대가 되는 것이 아니라 권력의 분배와 은급으로 변질했다. 나는 이 말이 능력에 따라 발탁된 분들에게 누가 되지 않기를 진심으로 바라며 용서를 빈다.

사회과학자들이 그 자리를 차지하면 사학계가 부글부글 끓었고, 정권이 바뀌어 사학계가 독점을 하면 사회과학계가 권토중래를 기대하며 권력의 여기저기를 기웃거렸다. 권력자들은 이 장면을 즐기며 은혜를 베풀었다. 여기에 앞뒤 생각 없는 지방의 무슨 문화제가 사태를 악화시켰다. 역사학이 권력의 시녀가 된 것은 10월유신 이래 권력이 교체될 때마다 하나의 통과의례가 되었다. 연구비도 그렇게 "꾼"(hunter)들의 먹잇감이 되었다.

이런 때에는 "누가 역사의 주인인가?" 하는 문제, 곧 역사의 주인은 민중인가? 아니면 영웅인가? 하는 문제를 금과옥조처럼 내세웠다. 이럴 경우에 전기정치학(biographical politics)이라고 하는 특수한 학문 영역은 태생적으로 영웅주의에 함몰될 위험을 안고 있다. 나는 이 점에 깊이 유념했다. 한 영걸의 생애의 마디마디를 기록할 때마다 정신 줄을 놓지 않으려고 많이 애썼으나 나의 본뜻이 얼마나 지켜졌는지에 대해서는 스스로 장담할 수 없다. 나로서는 노력할 만큼 했지만, 그 평가는 독자들의 몫일 수밖에 없다.

이 글이 어떻게 독자들의 눈에 비쳐지든, "역사에서 영웅은 항해사와 같고 민중은 엔진과 같다."는 것이 내 글의 핵심이다. 누가 주인이고 아니고를 따지는 것은 의미 없는 일이다. 그런 점에서 영웅과 민중이 모두 겸손해야 했지만 현실은 그렇지 않았다. 민중들은 거리를 질주하며 자코뱅의 격정(Jacobin mentality)에 휩쓸렸다. 그들은 손대지 않는 곳이 없이 횡행했다. 자칭 영웅들은 시대의 선각자로 자처했다.

그러나 영웅은 하늘에서 떨어지거나 땅에서 솟은 사람이 아니라 우리의 곁에 있던 사람들이다. 따라서 한국의 영걸은 우리의 곁으로 내려와야 한다. 한국의 독자들은 영웅전이 성자의 기록이 되기를 바란다. 그것은 허구이다. 영웅이 큰일을 하는 것이 아니라 "너도 훌륭한 일을 하면 영웅이 될 수 있고, 그들의 어린 시절도 너와 꼭 같았다."고 우리의 자손들에게 들려주어야 한다.

나는 이 글이 정치학으로 분류되기를 바란다. 그것은 이 글이 역사학의 어떤 방법론이나 사관을 따르려 하지 않았고, 가치중립(wertfreiheit)

에 충실해야 한다는 사회과학의 기본 명제를 유념했기 때문이다. 그런 점에서 나는 전봉준의 생애를 추적하면서 알몬드(Gabriel A. Almond)와 파월(G. B. Powell)의 이론을 준거의 틀로 삼았다.

여기에서 참고한 그들의 저술은 『현대 비교정치학』[Gabriel A. Almond & G. B. Powell, *Comparative Politics Today : A World View* (New York: Harper Collins Pub. Co., 1992)]이다. 그들의 주장에 따르면, 한 인간이 태어나서 죽을 때까지의 정치사회화(political socialization) 과정은 (1) 가정, (2) 수학(修學), (3) 신앙, (4) 또래, (5) 직업, (6) 보도 매체, (7) 가입 단체, (8) 사회·문화적 환경 등의 요인에 영향을 받는다고 한다.

전봉준의 생애를 기록하면서, 시대가 다른 현대인을 대상으로 하여 제시한 위의 이론을 어김없이 적용할 수는 없지만, 이 책에서는 위의 여러 요인 가운데 가정, 수학, 동지 그리고 사회·문화적 환경에 초점을 맞추어 전봉준의 정치사회화 과정을 살펴보고자 했다. 그리고 나의 전기정치학에 가장 영향을 미친 글은 『플루타르코스 영웅전』(*Plutarch's Lives*)과 루트비히(Emil Ludwich)의 『나폴레옹 평전』(*Napoleon*, New York : Liveright Pub. Co., 1943)이다.

나는 이 글을 쓰면서 위의 두 저작처럼 "사람 냄새 나는" 삶의 모습을 그리고자 했지 "영웅의 모습"에 역점을 두지 않았다. 그런 점에서 나는 이 글이 정치학이라고 주장하지만, 실상은 인문학의 요소와 저널리즘에서의 "탐방과 추적"의 요소를 더 많이 담고 있다.

그뿐만 아니라 나는 이 글을 쓰면서 이제까지의 나의 문체를 되돌아보았다. 내가 아무리 이 시대를 사는 사람이라 해도 나는 이미 지나간 시대의 인물이며, 따라서 문체가 어쩌면 이 시대 젊은이들의 구미에 맞지 않을 수도 있음을 잘 알고 있다. 내 자식들도 내 글을 마뜩잖게 생각한다는 것을 알았을 때 나는 당황하고 시무룩했다.

여기에서 가장 문제가 되는 것은 세 가지인데, 하나는 문투이다. 우리 세대가 신학문과 한국 문화의 틀 속에 살았다 해도 문장에는 왜색(倭色)

이 많이 남아 있고, 문장은 "○○적(的)" 하는 식의 한문 어투가 많다. 이 점은 내가 오래전부터 스스로 고치려고 무던히도 애를 썼지만 잘 해결되지 않은 문제였는데, 이 글에서도 그런 노력을 게을리하지 않았다.

역사의 글쓰기, 특히 한국사의 글쓰기에서 고민스러운 두 번째 문제는 한자를 어느 정도까지 써야 하는가의 문제이다. 나는 한글을 누구만큼 사랑하지만, 한글 전용론자는 아니다. 이제까지 나의 글은 괄호 안의 한자 병행이 기준이었다. 그러나 이제 학생들은 부모의 이름은 더 말할 나위도 없고 자기의 이름도 획순대로 쓰지 못하고, 어느 대학의 국어 시간 시험에서 동서남북(東西南北)을 한자로 완벽하게 쓴 학생이 25퍼센트였다는 보도가 나왔을 때, 우리는 이에 놀라기에 앞서 우리도 이제 생각을 바꿔야 할 때가 되었음을 알았다. 그런 생각을 하고 내 책을 보니 한자가 많아 너무 검게 보였다.

더욱이 이 책이 1996년도에 재판이 나왔을 적에 간행물윤리위원회의 청소년 권장 도서로 선정되자 일선 교사들과 관심 있는 독자들이 이 책을 읽었는데, 몇몇 분이 지금의 학생들이 읽기에는 한자가 너무 어렵고 많으며, 굳이 쓰지 않아도 좋을 괄호 안의 한자가 많으면 읽기가 싫어진다는 의견을 보내주었다. 나는 그들의 지적에 감사하며 모두 받아들이기로 했다. 따라서 나는 되도록이면 한자를 우리말로 풀어쓰려고 했지만, 본디 우리의 어원이 한자에서 온 명사나 동사나 형용사가 많은 상황에서 "우리말로 사회과학 하기"에는 일정한 한계가 있다.

나는 이 시대의 사조가 한글 전용으로 흘러가고 있고, 한글이 우수한 문자이며, 한글 전용을 표방하는 어느 신문에서는 공자(孔子)를 인용하면서 순한글로 "자왈 학이시습지 불역열호"라고 쓰는 시대라 할지라도, 한국인이라면 누구나 최소한의 한자를 이해해야 한다는 생각에는 변함이 없으며, 이 글도 그러한 범위를 벗어나지 않고 있다. 따라서 이 글을 읽는 독자에게는 최소한의 한자 지식을 요구하며 아울러 이 글이 그들의 한자 공부에 도움이 되기를 바란다.

내가 글쓰기에서 자신을 되돌아본 세 번째 문제는, 우리의 글에는 부사(副詞)와 형용사(形容詞)가 불필요할 정도로 많다는 점이다. 내가 이 점을 깨닫는 데에는 피천득(皮千得) 선생으로부터 깨우침을 받은 바가 크다. 망국과 식민지 시대를 살았고, 또 그 시대를 기록하던 우리는 격정에 길들었고, "슬픈 역사"[痛史]니 "피어린 역사"[血史]니 하는 용어에 익숙해 있고 문장은 격렬했다. 우리가 분노의 시대를 산 것은 사실이지만 역사학마저 그래야 할 이유는 없었다. 그러나 우리는 간[味]이 짠 음식에 길든 식성처럼 글마저도 짜고 매웠다. 나는 이 개정판에서 그러한 결함을 극복하려고 노력했다.

글쓰기에 관하여 이런저런 이야기를 하면서 이제 겨우 글쓰기를 알 만하다 여기며 뒤를 돌아보니 벌써 이제 내가 글쓰기를 접어야 할 때가 되었음을 문득 깨닫게 된다. 어쩌면 이 글이 이 책의 마지막 개정판이 될 수도 있다고 생각하니 마음이 한없이 허허롭다. 그러나 이렇게 한 주제를 가지고 50년 동안 천착하며 몰두할 수 있었던 나의 교수 생활은 마냥 행복했고 감사하다.

[2] 나는 왜 이 책에 애정을 갖는가?

아무리 날림으로 썼다 하더라도 자신의 글에 애정을 갖지 않는 사람이 어디에 있을까만, 변변치 못한 몇 권의 책 가운데 내가 가장 심혈을 기울인 것은 『한국정치사상사』(서울 : 지식산업사, 2011, 전2권)이고, 가장 고생하고 보람을 느끼는 책은 미국 국립문서보관소(NARA : National Archives and Records Administration)에서 공부한 한국 정치학자 1세대로서 쓴 『한국분단사 연구 : 1943~1953』(서울 : 한울출판사, 2001)와 그 영문판인 Shin Bok-ryong, *The Politics of Separation of the Korean Peninsula*(Edison, NJ : Jimoondang International & Seoul : Jimoondang, 2008)이다.

내가 비록 천주교 신자이지만, 저세상에 가서 부처님을 만나면 꼭 칭찬 듣고 싶은 책은 한국에 최초로 소개한 일본의 구법승(求法僧)이었던 엔닌(圓仁) 스님이 쓴 『입당구법순례행기』[(入唐求法巡禮行記)(서울 : 선인출판사, 2007), 초판은 정신세계사에서 1991년에 출간]의 번역본이다.

1961년, 내가 대학 초년생일 때 교양과목으로 세계사를 강의하신 강동진(姜東鎭) 교수를 만났다. 젊은 날에 일생에 감동을 주는 은사를 만난다는 것만큼 큰 축복이 없다. 그분은 세계사 교수이면서도 국사에 관한 주제를 많이 말씀하셨다. 그는 종강하던 날, 두 가지를 말씀하셨다.

"첫째로, 너희는 여자를 울리는 사람이 되지 말라. 둘째로, 만약 너희가 역사학을 계속하여 공부할 뜻이 있다면 지금부터 동학(東學)을 공부하면 뒷날 빛을 보게 될 것이다."

다른 학생들은 그 말씀을 어찌 들었는지 모르지만, 내가 하늘처럼 존경하던 그분의 이 두 말씀은 내 일생을 지배하는 화두가 되었다. 그분은 어느 재벌 총수를 "역사학적으로" 다루었다가 역습을 받아 타국에서 비극적으로 일생을 마쳤다.

그러나 나는 이 책, 곧 『전봉준 평전』을 내가 이 세상을 살다 간 흔적으로 남기고 싶고, 혹시라도 나의 책들을 읽은 사람이 있다면 나는 이 책의 저자로 기억되고 싶다. 나는 왜 이 책에 그토록 애정을 가지는가? 앞에서 소개한 다른 책들은 세월이 흐르면 나보다 더 훌륭한 학자가 나타나 더 훌륭한 글을 남기게 될 것이다. 그러나 이 책의 경우는 다르다.

후대의 역사학자들이 전봉준을 쓸 때 나를 밟고 넘어가지 않고서는 이보다 더 세밀한 글을 쓰기 어려울 것이다. 이는 내가 학자로서 대단한 인물이어서도 아니고, 문필이 대단해서도 아니다. 다만 딱 한 가지, 나는 시대적으로 갑오동학농민혁명을 몸소 겪었거나 전봉준을 만났던 인물의 증언을 들은 마지막 세대이기 때문이다. 거듭 말하거니와 나는 빼어난 학자는 아니지만 그 점에서 매우 운이 좋은 학자였다.

내가 동학과 전봉준의 공부를 시작한 1961년은 동학농민혁명이 종식된 지 65년이 지난 때였으니 그때 20대 이전에 참전한 동학군과 전봉준을 만난 분이 80대 노인이었는데, 충남과 호남에는 그런 분이 더러 살아 있었다. 내가 그분들을 만났기에 이 책이 가능했고, 교만하고 건방지게 들리겠지만, 나의 후학들은 그 점에서 나의 행운을 타고나지 못했다. 내가 본격적으로 자료를 찾아 완행버스를 타고 답사를 시작하여 20년 뒤에 승용차를 몰고 직접 답사를 다닌 것이 다섯 차례이고 오가다 들른 것은 헤아릴 수 없다.

그 다섯 번의 답사에서 대체로 한 번에 1천 킬로미터를 달렸으니 답사의 여정은 대략 5천 킬로미터는 될 것이다. 로스앤젤레스에서 워싱턴이 5천 킬로미터이다. 전봉준이 태어나서 죽을 때까지 살며 거쳐 간 "모든 곳과 모든 길"을 찾아 다녀보았다. 내 고향을 찾아본 것보다 많았다. 이런 점에서 "당신은 그곳에 가 보았는가?"라고 묻는 헤로도토스(Herodotus)의 물음에 충실하려고 나는 노력했다.

그 긴 여정에서 하느님의 보살핌으로, 아니면 전봉준의 음우(陰佑)인지, 큰 사고도 겪지 않았고 좋은 분들도 많이 만났다. 그분들은 진심으로 나를 맞아 가르쳐 주었다. 냉수 한 대접과 허기라도 채우라고 홍시 몇 개를 대접해준 시골의 아낙에서부터 차비를 주머니에 넣어준 이평(梨坪) 면장님에 이르기까지 모든 분들께 진심으로 감사한다.

[3] 내가 이 책에서 하고 싶은 말은 무엇인가?

젊어서 이것저것 가리지 않고 읽을 적에 나는 피히테(J. G. Fichte)의 『독일 국민에 고함』(Reden an die Deutsche Nation, 1808)을 읽고 경도된 적이 있었다. 그때 나는 민족이 가장 고결한 가치라고 생각했다. 그래서 강동진 교수의 말씀을 기억하면서 동학을 주제로 석사·박사 학위 논문을 썼다. 그 뒤로 토인비(A. J. Toynbee)의 저술을 읽으면서 나의 민족주의 인식이 풋 설고, 민족주의의 죄과도 적지 않다는 것을 고민하기 시작했다. 이를 계기로 하여 나의 시좌가 조금 바뀐 것은 사실이지만 민족에 대한 애착이 식은 적은 없었다.

내가 민족을 고민하면서 마지막에 이른 의문은 망국(亡國)의 문제였다. 하버드대학의 한국학 교수인 헨더슨(Gregory Henderson, 1978)이 개탄한 바와 같이 "1910년에 그 많은 인구를 거느리고 그토록 훌륭한 유산을 가진 한국이 그렇게 쉽게 멸망한 것은 기이한 일이다." 왜 나라가 멸망했을까? 우리의 기성세대가 가르쳤듯이 오로지 일본이 나쁜 나라였기 때문이었을까? 나이가 들면서 나는 그것이 아니라고 생각했고, "한 나라의 멸망은 결국 그 국가 자신의 책임"(國必自伐然後 人伐之)이라는 맹자(孟子)의 말씀과, 국가는 결국 자기 내부의 모순으로 말미암아 멸망했다는 토인비의 주장을 부끄럽게 받아들이지 않을 수 없었다.

그렇다면 그 망국의 아픔을 겪으면서 그 시대의 지도자들은 무슨 생각을 했고, 무슨 방략과 의지를 가지고 있었던가? 공부하면 할수록 이 질문에 대한 대답이 궁색해진다. 그런 상황에서 그나마 조국을 지탱하려고 목숨을 바친 분들이 있었다. 그들 가운데 나는 전봉준을 주목했다. 그는 조국의 운명을 책임져야 할 지배층도 아닌 한낱 시골의 서생에 지나지 않았으나 춘추대의를 위해 죽었다. 나는 그의 삶을 증언하고 그 이야기를 후대에 들려주고 싶어 이 책을 썼다.

이 책을 쓰는 과정에서 전봉준이라는 주제로부터 파생된 또 다른 화두는, 우리의 역사에서 호남의 한(恨)은 왜 그리 질긴가? 하는 의문이었다. 남들도 흔히 한이라 하니 나도 한이라는 용어를 쓰지만, 한이라는 말은 정확한 표현이 아니요, 원(寃)이라고 써야 맞다. 그 둘은 어떻게 다른가? 한은 인간의 의지, 곧 사람의 능력으로 어찌할 수 없는 아픔, 이를테면 고아로 태어났거나 선천적으로 불구였거나 일찍 죽거나 하는 문제이며, 원이란 하늘의 뜻과는 관계없이 인간이 할퀴고 간 상처의 아픔으로, 이를테면 위정자와 악인들의 수탈·부패·학정·착취·폭압·차별과 같은 이유로 겪는 아픔을 뜻한다.

그 기름진 땅에서 왜 그리 풍년에 배곯아 죽는 사람이 많았고, 왜 호남에서 고향을 떠나는 인구가 가장 많았을까? 왜 호남인에 대한 기피 현상이 일어났을까? 이는 우연이 아닌, 인간의 악의에 의해 빚어진 비극이었다. 있지도 않았던, 날조된 왕건(王建)의 훈요십조(訓要十條) 8조의 호남 기피 조항과, 풍년에는 수탈하기가 더 쉬워 농민이 울어야 했던 잘못된 토지 모순의 유산이 호남의 한의 시발점이었다.

여기에서 더 나아가 이른바 기축옥사(己丑獄事, 1589)로 알려진 정여립(鄭汝立)의 난 이후 호남을 반역의 땅으로 몰아 벼슬길을 막았고, 이중환(李重煥)의 『택리지』(擇里志)를 비롯한 풍수지리서에서 호남을 저주한 탓으로 그곳의 원한은 깊어지고 그것이 민란의 형태를 거쳐 갑오농민혁명으로 발전한 것이다. 따라서 전봉준은 한국사의 오랜 병폐와 호남의 비극적 유산이 빚은 현상이지 어느 날 문득 빚어진 일이 아니었다.

끝으로 이 글을 쓰면서 나는 이 개정판의 서문이 왜 이렇게 비분강개한가에 대한 나름의 변명을 하지 않을 수 없다. 정확한 날짜는 알 수 없지만 근래 어느 순간에 동학농민혁명의 발생 일자[동학혁명기념일]가 고부(古阜) 기포가 있었던 1894년 1월이 아니라 1894년 5월로 결정되었다. 그런 결정을 한 사람들의 주장을 들어보면 무장-황토현 기포에서 동학농민혁명의 발생을 기산(起算)해야 한다는 것이다. 그리고 무장기포가 1차 기포이고 삼례-공주기포가 2차 기포라고 주장한다. 그렇다면 애당초 전봉준이 고부군청을 습격한 1894년 1월의 의거는 무엇이란 말인가? 그들의 말을 빌리면 그것은 혁명의 전사(前史)로서의 민란이라는 것이다.

여기에서부터 일이 잘못되었다. 모름지기 1894년 정월의 고부 봉기가 1차 기포이고, 무장-황토현 전투가 2차 기포이고, 삼례-공주 우금치 전투가 3차 기포여야 한다. 애당초 이 문제는 고창과 정읍(고부) 사이의 주도권 싸움에서부터 시작되었다. 그리고 여기에 정치권이 개입하고, 그곳 출신 대통령이 몇백억 원의 성역화 사업을 약속하게 되자 돈에 눈이 흐려진 서생과 지역이기주의가 얽히면서 정읍(고부)이 밀려난 것이다. 고부 사건은 민란이니 동학농민혁명의 시대 구분에서 제외해야 한다니 이게 무슨 논리인가?

무장기포를 부인하는 학자도 없고, 전봉준이 고창 출신임은 이제 세상이 다 아는 일이다. 그렇다고 해서 혁명기념일을 고창 기준으로 삼는 것은 역사의 심각한 날조이다. 이로써 정읍-고부는 조병갑(趙秉甲)에게 죽은 뒤 120여 년 만에 다시 두 번 죽으며 울음을 안으로 삭이고 있다. 나는 이에 대한 분노를 견딜 수 없어 이 서문을 다시 쓰게 되었다.

지금이라도 늦지 않았다. 이에 동원된 서생들과 정치인들은 이제라도 회심(悔心)하고 정도로 돌아가기를 진심으로 바란다. 정읍-고부의 슬픔은 여기에서 멈춰야 한다. 나는 이 글을 마치면서 매천(梅泉) 황현(黃玹) 선생이 망국을 막지 못한 죄책감으로 자결하면서 지은 이른바 절명시(絶命詩)의 마지막 구절을 그들에게 다시 읽어보라고 권면한다.

새와 짐승도 슬피 울고 강산도 찡그리니
무궁화 세상은 이미 더럽혀졌도다.
가을 등불 아래 책 덮고 천년을 되돌아보니
난세에 배운 사람 노릇 하기가 이토록 어렵던가!
鳥獸哀鳴海岳嚬 槿花世界已沈淪
秋燈掩卷懷千古 難作人間識字人

2018년 섣달 그믐에
신복룡 씀
2024년 5월 장마에 고쳐 씀

| 재판 서문 |

다시 쓰는 3판 서문

역사의 주역이 누구이냐의 문제는 보는 이에 따라서 다를 수 있다. 서구에서는 칼라일(Thomas Carlyle)이 『영웅숭배론』(Heroes and Hero Worship, 1840)을 썼고, 한국에서는 일제시대에 민족의식을 일깨우려고 신채호(申采浩)가 일련의 영웅전을 썼으며, 현대사에 들어와서는 유신과 군부 지배 체제 아래에서 일련의 우상화 작업이 이루어져 우리의 역사학에는 영웅사관이 중요한 위치를 차지하게 되었다. 그러다가 1980년대의 이른바 "서울의 봄" 이후 봇물처럼 밀어닥친 민중사관은 더 이상의 영웅주의를 허락하지 않았다.

이 글은 분명히 역사 속에 명멸했던 한 영웅의 일대기이지만, 나는 영웅사관이나 민중사관 그 어느 쪽에도 서고 싶지 않다. 어떠한 삶을 살았든, 영웅이든 민초이든, 각자의 위치에서 자신의 몫을 충실히 이행하며 열심히 살았다면 그가 역사의 주인이요, 역사가는 그의 일생을 기록해줄 만한 가치가 있는 것이지, 그들 가운데 어느 누가 택일적으로 역사의 주인인 양 설명하는 것은 옳은 역사 필법이 아니라고 생각하기 때문이다.

따라서 나는 이 글에서 영웅의 모습이 아닌 한 인간으로서 전봉준(全琫準)의 모습을 그리고자 했다. 이런 점에서 나는 "인생무상을 숙명으로 짊어진 인간의 행적을 추적해보고 싶어 글을 쓴다."는 시오노 나나미(塩野七生)의 고백(『로마인 이야기』(2), 1995, 서문)에 매우 공감하고 있다. 나의 이러한 필치에 가장 영향을 끼친 것은 『플루타르코스 영웅전』이다. 플루타르코스는 영웅의 행적을 기술하면서 역사의 거대한 흐름보다는 그의 인간적인 모습을 그리는 데 더 중점을 두었다.

내가 이 책을 쓰면서 의도한 바는 우리나라의 정치전기학(political biography), 또는 전기정치학이라고 하는 특수 분과학의 성립에 조금이라도 도움이 되고 싶었다는 점이다. 이 분야는 서구 학풍에서 이미 보편화된 것과는 달리 우리에게는 미개척 분야로 남아 있다.

다행히 근간에 이루어진 이정식(李庭植) 교수의 『김규식(金奎植)의 생애』(신구문화사, 1974)와 김학준(金學俊) 교수의 『이동화 평전』(李東華評傳 : 민음사, 1987)과 『가인 김병로 평전』(街人金炳魯評傳 : 민음사, 1988), 박종성(朴鍾晟) 교수의 『박헌영론(朴憲永論) : 한 조선혁명가의 좌절과 꿈』(인간사랑, 1992), 심지연(沈之淵) 교수의 『잊혀진 혁명가의 초상 : 김두봉(金枓奉) 연구』(인간사랑, 1993)와 『허헌(許憲) 연구』(역사비평사, 1994), 『이강국(李康國) 연구』(백산서당, 2006), 정병준(鄭秉峻) 교수의 『우남 이승만 연구』(역사비평사, 2005) 그리고 이 글의 초판인 『전봉준(全琫準)의 생애와 사상』(양영각, 1982)을 제외한다면, 필자가 과문한 탓이지만, 정치학의 분과학으로서의 정치전기학의 업적은 그 초보 단계를 벗어나지 못하고 있는 형편이다.

동학과 갑오농민혁명에 대해 붓을 든 지 30년, 그리고 전봉준의 행적을 찾아 『전봉준의 생애와 사상』을 쓴 지 14년이 지났다. 그동안 마음먹고 떠난 답사가 다섯 번, 이런저런 계제에 들른 것은 얼마인지 알 수가 없다. 이제 호남은 내게 마음의 고향이 되었다. 그럼에도 불구하고 본디 재주가 없고 게을러 이룬 것이 고작 이 정도인 게 늘 부끄럽기는 하지만, 젊은 날에 이토록 몰두할 수 있는 영역이 있었다는 것만으로도 나는 행복한 사람이었다.

이 책의 초고라고 할 수 있는 『전봉준의 생애와 사상』이 "정치전기학의 개척적 업적"이라는 김학준 교수의 과찬(『이동화 평전』, pp. 8~9)이 송구스럽지만, 내가 이 책에 대해 일말의 긍지를 가졌던 것은 사실이다. 그러나 그때로부터 10여 년이 지나 많은 자료가 새롭게 발굴되고 우수한 신진 학자들의 노작이 발표되면서 나는 자신의 부족함과 실수를 발견하게 되었고, 이제 다시 써야 한다는 압박감과 추월감을 느끼기 시작했다.

그러나 되돌아보면 이 글이 과연 내 글인가 싶을 정도로 이 글을 쓰면서 많은 분의 도움을 받았고 또 폐를 끼쳤다. 이제 서문을 쓰면서 어느 주막거리에서 냉수 한 잔을 대접해 준 이름 모를 촌부로부터, 낯선 길을 일러 준 어느 여성 집사님과 저명한 학자에 이르기까지 고마웠던 많은 분들의 얼굴이 떠오른다. 그들 모두를 기록할 수는 없지만 이 책의 말미에 기록된 증언자들 이외에 적어도 그 가운데 몇몇 분의 이름을 여기에 적어 이 책을 출간하는 기쁨을 함께 나누고자 한다.

이 글의 초기 집필 과정에서 내게 가장 많은 도움을 주신 분은 정읍문화원장 최현식(崔玄植) 선생이다. 시도 때도 없이 내려가도 귀찮은 내색 한번 하지 않고 지리, 자료, 관계 인사들을 소개해주셨다. 원평(院坪)의 모악향토문화연구회장 최순식(崔洵植) 선생은 금구(金溝)와 원평 일대의 향토 사료를 수집하는 데 큰 도움을 주셨다. 그분의 도움은 호남의 정치·문화를 이해하고 전봉준의 성장 과정을 다시 엮는 데 큰 도움이 되었다. 고창문화원장이신 이기화(李起華) 선생은 전봉준의 출생을 이해하는 데 귀중한 자료를 제공해주신 분이다. 자료를 혼자 보는 것이 유행인 요즘 세태에 그분이 독보적 자료를 아낌없이 보여 주셔서 이 글이 이나마 이루어지게 되었다.

이 글을 쓰면서 나는 전북대학교의 여러분들에게 특히 감사한다. 답사를 갈 때마다 심지어는 그 비싼 호텔 비용까지 마음 써준 유철종(劉哲鍾) 교수에게 물질로뿐만 아니라 마음의 빚을 많이 졌다. 김재영(金在泳) 교수는 학술 자료로는 모을 수 없는 항간의 많은 얘기들을 구수하게 들려주었다. 일면식도 없는 전북대학교의 윤원호(尹源鎬) 교수는 무례하게 편지로 부탁했는데도 자상하게 자료를 보내 주셔서 큰 도움이 되었다.

박명규(朴明圭) 교수(지금은 서울대 교수)는 가장 얻기 어려웠던 향토 사료를 일일이 복사해 보내 주었다.

일본의 천우협(天佑俠)과 흑룡회(黑龍會)에 관한 기록은 국민대학교의 한상일(韓相一) 교수와 일본의 재야 사학자인 다키자와 마코도(滝沢誠) 씨로부터 많은 도움을 받았다. 전남대학교의 박하일(朴河一) 교수와 최영관(崔泳琯) 교수, 한양대학교의 정창렬(鄭昌烈) 교수도 귀중한 자료를 보내 주었다. 나는 특히 원불교영산대학(圓佛敎靈山大學)의 박맹수(朴孟洙) 교수(지금은 원광대학교 총장)에게 감사한다. 편지로, 때로는 전화로 꽤나 괴로움을 끼쳤는데도 그는 그때마다 불심(佛心)을 보여주었다. 내가 초행에 고생한다고 황룡촌을 손수 안내해 주었을 때, 진눈깨비 쏟아지는 호남 국도에서 차가 사고를 일으켜 위험을 끼친 것이 지금 생각해도 미안하다. 그가 나를 도와준 것은 보시(布施)였다.

나는 이 글이 이나마 꼴을 갖출 수 있게 도와준 젊은 세 학자에게 깊이 감사한다. 상지대학교의 장영민(張泳敏) 교수는 지금까지도 나와는 일면식도 없는 터에 귀중한 자료를 도와주었다. 초고가 탈고되었을 때 나는 조금이라도 좋은 글을 만들고자 염치없이 그에게 원고를 읽어달라고 부탁했고 그의 자상한 지적으로 많은 오류를 바로잡을 수 있었다. "전봉준이 과연 동학도였을까"의 문제에 관해서 우리는 견해 차이를 좁힐 수 없었지만, 그밖의 지적은 나에게 중요한 도움이 되었다. 장 교수가 이 글을 완독하고 질정(質正)해주었다고 해서 이 글에 실린 오류나 한국 사학계에서 정설로 인정받지 못하는 부분을 장 교수가 책임질 일은 아니며, 그것은 전적으로 나의 견해이며 책임이다.

전북대학교 사학과의 이진영(李眞榮) 선생은 오가며 옷깃을 스친 인연밖에 없는데도 수많은 자료를 복사해 보내주었다. 나는 그의 글과 학문적 자세를 보면서 이런 젊은이를 키우고 있는 전북대학교 사학과는 훌륭한 학과라고 생각했다. 전북대학교 송정수(宋正洙) 교수는 전봉준의 출생·가계·유족의 장(章)을 읽어 주었으며 귀중한 자료도 보내 주었다.

나는 이 세 젊은 학자의 도움을 받으며 무척 행복했고 "뒤따라오는 사람이 두렵다"(後生可畏)는 선현의 말씀을 몇 번이나 되뇌었다.

국사편찬위원회의 구선희(具仙姬) 선생도 참으로 고마운 분이다. 한문 원전의 해석이 막힐 때면 나는 구 선생에게 도움을 요청했고, 그때마다 그는 미안하리만큼 자상하게 도와주었으며, 구독이 어려운 국사편찬위원회의 비매품 자료들을 부탁할 때마다 싫은 내색 한번 하지 않았다. 여성 사학계에 한학(漢學)에 대해 이만한 실력과 인품을 가진 분이 있다는 것은 다행이다. 고창군청 문화공보실 관광계장 김영춘(金永春) 씨는 날이 어두워 촬영을 못한 선운사 마애석불 사진을 보내 주었다.

전봉준의 일생에서 논쟁이 되고 있는 효수 사진의 진위에 관해서는 서울교육대학 조용진(趙鏞珍) 교수(한국얼굴학회장)의 도움이 매우 유익했다. 나는 그의 기이한 학문 세계에 놀라움을 금할 수 없다. 건국대학교 대학원 사학과의 최영묵(崔永黙) 선생은 자료 수집의 번거로운 부탁을 무던히도 견뎌 주었다. 저명한 기자로서, 한국일보 교열의 전설을 남긴 임철순(任哲淳) 주필께서는 4판이 나오도록 해묵은 오탈자를 잡아 주어 내가 덜 무안하게 해주었다.

문헌에 수록된 기록 사진들은 대한제당의 조용문(曺用文) 군이 복사·촬영해 주었다. 5차 답사 당시 공주에서 3일간 머무는 동안 대전실업전문대학 김형훈(金亨勳) 교수 부부가 보여준 호의를 잊을 수 없다. 카메라의 성능이 좋지 않아 김 교수에게 몇 장면의 재촬영을 부탁했다. 지도는 건국대학교 지리학과 조교 이종용(李種鎔) 선생이 그린 것이다.

나는 건국대학교 정치외교학과의 몇몇 학생들에게 고마움을 느낀다. 호남지방에 폭설이 쏟아졌던 4차 답사에서는 김부성(金富成) 군이 운전과 조교 일을 해주었고, 5차 답사에서는 백종인(白鍾仁) 군이 그 일을 했다. 나의 답사 여행은 주로 겨울방학에 이루어졌기 때문에 사진 촬영으로 늘 애를 먹었다. 날씨가 나쁜 날이 더 많았고, 시간이 맞지 않아 역광 촬영이 불가능할 때도 있었고, 허둥대며 현장에 도착하면 짧은 겨울 해가 어느덧 지고 있어 촬영할 수가 없었다.

그럴 때면 나는 그곳 출신 학생들이 방학으로 귀향할 때 촬영과 자료 수집을 해오도록 부탁했다. 배기현(裵起賢)·박기수(朴起秀)·정금산(鄭金山) 군이 고생을 많이 했다. 특히 김영생(金永生) 군은 만경평야, 피로리(避老里), 입암산성(笠巖山城), 태인 피향정(披香亭)에 있는 조규순불망비(趙奎淳不忘碑)의 사진을 찍느라고 세 번 고생했으며, 종정(從政)마을 사진은 장일성(張日晟) 군이 촬영해 주었다.

황룡촌을 찾아갔을 때 진눈깨비가 내려 촬영에 실패한 것을 국기헌(鞠奇憲) 군과 그의 친구 이용주·안국형·박세곤 씨가 다시 촬영해 주었다. 이제는 손으로 쓰기도 불편하고 컴퓨터로 치기도 불편한 나를 위해 컴퓨터 작업을 도와준 박사 과정의 고경민(高敬旼) 군(지금은 박사학위를 받고 제주대학교 교수로 재직 중임)과, 색인 작업을 맡아준 서혜성(徐惠星)·김영일(金永鎰) 군, 그리고 나의 조교로 마음이 넉넉지 못한 나 때문에 스트레스를 많이 받았을 박근영(朴根永, 그뒤 행정고시에 합격하여 지금은 국방부 고위공무원으로 재직 중임) 양과 이경아(李景兒) 양에게 고맙고 미안하다. 초고는 나의 아들 나라가 쳐주었다.

끝으로 나는 지금과 같이 불황이 계속되는 출판계의 어려움에도 불구하고 이 보잘것없는 책을 출판하느라고 고생하신 지식산업사의 김경희(金京熙) 사장님과 편집부 여러분께 감사한다. 이 모든 분은 이 책의 공저자나 다름이 없다. 그러나 이 책에 오류가 있다면 그것은 오로지 나 혼자만의 책임일 뿐이다.

1995년 12월 15일
시몬 신복룡 씀
2023년 7월 23일에 가필함

| 초판 서문 |

글머리에

　도대체 "역사"(history)란 무엇인가라는 질문에 대하여 많은 선배 동학들이 훌륭한 정의를 내렸지만, 나에게 그런 질문을 한다면 역사란 "고급스러운 얘기"(high story=hi-story=history)라는 도식이라고 나는 설명하고 싶다. 역사가 수준 높은 얘기라는 것은 그것이 단순한 연대기여서도 안 되고 흥미 위주의 얘기로 끝나서도 안 된다는 것을 뜻한다. 거기에는 후학이나 후손들이 반추할 수 있는 "의미"가 있어야 하고 교훈이 있어야 할 것이다.
　따라서 전봉준의 생애를 추적해서 쓴 이 글은 그가 언제 무엇을 했다는 식의 연대기도 아니고, 흥미 위주의 일화집도 아니며, 그렇다고 해서 내가 이 글을 쓰면서 누구도 가지고 있지 않던 미공개 사료를 가지고 새로운 사관을 전개하고 있는 것도 아니다. "역사란 곧 해석"이라는 카(E. H. Carr)의 사관을 유념하면서 전봉준에 관한 기존의 학설을 다른 시각에서 비추어 보려는 것이 나의 의도이다. 이 세상의 어느 글이 토씨 하나엔들 애정이 담기지 않았으랴만, 이 글이 종전의 전기들과 다른 점이 있다면 나의 애정과 발[足]로 썼다고 하는 사실이다.
　이 글을 쓰게 된 직접적인 동기를 굳이 든다면, 나는 전봉준이 동학교도가 아니었다는 가설을 확신하고 있다는 점이다. 이 점은 전봉준의 생애에 관한 기존 학설에 적지 않은 파문을 일으킬 뿐만 아니라 동학란의 성격을 구명하는 데에도 다소의 영향을 끼칠 수 있는 것이기 때문에 내

딴에는 매우 신중했지만, 자료 수집을 마치고 붓을 드는 이 순간까지도 나는 이에 대한 확신을 버릴 수가 없다. 나는 이 글을 통하여 논쟁이나 선풍을 일으키고 싶은 생각은 없다. 다만 전봉준에 대하여 애정과 관심을 가지고 있는 동학이나 후학들에게 새로운 의미를 주고 싶을 따름이다.

전봉준이 동학도가 아니었다는 주장에 오류가 없다면 이 글의 방향은 다른 전기들과 다를 수밖에 없다. 왜냐하면 전봉준이 동학도가 아닐 경우 동학혁명사는 곧 전봉준전이라는 기왕의 도식이 무너질 것이기 때문이다. 따라서 이 글은 동학혁명이 어떻게 전개되었는가 하는 역사적인 기술은 잠시 덮어두고, 한 인간으로서 전봉준의 모습이 어떠했던가를 살펴보는 데 진정한 뜻이 있다. 따라서 인간 전봉준이 아니라 동학혁명사가 어떠한 것이었나를 알고자 하는 독자들에게는 이 글이 의미가 없을지도 모른다.

이 글은 본래 『월간조선』(1981년 9월호)에 게재되었던 『실록 전봉준』(實錄 全琫準)을 가필하여 주(註)를 단 것이다. 이 글이 발표된 뒤 나는 천도교 측과 학계의 많은 거부 반응들을 보았고, 그 과정에서 이 글을 좀 더 보완하여 논지를 강화하지 않을 수 없었다. 또 그 뒤의 답사를 통해 새로운 사실들을 추가할 수 있었음을 다행으로 생각한다. 따라서 이 글은 초판 『실록 전봉준』과도 전혀 별개의 글이 되었다.

이 글을 쓰면서 나는 몇몇 분들에게 너무도 많은 빚을 졌기 때문에, 이것이 나의 단독 저술인 양 출판하기가 부끄러울 정도다. 특히 나는 전적지를 답사하는 동안 전북문화재 전문위원이신 최현식(崔玄植) 선생으로부터 공사 간에 많은 도움을 받았으며, 이종권(李種權) 학제(學弟)의 헌신적인 보조를 잊을 길이 없다.

그뿐만 아니라 답사 기간의 면담에 친절히 응대해 주신 여러분께 깊이 감사한다. 또한 3차 답사 당시 전봉준의 암각 글씨를 탁본하기 위하여 장성(長城)의 오지까지 동행해 준 건국대학교 사학과의 우재열·백인

수·이철조·김재찬 군에게 감사한다. 그들의 도움이 없었더라면 이 글은 이루어지지 않았을 것이다.

    끝으로 이 보잘것없는 글을 출판해주신 양영각의 여러분들께 감사하며 원고의 늦음에 대하여 송구할 따름이다.

1982년 4월
저자 씀

| 차례 |

서장(緒章)에 대신하여 4
다시 쓰는 3판 서문 14
글머리에 20

I. 난세(亂世) 27
  1. 삶의 어려움 29
  2. 사상의 피폐 33
  3. 당시의 국제 정세 39
  4. 호남의 한(恨) 50
  5. 메시아를 기다리는 사람들 58

II. 태어남 69
  1. 출생지 71
  2. 가계(家系)와 가문(家門) 74
  3. 수학 시절 80
  4. 유랑의 세월 86

III. 만남 91
  1. 아버지와 아내 93
  2. 동지들 99
  3. 조병갑 111

IV. 횃불 121
  1. 항변 123
  2. 고부민란 : 1차 기포(起包) 129
  3. 귀소(歸巢) 137

V. 2차 기포(起包) 143
  1. 박해 145
  2. 무장(茂長)에서 황룡촌(黃龍村)까지 148
  3. 전주성 174
  4. 집강소 189

VI. 음모　　　　　　　　　　　　　　　　　　　199
　　1. 일본 천우협(天佑俠)과의 관계　　　　　202
　　2. 대원군(大院君)과의 관계　　　　　　　209
　　3. 북접(北接)과의 갈등　　　　　　　　　230

VII. 전봉준은 과연 동학도였을까?　　　　　235
　　1. 왜 이 문제가 거론되어야 하는가?　　　237
　　2. 종래의 주장과 논쟁의 시말　　　　　　238
　　3. 교도에 관한 논쟁　　　　　　　　　　242
　　4. 접주(接主)에 관한 논쟁　　　　　　　247
　　5. 맺는 말　　　　　　　　　　　　　　256

VIII. 조선의 십자군 : 3차 기포(起包)　　　261
　　1. 청일전쟁과 일본의 대응　　　　　　　263
　　2. 번민　　　　　　　　　　　　　　　　279
　　3. 북진　　　　　　　　　　　　　　　　286
　　4. 우금고개에서　　　　　　　　　　　　307
　　5. 혁명인가, 전쟁인가?　　　　　　　　　314

IX. 떨어지는 별　　　　　　　　　　　　　321
　　1. 패주의 길　　　　　　　　　　　　　　323
　　2. 황금에 눈이 먼 사람들　　　　　　　　333
　　3. 공판과 처형　　　　　　　　　　　　　345
　　4. 유족(遺族)　　　　　　　　　　　　　360

부록　　　　　　　　　　　　　　　　　　369
전봉준 공초(供草)　　　　　　　　　　　　　371
전봉준 유적지 답사기　　　　　　　　　　　　413

참고문헌　　　　　　　　　　　　　　　　　　476
면담자　　　　　　　　　　　　　　　　　　　486
찾아보기　　　　　　　　　　　　　　　　　　488

I
난세(亂世)

한 시대를 풍미했던 사상이나 이를 기초로 하는 사회운동은 그 시대를 선도하는 것이 아니라 오히려 그 시대의 산물이다. 특히 신흥종교나 이를 모태로 하는 민족주의 운동을 설명하면서 하나의 전제가 되는 것은, 그것이 어느 특정 인물의 개인적 사상이 아니라, 그 당시 사회의 밑바닥에 흐르고 있는 대중의 의식을 어느 지도자가 정형화한 것에 지나지 않는다고 하는 사실이다.

그와 마찬가지로 오늘날의 민족주의가 유행하게 된 원인을 어느 철학자 가운데 누구 또는 그들 전부에 귀속시킬 수는 없다. 어떠한 철학자도 다 그렇지만 민족주의 이론가들도 많은 사람의 가슴 속에 막연히 존재하고 있던 것을 어떤 사건을 계기로 정형화하고, 그것에 명백한 형상과 의미를 부여한 것에 지나지 않는다. 왜냐하면 민족주의자들 스스로가 민족주의의 원인이라기보다는 오히려 그 산물이기 때문이다.[1] 따라서 우리가 전봉준의 생애와 사상을 음미하려면 우선 그가 처해 있었던 시대적인 상황을 조명해 볼 필요가 있다.

1. 삶의 어려움

조선왕조 후기에 민심이 동요하고 이를 틈타 신흥종교가 발생하거나 민요(民擾)가 일어난 근본적인 요인은 당시의 내재적 모순이었다. 이 당시의 사회적 모순이 어떠했던가 하는 것은 우의정 조병세(趙秉世)가 지적한 것처럼 다음과 같은 원인을 들 수 있을 것이다.

---

1 C.H.Hayes, *The Historical Evolution of the Modern Nationalism*(New York:The Macmillan Co., 1955), pp. 289~290.

(1) 공사(公事)가 너무 문란하며,

(2) 근신(近臣)들은 직간(直諫)을 피하고 아부를 일삼음으로써 왕은 허위보고만을 들을 뿐이고,

(3) 형벌이 정실에 흘러 기강이 잡히지 않고,

(4) 관리는 민정을 조정에 반영시키지 않으며,

(5) 관리들에게는 적절한 급여를 주지 못하여 백성의 고혈로 생계를 유지하며,

(6) 이러한 사회악은 금권과 직결되어 있어서,

(7) 매관매직이 성행하고,

(8) 국가의 기강이 문란해짐에 따라 왕에 대한 신하의 후원과 협조가 부족하다.[2]

여기에서도 특히 문제가 되는 것은 관리의 급여였는데, 이에 대해서는 성호 이익(星湖 李瀷)도 이렇게 지적하고 있다.

> 그윽이 생각건대 우리나라의 봉록(俸祿)은 너무도 부족하여 벼슬아치들은 모두가 스스로 먹고 살 수 없으므로 사세(事勢) 부득이 법을 어기고 가렴(苛斂)을 하게 된다. 그렇지 않으면 장차 살아갈 길이 없다. 따라서 삼공 이하의 모든 벼슬아치는 각 지방에 사람을 보내어 돈을 거두어들임으로써 위로는 부모를 봉양하고 아래로는 자녀를 기른다.[3]

---

2 "Despatch from H.N.Allen to the Secretary of State(Aug.12,1892)," Spencer J.A.Palmer(ed.), *Korean-American Relations(1887~1895), Documents Pertaining to the Far Eastern Diplomacy of the United States*, Vol. II, No.294(Berkeley and Los Angeles:The University of California Press, 1963), pp. 301~302;『高宗實錄』壬辰年(1892) 閏 6월 초5일.

3 『星湖先生文集』卷 30 雜著 論括田條 27左項:"竊念我國俸祿太薄 羣僚胥徒 皆不足以自養 其勢不得已 法外苛斂 不然將無以爲生也 是以自三公以下例受列郡問遺 爲仰事府育之資"

달레(Charles Dallet)의 말을 빌리면, 당시 관리들의 생활을 가리켜서 "대개는 정규 보수가 없어서 백성을 희생시켜 한편으로는 수령(守令)의 탐욕을 만족시켜 주고, 다른 한편으로는 자기의 생활비를 충당한다."[4] 이와 같은 사회상은 막스 베버(Max Weber)가 말한 이른바 봉록(俸祿) 국가의 특성[5]을 잘 드러낸 것으로 조선왕조 말기의 사회 배경이 당시 민요의 원인이 되었음을 보여주는 것이다.

조선왕조 후기에 들어서면서부터 경제 정책의 근간인 삼정(三政), 곧 군정(軍政)·전정(田政)·환곡(還穀)은 점차 그 본뜻을 상실하고 관리의 유일한 선임 방법인 과거제도도 과잉된 인원을 계획 없이 선발하여 끝내 정쟁(政爭)을 조장하는 원인이 되었을 뿐만 아니라 조선 사회의 신분적 제약은 과거제에도 반영되어 양반 사류(士類)의 특혜물이 되었다.

그 시행 방법에서도 남이 대신 시험을 치르는 대술(代述), 시험 문제가 유출되는 누설(漏泄), 유출된 시험지에 따라 남이 지은 모범 답안을 제출하는 차술(借述), 감독을 태만히 하는 감태(監怠), 참고서를 가지고 들어가는 서지(書持) 등이 성행하여 그 의의가 상실되었다. 더욱이 조선의 당쟁은 세도정치라는 양상으로 바뀌어 정국의 불안을 방조하는 결과가 되었다. 이에 고종도 그 폐해를 절실히 느끼고 "무릇 국가를 도모하는 길은 사람을 잘 쓰는 것이 우선이니 사색당론을 타파하고 문벌과 지연(地緣)을 가리지 않으며 오직 어질고 재주 있는 인물을 등용할지라"[6]는 전교를 내린 적이 있으나, 하루 이틀에 그 폐단이 근절되지는 않았다.

---

4 Charles Dallet, *Histoire de L'Église de Corée*(Paris, 1874); 安應烈·崔奭祐(공역), 『韓國天主敎會史(上)』(왜관 : 분도출판사, 1979), p. 106.
5 막스 베버(저), 梁會水(역), 「지배의 사회학」, 『사회과학논총』(서울 : 을유문화사, 1975), pp. 294~295.
6 『甲午實記』 6월 23일자, 『東學亂記錄(上)』(서울 : 국사편찬위원회, 1971), p. 19: "夫謀國之道 用人爲先 其四色偏黨之論打破 不拘門也 惟賢惟才是置……."

이러한 혼돈 가운데 철종 10~13년(1859~1862)에 괴질(콜레라)이 크게 유행하여 민심이 흉흉해졌다.[7] 더구나 지방 관속과 양반 토호들의 수탈과 신분적 압박을 겪는 이들은 더 이상 참을 수 없는 만성적인 불만을 품고 있어 관리와 백성이 백주에 노상에서 충돌하여 몇십 명의 사상자를 내는 일까지 있었다.[8] 여기에 흉년까지 겹쳐서 1871~1872년 이태 동안에는 식량 기근으로 자녀를 쌀과 바꾸는 일이 빈번했고,[9] 1893년에는 심한 수해로 거의 폐농되어 농민의 생활은 더욱 어렵게만 되었다.[10]

이와 같은 경제적인 궁핍과 조정에 대한 반감이 겹쳐서 고종이 즉위한 해(1864)부터 갑오농민혁명이 일어나기 직전(1894년 정월)까지 30년 동안 민요·작뇨(民擾作鬧)가 일어난 것이 무려 41건에 이르렀다.[11] 이처럼 사회적으로나 정치적으로 불안한 생활 속에서 모든 백성은 일종의 위기의식을 느껴 현실에 대한 막연한 개혁을 기대하고 있었는데, 이러한 정상을 당시 신흥종교의 대표라고 할 수 있는 최제우(崔濟愚·水雲)는 다음과 같이 표현하고 있다.

삼각산 한양 도읍

---

7 『哲宗實錄』己未(1859) 9월 甲申·辛卯條;庚申(1860) 7월 丁巳條.
8 金允植, 『續陰晴史』(上)(국사편찬위원회, 1960), p. 73(高宗 26년 1월 24일자): "完營通引 禁奴令及 居民歲拜時 着道袍者 至於裂破 毆打奴令 居民等作黨 毁通房及通引之家 互相毆擊 吏輩勢急 告于營門 請發軍器 當日死傷者 爲七十餘名 放火燒家者 爲三百餘戶 翌日又傷百餘人 吏民各爲一黨 勢難猝解云 可驚可駭."
9 Charles Dallet, 『한국천주교회사』(상), p. 274.
10 "Despatch from H.N.Allen to the Secretary of State"(Sept.28. 1893), Spencer J. A. Palmer(ed.), *Korean-American Relations*, Vol.Ⅱ, No.457, p. 318.
11 朝鮮總督府, 『朝鮮史(6/4)』(서울:조선인쇄주식회사, 1938), *passim*. 이 30년 동안에 발생한 民擾의 수에 대해서는 古阜民亂을 포함해서 47건이라고 보고한 학자도 있다. 朴廣成, 「高宗期의 民亂 硏究」, 『傳統時代의 民衆運動(下)』(서울 : 풀빛, 1981), p. 469 참조.

4백 년 지낸 후에
　　하원갑(下元甲) 이 세상에
　　남녀 간 자식 없어
　　두 늙은이 마주 앉아
　　탄식하고 하는 말이
　　기구한 이내 팔자
　　일점 혈육 없단 말가[12]

　말하자면 하원갑(下元甲)과 무자식이라는 말이 말세에 대한 탄식이 되는 동시에 은연중에 이를 극복할 새로운 세상을 그리는 뜻이 포함된 것이다. 그리고 이러한 생각이 생기는 데는 도참사상(圖讖思想)도 배경이 된 유언비어가 횡행하였는데, 특히 "이로움이 궁궁에 있으니 나를 살려 줄 자 누구인가? 궁궁을을이다"(利在弓弓 活我者誰 弓弓乙乙)는 『정감록』(鄭鑑錄)이 널리 퍼졌고,[13] 머지않아 계룡산에 정도령(鄭道令)이 도읍을 정한다 하여 세간을 팔아서 그리로 이사하는 사람도 있었다.[14]

2. 사상의 피폐

　조선 후기에는 유·불·선(儒佛仙)과 기독교사상이 풍미하였으므로 동학은 처음부터 이들에 대하여 반발하고 그 내용을 흡수하면서 깊은 영향을 받았다. 당시의 유교는 당쟁과 신분 차별의 계급사상으로 말미암아

12　『龍潭遺詞』夢中老少問答歌.
13　申禛庵,「鄭鑑錄의 思想的 影響(상)」,『한국사상(1·2)』(서울 : 고구려문화사, 1959), p. 126.
14　金九,『白凡逸志』(서울 : 國士院, 1947), p. 26.

대중의 반발을 받아 학문상으로도 실학(實學)과 같은 민중 본위의 실용주의가 나타났다. 그러나 몇천 년을 전해 내려온 유교의 지배력은 그대로 지속되었다.

불교도 또한 조선의 국시(國是)인 숭유정책에 따라 위축된 나머지 사전(寺田)과 같은 국가로부터의 특혜가 없어지자, 수도보다는 의식(衣食)에 위협을 느껴 궁중이나 여염에서 행하는 기복불공(祈福佛供)에 그 경제력을 크게 의존하는 동안에 점차 쇠퇴했다. 도교는 유교의 은둔사상에 편승하여 전승되는 동안에 풍수도참 사상으로 바뀌어 사류(士類)와 민간에 유행하는 토속신앙이 되었다.

이와 같은 배경에서 창도된 신흥종교들, 특히 그 가운데서도 동학(東學)에 초점을 맞추어 그 발생 배경을 살펴보면, 동학을 창도한 최제우는 유·불·선의 병폐에 대하여 비판적인 태도를 취하면서도 거기에서 영향을 받은 여러 가지 흔적을 찾아볼 수가 있다.

이를테면 최제우는 몰락한 선비의 후예로 유교사상에 물든 것은 당연하며 천하를 주유할 때는 절에서 수도한 적이 있는데,[15] 이는 그의 불교 및 도교사상을 이해하는 데 도움이 된다. 불교가 원래 도교와 밀접한 관련이 있음은 말할 나위도 없다. 동학을 창도한 뒤 교세가 날로 번창하자 그는 최시형(崔時亨)에게 도통(道統)을 전수하는 가운데 유·불·선 3교를 비판하고 동학의 입장을 교시하였다. 곧,

유교는 명절(名節)에 구니(拘泥, 얽매여)하여 현묘(玄妙)의 역(域)을 모르고, 불교는 적멸(寂滅, 깊이 숨어)하여 인륜을 끊고, 도교는 자연에 유적(流謫, 노닐며)하여 치평(治平)의 술(術)을 결(缺)한다. 그런데 동학은 원래 유

---

15 李敦化, 『天道教創建史(1)』(서울:天道教中央宗理院, 1933), pp. 8~9;吳知泳, 『東學史』(서울:永昌書館), 1940, p. 29.

(儒)도 불(佛)도 아니고 유·불·선을 합일한 것이다. 천도(天道)는 유·불·선에서 유래된 것이 아니고 유·불·선이 천도의 일부분이 되는 것이다.¹⁶

라고 말함으로써 유·불·선에 대한 동학의 부정적이고도 긍정적인 양면성을 보여주고 있다.

우선 동학이 유교에서 받은 영향을 살펴보면,

수신제가(修身齊家) 아니하고
도성덕립(道成德立) 무엇이며
삼강오륜(三綱五倫) 다 버리고
현인군자(賢人君子) 무엇이며
가도화순(家道和順) 하는 법은
부인에게 관계하니
가장이 엄숙하면
이런 빛이 왜 있으며¹⁷

라고 말한 다음,

임금에게 공경하면
충신열사 아닐런가
부모님께 공경하면
효자효부 아닐런가¹⁸

하여 유교의 전통사상을 수긍한 바도 없지 않다. 불교와 관련해서는 2세

---

16 吉川文太郎, 『朝鮮諸宗敎』(한글판)(서울: 조선흥문회, 1922), p. 322.
17 『龍潭遺詞』道修詞
18 『龍潭遺詞』勤學歌

교주 최시형의 시대에 불교도인 서일해(徐一海)가 교주에게 도의 서사(庶事)를 많이 논의하였던바, 그는 30년간 수도한 선객(禪客)으로 도중(道中)의 의제(儀制) 등을 거의 만든 점으로 보아 동학 의식의 태반이 불교의 의례였음을 알 수 있다.[19]

동학이 도교에서 많은 영향을 받았음은 그 경전이 증명하고 있다. 즉,

　　지각 없는 인생들아
　　삼신산(三神山) 불사약을
　　사람마다 볼까보냐
　　어화 세상 사람들아
　　선풍도골(仙風道骨) 내 아닌가[20]

　　입도한 세상 사람
　　그날부터 군자 되어
　　무위이화(無爲而化)될 것이니
　　지상신선(地上神仙) 네 아니냐[21]

라는 구절은 그가 도교의 영향을 받았음을 알게 해 준다.

이상에서 살펴본 바와 같이 수운의 이상은 유·불·선 3교를 종합한 것으로 유교에서는 오륜(五倫)을, 불교에서는 정심(淨心)을, 도교에서는 자연적·도덕적 불결로부터 몸을 깨끗이 하는 법을 취한 것이다.[22]

이와 같은 사상적 태도는 동학이 전면적으로 적대시한 서학(西學)에서도 발견된다. 최제우는 기독교사상에 양성적으로는 반발하면서도 음성

19　吳知泳, 『동학사』, pp. 193~194.
20　『龍潭遺詞』『安心歌』
21　『龍潭遺詞』 教訓歌
22　吉川文太郎, 『朝鮮諸宗教』, p. 322.

적으로는 흡수했다. 조선이 서학과 최초로 접촉한 것은 임진왜란 때 왜병 속에 섞여 있었던 기독교인을 통해서였다.[23] 그러나 이때는 전란 기간이고 더욱이 그들과의 접촉이란 일본인과의 접촉을 의미하는 것이었으므로 민족감정상 종교적 교류에까지 이르지는 못했을 뿐더러 오랫동안 기억에 남지도 못했다. 따라서 서학과의 본격적인 접촉은 그 뒤의 일이다. 정조 9년(1785)의 천주교도 적발 기록에 따르면,

> 서양의 서적이 조선에 전래된 것이 어느 때부터인지는 알 수가 없으나 이미 『지봉유설』(芝峯類說)에 그 설명이 나오고 있다. 정조 계묘년(1785) 겨울에 서장관(書狀官) 이동욱(李東旭)의 아들인 이승훈(李承薰)이 아버지를 따라 연경(燕京)에 들어가 천주당에서 이 사악(邪惡)한 교(敎)를 공부하기 시작한 뒤 책 몇십 종을 가지고 들어와 무리에게 전수하였다.[24]

고 되어 있어 적어도 18세기부터 서학이 본격적으로 들어온 것으로 보인다. 이와 같이 서학 특히 천주교의 전래에 따라 교도가 점차 증가하게 되었는데 조정에서는 이를 사학(邪學)이라 하여 핍박했다. 특히 1791년에 진산(珍山)의 윤지충(尹持忠)과 권상연(權尙然) 형제가 윤지충의 모친상을 당하여 신주(神主)를 불사르고 천주교 의식으로 장례를 치르자 조야를 막론하고 이에 대한 비난이 자자했다. 그 가운데서도 홍낙안(洪樂安)은 좌의정 채제공(蔡濟恭)에게 글을 보내,

> 저들 지충(持忠)의 무리는 제사를 폐한 것도 부족하여 부모의 상을 당하고서도 혼백을 세우지 않았고 부모가 죽었음에도 조문을 받지 않으니

---

23 박철(지음), 『세스뻬데스』(서울 : 서강대학교 출판부, 1993)
24 李晩采, 『闢衛編』(2)(복각판)(서울 : 열화당, 1971), p. 105, 「乙巳秋曹摘發」: "西書之東來 不知自何時 芝峯類說已有其說 至正癸卯冬 書狀官李東旭之子承薰[丁若鏞妹婿] 隨而入燕 始學邪法於天主堂 得來書數種以來 傳授徒黨."

천지가 생겨난 이래 어찌 이와 같은 변괴하고도 사악한 일이 있을 수 있을까? 그 죄는 살인한 것과 같다.[25]

고 극언하였고, 조정에서 결국 이들을 불충불효의 죄목으로 참형시킨 일이 있었다.

이런 일이 있은 뒤에도 교세는 수그러들지 않고 참혹한 사옥이 빈번히 일어나자 천주교도인 황사영(黃嗣永)은 북경(北京)의 주교에게 글을 보내 조선의 교도에 대한 탄압 정책을 상세히 밀고하고 천주교 포교의 방법으로 조선을 청국(淸國)에 복속시키고 군사 5만~6만 명을 조선에 진주하도록 청하였다. 이 일이 사전에 발각되어 글도 전달하지 못한 채 처형되었는데(1801),[26] 이 글의 내용이 세상에 알려진 후로는 조정은 물론 일반 양민까지도 서학에 대한 혐오감이 더욱 짙어갔다. 이처럼 서학 배척의 경향이 짙어지자 수운도 이에 대한 회의를 느껴 다음과 같이 표현했다.

경신년(1860)에 이르러 전해오는 말을 들으니 서양 사람들은 천주의 뜻이라 하여 부귀를 취하지 아니하고 천하를 공취(攻取)하며, 교당을 세워 그 도를 행한다고 하니 나로서는 과연 그럴 수 있을까, 어찌 그럴 수 있을까 하는 의심을 갖게 되었다.[27]

그러나 이와 같이 박해가 일어난 것은 기독교의 이념이 근본적으로 동학 이념과 배치되어서가 아니라 다만 선교사들이 조선인의 생활 의식

25　李晩采,『闢衛編』(2), p. 130,「洪注書蔡左相書」: "彼持忠輩廢祭不足 則當喪而不立魂魄 親死而不受弔問 自有天地 寧有此等變怪事 其罪如殺人同"
26　山口正之,「譯註 黃嗣永帛書:해제」,『朝鮮學報』(2)(奈良:天理大學 朝鮮學會, 1951), pp. 121~125 참조.
27　『東經大全』「布德文」: "至於庚申傳聞 西洋之人 以爲天主之意 不取富貴 攻取天下 立其堂行其道 故吾亦有其然豈其然之意"

을 이해하지 못한 탓으로 그들의 교의를 조선인들에게 생소한 방법으로 전달하려고 했기 때문이었다.[28] 따라서 수운도 서학의 이질성에 대한 반감을 표시하면서도 내면적으로는 기독교사상을 흡수하였다.

예컨대 교구제(敎區制)는 천주학에서 다분히 영향을 받은 것이며, 그의 설법이나 자신에 관한 기록은 성경의 그것과 비슷한 점이 많다.[29] 경전 속에 "천주"라는 어휘는 당시 상당한 잠재력을 가지고 전파되었던 천주교를 연상한 것이다. 다른 점이 있다면 천주사상을 서양인의 전유물에서 이탈시켜 동양 민족의 사상 속에 소화하여 순화(醇化)한 것뿐이다. 또한 그는 동서의 분리감을 부각하는 의미에서 이렇게 말했다.

"동학으로 말한다면 그 이름이 서학입니까?"
"아니다. 우리가 동쪽에서 태어나 이 도를 받았으니 도는 비록 천도라 할지라도 학(學)은 동학이다. 항차 천하가 동서로 나뉘어 있거늘 서쪽을 어찌 동쪽이라 이르며 동쪽을 어찌 서쪽이라 하겠느냐?"[30]

3. 당시의 국제 정세

조선은 역사적으로 지정학적 요인 때문에 늘 외세의 영향을 받아왔으며, 특히 종교계는 이에 대해 민감했다. 그뿐만 아니라 역대 조선의 외교 대상이 대체로 대륙과 일본에 국한되어 있었으나, 19세기 초엽부터는

28　U Ba Nyunt, "Commentary on D. G. E. Hall's Treatise", The European Impact on Southeast Asia, Philip W. Thayer(ed.), *Nationalism and Progress in Free Asia*(Baltimore : The Johns Hopkins Press, 1956), p. 49.
29　이에 관한 자세한 논의는 申福龍, 「동학의 창도와 전개 과정」 및 「동학의 형성·발전에 미친 서학의 충격」, 『東學思想과 甲午農民革命』(서울 : 선인, 2006), pp. 77, 386 참조.
30　『東經大全』 『論學文』: "曰東徒言之 則名其西學耶 曰不然 吾亦生於東受於東 道雖天道 學則東學 況地分東西 西何爲東 東何謂西."

서구 세력이 새로이 등장함에 따라 이제까지 쇄국주의만을 지향하던 조정과 백성의 관심은 점차 서양 세력에 쏠리게 되었다.

특히 이러한 경향은 민심을 민족주의적 노선으로 향하게 하는 데 자극제가 되었다. 조선 민족주의 형성과정을 보면, 일본인 및 서구인과의 계속되는 접촉을 통하여 점차 새로운 엘리트가 생겨나고 이들을 통하여 서구 문명이 조선인의 민족의식을 자극하기에 이르렀다.[31] 이제 그 경위를 좀더 상세히 살펴보면 다음과 같다.

1) 대륙의 정세와 서구 세력에 대한 의구심

조선사는 대륙의 사태, 특히 그곳의 정치적 변화에 따라 많은 영향을 받았다. 그러므로 대륙에서 일어나는 문제는 곧 조선 사회의 관심사가 되었다. 그런 문제 가운데 동학의 발생과 관련이 있는 것으로는 19세기 중엽의 몇 가지 사건을 들 수 있다.

먼저, 19세기 초에 영국은 인도를 근거로 청나라에 진출하면서 아편(阿片)을 수출하여 상당한 이득을 보았는데, 청나라 정부는 아편중독에 따르는 사회적 불안과 은(銀)의 국외 유출을 막고자 영국 상선의 광동(廣東) 입항을 금지했다. 이에 커다란 타격을 받은 영국이 청나라에 선전포고를 함으로써(1840) 아편전쟁이 발발했다. 영국이 전쟁에서 승리했고 그 결과 양국은 ;

(1) 5개 항구(福州·廈門·寧波·廣東·上海)의 개항(제2조)
(2) 홍콩(香港)의 할양(제3조)
(3) 양은(洋銀) 2,100만 달러에 해당하는 배상금의 지불(제4·5·6·7조)

---

31 Chong-sik Lee, *The Politics of Korean Nationalism*(Berkeley and Los Angeles:The University of California Press, 1963), p. 276.

(4) 배상금의 완불과 함께 영국군의 철퇴(제12조)

등을 규정하는 남경조약(南京條約, 1842)을 체결했다.

이러한 사실이 국내에 알려지자 청나라를 강대국으로 인식하고 있던 조선인은 충격을 받아 곧 서양 여러 나라에 대한 의구심을 갖게 되었을 뿐만 아니라 서양 사람을 아편과 관련을 두고 생각하게 되어,

> 서양에서 들어오는 사람들은 사교(邪敎)를 전파하여 인심을 함닉(陷溺, 빠트리고)시키고 아편을 가지고 다니면서 신명(身命)을 해친다. 이에 어리석은 백성[愚民]들은 그 독을 입어 심지어는 가산을 탕진하고 생명을 잃으면서도 이를 고칠 바를 모르고 있다.[32]

고 국왕에게 상소하는 사람도 있었다.

청나라에서는 외세의 침략 행위와 국정의 문란으로 국세가 날로 기울게 되자, 1850년에는 상제교주(上帝敎主)인 홍수전(洪秀全)이 도만흥한(倒滿興漢, 만주족을 물리치고 한나라를 일으킴)을 표방하고 거병하여 광동성을 함락한 뒤 태평천국(太平天國)을 수립하고(1851) 스스로 태평대왕(太平大王)이라 일컬었다. 홍수전은 본디 근면한 수재였는데 여러 번 향시(鄕試)에 실패한 뒤로 기독교에 뜻을 두고 이를 연구하면서 장차 대업을 꿈꾸어 왔다.[33]

홍수전은 그의 기독교적 성격으로 말미암아 초기에는 외세에 아무런 저항도 받지 않고 세력을 떨쳤으나, 얼마 뒤에 배외사상을 보이자 영·불 연합군의 공격을 받아 1865년에 태평천국이 멸망하게 되었다. 이 15년

---

32 『憲宗實錄』 庚子(1840) 3월 25일(乙卯)자: 首譯別單 "西洋人入國者 傳播邪敎 陷溺人心 扶帶鴉片 戕害身命 而愚氓之受其毒者 …… 甚至湯産戕生 罔知悛改"

33 Jen Yu-wen, *The Taiping Revolutionary Movement*(Taipei:The Rainbow-Bridge Book Co., 1975), pp. 28~29, p. 35, 40.

동안의 전란으로 2천만 명이 죽고 국토는 황폐하게 되어 태평천국은 청조 멸망의 중요한 원인이 되었다.

청나라에서 이러한 큰 변란이 일어나자 조선 조정도 커다란 관심을 가지고 태평천국의 내막을 탐지하고자 조사단을 파견했다. 조사 결과를 듣고 조선 조정은 태평천국의 난에 끼친 서구의 종교적 영향에 적이 당황하게 되었고, 정부가 보여준 이와 같은 관심의 결과로 수운은 서구의 영향력에 민감하게 되었다. 이러한 전란의 와중에 청나라가 천진조약(天津條約)의 비준서 교환을 하고자 입국하려는 영·불 외교사절단의 북경 주차(駐箚)를 금지하자 양측이 충돌하게 되어 북경이 연합군에 점령되고,

(1) 북경에 외교사절의 영구 또는 일시 거주
(2) 영·불 각국에게 800만 냥의 배상금 지불
(3) 천진의 개항
(4) 몰수한 개인 재산의 반환 등

을 내용으로 하는 북경조약(北京條約:1860)이 체결되었다. 이에 조선 조정은 철종 11년(1860)에 전경수(全景遂)와 신석헌(申錫憲) 등을 파견하여 중원의 정세를 탐지하려 하였다. 이들이 다음 해에 귀국하여,

(1) 청(淸)·선(鮮) 간 통로의 불안
(2) 영·불 군대의 북경 침입 경로
(3) 강화조약 체결의 정황
(4) 남청(南青) 토비(土匪)의 정세 등[34]

---

34 『哲宗實錄』庚申(1860) 10월 20일(壬午)자.

을 보고하였는데, 이에 평소에 준비가 없던 조선 왕실은 몹시 난감했다. 이해는 곧 수운이 동학을 창도한 해로서 그도,

> 무릇 경신년(1860) 4월에 천하가 분란하고 민심이 효박(淆薄, 어지러워) 하여 어디로 향할 바를 모르더라. 더구나 괴위(怪違)한 말이 있어 세간에 떠도는데, 서양 사람들은 도를 이루고 덕을 세워 조화를 일으킴에 이루지 못하는 바가 없으며 간과(干戈)로써 싸움에 그 앞을 가로막을 무리가 없다 하니 중국이 멸망한다면 이는 입술이 없어져 이가 시린 격이니 걱정이 어찌 없겠는가?[35]

라고 하여 우려를 나타냈다. 이런 점에서 볼 때 동학에 나타난 척양사상(斥洋思想)은 서학에 대한 반발과 함께 대륙에서 일어난 일련의 사태에 대한 의구심에서 나왔다고 할 수 있다.

2) 서구 세력과의 일련의 분쟁

조선이 구미 여러 나라와 접촉할 수 있었던 것은 근세사에 속하는 일이다. 비록 16세기 말부터 17세기 초까지 서학의 전래가 있었다고는 하지만 이는 대륙을 거친 간접적인 접촉일 뿐이었고 19세기 초에야 그들과의 직접적인 접촉이 가능해졌다. 물론 쇄국주의를 중요한 외교정책으로 삼았던 조선이 능동적으로 그들과의 접촉을 시도해본 적은 거의 없고 저들의 접근으로 가능하게 되었다. 이러던 조선이 외국과의 비공식적인 접촉을 하게 되는 경로로는 다음과 같은 것들이 있다.

---

[35] 『東經大全』「論學文」: "夫庚申之年 建巳之月 天下紛亂 民心淆薄 莫知所向之地 又有怪違之說 崩騰于世間 西洋之人 道成德立 及其造化 無事不成 攻鬪干戈 無人在前 中國消滅 豈可無脣亡之患耶"

(1) 조선의 해안을 항해하던 외국 선박의 난파에 따른 표류착,
(2) 상업상이나 외교상 관계를 맺기 위하여 오는 외국의 원정대,
(3) 1835년부터 시작된 주한 프랑스 선교사들의 활동 등.[36]

이 세 가지 경로 가운데서 표류객들은 별로 분쟁의 원인이 되지 않았지만, 원정대나 선교사들의 행동은 종종 조선인들의 감정을 자극했다. 예컨대 1868년에 북독일인 오페르트(Ernest J. Oppert)가 3차례나 내항하여 통상을 요구하다가 거절당하고, 끝내는 덕산군청(德山郡廳)을 습격하고 대원군의 아버지인 남연군(南延君)의 묘를 발굴하려다가 실패하고 돌아간 일이 있은 뒤로 서양인을 도적으로 생각했다.[37]

그러다가 1871년에는 미국의 아세아 함대 사령관 로저스(J. Rodgers)가 군함 5척에 2,100명을 태우고 와서, 과거 대동강을 거슬러 올라와 통상을 요구하다가 평양 주민의 습격을 받은 제너럴셔먼호 사건(1866)을 문책하다가 강화도 수병의 포격을 받고 물러난 일이 있는데[辛未洋擾], 이후로 조정은 더욱 쇄국에 자신을 갖게 되고 구미에 대한 민중의 반감은 심해졌다.[38]

선교사 문제로 인한 분쟁은 조정의 천주교도 탄압사건으로 말미암아 발생했다. 조선왕조가 천주교를 사학(邪學)이라 하여 누차에 걸쳐 수많은 천주교도를 살해하자 프랑스 해군 소장 세실(Adm. Cécile)이 1846년에 "앞으로 또다시 우리 나라의 사민(士民)들에게 학해(虐害)를 끼치는 일이 있다면 귀 조선국은 커다란 재해를 면할 수 없을 것이다"[39]는 글을

---

36 Benjamin B. Weems, *Reform, Rebellion and Heavenly Way*(Tucson : The University of Arizona Press, 1964), p. 4.
37 E. Oppent(지음), 신복룡·장우영(역), 『금단의 나라 조선』(서울 : 집문당, 2019), *passim*.
38 이에 관한 자세한 논의는 W. E. Griffis, *Corea : The Hemit Nation*, pp. 389~419 ; 申福龍(역주), 앞의 책, pp. 495f 참조.
39 『憲宗實錄』 丙午(1846) 6월 3일(丙子) : "自玆以後 倘有再虐害吾國之士民等情 貴高麗國不能免大災害也."

보내 압력을 가했다. 그러나 천주교도에 대한 탄압은 수그러지지 않았고, 이에 프랑스 극동함대 사령관인 로즈(Adm. Thomas P. Roze) 제독이 1866년에 7척의 군함으로 강화도에 내항하여 군기(軍器), 식량, 서적 등을 약탈하다가 정족산성(鼎足山城) 사병(射兵)의 포격을 받아 쌍방이 심한 피해를 겪고 물러난 사건[丙寅洋擾]이 있었다.⁴⁰

이들이 내한하는 이유는 자신들이 표방한 대로 이미 있었던 사건을 문책한다는 점도 있었지만, 무엇보다도 중요한 것은 조선의 개국을 바라고 있었다는 점이다. 그러나 조선은 쇄국정책을 굳게 지키고 있었고, 청나라에 대한 사대사상에 젖어 있었기 때문에 서양인들의 개국 요청은 오히려 조선인들의 분노를 살 뿐이었다. 이러한 양측의 입장 차이는 결국 분쟁과 충돌을 초래했고, 이런 대립의 상황은 조선인들의 민족의식 형성에 중요한 작용을 하게 된다.

당시 개국에 관한 조정과 백성의 인식은 김윤식(金允植)의 글에서 나타나고 있는데, 그는 개국에 의한 서양 문물의 전래를 평하여 "마치 갓을 발에 신고 짚신을 머리에 쓰고 다니는 꼴"⁴¹이라고 기술하고 있다. 이러한 인식이 비단 김윤식의 의견에만 국한된 것이 아니고 당시 조선인의 통념이 되어 있는 한, 서구인들의 노력은 부질없는 것이었고 오히려 조선인의 민족의식을 조장시켰을 뿐이다.

더구나 이와 같은 일련의 서구 세력과의 충돌 사건은 이전에는 없었던 것으로, 그들이 한성 부근에까지 접근하여 포격한 사실은 조선인들을 매우 노엽게 했고 국내의 흉흉한 민심을 더욱 놀라게 했다. 그리하여 본

40　W. E. Griffis, *Corea:The Hemit Nation*, pp. 389~419 ; 申福龍(역주), 앞의 책, pp. 473f 참조.
41　金允植, 『續陰晴史』(上), p. 156(高宗 28년 2월 17일자) : "余嘗深怪開化之說 聞歐洲之風 而漸革其俗曰開化 東土文明之地 更有何可開之化乎 甲申諸賊 盛尊歐洲 薄堯舜貶孔孟 以彛倫之道 謂之野蠻 慾以其道易之 動稱開化 此可謂天理滅絶 冠履倒置也."

래부터 도참사상에 젖어 있던 터에 이제 외세에 의한 위험으로 불안감마저 곁들게 되자, 농민들은 그 두 가지를 함께 해결해 주리라고 믿고 있던 동학에 귀의하게 되었다.

3) 개항을 전후한 대일 관계

역사상 일본과의 관계는 삼국시대 문물의 시혜(施惠) 이래로 그다지 험악하지는 않았으나 임진왜란이 일어난 뒤로 적대 관계로 변하였다. 일본은 메이지유신(明治維新, 1868) 이후로 미완성된 자본주의 혁명을 거쳐 봉건국가에서 자본주의 국가로 발전했다. 이에 따라 원료 공급과 시장 획득을 위해 항상 조선 정벌을 획책해온 일본의 의도는 특히 군부 안의 사이고 다카모리(西鄕隆盛)를 비롯한 강경파에 의해서 정한론(征韓論)이라는 양상으로 나타났다. 정한론은 이와쿠라 도모미(岩倉具視) 등 신중파의 반대에 부딪혀 결국 실현되지는 못했지만, 조선을 정벌하려는 일본인들의 야욕은 사라지지 않았다.[42]

정한론이 실패로 돌아간 뒤에, 조선과의 수교가 뜻대로 되지 않자 끝내 일본은 운요호(雲揚號) 사건(1875)을 조작해 1876년에 병자수호조약(丙子修好條約 : 江華島條約)을 체결함으로써 조선에 대한 경제적 침략의 발판으로 삼았다. 일본인들은 이 조약의 체결을 기점으로 적극적인 조선(朝鮮) 무역을 전개하여 식량 수입과 상품 판매라는 양면적 이득을 취하였는데 그들의 이러한 경제적 침략 행위는 다음에서 제시되는 개항 전후와 갑오농민혁명 직전의 수출입 통계로 짐작할 수 있다.

---

42 이에 관한 자세한 논의는, 신복룡, 『한국정치사』(서울 : 博英社, 2003), pp. 422f 참조.

〈표 I-1〉 개항(1876) 전후의 대일 무역고[43]

(단위: 멕시코 달러)

연도	무역고	
	수입고	수출고
1873	52,382	59,644
1874	55,935	57,522
1875	59,787	68,930
1876	82,572	81,374
1877	228,554	154,707
1878	224,545	181,469
1879	566,955	621,174
1880	978,014	1,256,255
1881	1,944,737	1,882,657
1882	1,708,437	1,202,476

〈표 I-2〉 갑오혁명 직전의 대일 무역고[44]

(仁川·釜山·元山의 합계) (단위: 멕시코 달러)

연도	무역고	
	수입고	수출고
1885	1,337,392	377,775
1887	2,080787	783,692
1889	2,299,116	1,122,278
1891	3,226,468	3,298,892
1892	2,555,657	2,711,918

이와 같은 무역고의 급격한 변화는 수량보다 수출입 품목의 내용에서 상당히 불균형한 것이었고, 특히 수출품의 대부분이 백미(白米)와 대두(大豆)여서(이 두 가지가 총 수출고의 41퍼센트에 해당했다) 농민들의 생활을 위협하였으므로 많은 반감을 샀다. 일본인이 조선인들로부터 미곡을 수탈하는 방법으로는 다음과 같은 것들이 있었다.

---

43   신국주, 『근대조선외교사』(서울: 탐구당, 1965), pp. 145~146.
44   신국주, 『근대조선외교사』, pp. 337~338.

(1) 매년 농민이 대두를 경작하기에 앞서 농자금을 주고(이율은 6푼~1할) 수확할 때 원리금에 해당하는 대두를 받음으로써 수확의 절반을 수탈하였으며,

(2) 영농비·부채·가용(家用)을 위하여 농민들은 추수기에 일제히 미곡을 방매하는데, 이때의 쌀값은 평소의 반액 정도밖에 안 되므로 이를 사들였다가 3개월 후에 두 배의 값으로 일본에 수출하였으며,

(3) 미곡을 사들일 때에는 고봉(高捧)으로 하여 평두(平斗)의 값을 치르는데 그 차이는 38.3퍼센트나 되었다.[45]

일본인들의 곡물 수탈로 전국의 식량 문제가 위급하게 되자 함경관찰사 조병식(趙秉式)이 1883년에 체결된 한일통상장정(韓日通商章程) 제37관[46]에 의거하여 1889년에 "곡물해외수출금지령"(防穀令)을 내렸다. 이로 말미암아 일본인들은 거래되고 있는 돈과 대두에 손쓸 여유도 없이 막대한 손해를 입었는데, 이때 대두를 둘러싸고 거래된 금액은 20만 냥이나 되었다. 이에 일본 정부는 오이시 마사미(大石正己) 공사를 통해 방곡령 해제와 그에 따른 손해배상을 요구하면서 조선 정부를 위협했고, 결국 조선 정부는 10만 냥의 배상금을 지불하고 그해 가을 방곡령도 해제했다.[47]

이와 때를 같이하여 조선 연안에서 어업 분쟁이 일어났는데, 이는 과

---

45 문정창, 『근세 일본의 朝鮮侵奪史』(서울: 백문당, 1964), pp. 283~284.
46 朝日通商章程 第37款: "만일 조선국에 수한(水旱) 또는 병요(兵擾) 등의 사고로 경내에 기근이 생길 우려가 있어 조선 정부가 미곡(米穀)의 수출을 금하고자 할 때는 그 금지령의 시행 기일 1개월 전에 지방관으로부터 영사관에 통지한다. 그럴 때 일본 영사는 그 기일을 각 개항지에 주거하는 일본 상민(商民)에게 게시하여 전적으로 준수하게 한다." 국회도서관 입법조사국(편), 『舊韓末條約彙纂』(上)(서울: 국회도서관, 1964), pp. 146~147.
47 배상 금액에 관해서 신국주의 『근대조선외교사』(p. 341)에는 13만 냥으로 기록되어 있으며, "Despatch from A. Heard to the Secretary of State"(May 22. 1983), Spencer J. A. Palmer(ed.), *Korea-American Relations*, Vol. II, No.400, p. 288에는 10만 냥으로 기록되어 있다.

거 몇십 년에 걸친 문제였다. 그때까지만 해도 조일통어장정(朝日通漁章程)⁴⁸에 따라 조선도 일본의 특정한 해역에서 어로작업을 할 수 있었고 일본도 또한 조선의 동해와 남해에서 어로작업을 할 수 있어서 서로 만족하고 있었다.

그러나 조선 안에서 세력이 강대해지자 일본인들은 한성에서 파견된 관리들을 학대하고 심지어는 관공서를 습격해서 신임 관리를 추방했다. 그뿐만 아니라 대마도(對馬島)의 강인(强人)들을 사주하여 조선인을 괴롭히고, 심할 때는 부산에서의 어업 허가마저 요구하다가 쌍방의 충돌로 사상자가 생기기까지 했다.⁴⁹ 이와 같은 일련의 분쟁으로 조선인들 사이에는 반일 감정이 높아졌고, 수운도

가련하다 가련하다
아국(我國) 운수 가련하다
전세 임진 몇 해런고
이백사십 아닐런가
개 같은 왜적 놈아
너희 역시 하륙(下陸)해서
무슨 은덕 있었던고
내가 또한 신선 되어

---

48 조선의 국력이 쇠약해진 틈을 타 일본 어선의 행패가 심해지자 이를 완화하고자 1889년에 외무독판(外務督辨) 민종묵(閔鍾默)과 대리공사(代理公使) 곤도 마스키(近藤眞鋤) 사이에 체결한 전문 12조의 조약이다. 그 내용은 일본에 어로권(漁撈權)을 인정하는 대신에 세금을 징수하기로 하되 향후 1년간은 어로를 금지하기로 되어 있었다. 그러나 일본인의 행패가 여전하여 제주 도민의 반발이 심해지자 다시 6개월을 더 연장하였으나, 일본인들의 행패는 갈수록 심하여 사실상 실효를 거두지 못하였다.(李弘稙, 『國史大辭典』(下)(서울: 지문각, 1963), p. 1684; 국회도서관 입법조사국 편, 『舊韓末條約彙纂』(上)(서울: 국회도서관), pp. 58~65.

49 "Despatch from A. Heard to the Secretary of State"(Oct. 8, 1891), Spencer J. A. Palmer(ed.), op. cit., No. 209, pp. 276~277.

비상천(飛上天)한다 해도
개 같은 왜적 놈을
한울님께 조화 받아
일야간(一夜間)에 멸(滅)하고서[50]

라고 하여 일본인들의 행동을 규탄했다. 실로 이때의 반일 감정은 과거 어느 때보다도 강렬했다. 그리고 이와 같은 외세에 대한 감정에서 민족 단체적인 규합의 길이 트이게 되었는데, 새로운 공동의 적 앞에서 조선인 내부의 계급 갈등이나 적의(敵意)가 민족의식으로 승화되었고 우리의 민족주의는 새로운 양상으로 발전하게 된 것이다.

이로써 과거에는 소극적인 민족의식에서 민족의 순수성을 유지하고자 이질 문화를 배격하는 데 그쳤지만, 이제는 적극적으로 이들에게 항쟁하려는 민족운동으로 발전하기에 이르렀다.[51] 이와 같은 민족주의의 태동은 그 구심점으로 삼을 만한 어떤 대상을 모색하게 되었는데, 그 필요성에 부응할 수 있었던 것이 곧 동학(東學)의 창시였다.

4. 호남의 한(恨)[52]

역사가들에게는 한때 이런 질문이 유행한 적이 있었다. "시대가 영웅을 만드는가, 아니면 영웅이 시대를 만드는가"?라는. 그러나 이러한 질

---

50 『龍譚遺詞』 『安心歌』
51 Chong-sik Lee, *The Politics of Nationalism*, p. 51.
52 우리 사회에서 흔히 "한(恨)의 문화"라는 용어를 보편적으로 쓰기에 여기에서도 이 용어를 쓰지만 정확하게 말하면 이는 잘못된 용어이다. 엄격한 의미에서 볼 때 한(恨)이라 함은 운명적 아픔이다. 그러나 호남의 아픔은 숙명적인 것이 아니라 인간이 할퀴고 간 상처들[冤]이었지 하늘의 뜻은 아니었다.

문에 우리는 흑백논리로 택일을 강요할 수 없다. 왜냐하면 사례(史例)에 따라 그 대답이 각기 다르기 때문이다. 바꾸어 말한다면 영웅이 시대를 만드는 경우도 있는데 알렉산더(Alexander, the Great)나 칭기즈 칸(成吉思汗)은 앞의 경우에 해당하는 것이요, 나폴레옹(Napoleon)이나 이순신(李舜臣)은 뒤의 경우에 해당한다. 전봉준의 경우는 시대가 영웅을 필요로 했다고 말할 수 있다. 만약 그가 태평성대에 태어났다면 그는 고부(古阜)의 일개 접장(接長)으로 생애를 마쳤을지도 모른다.

그렇다면 전봉준이라는 한 자연인을 영웅으로 부상하게 만든 당시의 시대적 상황은 과연 무엇인가? 우리가 이 질문에 대답하려면 오히려 좀 더 좁게 전라도 또는 호남이라는 곳이 가지는 의미를 되새겨보는 것으로 충분하다. 한 나라 안에 내란이나 농민봉기가 일어나는 동기는 그들에 대한 가치 박탈(value deprivation)에서 비롯된다.[53] 가치 박탈이라는 것은 가치 기대(value expectation)와 가치 능력(value capabilities) 사이에 발생하는 감지된 불일치를 의미한다. 여기서 가치 기대는 시민들이 자기에게 정당하게 부여되어야 한다고 믿는 삶의 조건과 재화를 의미하며, 가치 능력은 시민들이 스스로 획득하거나 유지할 수 있다고 생각하는 삶의 조건과 재화를 의미한다.[54]

다시 말해서 가치 박탈이라는 것은 기대와 현실 사이의 괴리를 의미한다. 이런 점에서 볼 때 가치 박탈은 상대적인 것이며, 룬시맨(W.C.Runciman)의 말처럼 체감적인(felt) 것이다.[55] 따라서 가치 박탈이라는 틀에 준거하여 갑오농민혁명 당시의 호남이 가슴에 원(寃)을 품고 살게 된 원인을 살펴보면 그것은 이곳의 풍토나 인성과는 전혀 무관한

---

53 Ted Gurr, *Why Man Rebel?*(Princeton : The Princeton University Press, 1970), p. 24, 339.
54 Ted Gurr, *Why menrebel?* p. 13.
55 Ted Gurr, *Why menrebel?* p. 29.

것이요, 이는 적어도 다음과 같은 몇 가지 사실(史實)로 설명될 수 있다.

첫째로 고려 태조 왕건(王建)이 저지른 죄 때문이다. 그는 고려를 창업하는 과정에서 후백제의 견훤(甄萱)을 정벌하고자 20여 년을 황야에서 보내야 했다. 그동안 그는 개인적인 고초는 말할 것도 없고, 사랑하는 부하를 잃었으며, 그의 청춘을 잃었다. 왕건은 이 적의(敵意)를 죽는 순간까지도 잊을 수 없었다. 그리하여 그는 눈을 감으면서 그의 자식들에게 "내가 죽은 후라도 차령산맥(車嶺山脈) 이남과 공주강(公州江; 錦江) 아래의 사람들에게 벼슬을 주지 말라"[56]고 유언하였다고 후손들에게 전해졌다.

그런데 『고려사』(高麗史)를 살펴볼 때, 이 훈요(訓要)대로 호남인들이 관직에서 배제되었다고 볼 수 있는 증거는 없으며, 그들 가운데도 중앙 정부에 입신한 사람들은 많이 있었다. 최지몽(崔知夢)이나 도선국사(道詵國師)나 신숭겸(申崇謙)이나 후궁 나주 오씨가 모두 호남 사람이다. 그러나 왕건의 이러한 "잘못 알려진" 유훈은 제도적 차별이라기보다는 사회적 차원에서 호남인들에 대한 편견을 유발했다. 인간의 감정은 상대적인 것이다. 풍토적으로 볼 때 백제의 유산을 받아 이지적이고 학문을 좋아하며 섬세한 호남인들은 왕건의 그와 같은 처사에 반사적으로 저항하기 시작했다.

가치 박탈이라는 측면에서 고부민란의 원인으로 지적될 수 있는 두 번째 현상은, 위에서 말한 왕건의 편견의 연속선상에서, 한국인의 의식 구조 속에 뿌리 깊이 박혀 있는 풍수지리설이다. "인걸(人傑)은 지령(地

---

56 『高麗史』(2), 世家 卷 2, 太祖 2, 太祖26年(癸卯), 夏4月條: "其八曰 車峴以南公州江外 山形地勢 竝趨背逆 人心亦然 彼下州郡人 參與朝廷 與王侯國戚婚姻 得秉國政 則或變亂國家 或銜統合之怨 犯蹕生亂 且其曾屬官寺奴婢 津驛雜尺 或投勢移免 或附王侯宮院 姦巧言語 弄權亂政 以致災變者 必有之矣 雖其良民 不宜使在位用事."

靈)"⁵⁷이라 생각하는 참서(讖書)와 비기(秘記)의 사고는 호남인의 기질을 풍전세류(風前細柳)로 비아냥거렸다.⁵⁸

이런 식의 호남 인식은 이중환의 『택리지』에서는 더욱 가혹하고 구체적인 모습으로 나타난다. 이중환은 "호남은 땅이 멀고 풍속이 더러워 가히 사람 살 곳이 못 되며, …… 사람 또한 도리가 아닌 것을 위해 쉽게 움직인다"⁵⁹고 말하고 있다. 결국 위의 세 사람은 모두 호남 소외를 유발한 역사적 죄인이었다.

이러한 풍수 의식과 관련하여 호남에서 있었던 몇 건의 민란은 그 본래 정신과는 무관하게 반란으로 규정되었고, 이때부터 호남을 역향(逆鄕)으로 보려는 빗나간 시각이 형성되는 데 상승효과를 가져 왔다. 이를테면, 정여립(鄭汝立)의 난(1589)과 갑오농민혁명은 "호남즉역향"(湖南則逆鄕)이라는 논리를 강화하는 데 이용되었고, 영호남을 분리 지배하려던 식민사관과 유교적 근왕사상(勤王思想)에 의해 부당하게 비난받았다.

이 때문에 "인재가 많은 땅과 절의(節義)가 있다고 이름난 고장이 변하여 천향(賤鄕)이 되고 점차로 흘러서 귀신이 사는 땅[鬼域]이 되어 나라

57　唐·王勃, 『滕王閣序』
58　전래(傳來)의 팔도 인심에 따르면, 함경도는 이전투구(泥田鬪狗 : 흙밭에서 싸우는 개), 평안도는 맹호출림(猛虎出林 : 숲에서 뛰어나오는 호랑이), 황해도는 석전경우(石田耕牛 : 돌밭을 일구는 황소), 경기도는 경중미인(鏡中美人 : 거울 속의 미인), 충청도는 청풍명월(淸風明月 : 구름 씻긴 뒤의 달), 전라도는 풍전세류(風前細柳 : 바람 앞의 버들가지), 경상도는 태산교악(泰山喬嶽 : 우뚝한 태산), 강원도는 암하노불(巖下老佛 : 바위 밑에 앉아 있는 부처)로 되어 있다. 이것이 누구의 발설인지는 명확하지 않으나 조선조의 태종(太宗) 또는 정도전(鄭道傳)이라고도 하고 대원군(大院君)이라는 설도 있고, 정조(正祖) 시대의 규장각 학사였던 윤행임(尹行恁)이 발설한 것이라고도 한다.[이몽일, 「한국 풍수지리설의 변천 과정」, 『경산문화연구』(3)(대구: 경산대학교, 1990, pp. 131~132) 달레(C. Dallet)의 기록에도 이 내용이 실려 있다.(Histoire de L'Église de Corée, 1874; 安應烈·崔奭祐 공역, 앞의 책, pp. 236~237). 이 밖에도 8도는 모두 비칭(卑稱)을 가지고 있는데, 함경도 댐배, 평안도 놈, 황해도 극쟁이, 경기도 깍쟁이, 충청도 멍청이, 강원도 감자바위, 전라도 개똥쇠, 경상도 문둥이로 불렸다.
59　『擇里志』「八道總論 全羅道編」:"全羅道……地遠俗渝不可居";『擇理志』「卜居總論 人心編」:"全羅道 …… 則專尙狡險 易動以非."

사람들에게 대접받는 것이 대개 송도(松都)나 서북 사람과 같아졌으니 재주 있고 민첩한 사람이 그대로 침체하여 벼슬길에 나가지 못한 한(恨)"이 있었다.[60] 그러나 이곳의 민란들은 외부인들에게서는 오명(汚名)을 썼지만, 당사자들은 이러한 유산이 정의를 위한 투쟁의 역사라는 긍지를 가지고 있다.

호남이 원통함[冤]을 품게 된 세 번째 원인은 이곳이 곡창지대라는 역설적인 사실 때문이었다. 풍성하다는 것은 수탈의 깊이가 그만큼 크다는 것을 의미한다. 역사적으로 민란이 일어나는 지역의 토지는 비옥했다.[61] 민란의 주역인 농민들은 "애당초부터" 굶주렸던 사람들이 아니다.[62] 그들은 이미 풍요를 맛본 적이 있었으나 어떤 기회에 가치를 박탈당한 사람들이다. 애당초부터 굶주릴 만큼 생활 수준이 낮은 사람들의 경우에는 가치 박탈의 여지도 없고 따라서 민란도 일어나지 않는다.[63]

풍성한 만경(萬頃)평야의 옥답은 이곳에 부임하는 방백 수령의 물욕을 자극했고,[64] 호남인들은 곡창에 산다고 하는 이유만으로 가렴주구를 겪어야 했다. 풍년이 크게 들수록 수탈이 심했으니 그들은 오히려 풍년에 배고픈 백성들이었다. 당시 서울에서는 "자식을 낳아 호남에 가서 벼슬하는 것이 소원"이라는 동요까지 유행할 정도였다.[65]

수탈과 박해는 인구 이동을 유발했다.[66] 인구 비율로 볼 때 도시로 향

---

60 황현(지음), 김종일(역), 『梧下記聞』(서울 : 역사비평사, 1994), p. 62.
61 Roland Mousnier, *Peasant Uprisings in the 17th Century: France, Russia, and China*(London:Harper & Row Pub. Inc., 1971), p. 337.
62 Guenter Lewy, *Religion and Revolution*(New York : Oxford University Press, 1974), pp. 114~115.
63 Guenter Lewy, *Religion and Revolution,* p. 251.6
64 대원군이 일찍이 이르기를 "우리 나라에 세 가지 폐단이 있으니 호서(湖西)의 사대부와, 관서(關西)의 기생과, 호남의 이서(吏胥)다"라고 했다.(『梧下記聞』, p. 64)
65 『梧下記聞』, p. 63.
66 유석춘, 「지역 감정의 사회심리학」, 『여의도정책논단』 1995년 5월호(서울 : 여의도연구소), pp. 58~59.

하는 인구 이동은 호남과 영남이 가장 많았다. 그러나 호남인은 그곳에 살 수 없어 고향을 떠났고, 영남에서는 상류사회 사람들이 더 나은 삶을 위해 고향을 떠났다. 따라서 타지인의 눈에 비친 호남인의 심성은 영남인의 그것에 견주어 나쁜 인상을 주었을 개연성이 있으며 이것이 호남 기피 심리를 가속화시켰을 수 있다.

"지리는 역사를 그리는 화판(畵版)"[67]이라는 말이 있듯이, 호남이 안고 있는 이와 같은 지리적 배경은 전봉준의 봉기에 결정적인 영향을 끼쳤다. 갑오농민혁명뿐만 아니라 한말의 신흥종교들, 이를테면 증산교(甑山敎, 古阜), 원불교(圓佛敎, 裡里) 등이 모두 전주 반경 100킬로미터 이내의 곡창지대에서 발생했다는 사실은 이곳 사람들이 다른 어느 지역보다도 심각한 삶의 고뇌 속에 있었음을 의미하는 것이다.

가치 박탈이라는 시각 이외에 민란이 일어날 수 있는 네번째 요인으로는 민란 지역이 안고 있는 지리적 요인을 들 수 있다. 이것은 단적으로 도성과의 거리와 통신 시설 정도를 의미한다. 내란이 일어날 수 있는 가능성은 정부군이 접근할 수 있는 어려움의 정도에 정비례한다.[68] 갑오농민혁명이 일어났던 때와 같은 전근대적 시대에는 우선 내란 또는 민란이 일어났다는 소식의 전달이 더디며, 일단 그러한 정보를 얻은 뒤라고 해도 도로 사정과 군대의 수송이라는 측면에서 진압이 어렵다.

19세기와 같이 도로 사정이 나쁘고 가솔린 운송 기관이 없는 사회에서는 민란이 일어나더라도 이를 쉽사리 진압할 수가 없다. 그 당시의 교통시설로는 기병대라 할지라도 완전 군장(軍裝)을 한 상태에서는 하루 40킬로미터 이상 진군할 수 없고, 보병일 경우에는 하루 25킬로미터 이

---

67 Clarence N. Weems(ed.), *Hulbert's History of Korea*, Vol. I(New York : Hillary House Publishers Ltd., 1962), p. v: Introductory Note.
68 Guenter Lewy, *Religion and Revolution*, p. 267.

만경평야(萬頃平野): 이 너른 평야를 두고 백성들은 왜 굶주려야 했나?

상을 진군할 수 없다.[69]

지방 민란의 진압을 더욱 어렵게 하는 것은 적어도 우리 민족이 7세기 삼국전쟁 이후 고구려의 유습이 사라짐으로써 기마에 익숙하지 못했다는 점과, 지방분권적 봉건시대를 체험하지 않은 채 중앙집권적인 통치체제로 일관해왔기 때문에 변방 이외에는 지방군 조직을 갖고 있지 않아 민란이 일어날 경우 초동 진압(初動鎭壓)이 어려웠다는 점을 지적할 수 있다. 서울에서 전주까지의 거리가 254킬로미터(국도)이고 정읍(井邑; 古阜)까지의 거리가 293킬로미터(국도)라는 점을 생각할 때, 고부민란이 일어났을 경우 어차피 고부의 관졸이나 전주성의 군대만으로는 이를 진압할 수 없고 정부군의 지원을 기다릴 수밖에 없었다.

무스니에(Roland Mousnier)의 계산에 따르면 정부의 진압군이 정읍에 도착하는 데에는 12일 정도가 걸린다. 그러나 고부에서 대규모 민란이 본격적으로 일어난 것이 갑오년(1894) 3월 21일이요, 정부군 초토사

---

69 Roland Mousnier, *Peasant Uprisings in the 17th Century*, p. 337.

(招討使) 홍계훈(洪啓薰)이 육로보다 빠른 배편으로 4월 4일에 인천에서 출발하여 전주에 입성한 것은 이미 혁명군이 호남 각처에서 대승을 거두고 걷잡을 수 없을 만큼 비화한 4월 7일이었으니[70] 민란의 수습에서 3일의 시간이 얼마나 중요한 것인가를 알 수 있다. 이런 점에서 볼 때 민란은 도성에서 멀리 떨어져 진압군이 속히 파병될 수 없는 원거리에서만 가능하다.

다섯째로, 전라도의 이와 같은 원통함이 응집력을 갖게 된 원인을 그들의 정치적 유산의 좌절에서 찾으려는 견해[71]가 있다. 이를테면 1차 기포의 전적지인 백산(白山)에는 마한(馬韓) 시대의 토성이 있으며, 이 산을 끼고 흐르는 동진강(東津江)은 지난날 백제의 성충(成忠)이 당나라 군사를 맞아 항전한 백강(白江)이며, 백산이라는 이름도 여기에서 유래했다.[72]

그 뒤 이곳 주민들은 임진왜란 때 의병에 참가한 전공으로 신분이 상승된 예가 있으며 정부가 모병의 수단으로 종종 이런 종류의 약속을 하는 동안에 호남은 계급적인 대립을 초월한 민족적 항일조직이 쉽게 결성되었는데, 호남의 의병이 영남의 의병에 견주어 더 조직적이고 통일적인 이유도 바로 여기에 있다.[73] 구체적인 사례로, 논개(論介), 김덕령(金德齡), 정충신(鄭忠臣), 고경명(高敬命), 김천일(金千鎰) 등의 임진왜란 의병들이 이곳 출신이었을 뿐만 아니라, 이순신(李舜臣)은 왜란 이전에 정읍 현감을 지낸 적이 있는데 지금 정읍에 있는 충렬사(忠烈祠)는 그를 추모하는 사당이다.[74]

---

70 「甲午實記」, 『東學亂記錄』(上), p. 3 ; 「兩湖招討謄錄」, 같은 책, pp. 161~162.
71 최현식, 『甲午東學革命史』(전주 : 신아출판사, 1994), pp. 27~28 참조.
72 윤덕향, 「천심이 모여든 곳, 농투산이의 백산」, 『문화저널』(51)(전주 : 전북문화저널사, 1992.2.), pp. 4~5.
73 貫井正之, 「全羅道 義兵에 대하여」, 『전통 사회의 민중운동』(上)(서울 : 풀빛, 1981), p. 175.
74 金義煥, 「東學軍戰蹟地踏査記(12)」, 『新人間』 328(1975. 9.)(서울 : 천도교중앙총부,

좀더 범위를 좁혀서 갑오농민혁명의 진원지인 고부를 살펴보면, 이곳은 임진왜란 당시 최초로 순절한 동래부사(東萊府使) 송상현(宋象賢)의 고향으로 그를 모신 정충사(旌忠祠)가 이곳에 있을 뿐만 아니라, 의성(義城) 김씨의 문족으로 임진왜란 때 전라도 북부지방의 의병을 지도한 김제민(金齊閔)[75]이 이곳 출신이요, 그를 모신 도계사(道溪祠)가 이곳에 있다는 사실에 고부 주민들은 충절의 고장이라는 긍지와 자부심을 가지고 있었다.

5. 메시아를 기다리는 사람들

호남이라고 하는 미시적인 시각을 벗어나 전국적으로 보더라도 그 시대는 메시아의 출현을 기다릴 수밖에 없었다. 이것은 대개 신흥종교라고 하는 표피(表皮)를 쓰고 등장하게 된다. 동서양을 막론하고 봉건체제에서 근대 사회로 옮아가는 과도기에는 부동(浮動)하는 사회심리에 편승하여 유사종교나 신흥종교가 새순처럼 돋아나고, 교리상으로 무리가 없는 종교라 할지라도 시류의 세속적인 유혹을 물리칠 수 없게 된다. 이럴 경우 신흥종교는 대체로 다음과 같은 발전 단계를 겪게 된다.[76]

첫째, 비교적 장기간의 정치적 혼란이 계속된다. 영·정조(英·正祖)의 황금기가 지나간 뒤 순·헌·철종(純·憲·哲宗)의 시기는 조선왕조를 비극으로 이끄는 서막이었다. 이 시대의 참상에는 천재지변과 같은 인간으로

신인간사), p. 43 ; 최현식, 『新編 井州·井邑人物誌』(정읍 : 정읍문화원, 1990), p. 42.
75 金齊閔의 행적에 관해서는 유종국, 「金齊閔의 漢詩 연구」, 『전라문화논총』(5)(전주 : 전북대 전라문화연구소, 1992), pp. 65~73 참조.
76 신복룡, 『동학사상과 갑오농민혁명』, pp. 106~111.

서는 불가항력의 측면도 있었지만, 대부분은 위정자들의 실정(失政)이나 악의에 찬 비정(秕政)에 그 원인이 있었다. 국기(國基)의 강도는 정권의 부패도에 반비례하고 국민의 사기에 정비례하는 것이라 할 때 당시의 정치적인 불안은 어쩌면 필연이었을지도 모른다.

둘째, 정치적 혼란에 뒤이은 위기의식의 조성을 들 수 있다. 경천(敬天)사상이 의식의 주류를 이루고 있는 농경문화권에서는 시세(時世)의 어려움을 천형(天刑)으로 받아들이는 경향이 짙은데, 이러한 현상을 더욱 가속화한 것이 당시의 국제 정세였다. 특히 1840년대 아편전쟁으로부터 1860년대 북경(北京) 함락으로 이어지는 중국의 불행한 사태에 대하여 조·중관계를 입술과 이 사이[脣齒之間]로 이해하려는 조선인들은 샤머니즘적인 위기의식을 갖게 되었다.

셋째, 이렇게 되면 민중들은 천계(天啓 : Messiah)를 기다리게 된다. 그들은 현실의 고뇌를 해탈할 수 있는 이상향을 동경하게 되는 것이다. 조선인들은 자연주의적 사상에 기초를 둔 범신론적인 신관(神觀)으로 말미암아 하늘과 인간 사이에는 별다른 사이[間隙]가 없다고 믿는다. 따라서 이들은 죽음 이후의 내세보다는 지상 복락의 메시아를 기다리게 된다. 이러한 기다림의 강도는 민중이 겪는 고통의 정도에 비례한다.

신흥종교가 출현하는 마지막 단계는 종교적 지도자가 나타남으로써 그 절정에 이른다. 메시아는 스스로 나타나는 것이 아니라 시대적 요청에 따라서 등장하는 경우가 많은데, 조선말 신흥종교의 경우가 대체로 이러한 예에 속한다. 이런 점에서 본다면 엄격히 말해서 종교를 등에 업고 난세를 질타하는 지도자는 능동적으로 출현하는 것이 아니라 민중의 요망에 따라 추대되는 것이라고 볼 수 있다.

이상과 같은 맥락으로 전개되는 호남에서의 신흥종교는 미륵신앙으로 나타났다. 본디 미륵(Maetreya)이라는 말은 'maitri', 곧 우애(友愛:Mitra)

에 어원을 두고 있는 것으로서,[77] 중국에서는 자(慈)로 번역했다.[78] 미륵신앙은 평화와 풍요, 보편적 사랑, 연민의 시대를 약속하는 일종의 메시아사상(millenarianism)이다.[79] 이 사상에 따르면, 석가모니는 사바세계[苦海]의 도주(道主)요 미륵불은 용화세계[仙境]의 도주이다. 미륵의 출현을 기대하게 되는 사회의 모습은 불안, 격동, 그리고 정치적 부패이다.[80]

역사적으로 한이 많았던 호남인들은 그들의 구세주인 미륵이 이 땅에 오리라고 믿었고 그것은 불교의 내세관에 용해되었다. 호남인들은 그 미륵이 올 곳이 익산(益山)의 미륵사(彌勒寺)[81]와 김제·완주에 걸쳐 있는 모악산(母岳山) 금산사(金山寺)라고 생각했다. 그러나 미륵사는 이미 오래전에 인멸되었으므로 그들은 모악산에 마지막 기대를 걸었는데, 그들이 이 모악산을 어떻게 생각하는가는 다음의 글이 매우 인상적이다.

이곳 전주교도소의 북쪽으로는 갑오년의 격전지였던 완산 칠봉(完山七峰)이 있고, 남쪽으로는 민족 신앙의 요람이라 할 수 있는 모악산이 있습니다. 모악산은 해발 794미터의, 그리 높은 산은 아니지만 팔을 벌린 듯 동서로 뻗은 긴 능선은 완주군과 김제군을 갈라놓고 있습니다. 모악산에는 어머니의 가슴에 머리 박고 젖 먹는 형상의 "엄바위"가 있어 이 산을 "엄뫼"라 부르기도 하는데, 이 엄바위에서 흘러내린 물이 젖줄이 되어 김제·만경 넓은 벌을 적셔준다고 합니다. 이름 그대로 모악(母岳)이며 엄뫼입니다. 이 산은 미륵신앙의 종조(宗祖)인 진표율사(眞表律師)가 입산하고 입적한 곳이기도 하며, 동학농민전쟁의 패배로 무참하게 좌절된 농민들

---

77 梶山雄一,「彌勒思想의 본질」,『미륵사상의 본질과 전개』1993년 한국사상사학회 국제학술회의 논문집, (이리 : 원광대, 1993), p. 50.
78 睦禎培,「한국 彌勒思想의 역사성」,『미륵사상의 본질과 전개』, p. 95.
79 Guenter Lewy, *Religion and Revolution*, p. 327.
80 Guenter Lewy, *Religion and Revolution*,, p. 62.
81 박명규,「19세기말 고부지방 농민층의 존재 형태」,『전라문화논총』(7)(전주 : 전북대 전라문화연구소, 1994), p. 99.

의 황폐한 정신에 후천개벽의 사상을 심어준 증산교(甑山敎)의 본산이기도 합니다.

　(이 산은) 산의 크기에 비해 넘치는 역사성을 안고 있습니다. 금산사를 비롯하여 크고 작은 암자, 가마솥 위에 세운 미륵상, 20여의 곳의 증산교당, 모든 것들이 한결같이 산 너머 김제 쪽 기슭에 자리 잡고 있는데, 이는 물론 그쪽이 산남(山南)의 향양처(向陽處)이기도 하지만, 아마도 김제평야 소산의 농산물 잉여에 그 물질적 토대를 두고 있기 때문이라고 생각됩니다. 미륵의 현신(現身)은 물론이고, 천기(天氣)와 비기(祕記), 정토(淨土)와 용화(龍華)와 개벽의 사상은 넓은 대지에 허리를 구부리고 힘겹게 살아가는 농민의 예지의 창조물이면서 동시에 그들 위에 군림해 온 상전이었다고 생각됩니다.[82]

모악산 미륵신앙의 핵은 금산사로 농축되었다. 금산사는 백제 법왕(法王) 원년(599)에 창건되었으며, 신라 혜공왕 2년(766)에 진표율사가 중창하면서 33척의 철미륵불상을 모신 뒤 미륵신앙의 근본 도량이 되었고 법상종의 종찰로 크게 변모되었다.[83]

후기 신라가 금산사의 중흥에 몰두한 것은 백제 멸망의 여한을 달래고자 함이었다. 백제가 멸망한 뒤 신라는 백제의 유민들을 강압 회유했고, 이에 대한 저항 세력들은 미륵신앙의 본산인 금산사 일대로 몰려들었다.[84] 신라가 금산사에 숭제법사(崇濟法師)와 김제·만경 출신인 진표율사를 보내 법상종을 개종한 것은 미륵신앙을 통한 백제 유민들의 저항 운동이 의외로 심각하였기 때문이었다.

진표율사는 미륵신앙을 지도 원리로 하여 백성을 구제하고, 신라 땅

82　신영복,「모악산 이야기」,『감옥으로부터의 사색』(서울 : 햇빛출판사, 1988), pp. 190~191.
83　『금산사』(김제 : 금산사, n.d., *mimeo*).
84　최순식,「백제 유민의 저항 운동과 미륵신앙의 변천 과정─전북 모악산 금산사를 중심으로」(김제:모악향토문화연구회, 1992), p. 5.

금산사 미륵전(金山寺 彌勒殿)

위에 미륵불의 용화세계를 꽃피우고자 실천 운동을 베풀어, 그 일환으로 금산사를 미륵의 제일 도량으로 만들었다. 이는 신라에 흡수된 백제인의 배타적 감정을 다스리고 그들에게 희망과 용기를 주기 위함이었다.[85]

이와 같은 백제 유민의 정서를 가장 잘 이해했던 인물은 바로 견훤(甄萱)이었다. 후삼국이 쟁패하던 시절에 견훤이 서쪽으로 순행하여 완산주에 이르니 주민들이 맞이하여 위로하였다. 견훤이 인심을 얻은 것을 기뻐하여 좌우에 이르기를 "지금 내가 도읍을 완산에 정하고 어찌 감히 의자왕의 오랜 원한[宿憤]을 씻지 아니하랴" 하고 드디어 후백제의 왕이라 칭하였다.[86]

견훤은 922년에 백제 무왕이 창건한 대가람 미륵사에 탑을 세우고 인근 선운산(禪雲山)에 선불장(禪佛場)을 열었던 사실이 있다. 선운산은 미륵산이라고도 하며 승과를 열었던 사찰로서 역시 창건이 미륵신앙과 관

---

85 박명규, 앞의 글, p. 100.
86 『三國史記』 열전 10, 甄萱조.

련이 있다. 그래서 견훤 또한 미륵사에 탑을 세워 민심을 모으고 승과를 열어 불교계의 호응을 얻으려 했다.

견훤은 금산사를 숭상하여 이를 중창하였으나,[87] 935년(고려 태조 18년) 3월에 파진찬(波珍湌) 신덕·영순(新德·英順) 등이 장자인 신검(神劍)에게 권하여 견훤을 금산사에 가두고 금강(金剛)을 죽이고 자칭 왕이라 하게 했다. 견훤이 금산사에 있은 지 석 달만인 6월에 막내아들 능예(能乂), 여자 쇠복(衰福), 애첩 고비(姑比) 등과 함께 금성(錦城)[나주]으로 탈출했다.[88]

견훤뿐만 아니라 궁예(弓裔)도 자신이 미륵의 화신이라고 자처하여 머리에는 금색 모자를 쓰고 몸에는 방포(方袍 : 승복)를 입고 맏아들을 청광보살(靑光菩薩), 둘째 아들을 신광보살(神光菩薩)이라 했다. 외출할 때는 항상 비구 200여 명이 범패(梵唄)를 부르면서 뒤따르게 했다. 또 경문(經文) 20여 편을 스스로 지었는데 그 말은 모두 요망스럽고 불경(不經)한 것이었다.[89]

조선왕조에 들어와서도 금산사에 대한 호남인들의 경도는 여전했다. 특히 임진·정유란 때 금산사에서는 몇천 명의 호국 승려들이 뇌묵 대사(雷黙大師) 처영(處英)을 중심으로 군사 훈련을 하였으며, 왜병에게 최후까지 항전하다가 86동 705간의 대사찰이 초토화되었다. 임진왜란 때 처영이 항거한 것에 대한 보복으로 정유재란 때 80여 동 40여 암자를 모두 불태웠으나 다시 중창되었다.[90]

위와 같은 미륵신앙은 조선조 중기에 들어오면서부터 참위(讖緯)와 연결되어 역성혁명(易姓革命)에 의한 호남 중흥의 꿈을 갖게 되었는데 그것

87　최순식, 「백제 유민의 저항 운동과 미륵신앙의 변천 과정」, p. 10.
88　『三國史記』列傳 10, 甄萱조; 『高麗史』世家 2, 乙未(935) 3월조.
89　『三國史記』列傳 10, 弓裔조.
90　최순식(崔洵植), 앞의 글, p. 24.

이 곧 정여립의 난이다. 정여립의 아버지 희증(希曾)은 대대로 전주 남문 밖에서 살았는데,[91] 정여립은 성장해서는 전주를 떠나 금구에서 장가들어 그곳에서 살았다.[92] 이 당시에는 곧 이(李)씨가 망하고 정(鄭)씨가 일어난다[木子亡奠邑興]는 동요가 떠돌았다.[93] 그가 항상 이렇게 말했다.

> 사마광(司馬光)이 『삼국지』에서 유비(劉備)의 촉(蜀)을 정통으로 보지 않고 위(魏)를 정통으로 삼아 기년(紀年)한 것은 참으로 직필(直筆)이다. 천하는 공물(公物)이니 어찌 일정한 주인이 있으리오. 요(堯)·순(舜)·우(禹)가 임금 자리를 서로 전한 것이 성인이 아닌가? "충신은 불사이군(不事二君)"이라고 왕촉(王蠋)이 말한 것은 죽을 때 일시적으로 한 말일 뿐 성현의 통론은 아니다.[94]

정여립은 여러 잡술에 능통하여 장차 나라에 변이 일어날 것을 미리 알고 기회를 타서 난을 일으키려고 전주·금구·태인 등 이웃 고을의 여러 무사와 공·사(公·私) 천노비(賤奴婢) 등 상하 다양한 계급을 포괄하는 계를 조직하여 이름을 대동계(大同契)라 하고, 매월 보름이 되면 정여립의 집에 모여 활쏘기를 연습하면서 "육례(六禮)를 폐할 수 없다"고 하였다.[95]

정여립은 우계(牛溪; 成渾)와 율곡(栗谷; 李珥)의 문하에 출입한 적도 있어 두 사람의 적극적인 추천으로 홍문관 수찬에 올랐다가 서인(西人)들이 세력을 잃게 되자 다시 동인(東人)의 편에 섰는데 이발(李潑)이 이를

---

91 『燃藜室記述』(III), 「宣祖朝 故事本末, 己丑年鄭汝立의 獄事條」(서울 : 민족문화추진회, 1982), p. 408.
92 『燃藜室記述』(III), 「宣祖朝 故事本末, 己丑年鄭汝立의 獄事條」, p. 409.
93 『燃藜室記述』(III), 「宣祖朝 故事本末, 己丑年鄭汝立의 獄事條」, p. 412.
94 『燃藜室記述』(III), 「宣祖朝 故事本末, 己丑年鄭汝立의 獄事條」, p. 409:「每言司馬公以魏紀年眞是直筆 天下公物豈有定主 堯舜禹相傳 非聖人乎 又曰 不事二君乃王蠋 臨死一時之言 非聖賢通論」;『宣祖實錄』22년 10월 丁亥조, 「全羅道 儒生 丁巖壽 上疏」
95 『燃藜室記述』(III), p. 409.

받아들였다.⁹⁶ 그러나 그 뒤 그는 벼슬을 버리고 금산사 아래 구릿골 제비산(帝妃山)으로 이주하여 무술을 연마하며 왕조 전복을 준비했다. 지금도 금산면 선동리(仙洞里) 상두산(象頭山, 해발 575m) 정상에는 견훤이 쌓았다는 둘레 4킬로미터의 석성(石城)이 있는데, 정여립은 이곳에서 무술을 연마했다.⁹⁷

그 무렵에 정여립은 길[최](吉[崔]三峰), 고부의 한경(韓憬), 태인의 송간(宋侃), 남원의 조유직(趙惟直)과 신여성(辛汝成), 황해도의 김세겸(金世謙)과 박연령(朴延齡), 이기(李箕), 박익(朴杙), 박문장(朴文長), 변숭복(邊崇福) 등 10여 명과 더불어 역성혁명을 모의했다.⁹⁸ 정여립에게는 옥남(玉男)이라는 아들이 있었는데 정여립은 그의 호를 거점(去點)으로 지어주었다. 옥(玉)에서 점을 지우면[去點] 왕(王)이 된다.⁹⁹ 그는 결국 선조 22년(1589, 己丑)에 반란을 일으켰으나 뜻을 이루지 못했다. 정여립은 금구 별장에 있다가 발각되어¹⁰⁰ 죽도로 도망했다가 진안 현감 민인백(閔仁伯)의 추적을 받아 더 이상 항거하지 못하고 자결했다.¹⁰¹

오늘날 이 정여립의 역모사건[己丑獄事]은 날조된 무옥(誣獄)으로 취급되는 경향이 있고, 따라서 정여립의 억울한 죽음을 변호하는 데에 연구의 초점을 두고 있다. 그러나 정여립에 관한 연구는 그의 억울함을 벗겨주는 데 머물 것이 아니라, 그의 정치사상을 정당하게 평가하고, 그 정치사상에 입각한 모반 음모에도 정치적 행동으로서의 가치를 부여하는

---

96 『燃藜室記述』(III),「宣祖朝 故事本末, 己丑年鄭汝立의 獄事條」, p. 415; 『宣祖實錄』 22년 10월 壬寅日조,「梁千會上疏」
97 崔洵植,「백제 유민의 저항 운동과 미륵신앙의 변천 과정」, pp. 13~14.
98 『燃藜室記述』(III), p. 418.
99 崔洵植,「백제 유민의 저항 운동과 미륵신앙의 변천 과정」, p. 19.
100 『燃藜室記述』(III), p. 417.
101 『宣祖實錄』22년 10월 辛卯일조.

쪽으로 진행되어야 할 것이다.[102]

현대사에 들어와서 모악산 금산사를 중심으로 하는 메시아사상의 형성에 가장 성공한 사례는 강일순(姜一淳 : 1871~1909)의 증산교(甑山敎)였다. 강일순은 고부군 답내면 서산리(古阜郡 畓內面 西山里) 손바래기마을[井邑郡 梨平面 斗池里]에서 출생했다. 이곳은 황토현과 1킬로미터 떨어져 있고 전봉준이 살았던 조소리로부터 5킬로미터 거리에 있다.

지금의 행정구역은 다르지만 그때나 지금이나 전봉준과 강일순은 다 같이 말목장터가 생활권이었다. 따라서 16년 차이인 이들은 서로가 익히 들어 알고 있었든가, 아니면 직접 배우지는 않았을지라도 서로가 존경하고 아끼는 사제의 정으로 지냈을 수도 있었다. 그러한 논거로는 『대순전경』(大巡典經)에 강일순이 전봉준을 극찬한 대목이 자주 나오는 것을 들 수 있다.[103] 그는 대각(大覺)의 순간을 다음과 같이 설명하고 있다.

> 내가 서천서역(西天西域) 대법국(大法國) 천계탑(千階塔)에 내려와서 삼계(三界)를 둘러보고 천하에 대순(大巡)하다가 이 동토(東土)에 그쳐 모악산 금산사 미륵금상(彌勒金像)에 임하여 30년을 지내면서 최수운(崔水雲, 1589~?)에게 천명(天命)과 신교(神敎)를 내려 대도(大道)를 세우게 하였더니, 수운이 능히 유교의 테두리 밖에 벗어나 진법(眞法)을 들춰내어 신도(神道)와 인문(人文)의 푯대를 세우고 대도의 참 빛을 열지 못하므로 드디어 갑자년[1864]에 천명과 신교를 거두고 신미년[1871]에 스스로 세상에 내려왔노라.[104]

---

102 崔洶植, 「백제 유민의 저항 운동과 미륵신앙의 변천 과정」, p. 18.
103 예컨대, "차경석([車京石)이 모든 창업 군주와 명장을 낱낱이 기록하고 맨 끝에 전명숙(全明淑)을 써서 올린대 가라사대, '왜 전명숙을 맨 끝에 썼느냐?' 경석이 대하여 가로되, '원편으로부터 보시면 전명숙이 첫머리가 되나이다.' 천사 가라사대 '네 말이 옳도다. 전명숙은 진실로 만고 명장이라. 백의(白衣) 한사(寒士)로 일어나서 능히 천하를 움직였느니라' 하시니라." 『大巡典經』(김제: 甑山敎會本部, 1975), p. 268(4:122).
104 『大巡典經』 pp. 304~305(5:12).

그는 모악산 자락인 제비산 밑의 구릿골에서 화천(化天)하면서 "또 가라 사대 내가 금산사로 들어가리니 나를 보고 싶거든 금산사로 오라"[105]는 유명(遺命)을 남긴다. 위의 기록에 비추어볼 때, 강증산의 9년에 걸친 천지공사(天地公事)는 모악산 금산사에서 출발하여 금산사에서 끝을 맺는다.[106]

다소 공간적인 차이는 있지만 우리는 원불교의 창시자인 박중빈(朴重彬 : 1891~1962)에게서 호남을 무대로 하는 또 하나의 미륵신앙을 찾아볼 수 있다. 전남 영광군 백수면 길룡리(白岫面 吉龍里)에서 출생한 박중빈은 이렇게 설법하고 있다.

> 바른 도리가 행하여지지 못하고 사(邪)된 법이 세상에 편만(遍滿)하며, 정신이 세력을 잃고 물질이 천하를 지배하여 생령의 고해가 날로 증심(增深)하였나니, 이것이 곧 대종사께서 다시 이 세상에 출현하시게 된 기연(機緣)이었다.[107]

그는 또한 안으로 모든 교법을 참고한 뒤, 다시 밖으로 시국을 살펴, 정신 부활이 무엇보다 시급함을 느끼고 "물질이 개벽하니 정신을 개벽하자"는 표어를 제창하니 이것이 곧 창교(創敎)의 표어였다.[108] 그는 1919년 8월에 휴양처를 물색하러 김제 금산사에 들러 잠시 머무는 동안 거처하던 문설주(門楔柱)에 일원상(一圓相)을 그린 바 있었으니 이는 장차 새 교법의 종지인 일원상을 그림으로 그려본 첫 구상이었다.[109]

이상에서 살펴본 바와 같이, 모악산과 제비산, 그리고 금산사의 미륵

---

105 『大巡典經』 p. 406(9:11).
106 崔海植,「백제 유민의 저항 운동과 미륵신앙의 변천 과정」, p. 41.
107 「원불교교사」, 『원불교전서』 (이리 : 圓佛教中央總部, 1978), p. 19.
108 「원불교교사」, 『원불교전서』 p. 31.
109 「원불교교사」, 『원불교전서』 p. 53.

신앙은 오랜 역사를 두고 이 고장의 민간신앙을 지배해왔다.[110] 이러한 맥락으로 볼 때, 금산사 - 견훤 - 정여립 - 전봉준 - 강일순 - 박중빈으로 이어지는 미륵신앙은 호남의 원(寃 : 응어리)의 돌파구였으며, 따라서 그들의 공통된 관심사는 원통함을 풀어주는 것[解寃]이었다. 그리고 이 해원에의 꿈은 항상 메시아 또는 세속적 의미의 영웅의 출현을 갈망하였는바 전봉준도 그러한 인물 가운데 하나였다.

---

110 崔洧植,「백제 유민의 저항 운동과 미륵신앙의 변천 과정」, p. 24.

II
태어남

1. 출생지

　전봉준이 체포되어 신문을 받을 무렵(1895), 자신의 나이를 41세라고 대답한 점[1]과 『천안전씨세보병술보』(天安全氏世譜丙戌譜, 1886)[2]로 보아 그가 1855년생이라는 추정이 가능하다.[3] 그러나 전봉준의 생애는 그가 어디에서 태어났느냐 하는 데서부터 미궁에 빠지게 된다. 이제까지의 여러 기록을 살펴보면 그가 고창현 덕정면 당촌(高敞縣 德井面 堂村) 태생이라는 설,[4] 고부군 궁동면 양교리(古阜郡 宮東面 陽橋里) 양간다리(지금의 井邑郡 梨坪面 場內里 鳥巢里) 태생이라는 설,[5] 전주(全州) 태생이라는 설[6]과, 그 어느 곳이라고도 확언할 수 없다는 설[7] 등이 있다.

　김의환(金義煥)의 주장에 따르면, 전봉준의 전주 태생설은 뒷날 전주 사람들이 그를 숭모하여 꾸며낸 말이며, 다만 그가 당촌에서 태어났다고 하는 주장에는 나름대로 일리가 있다고 한다. 곧 당시 당촌에는 천안 전씨들이 20여 호 모여 살았고, 갑오농민혁명 때 동학군 두목들이 이곳에서 많이 배출되었다는 촌로들의 말로 미루어볼 때, 당촌과 전봉준 사이에는 어떤 연고가 있음이 틀림없다는 것이다.[8]

　전봉준이 조소리에서 태어났다고 하는 주장은 믿을 만한 것이 못 된다. 왜냐하면 조소리에 있는 전봉준의 구거(舊居:地方文化財 19호)를 보수할

1　「全琫準供草 初招」
2　이 책 p. 77의 족보 참조.
3　차상찬은 전봉준이 1854년(甲寅) 4월 11일생이라고 기록하고 있으나 믿을 수가 없다.[차상찬, 「근세사상의 동학당 수령 전봉준」(1), 『朝光』(2/5), 1936년 5월호), p. 88.]
4　오지영, 『동학사』(서울 : 영창서관, 1940), p. 161.
5　김상기, 『동학과 동학란』(서울 : 한국일보사, 1975), p. 109.
6　장봉선, 「전봉준실기」, 『정읍군지』(정읍 : 이로재, 1936), p. 381; 나홍균(羅鴻均 : 1886년생, 井邑郡 永元面 雲鶴里 164)의 증언.
7　김의환, 『전봉준전기』(서울 : 정음사, 1974), pp. 41~42.
8　김의환, 『전봉준전기』, pp. 41~42.

때(1974) "무인(戊寅 : 1878) 2월 26일"이라는 상량문(上樑文)이 나온 것으로 보아[9] 그 집은 전봉준이 태어난(1855) 지 23년 후에야 지은 것이기 때문이다.

그렇다면 전봉준의 출생지는 과연 어디일까? 이 책의 초판[10]에서 나는 "전봉준은 정읍군 덕천면 시목리(德川面 柿木里) 속칭 감냉기 태생이라는 옹경원(邕京源 : 1912년생, 井邑郡 井州邑 光橋里 172-2)의 주장을 경청할 만하다."고 기술한 바 있다. 나는 1981년 1월 14일부터 17일까지 정읍의 고부 일대를 답사하면서 옹경원을 만났다. 옹경원은 자신의 할아버지인 옹택규(邕宅奎 : 1852~1928)에게서 이 말을 "분명히" 들었다고 말했다.

옹택규는 당시 정읍에서 손꼽히는 문장가로 전봉준과는 친숙한 사이였다는 것이 옹경원의 주장이며, 굳이 그의 말을 빌리지 않아도 옹택규가 갑오농민혁명 당시 활약한 모습이 오지영(吳知泳)의 『동학사』(東學史)[11]에 여러 번 나타나고 있는 것으로 보아 그가 남접(南接)에서 어느 정도 활약한 인물이었음을 알 수 있다. 옹택규는 고부의 전군의(前軍醫)로 동학에 입도하여 스스로 호를 일원(一元)이라 했는데 교도들이 그를 높여 일원 선생이라 불렀다고 한다.

옹택규는 과거에 여러 번 낙방하였으나 그의 시가 훌륭하여 군의(軍醫)가 되었다. 그러다가 난이 일어나자 글을 아는 사람이 없던 터에 전봉준을 만나 대접주로 추대하였다고도 하고,[12] 1885년에 정육품 부사과(副司果)에 제수되었다고도 하는데,[13] 어느 것이 사실인지는 확인되지 않는다.[14]

---

9 최현식, 『갑오동학혁명사』(전주 : 신아출판사, 1994), p. 52.
10 신복룡, 『전봉준의 생애와 사상』(서울 : 양영각, 1982), p. 36.
11 오지영, 『동학사』, pp. 60, 69.
12 황현(저), 김종일(역), 『梧下記聞』(서울 : 역사비평사, 1994), p. 229.
13 최현식, 『신편 정주·정읍인물지』(정읍 : 정읍문화원, 1990), p. 225.
14 옹택규의 일생에 관해서는 이진영(李眞榮), 「19세기 후반 전라도 고부의 사회사상」, 『전라문화논총』(7)(전주 : 전북대 전라문화연구소, 1994), p. 118; 『梧下記聞』, p. 229 참조.

전봉준의 출생지인 전북 고창군 덕정면 죽림리 당촌마을 (촬영 : 1993. 12. 2.)

그는 인근의 동년배로 전봉준과 친교했을 가능성이 많으며, 또한 옹경원이 어렸을 적에 전봉준의 옛집에 차려진 서당에서 글 공부를 한 사실 등으로 미루어볼 때 전봉준이 감냉기[柿木]에서 출생하였다는 말은 경청할 만했다. 그러나 그 뒤의 자료 수집을 통해 살펴본 결과 감냉기는 한때의 거처였을 가능성이 많으나, 출생지는 아니었다고 여겨진다.

전봉준의 출생지는 이기화(이기화 : 고창문화원장)의 오랜 추적 끝에 고창군 덕정면 죽림리(竹林里) 당촌마을로 밝혀졌다. 이기화의 주장은 당촌 일대의 구전, 전봉준의 족보, 그리고 선대와 형제의 묘소를 추적하여 얻은 결론으로 정확하다고 여겨진다.[15] 또한 송정수(宋正洙)의 주장에 따르면, 전봉준의 큰집인 석운가(碩雲家)는 당숙인 기필(基弼)의 대에 덕정면으로 이주해 왔으며, 숙부인 기성(基性) 집안과 종조부인 석문(碩文)의 자손, 곧 숙부인 기환(基煥)·기수(基守)도 덕정면 당촌으로 이사해 왔다.

---

15 고창 태생설에 관한 이기화의 주장은, 이기화, 「전봉준은 고창 堂村 태생」, 『향토사료』 (12~13)(고창 : 고창문화원, 1993), p. 75 참조.

이들의 묘소가 고창군 덕정면 회암치(回巖峙), 서당촌(書堂村), 서산(西山) 등 당촌 인근에 자리 잡고 있다는 사실은 그의 집안이 고창 일대에서 대대로 살았으며, 그 기간에 전봉준이 태어났음을 의미하는 것이다.[16]

전봉준의 출생지에 관한 논의가 이렇게 분분했던 것은 그의 연고지의 후세 사람들이 그와 자신들을 동일시함(identify)으로써 후광을 입거나 아니면 긍지를 느끼고자 하는 데 그 원인이 있겠으나, 한곳에 정착하지 못하고 유랑했던 전봉준의 아노미(anomie)적인 정신 자세와 생활 태도에도 그 원인이 있다고 보아야 할 것이다.

2. 가계(家系)와 가문(家門)

나는 이 책의 초판본인 『전봉준의 생애와 사상』에서 『천안전씨대동보』(天安全氏大同譜)[17]의 기록에 따라 전봉준의 가계를 소개하면서 이를 신뢰한 적이 있다.(pp. 38~39) 그 족보에 따르면, 전봉준은 천안 전씨 삼재공파(三宰公派)의 40세손으로서 어렸을 적 이름은 봉준(琫準)이요, 항렬명은 영준(泳準)이며, 자(字)는 명숙(明淑)이라고 기록되어 있다. 족보에 나타난 그의 아버지 이름은 형호(亨鎬)로 을사(乙巳 : 1845)생이며 자는 형록(亨祿)이다.

전봉준의 어머니는 광산 김씨(光山金氏)로 무신(戊申 : 1848)생이다. 결국 이 족보대로라면, 전봉준이 1855년생이라는 사실에 기준할 때 그의

---

16 이용선(李鏞善)과 송정수(宋正洙)도 전봉준의 선대는 고창군 신림면 벽송리에서 살았으며, 조부 대에 고창군 당촌으로 이사했다고 증언하고 있다.[李鏞善, 「누가 녹두장군의 후예인가?」, 『여성동아』 1968년 9월호, p. 127; 송정수, 「전봉준 장군 가계에 대한 검토」, 『호남사회연구』(2)(전주 : 1995), p. 261]
17 『天安全氏大同譜』(40, 1966年刊), 井邑郡 永元面 隱仙里에 거주하는 全昌南 소장

아버지와는 열 살 차이요, 어머니와는 여덟 살 차이가 되는 것으로 보아 이 족보는 신뢰할 만한 것은 못 되며, 이것이 간행될 당시에 그의 위명(偉名)을 기리고자 새로이 편찬된 것으로 보인다.

그 뒤 다시 조사한 바를 정리해보면, 전봉준의 자는 명숙[18]으로, 전설에 따르면 그의 부친 전창혁(全彰赫)이 일찍이 흥덕 소요산(逍遙山) 암자에서 공부하였는데 어느 날 소요산 만장봉(萬丈峰)이 목구멍으로 들어오는 태몽을 꾸고 그가 태어났다고 한다.[19] 그의 아버지 이름에 대해서도 여러 가지 기록이 있는데, 이를테면 오지영의 『동학사』[20]나 천도교 공식 사기(史記)인 『천도교백년약사』[21]에는 전창혁(全彰赫)으로 되어 있고, 장봉선의 『전봉준실기』[22]에는 전승록(全承彔)으로 기록되어 있다.

장봉선은 전봉준의 아버지가 향교의 장의(掌議)를 지냈다고 하고,[23] 오지영은 그가 사림의 후손이었다고 주장하고 있지만,[24] 김상기는 이를 믿을 수 없다고 한다.[25] 본디 장의라 함은 두 가지가 있는데, 하나는 성균관 유생들이 자치적으로 뽑은, 이를테면 학생장으로 대과(大科) 급제의 유망주가 아니면 발탁될 수 없는 최고 엘리트였고, 둘째로는 향교의 장의인데 이는 유학에 대한 어느 정도의 지식을 가진 토반(土班)이 맡을 수 있었다.

그러나 전봉준의 족보를 보면 적어도 그의 6대조 안에 초시조차도 합격한 일이 없다. 이와 같은 사실로 미루어보건대 전봉준의 가문이 향반

---

18 김상기, 『동학과 동학란』, p. 78; 장봉선, 「전봉준실기」, p. 381.
19 오지영, 『동학사』, p. 161.
20 오지영, 『동학사』, p. 103.
21 천도교중앙총부(편), 『天道教百年略史』(上)(서울 : 미래문화사, 1981), p. 209.
22 장봉선, 『전봉준실기』, p. 381.
23 장봉선, 『전봉준실기』, p. 381.
24 오지영, 『동학사』, p. 161.
25 김상기, 『동학과 동학란』, p. 78.

(鄕班)이었다는 종래의 학설은 신빙성이 없으며, 그의 아버지인 전창혁이 추렴을 하러 다니는 인물이어서 약간의 토지를 가지고 있으면서 문자[漢字]를 해득하는 정도의 신분이었다고 생각된다. 이와 관련하여 다음 목격자의 증언은 시사하는 바가 많다.

여덟 살(1886)이 되어 3월 3일 좋은 날에 잔등 너머 조소리로 『천자문』을 들고 아버님 따라 입학하러 갔다. 고모 댁의 윗집이었다. 동학대장 전 녹두 선생님 전에 인사하고, '하늘 天 따 地 가물 玄 누루 黃'을 全 선생님이 가르쳐주었다. 서당 아이들 서너 동무가 재미 붙여 배워갔다. 선생님의 노 부친이 대(代)를 서 감독했다. 『천자문』을 떼고 『추구』(推句)를 배웠다.[26]

이 글의 필자인 박문규(朴文圭 : 1879~?)[27]는 당시 고부군 궁동면 석지리에 살던 농부로 전봉준을 직접 만나 한문을 배운 목격자이기 때문에 그의 기억은 더욱 중요한 의미를 갖는다. 이 기록을 통하여 우리는, 전봉준이 늦어도 32세가 되던 1886년에는 조소리로 이주하였다는 점, 그가 서당 훈장을 지냈다는 점, 그 서당은 서너 명 정도의 학동을 가르치는 작은 규모였다는 점, 그리고 "그의 아버지가 전봉준을 대신하여 『천자문』 정도는 가르칠 수 있는 신분"이었다는 점 등을 알 수 있다.

전봉준의 가계에 관한 최근의 주목할 만한 연구는 이기화의 노력의 결실이다. 이기화가 『천안전씨세보병술보』(1886)[28]를 발굴하여 학계에 보고함으로써 전봉준의 가계가 드러나기 시작했다. 이기화의 주장에 따르면, 전봉준의 족보 『천안전씨세보병술보』는 그의 종증손(從曾孫)인 전

---

26 「石南歷史小說 : 朴氏定基歷事」, 『한국학보』(71) 「부록」(서울 : 일지사, 1993), p. 5.
27 박문규의 생애에 관해서는 위의 책에 실린 박명규의 해제를 참조.
28 『天安全氏世譜丙戌譜』, 卷6, 文孝公派 松菴公孫, 5면 뒷장. 이 족보는 全東根(전봉준의 사촌 全基煥의 증손) 씨 소장본으로서, 나는 이기화 씨의 호의로 이를 볼 수 있었다.

동근(全東根)이 소장하고 있던 것이다.

전동근은 전봉준의 당숙인 기환(基煥)의 증손으로, 그의 아버지 윤삼(潤三 : 長壽)은 갑오년 당시 멸문의 화를 피해 숨어 살면서 족보를 간직하고 있었다. 따라서 이제까지 학계에 알려진『천안전씨세보계사보』(天安全氏世譜癸巳譜)의 삼재공파설은 흥덕현 일서면 벽송리(一西面 碧松里)에 살고 있는 삼재공파의 조작이라는 것이 이기화의 주장이다.[29]

이『천안전씨세보병술보』에 따라 그의 가계를 재구성해보면 다음과 같다.

『천안전씨세보병술보』(天安全氏世譜丙戌譜)

시조(始祖) 섭(聶)으로부터,

* **22세(世)** 석풍(碩豊 : 조부) : 자(字) 윤보(允甫), 정조(正祖)[30] 경술(庚戌 : 1790) 8월 10일생, 철종(哲宗) 정사(丁巳 : 1857) 5월 16일 졸(卒)

묘(墓) 남부면(南部面) 진장문하(鎭長門下) 차복리 앞(次福里前) 갑묘(甲卯) 용간좌(龍艮坐) 유파지(酉破地)

배(配) 인동 장씨(仁同張氏) 익휴의 딸(益休女) 여헌 현광의 아내(旅軒顯光 后), 정사(丁巳 : 1857) 10월 5일생, 기(忌) 병자(丙子 : 1876) 7월 16일

* **23세(世)** 기창(基昶 : 父) : 자(字) 인서(仁瑞), 초명 기영(基永), 순조(純祖) 정해(丁亥 : 1827) 8월 20일생

아내(室) 언양 김씨(彦陽金氏) 환의 딸(煥女) 장무공 준의 아내(壯武公俊 后), 순조(純祖) 신사(辛巳 : 1821) 10월 27일생

* **24세(世)** 태호(泰鎬 : 伯父 基弼의 長子) : 초명 철엽(鐵燁), 자(字) 원유(元有), 철·헌종(哲憲宗) 기유(己酉 : 1849)생, 기(忌) 8월 20일

---

29 이기화,「전봉준은 고창 堂村 태생」, pp. 21~22.
30 『丙戌譜』에는 순조로 되어 있으나 순조 시대에는 경술년이 없다. 이 족보의 "碩豊이 철종 丁巳(1857)에 68세로 卒했다"는 기록을 역산(逆算)하면 그의 출생 연대는 1790년이 되며, 이는 정조 연간이다.

묘(墓) 태인군 감산면 학촌(泰仁甘山面 鶴村)³¹ 남점동(南店洞) 자좌(子坐) 무자(無子)이므로 동길(東吉)을 입양함.

* **24세(世)** 병호(炳鎬 : 初名 鐵爐) : 자(字) 명좌(明佐), 철종(哲宗) 을묘(乙卯 : 1855) 12월 3일생

아내(配) 여산 송씨(礪山宋氏) 두옥의 딸(斗玉女), 신해(辛亥 : 1851) 8월 16일생, 기(忌) 정축(丁丑 : 1877) 4월 24일

묘(墓) 태인 산내면 소금동(泰仁 山內面 巢禽洞) 할머니 묘 밑(祖妣墓下) 묘좌(卯坐)

후실(後室) 남평 이씨(南平李氏) 문기의 딸(文琦女), 경신(庚申 : 1860) 9월 15일생

* **25세(世)** 동일(東一) 고종(高宗) 병술(丙戌 : 1886) 2월 5일생
* **25세(世)** 동길(東吉 : 泰鎬의 양자)

『천안전씨세보신미보』(天安全氏世譜辛未譜)(1931, 권12)

* **24세(世)** 봉준(琫準) : 초명(初名) 철로(鐵爐), 우명(又名) 병호(炳鎬), 자(字) 명숙(明淑), 철종(哲宗) 을묘(乙卯 : 1855) 12월 3일생

위의 족보 가운데 "24세 전병호(全炳鎬)"가 바로 전봉준이라는 것이 이기화의 주장이며, 이 분야에서 주목할 만한 논문을 쓴 송정수도 같은 주장을 하고 있다.³² 전병호와 전봉준이 동일인이라는 주장의 논거는 『천안전씨세보신미보』와 『천안전씨세보병술보』두 곳에 철로(鐵爐)라는 인물이 전봉준의 호(號)로 기록되어 있다는 사실이다. 이 족보는 전봉준이 혁명에 가담하기 9년 앞선 1886년에 작성되었기 때문에 족보가 변조 날조되었을 가능성이 없다는 점에서 믿을 만하다.

---

31 『丙戌譜』에는 이 글자가 잘 보이지 않으나 『庚戌譜』(1986)에는 학촌(鶴村)으로 되어 있다.
32 송정수, 「전봉준 장군 가계에 대한 검토」, passim 참조.

전봉준의 족보 병술보(丙戌譜)

이 족보에 따르면, 전봉준의 가계에 대해 종래의 학설과는 몇 가지 다른 점을 발견할 수 있다. 예컨대, 그의 아버지의 족보명이 기창(基昶)이라는 점, 자는 명숙(明淑)과는 다른 명좌(明佐)였다는 점, 그리고 뒤에서 설명하는 바와 같이, 그의 아내에 관한 몇 가지 인적 사항 등이다.

전봉준 가문의 생업에 관해서도 몇 가지 흔적이 보인다. 처음에 전봉준은 집이 가난하여 안정된 생업이 없이 약을 팔아 생계를 유지했으며 육효·단시(六爻斷時) 등 복서(卜筮)에도 통달하고 있었다.[33] 그는 방술(方術)을 배워 지관을 불러다가 장지를 고르는데 "만일 크게 잘될 자리가 아

---

33 김상기, 『동학과 동학란』, p. 31.

니면 원컨대 아주 망해서 자손이 없을 자리를 잡아달라."고 했다고 한다. 지관(地官)이 이 말을 듣고 괴상히 여기자 전봉준이 "오랫동안 남의 밑에서 구차히 이름을 연장하는 것보다는 차라리 멸족하는 것이 쾌하지 않겠는가?"라고 했다 한다.[34]

전봉준의 재산이나 생활 형편은, 자신의 직업이 '선비'였다는 법정 기록[35]에도 불구하고, 전답이 세 마지기[斗落]로 "아침 밥, 저녁 죽으로 살았다"[朝飯夕粥]는 답변[36]으로 미루어볼 때 넉넉한 편은 아니었고, 약간의 소작이 중요한 생계 수단이었던 것으로 보인다.

이용선(李鏞善 : 경향신문 기자)은 1960년대에 만난 전용현(全龍鉉 : 천안 전씨 족장)의 말을 빌려, "동학란 당시 조소리 앞의 전답과 산은 전창혁의 소유였는데, 난리 뒤 전봉준의 가계가 멸족하자 본처인 전주 최씨의 척족이 이를 관리하였으며, 일제 시대에는 신태인의 스즈키(鈴木)에게 넘어갔다가 이모(某) 씨를 거쳐 전만길(全萬吉 : 전봉준의 양손)에게로 넘어갔다."[37]는 증언을 남기고 있다. 이상의 사실을 종합해 볼 때, 전봉준은 소작농으로서 서당과 지관 노릇에서 들어오는 약간의 수입으로 살아가는 전형적인 빈농 출신의 지식인이었던 것으로 보인다.

3. 수학 시절

전봉준은 태어날 때부터 재기(才氣)가 출중하고 활달한 기상을 가졌으

---

34 『梧下記聞』, pp. 71~72. 생전에 전봉준을 만난 적이 있는 나홍균(羅鴻均) 옹(1886년생, 전북 정읍군 영원면 운학리 164)은 전봉준이 지관(地官)이었다고 나에게 말했다.
35 「全琫準供草 初招」: 問 所業何事 / 供 以士爲業
36 「全琫準供草 初招」: 問 一境人民皆被勒斂害 汝獨無有者 誠甚訝惑 / 供 矣身朝飯夕粥而已 何有勒斂之物
37 이용선, 「누가 녹두장군의 후예인가?」, p. 127.

전봉준이 유년시절을 보낸 황새마을(촬영 : 1993. 12. 3.)

며 용모가 단정하고 학문이 넓어 일찍이 아사(雅士)라는 호칭으로 불렸다. 그러나 유난히 키가 작아 5척에 불과했으므로 성인이 되어서는 '녹두'라는 별명을 얻었다. 그러나 담(膽)은 크기가 산과 같고 눈은 샛별 같이 빛났으며, 소리는 옥성(玉聲)을 가졌고 여력(膂力)이 남들보다 뛰어났다고 한다.[38]

유년 시절에 그는 여느 학동들과 마찬가지로 서당에 들어가 한학(漢學)을 수학했다. 그의 부모와 그 자신은 풍수지리설을 믿고 천하의 길지를 찾아 유랑했기 때문에 전봉준이 어디에 일정한 거처를 두고 수학한 적은 없다. 그는 고창을 떠나 18세까지 태인현 감산면 계봉리(甘山面 桂鳳里) 황새마을(지금의 井邑郡 甘谷面 桂龍里)에서 살았다. 그가 살던 집은 유기점에 붙어 있었는데 그 무렵에 그의 아버지가 이 공장에서 일했는지 여부는 확인되지 않는다. 다만 그 주거 상태로 볼 때 그의 집안이 간고

---

38 장봉선, 『전봉준실기』, p. 381; 이돈화, 『천도교창건사』(2)(서울 : 천도교중앙종리원, 1933), p. 57.

(艱苦)했음은 분명하다. 이때 전봉준이 이웃 마을인 김제군 봉남면 종정리(鳳南面 從政里)에서 송(宋)씨 성을 가진 서당 선생에게 한문을 배웠다는 사실이 확인되고 있다.[39]

그가 열세 살에 지었다고 하는 「백구시」(白鷗詩)가 전해지는데, 영웅을 미화하기 위한 첨삭이 없는 한 그가 비범한 시재(詩才)를 타고났음을 보여주는 시이다.

스스로 하얀 모래밭에 놀매 그 뜻이 한가롭고
흰 날개, 가는 다리는 홀로 청추(淸秋)롭다.
소소한 찬비 내릴 때면 꿈속에 잠기고
고기잡이 돌아간 후면 언덕에 오른다.
허다한 수석(水石)은 처음 보는 것이 아닌데
얼마나 풍상(風霜)을 겪었는지 머리는 이미 희게 되었도다.
비록 번거로이 마시고 쪼으나 분수를 알지니
강호(江湖)의 물고기들이여, 깊이 근심치 말지어다.[40]
自在沙鄕得意遊 雪翔瘦脚獨淸秋
蕭蕭寒雨來時夢 往往漁人去後邱
許多水石非生面 閱幾風霜已白頭
飮啄雖煩無過分 江湖魚族莫深愁

이 무렵에 전봉준은 당시에 유행하던 동학에도 관심을 두고 공부한 적이 있었던 것으로 보인다. 그곳의 구전[41]에 따르면 전봉준은 동학을 공부할 때, 특히 순한문으로 된 『동경대전』(東經大全)을 공부하다가 뜻이 통하지 않을 경우에는 당시 고부의 최고 문장가로 이웃에 살고 있던 옹

---

39 崔洵植의 증언; 최현식, 『신편 정주·정읍인물지』(정읍 : 정읍문화원, 1990), p. 229; 장봉선, 『전봉준실기』, p. 381.
40 오지영, 『동학사』, p. 162.
41 邕京源의 증언.

전봉준이 서당을 다닌 종정마을(촬영 : 1993. 12. 3.)

택규(邕宅奎)를 찾아가 가르침을 청했고, 문장뿐만 아니라 동학에도 깊은 지식을 가지고 있던 옹택규는 그 뜻을 풀이해 주었으며, 당시의 『동경대전』이 인쇄기술상 오자(誤字)가 있어 아홉 글자나 고쳐준 사실도 있다고 한다. 이렇게 볼 때 전봉준이 이 무렵에 동학을 공부한 것은 사실이지만, 이것과 "그가 동학교도였는가?" 하는 문제는 별개의 것이라고 보아야 할 것이다.

내가 조소리를 찾아갔을 때, 이곳의 촌로들은 이 마을에서 전봉준이 살았던 것은 결코 우연한 일이 아니며 풍수가 이미 그러한 인걸을 예비하고 있었다고 자신 있게 말했다. 그 이유로는 이 마을의 이름이 '새의 둥지'[鳥巢]인바, 새의 둥지라 함은 시끄러운 곳이기 때문에 이곳에서는 '세상을 시끄럽게 할 인걸(人傑)'이 배출될 수밖에 없다는 것이었다. 촌로들은 백정기(白貞基) 의사가 이곳 조소리 출신임을 들어 자신들의 전래 민담이 더욱 확실하게 되었다고 말하고 있다.[42]

42　邕京源의 증언.

전봉준의 옛집. 정읍군 이평면 장내리 조소마을(전북 지방문화재 제19호, 촬영 : 1981. 1. 15.)

조소리에서 그의 생활이 어떠했던가 하는 점은, 일본의 기쿠치 겐조 (菊池謙讓)가 1932년에 이곳을 방문하여 당시 생존해 있던 동학군의 얘기를 듣고서 기록한 다음의 글에서 어렴풋이 드러나고 있다.

> 전봉준은 몸이 작지만 얼굴이 희고 눈빛은 형형(炯炯)하여 사람을 쏘는 듯하다. 평소 집에 머물 때는 동네의 소년들을 모아 『동몽선습』(童蒙先習)을 읽어주거나 『천자문』(千字文)을 가르쳐 주었다. 동네의 어른들이 찾아오면 고현(古賢)들의 사적(史蹟)을 들어 얘기할 뿐 세간사(世間事)에 대해서는 말하지 않았다. 사람들이 찾아오지 않을 때면 종일토록 묵묵히 앉았다 드러누웠다 하였으며, 부모를 봉양함에 그 효성이 지극했다.
> 집안은 가난하였으나 농사를 지을 줄은 몰랐다. 때때로 먼 곳에서 손님이 찾아오면 며칠씩 묵어가는 일이 있었으나 동네 사람들과는 별로 어울리지 않았다. 다만 동네에 경조사(慶弔事)가 있으면 먼저 찾아가 축하를 드리기도 하고 조문했다. 마을 사람들은 모두 그가 심상치 않은 인물임을 알고 마음속 깊이 존경했다.[43]

전봉준 동상. 교수형을 당한 종로 네거리 전옥서 터에서 2018년 4월 24일 개막되었다지만, 전봉준은 이곳이 아닌 무악재에서 처형되었다.

이상의 묘사로 미루어볼 때 그는 불우하고도 적빈(赤貧)한 서생이었을 뿐만 아니라 심성으로 말한다면 소외된 지식인이었다고 할 수 있다. 한 개인의 인생이 불우하다고 하는 것은 자신의 결함에 따른 소외 현상이 아니요, 외적인 여건이 그를 몰락자(marginal man)로 만듦을 뜻하는 것이다. 이럴 경우 그의 마음은 대체로 불만과 개혁에 대한 의지로 가득 차게 된다.

전봉준이 비록 동네에서는 소외된 채로 지냈지만, 자신과 동류에 속하는 아웃사이더(outsider)들과 교류를 가졌다는 데서 그가 자신의 소외나 불우함을 승화시킬 수 있는 지혜를 가진 인물이었음이 드러난다. 그러므로 그의 좌절은 어떤 계기를 기다리는 것이었지 영원한 것은 아니었다.

---

43 菊池謙讓, 『近代朝鮮史』(下)(서울 : 鷄鳴社, 1939), p. 216.

4. 유랑의 세월

전봉준의 출생지나 거처에 대한 논의가 분분한 데서도 알 수 있듯이 그는 한곳에 정착하지를 못한 채 여러 곳을 돌아다녔는데 특히 비기(秘記)를 믿어 천하의 명당이라는 곳을 찾아 일시나마 자리 잡고 살기를 좋아했다. 그는 출생지인 고창에서 유년 시절을 보낸 뒤 부모를 따라 "구미성인출"(龜尾聖人出)이라 하여 명당으로 꼽히던 전주군 봉상면 구미리(鳳翔面 龜尾里)에서 김개남(金開南)·송희옥(宋喜玉)과 함께 산 적이 있고,[44] 18세까지는 앞서 말한 황새마을에서 살았다.

전봉준은 다시 "평사낙안"(平沙落雁)의 명당인 정읍군 산외면 평사리(山外面 平沙里) 지금실[知琴谷]로 이사하여 25세 무렵까지 살았다. 1876년에 사망한 조모와 1877년에 사망한 아내의 무덤이 태인 산내면 소금곡(山內面 巢禽谷)에 있는 것으로 미루어 전봉준은 적어도 1876년 이전에 그 이웃인 산외면 동곡리(東谷里)로 이주한 것으로 보인다.[45] 그 뒤 그는 고부군 궁동면(宮東面 : 梨坪) 양간다리[陽橋里]에서 살았고[46] 그 뒤 조소리로 이사해서 갑오농민혁명을 맞을 때까지 살았다.

전봉준의 유랑 세월 가운데 가장 주목할 만한 것은 혁명 1년 전인 1893년 3월 21일(陰)부터 4월 5일까지 열린 금산(錦山)의 금구취당(金溝聚黨)을 주도했다는 사실이다. 기록에 따르면, 보은취회(報恩聚會)와 거의 같은 시기에 전개된 금구취당에는 약 1만 명이 군집했다.[47] 장영민

---

44 김상기,『동학과 동학란』, p. 8.
45 송정수,「전봉준 장군 家系에 대한 검토」, p. 262.
46 최현식,『갑오동학혁명사』, p. 229; 장봉선,「전봉준실기」, p. 381.
47 「東徒問辨」,『東學亂記錄』(上)(서울 : 국사편찬위원회, 1971), p. 155;『續陰晴史』(上), pp. 264~264, 癸巳 3월 28일자 : "又金溝院坪聚黨數萬 聲言將直走仁川濟物云"; 癸巳 4월 초5일자 : "全羅道則都會于金溝院坪 魁首則報恩居黃河一 · 茂長接主孫海中 率萬餘人 二十一日來之云 私通云."

(張泳敏)의 글[48]과 서병학(徐丙鶴)의 설명[49]에서 밝혀져 있는 바와 같이, 엄격하게 말한다면 보은취회는 종교 집회로, 동학의 신원운동(伸寃運動)의 요소가 강렬하고,[50] 금구취당은 세속적[정치적]인 요소가 강렬했다는 점에서 두 모임은 그 성격이 다르다. 그러나 두 사건이 같은 시기에 전개되었다는 점, 금구취당의 일부가 보은취회와 합류하려고 시도했었다는 점,[51] 실제로 금구취당에 호남인 6천여 명이 참여했었다는 점[52] 등으로 미루어볼 때 두 집회가 완전히 무관하다고는 볼 수 없다.[53]

금구취당이 무엇을 주장하고 요구하고자 군집한 것인지는 잘 밝혀지지 않고 있다. 다만 당시 보은집회를 선무(宣撫)하려고 내려간 어윤중(魚允中)이 집회 구성원의 성격을 분석하고 있는 다음 글로 보아 그 성격을 짐작할 수 있을 뿐이다. 어윤중의 보고에 따르면 당시 시위 군중은 다음과 같은 무리였다.

(1) 재주가 있으면서도 뜻을 이루지 못하고 울분 속에 사는 사람
(2) 탐관오리의 비행에 분노하여 민중을 위해 죽기로 결심한 사람
(3) 외국이 우리의 이권을 빼앗음을 원통하게 생각하는 사람
(4) 탐관오리에게 수탈당하고도 억울함을 호소할 길이 없는 사람
(5) 경향(京鄕)의 세도가 때문에 살아갈 수 없는 사람
(6) 죄를 짓고 도망 다니던 사람

---

48 장영민, 「동학의 대선생 신원운동에 관한 일고찰」, 『백산박성수교수화갑기념논총 : 한국독립운동사의 인식』(서울 : 논총간행위원회, 1991), pp. 252~254 참조.
49 『續陰晴史』(上), p. 266, 癸巳 4월 16일자; 「聚語」, 『東學亂記錄』(上), p. 123 : "中有徐丙鶴者……又曰 湖南聚會之黨 與我種類不同 乞勿混示 以別玉石."
50 『續陰晴史』(上), p. 269, 癸巳 4월 22일자 : "聞初五日 宣撫使[魚允中]到珍山郡 東徒四百餘名 自金溝會所上來 曉諭於客舍門外 厥黨曰 渠等聚黨 因道主崔時榮[亨]知委 爲斥倭洋 又苦守令侵擾……."
51 「聚語」, 『東學亂記錄』(上), p. 111.
52 「聚語」, 『東學亂記錄』(上), pp. 124~125.
53 정창렬, 「갑오농민전쟁연구」(서울 : 연세대 대학원 박사 논문, 1991), p. 64.

(7) 영읍(營邑)의 관리로서 떠돌아다니던 사람
(8) 농민이나 상인(商人)으로서 살아갈 길이 없는 사람
(9) 그곳에 가면 잘살게 되리라는 풍문을 듣고 온 어리석은 사람
(10) 빚에 쫓기는 사람
(11) 천민의 몸으로서 신분 상승을 바라는 사람[54]

그런데 금구취회 당시의 기록에는 보이지 않다가 해산한 뒤의 체포령에는 김봉집(金鳳集)이라는 이름이 등장하고 있다.[55] 이와 관련하여 정창렬(鄭昌烈)은 김봉집이 전봉준의 가명이라고 주장한다. 그 이유로 ;

(1) 『속음청사』(上)(p. 270)에 전가(全哥)의 체포령이 나오는데 정황으로 보아 그 전가는 전봉준을 의미하는 것이며,
(2) 『동학사』(p. 86)에 인용된 『승정원일기』에 전봉준으로 명기되어 있고,
(3) 박정동(朴晶東)의 『시천교종역사』(侍天敎宗繹史)(서울 : 시천교본부, 1915), pp. 27~28에 전봉준이 금구에서 집회한 기록이 보인다.[56]

는 것 등을 들고 있다. 이 밖에도 정창렬은 금구취회 당시에 전봉준이 김봉균(金鳳均)이라는 가명도 썼다고 주장하고 있다.[57]
이상의 기록으로 볼 때, 전봉준과 그의 아버지는 혼란한 시대에 대부분의 민중이 그랬던 것처럼, 어지러운 곳을 피하여 몸을 지켜 생명을 보전할 수 있는[安身立命] 길지(吉地)를 찾아 방황했고, 혁명 전야에는 그

---

54 「聚語」, 『東學亂記錄』(上), p. 122.
55 『承政院日記』 1893년 4월 10일조; 『高宗實錄』 30년 癸巳(1893) 5월 초10일 '議政府啓': "卽見兩湖宣撫使魚允中狀啓 則布宣綸音之後 報恩匪徒 已皆歸化退散 而聚黨所由 旣發於徐丙鶴之口 發文揭榜 自有姓名 情形叵測 宜有查覈 湖西之徐丙鶴 湖南之金鳳集.徐長玉 並令各該道道臣 捉囚營獄 嚴查登聞"
56 정창렬, 「갑오농민전쟁연구」, pp. 50~51.
57 「동학당수령방문기」, 『日淸交戰錄』(12), 明治 27년 10월 16일자; 정창렬, 「갑오농민전쟁연구」, p. 52 참조.

무렵에 거대한 영향력을 행사하던 동학을 주목하면서 그 해답을 찾으려고 고뇌했던 것으로 보인다.

1. 아버지와 아내

전봉준의 생애를 결정지은 첫 번째 만남으로는 당연히 그의 아버지와의 관계를 들 수 있다. 인간은 조국과 부모를 선택할 수 없다. 전봉준의 아버지에 관한 기록은 그 이름에서부터 차이를 보이면서 후세인들을 혼란스럽게 하고 있다. 그곳에서 발행된 향토지(鄕土誌)와 교단 기록[1]에 따르면 아버지는 전창혁(全彰赫) 또는 승록(承彔)으로 되어 있다. 그러나 이기화(李起華 : 고창문화원장)가 발굴한 『천안전씨세보병술보』(天安全氏世譜丙戌譜, 1886)에 따르면 전봉준의 아버지의 인적 사항은 다음과 같다.

* 23세(世) 기창(基昶 : 父) : 자(字) 인서(仁瑞), 초명(初名) 기영(基永), 순조(純祖) 정해(丁亥 : 1827) 8월 20일생
　아내(室) 언양 김씨(彦陽金氏) 환의 딸(煥女壯武公 俊后), 순조(純祖) 신사(辛巳 : 1821) 10월 27일생

위의 기록에 따르면, 아버지의 족보 이름은 기창(基昶)으로 1827년생이요, 어머니는 언양 김씨로 1821년생이다. 이름이 기록마다 다른 것은 당시의 풍속으로 말미암아 돌림자[行列]에 따른 이름과 속명이 다를 수 있기 때문인데 흔히 있는 일이다. 그러나 아내가 여섯 살 연상이라는 점이 미심쩍다. 앞 장에서 살펴본 바와 같이, 전봉준의 아버지인 전창혁은 고부의 향반(鄕班)이라고는 볼 수 없고 동네의 일을 맡아보는 오늘날의 이장(里長) 정도에 해당하는 인물이었다. 그의 행적에 관한 기록을 종합해 보건대 그는 비교적 강직했고 정의감을 가진 인물이었던 것으로 보인다.

---

[1] 장봉선, 「전봉준실기」, 『정읍군지』(정읍 : 이로재, 1936), pp. 381~382; 오지영, 『동학사』(서울 : 영창서관, 1940), pp. 103~104.

전창혁의 인생은 또 다른 만남, 곧 조병갑(趙秉甲)이라고 하는 인물을 통해서 바뀌게 된다. 기록에 따르면 조병갑은 고부 군수에서 익산 군수로 전임(轉任)되었을 때 어머니가 세상을 떠났다. 이때 조병갑이 뒤에서 조종했는지 아니면 그에게 아첨하는 무리가 앞장을 섰는지 어느 쪽인지는 모르지만, 고부 읍민들 사이에는 조병갑의 친상(親喪)에 대한 조의금을 추렴하는 문제가 거론되었다.

이때 동네 사람들이 전창혁과 당시 동네의 유지인 김성천(金成天)을 찾아가 고부에서 적어도 2천 냥 정도는 부의(賻儀)를 해야겠노라고 말하자 전창혁은 "조병갑은 고부 군수로 재직하는 동안에 추호의 선치(善治)도 없었을 뿐만 아니라 기첩(妓妾)이 죽었는데 무슨 부의를 하느냐!"고 소리치고 주민의 의견을 일축했다. 이 소식은 곧 조병갑의 귀에 들어갔고, 1894년 1월에 그는 고부에 복직되자마자 김성천과 전창혁을 잡아들이도록 했다. 그러나 이때 김성천은 이미 죽었으므로 전창혁만 잡혀 들어가 곤장을 맞고 곧 죽었다.

이상의 이야기는 주로 내가 고부 일대에서 수집한 구전[2]과 그곳에서 발행된 향토지[3]에 기록된 것이지만, 천도교 측의 기록은 이와는 다소 다르다. 천도교 측의 기록에 따르면 전창혁은 마을 사람인 김도삼(金道三), 정익[일]서(鄭益[一]瑞)와 함께 조병갑을 찾아가 그간의 여러 가지 어려운 사정[民瘼]을 들어 시정을 호소했다는 것이다.

김도삼은 배들[梨坪] 사람으로 의성 김씨 문중의 양반이었고, 정익서는 덕천면 달천(德川面 達川) 사람으로 중인 출신이었다고 한다.[4] 이에 조병갑은 이들을 난민(亂民)이라 하며 곧 감옥에 가두고 전라감영에 보고

---

2 邕京源(1912년생, 井邑郡 井州邑 光橋里 172-2)의 증언.
3 장봉선, 『전봉준실기』, pp. 381~382.
4 羅鴻均(1886년생, 井邑郡 永元面 雲鶴里 164에 거주)의 증언.

를 올려 장두(狀頭 : 訴狀을 낸 우두머리) 세 사람을 감영으로 옮겨 가두었으며 그밖의 백성들은 매를 쳐 몰아냈다.

이때 전라감사는 장두들이 많은 백성을 충동하여 난을 일으킨 것이라 하여 엄혹한 형벌로 다스린 뒤 다시 고부의 본옥(本獄)으로 내려보냈다. 이들 세 사람은 모두 고부에 내려와 무서운 매를 맞고 옥중에 계속 갇혀 있었던바, 수장두(首狀頭)인 전창혁은 마침내 옥중에서 장독(杖毒)으로 죽었다.[5] 앞뒤가 다소 다르기는 하지만 전창혁이 조병갑의 탐학(貪虐)에 희생되었다고 하는 점에서는 대부분의 기록이 일치하고 있다.[6]

그렇다면 전창혁이 장살(杖殺)된 것은 언제일까? 천도교 측의 기록은 물론, 관변 기록과 향토지 모두 갑오농민혁명이 일어난 1894년에 전봉준이 상복을 입고 있었다고 말함으로써 전창혁이 장살된 것이 갑오년에서 그리 오래전이 아님을 간접적으로 암시해주고 있다.[7]

---

5 오지영, 『동학사』, pp. 103~104; 이돈화, 『천도교창건사』(2)(서울 : 천도교중앙종리원, 1933), p. 57; 「부산총영사 室田義文이 大鳥 공사에게 보낸 정찰보고서」, 『駐韓日本公使館記錄』(2)(이하 『駐韓日本公使館記錄』이라 약기(略記)함)(과천 : 국사편찬위원회, 1987), p. 71

6 朴孟洙(원불교 영산대학 사학과 교수)는 "전봉준의 아버지가 장살당했다는 사실이 역사적으로 입증되지 않는다."고 주장하면서, 사료 해석에 신중할 것을 강조했다.(1994년 11월 5일, 영남대 민족문화연구소 주최 동학사상학술 회의) 아울러 그는 그 논거로 鄭昌烈의 논문 「고부민란의 연구」(상·하), 『한국사연구』 pp. 48~49, 한국사연구회, 1985년 3·6월)를 읽어보도록 나에게 권했다. 그러나 정창열의 논문에는 전봉준의 아버지가 장살된 것을 부인하는 주장은 없었고, 다만 이 문제를 전혀 거론하지 않았을 뿐이다.

이 글을 교열해준 張泳敏(尙志大 교수)도 전봉준의 아버지가 장살되었다는 것은 구전일 뿐 역사적 사실로 입증되는 것은 아니라고 지적해 주었다. 장영민의 논거에 따르면, 장살에 관한 얘기는 3월 봉기 이후 처음 나온 '소문'에 불과하며, 만약 그것이 사실이었다면 왜 공초에 언급이 없었겠느냐고 반문했다. 그러나 나는 그의 아버지가 장살되었다는 것을 기정사실화하고 이 글을 썼다. 왜냐하면, 만약 전봉준의 아버지가 조병갑에 의해 맞아 죽은 사실이 없다면, 최해월이 "애비의 원수를 갚으려면……."(「崔時亨이 전봉준에게 보낸 경고문」, 『천도교회사초고』(서울 : 천도교청년교리강연부, 1920, [飜刻本은 『동학사료자료집』(1)(서울 : 아세아문화사, 1979), p. 457]; 천도교중앙총부(편), 『天道教百年略史』(上)(서울 : 미래문화사, 1981), p. 220)이라 말한 것을 어떻게 설명할 수 있겠는가 하는 의문이 남기 때문이다.(이에 관한 논의는 이 책 5장 3절 참조)

7 「甲午略歷」, 『東學亂記錄』(上)(서울 : 국사편찬위원회, 1971), p. 65 : "6月 觀察使請邀全

전창혁이 죽은 시기에 관해서는 좀 더 근거 있는 자료가 있다. 고부에 내려오는 구전과 목격자의 증언에 따르면, 갑오농민혁명이 일어나기 직전에 전봉준이 나들이를 할 때면 상주들이 쓰는 방갓[方笠]을 쓰고 있었고, 1894년에 전봉준이 전주성에서 화약(和約)을 맺고 있을 무렵인 6월경에 그의 선친의 소상(小祥)을 맞이했는데, 그때 당대의 영웅을 숭모하는 인근 마을의 조객들이 몇 천을 헤아렸고 그들이 가져온 현물 조위(弔慰)가 상당수에 이르렀다고 한다.[8] 이런 점에서 보건대 전창혁이 죽은 것은 1893년 6월경(陰)이며, 조병갑이 재임된 1894년 1월에 장살되었다는 기록[9]과 갑오년 봄에 죽었다는 기록[10]은 잘못되었다.

이상과 같은 사실로 미루어볼 때 전봉준은 이상(理想)이나 웅지(雄志)를 논의하기에 앞서 이미 현실에 대한 적의(敵意)와 사원(私怨)에 사로잡혀 있는 인물이었다. 그렇다고 해서 전봉준의 초기 거사가 아버지를 잃은 사사로운 원한에서 비롯되었다고 말하려는 것은 아니다. 왜냐하면 당시와 같은 관존적(官尊的)인 체제 아래서는 아버지가 형장의 이슬로 사라지는 일은 흔했기 때문이다.

그뿐만 아니라 부친에 대한 원한이 사무쳤다고 할지라도 마키아벨리(N. Machiavelli)의 말처럼, 인간은 토지를 빼앗아 간 무리와 아내를 빼앗아 간 무리는 죽는 순간까지 잊지 못해도 아버지를 죽인 원수는 세월이 가면 점차 잊어가게 마련이다.[11] 따라서 전봉준의 거병에 대한 이유를 설

琫準于監營 是時 守城軍卒 各持銃槍 整列左右 全琫準我冠麻衣 昻然而入"; 이돈화, 『천도교창건사』(2), p. 59; 장봉선, 『전봉준실기』, p. 385.
8 羅鴻均의 증언.
9 장봉선, 『전봉준실기』, pp. 381~382.
10 「金洛鳳履歷」(필사본), 『전라문화논총』(7) 부록(전주 : 전북대 전라문화연구소, 1994), p. 295.
11 N. Machiavelli, *The Prince and Other Works*(New York : Hendricks House, 1946), Chap. 17-4; 신복룡(역주), 『君主論』(서울 : 을유문화사, 2016), 17장 §4.

명하면서 그의 아버지가 죽은 데 대한 감정을 전적으로 배제할 수는 없지만, 거기에 방점을 찍을 필요는 없다. 그보다 더 깊고 중요한 이유는 역시 자신을 포함한 민생의 억눌린 삶의 문제였다.

인간적으로나 가정적인 측면에서 말한다면 아버지 문제 이외에도 전봉준은 불행한 사람이었다. 그는 여산 송씨(礪山宋氏) 두옥(斗玉)[12]의 딸을 아내로 맞이했다. 그의 아내가 송씨라는 사실은 다음의 족보(丙戌譜) 기록에서도 잘 나타나고 있다.

> 아내(配) 여산 송씨(礪山宋氏) 두옥의 딸(斗玉女), 신해(辛亥 : 1851) 8월 16일생, 기(忌) 정축(丁丑 : 1877) 4월 24일
>
> 묘(墓) 태인 산내면 소금동(泰仁 山內面 巢禽洞) 할머니의 묘 밑(祖妣墓下) 묘좌(卯坐)
>
> 후실(后室) 남평 이씨(南平李氏) 문기의 딸(文琦女) 경신(庚申 : 1860) 9월 15일생

이 기록에 따르면, 아내의 성은 송씨였는데 전봉준보다는 4년 연상이었고, 27세의 이른 나이에 죽었으며, 태인 선산에 장례를 지냈다. 그의 초취 부인이 송씨였다는 사실은 족보 이외에도 그가 신문 과정에서 "송희옥(宋喜玉)이 처족 칠촌"이라고 대답한 사실[13]과, 김상기(金庠基)가 『동학과 동학란』을 쓸 무렵(1931) "전봉준의 처숙(妻叔)인 송희옥의 손자를 만났다."는 기록[14]과도 일치한다. 그러나 이 아내는 병으로 고생하던 끝에 어린 두 딸을 남겨놓고 일찍 세상을 떠났다.

아내가 죽자, 전봉준은 오랫동안 병석에 누워 있던 아내와 이별하는

---

12 오지영, 『동학사』, p. 113. 백산 전투 당시 무안에서는 宋斗玉을 비롯한 15명이 참전했다는 기록이 보인다.
13 「全琫準供草 三招」: 問 宋之於汝 無戚分乎 / 供 妻族七寸也
14 김상기, 『동학과 동학란』(서울 : 대성출판사, 1947), p. 72.

것을 애석히 여겨 황토현 남쪽에 장사 지냈다. 그리고 당시의 풍습과는 달리 스스로 아이들의 손을 이끌고 아내의 묘소에 서서 묵도하는 것을 여러 번 보였다고 한다.[15] 전봉준이 이토록 상례(喪禮)를 어기면서까지 손수 아내의 무덤을 찾아가 명복을 빌었다고 하는 사실은 아내의 죽음에 대한 그의 비통함과 자식들에 대한 어버이로서의 정, 그리고 더 나아가서는 그가 그 무렵 가슴속에 품고 있던 원한을 잘 보여주며, 아울러 이것들이 시세(時世)에 대한 불만으로 이어질 수 있는 가능성의 정도를 말해준다.

그런데 이용선(李鏞善 : 경향신문 기자)은 1960년대 후반에 자료를 수집하면서 전봉준의 서당 제자인 이경렬(李京烈)과 전봉준의 당질 전용진(全用辰 : 전봉준의 養孫인 全萬吉의 아버지)의 증언을 인용하여, "전봉준의 본처는 전주 최씨였으며, 그에게서 용규·용현이라는 두 아들을 낳았고, 본처 전주 최씨가 죽은 뒤 이씨를 재취로 얻었다"고 주장했다.[16] 그러나 이 말을 믿기는 어렵다. 왜냐하면 족보에 따르면, 초취 부인은 이미 1877년에 죽었는데 아들 동일(東一)이 1886년(丙戌)에 그의 몸에서 태어날 수는 없기 때문이다.

그 뒤 전봉준은 남평 이씨(南平李氏) 문기(文琦)의 딸(1860~?)을 재취로 맞이했다. 그리고 그에게서 두 아들을 얻었다.[17] 그의 재취가 이씨였다는 것은 기쿠치 겐조의 글[18]에서도 보이며, 내가 수집한 구전[19] 가운데 "오

---

15 菊池謙讓, 『朝鮮近世史』(下)(서울 : 鷄鳴社, 1939), p. 216. 아내의 무덤이 "황토현 아래에 있다."는 菊池謙讓의 기록과 "산내면 소금동(山內面 巢禽洞)에 있다."는 족보의 기록이 서로 다른 것에 관해서는 좀 더 연구해볼 필요가 있다. 이에 대해 송정수(전북대 교수)는 황토현 아래의 무덤이 후실인 이씨의 무덤일 수 있다고 추정한다.
16 李鏞善, 「누가 녹두장군의 후예인가?」, 『여성동아』 1968년 9월호), pp. 126~127.
17 그의 후손에 관한 자세한 논의는 이 책 9장 3절의 유족(遺族) 편에서 재론함.
18 菊池謙讓, 『近代朝鮮史』(下), p. 229.
19 이 책 9장 3절 '遺族' 참조.

(吳)씨 문중의 과수댁을 재취로 맞이했다."는 것은 아마도 이씨와 동일인일 것이라는 송정수(宋正洙)의 주장[20]은 흥미로운 지적이다.

2. 동지들

전봉준의 두 번째 만남은 그의 동지들과의 사이에 이루어졌다. 기쿠치 겐조가 기록하고 있는 바와 같이, 그는 동네 사람들이라 할지라도 어른들이 찾아오는 경우가 아니면 몸소 남들을 찾아다니는 일이 드물었으며, 가끔 멀리서 찾아오는 손님들이 있을 때면 며칠씩 묵고 갔다고 한다. 이런 점에서 본다면 그는 소외된 지식인이었다.

전봉준의 대인관계는 원만했다거나 폭이 넓었다고는 볼 수 없고, 비교적 사람을 가려 사귀는 편이었던 듯하다. 이러한 사실은 그가 민중의 지도자로 그다지 적합하지 않은 인물임을 의미할 수도 있다.

전봉준의 교우 관계는 대체로 명당을 찾아다니는 과정에서 이루어진 것인데, 그 대표적인 인물로는 정읍의 김개남(金開南)과 손화중(孫化中), 금구(金溝)의 김덕명(金德明), 그리고 태인의 최경선(崔景善) 등을 들 수 있다.

김개남(1853~1894)은 도강 김씨(道康金氏)로 태인 판관공파(判官公派) 20세손으로서 태인군 산외면 정량리 원정마을(山外面 貞良里 原貞)[21]에서

---

20 송정수, 「전봉준 장군 가계에 관한 검토」, 『호남사회연구』(2)(전주 : 호남사회연구회, 1995), p. 257.
21 이진영, 「김개남과 동학농민전쟁」, 『한국현대사연구』(2)(서울 : 한울, 1995), p. 54. 최현식(全北文化財專門委員, 井邑郡 井州邑 長明里 170)은 김개남이 山外面 東谷里 知琴 谷[지금실]서 태어났다고 기록하고 있다.(최현식, 『신편 정주·정읍인물지』(정읍 : 정읍문화원, 1990), p. 260)

김개남

 아버지 대현(大鉉 : 1817~?)과 익산 이씨(益山李氏) 사이의 셋째 아들로 태어났다. 그의 족보 이름은 영주(永疇)요, 자는 기선(琪先)이었다.[22]

 김개남의 본명은 기범(箕範)이었는데 스스로 말하기를, "꿈에 신인(神人)이 남쪽 지방을 연다."는 뜻으로 "개남"(開南)이라는 두 글자를 손바닥에 써주어 호를 개남이라 했으며, 개남(介南)이라고 전하는 것은 같은 발음이어서 잘못 알려진 것이라 한다.[23] 그의 선대는 조선 전기 고현내면(古縣內面)의 토반으로 큰 벼슬은 하지 못했으나 정유재란(丁酉再亂) 때 의병에 가담한 공로로 음사(蔭仕)를 한 뒤, 토반으로서의 가계를 이을 수 있었다.[24]

 김개남은 열아홉 살 되던 해에 전주 구이면 원기리(九耳面 元基里)의

---

22 『道康金氏泰仁判官公派世譜』丙午譜(1846), 癸酉譜(1933) 참조.
23 황현, 『동학란』(서울 : 을유문화사, 1985), p. 231; 황현(저), 김종일(역), 『梧下記聞』(서울 : 역사비평사, 1994), p. 179.
24 이진영, 「김개남과 동학농민전쟁」, p. 61.

연안 이씨(延安李氏)를 아내로 맞이했다. 그러나 곧 상처하고 임실(任實)의 전주 이씨와 재혼했다.²⁵ 그는 젊었을 적에 처가의 이웃 마을에서 서당 훈장을 했다. 결혼과 더불어 형에게서 분가하여 선산이 있는 지금실[知琴谷]로 이사했는데, 지금실에서 지금재를 넘으면 곧 금구·원평이어서 실질적으로 원평의 생활권에서 살았다고 할 수 있다.

김개남이 뒷날 남원을 거점으로 삼은 것은 처가가 임실이라는 것과 무관하지 않다.²⁶ 갑오농민혁명 당시 전주 영장으로 적과 내통했다는 이유로 홍계훈에게 참형을 당한 김시풍(金時豊)은 김개남의 집안 아저씨[族叔]로서 성장기의 그에게 많은 영향을 주었다.²⁷

김개남은 생각이 깊고 의지가 굳어 자못 무력으로 사람들에게 군림했다. 그리하여 혁명이 일어났던 초기에 집안사람들은 대부분 그를 따라 농민란에 참여하게 되었으며, 도강 김씨 가운데 접주가 스물네 명이나 되었다.²⁸ 후손들의 증언에 따르면, 그의 집안은 논 마흔다섯 마지기를 짓는 부농이었다고 하나²⁹ 내가 답사한 지금실 일대의 토지 사정을 감안할 때 이는 과장된 것으로 보인다.³⁰ 그는 『정감록』을 믿어 십승지지(十勝之地)인 지리산의 청학동에 들어가 처남과 함께 산 적이 있었다.³¹

김개남이 어느 때부터 동학에 심취했는지는 확실치 않다. 그에 관해서는 다음과 같은 기록이 있다.

1890년 6월 초에 해월신사(海月神師 : 최시형)가 지금실의 김기범 집에

---

25 『道康金氏泰仁判官公派世譜』丙午譜(1846), 癸酉譜(1933) 참조.
26 이진영, 「김개남과 동학농민전쟁」, pp. 63~65.
27 이진영, 「김개남과 동학농민전쟁」, pp. 65~66.
28 『梧下記聞』, p. 179.
29 金煥鈺(김개남의 손자 : 1919년생, 태인군 산외면 동곡리 지금실)의 증언.
30 이진영, 「김개남과 동학농민전쟁」, p. 72.
31 최현식의 증언.

가서 머물렀는데, 이때 금구의 김덕명이 여름옷 다섯 벌을 지어 오니 김기범 또한 여름옷 다섯 벌을 바쳤다.…… (神師가) 호남 일대의 여러 곳을 돌아보았는데 우리 도를 아는 무리가 적다(고 하였다). 보름께 금구의 김덕명의 집으로 갔다.[32]

위의 기록으로 미루어볼 때 적어도 그는 1890년 이전에 동학교도가 되었으며, 교주가 몸소 방문하여 열흘쯤 묵어갈 정도로 신심이 깊었음을 알 수 있다.

전봉준과 김개남의 관계는 전봉준의 장녀가 정읍군 산외면 동곡리 지금실로 시집갔다는 사실과 밀접한 관련이 있다. 지금실에 살고 있는 촌로들의 구전[33]에 따르면, 그의 장녀는 김개남의 이웃으로 출가하였기 때문에 전봉준과 김개남은 가끔 만날 기회가 있었고 그럴 때마다 의기가 맞아 대사(大事)를 함께 도모하게 되었다고 한다. 일설에 따르면, 전봉준의 딸이 이곳으로 시집오게 된 것도 김개남의 중매로 이루어진 것이라고 한다.[34]

손화중(1861~1895)은 정읍의 토반인 밀양 손씨(密陽孫氏) 양반가의 후예로, 그가 태어난 가정은 중류 이상의 유족한 선비 집안이었다. 그는 정읍현 남일면 과교리(南一面 科橋里)에서 태어나 음성리로 이사했다. 정읍의 옛 이름이 초산(楚山)이었기에 호를 초산이라 했다. 임진왜란 때 전주사고(史庫)의 『조선왕조실록』을 내장산으로 옮긴 태인 사람 손홍록(孫洪祿)의 후손이다.[35] 『밀양손씨세보』(密陽孫氏世譜)에 따르면, 그는 지금의

---

32 「大先生事蹟」(필사본, 丙午(1906) 寫, n.p. ; 전북대 사학과 이진영 씨 제공), pp. 75~76(원래 쪽수가 없으나 이를 산출하여 기록했음):"(庚寅年) 6月初 往留琴實金箕範家時 金溝金德明裁來夏衣五件 金箕範亦裁呈夏衣五件也 湖南一道逐(sic)處遊覽 知道者鮮矣 望間往金德明家"
33 金氏女(金開南의 從孫女 : 1901년생, 井邑郡 山外面 東谷里 원동골 거주)의 증언.
34 이진영, 「김개남과 동학농민전쟁」, p. 69.
35 「동학농민전쟁(6) : 孫化中篇」, 『전북일보』 1992년 7월 13일자.

손화중

정읍 과교리에서 아버지 손호열(孫浩烈)과 어머니 평강 채씨(平康蔡氏) 사이의 장남으로 태어났다. 참고로 그의 족보를 살펴보면 다음과 같다.

아버지(父) 허열(浩烈) : 초명(初名) 이갑(履甲), 자(字) 경행(敬行), 헌종(憲宗) 경자(庚子 : 1840) 정월 8일생, 갑오(甲午 : 1894) 3월 14일 졸(卒)
묘(墓) 국사봉(國師峰) 선산 밑(先山下) 유좌(酉坐)
아내(室) 평강 채씨(平康蔡氏) : 아버지(父) 홍일(弘一), 헌종(憲宗) 계묘(癸卯 : 1843) 10월 10일생, 기(忌) 병술(丙戌 : 1886) 5월 11일 함께 묻힘(合祔)
아들(子) 정식(正植) : 자(字) 중화(化仲), 호(號) 초산(楚山), 철종(哲宗) 신유(辛酉 : 1861) 6월 22일생, 을미(乙未 : 1895) 3월 29일 졸(卒)
묘(墓) 정주읍 삼산리 음성 서쪽 산(井州邑 三山里 蔭城 西麓) 석현사방축

상(石峴坊築上) 임좌(壬坐)

아내(配) 고흥 유씨(高興柳氏) : 아버지(父) 기린(基麟), 철종(哲宗) 을묘(乙卯 : 1855) 4월 4일생, 기(忌) 임자(壬子 : 1912) 1월 6일 함께 묻힘(合祔)[36]

손화중은 과시(科試)를 염두에 두지는 않았고, 내우외환이 겹치고 있는 어지러운 세상에서 하나의 유행이었던 『정감록』의 십승지지를 찾아 은둔 생활을 꿈꾸었다. 그리하여 그는 일찍이 한학을 수업하고 시국에 관심을 가져오던 터에, 처남 유용수(柳龍洙)를 따라 스무 살 무렵에 지리산 청학동으로 들어갔다가 이곳에서 만난 동학도에 공명되어 입도했다. 그 뒤 그는 뜻한 바 있어 이태만에 고향으로 돌아와 포교에 들어간다.

처음에 손화중은 눈을 피해 부안, 정읍 농소리(農所里), 정읍 입암면 신금리(笠巖面 新綿里), 음성리 등지로 옮겨 다니다가 향리에서의 포교 활동이 어렵다는 것을 알고 이웃 무장(茂長)으로 옮겨 김 아무개의 집에 잠시 포교소를 두었다. 그러고는 다시 무장현 성송면 괴치리(星松面 槐峙里) 양실마을[兩谷]이라는 한촌으로 옮겼다.

손화중은 이곳에서 포교로 명성을 얻게 된다. 본디 기골이 장대하고, 헌헌장부의 기상을 지녔던 그는 돈독한 신앙심으로 교주 최시형에게 두터운 신임을 얻어 호남의 유수한 접주로 꼽혔다. 그는 사발통문에 서명하지는 않았지만, 집안 조카인 손여옥(孫如玉)이 이에 참여하게 했다.[37]

손화중은 지도자로서의 기교도 가졌던 인물로 보인다. 한 실례로 다음의 참위설화는 중요한 의미를 갖는다.

---

36 『密陽孫氏世譜』(井邑篇) 孫化仲條. 孫洪哲(1919년생), 孫洪烈(손화중의 손자 : 1935년생, 井州市 上坪洞 陰城마을 거주) 소장.
37 최현식, 『갑오동학혁명사』, (전주 : 신아출판사, 1994), p. 54; 『梧下記聞』, p. 384; 최현식, 「동학혁명의 향토사적 연구 : 갑오동학혁명에 있어서 손화중의 역할을 중심으로」, 『한국학논집』(10)(서울 : 한양대 한국학연구소, 1986), pp. 386~388; 孫洪烈.孫洪哲(손화중의 손자) 증언.

1892년[임진년] 8월의 일이다. 전라도 무장현 선운사(禪雲寺) 도솔암(兜率庵) 남쪽 수십 보쯤 되는 곳에 층암절벽이 있고 그 바위 전면에는 큰 불상이 새겨져 있었다. 전설에 따르면, 그 석불은 지금으로부터 3천 년 전에 검당선사(黔堂禪師)의 진상(眞像)이라 하며 그 배꼽 속에는 신기한 비결이 있다 하여 그것이 나오는 날에는 한양이 끝난다는 말이 자자했다. 이에 130년 전 전라감사로 부임한 이서구(李書九)가 그 석불의 배꼽을 열고 그 비결을 꺼내 보다가 마침 뇌성벽력이 일어나니 그 비결을 다 보지 못했었는데 그 첫머리에는 '전라감사 이서구가 열어봄'[全羅監司李書九開坼]이라고 적혀 있었다.

　그 뒤에도 여러 사람이 보고자 했으나 그때마다 뇌성벽력이 쳐 뜻을 이루지 못했다. …… 어느 날 손화중 포(包)에서 석불 비결 얘기가 나와 그것을 열어보기로 하고 …… 대나무와 새끼줄을 구하여 사다리를 만들어 올라가 석불의 배꼽을 도끼로 부수고 그 안의 비결을 꺼냈다. …… 그 뒤 그 비결은 손화중이 가지고 어디로인가 가버렸고 …… 선운사 중들의 고발에 따라 …… 가담자들은 전라감영에 끌려가 악형을 받았다.[38]

선운사 마애석불 (촬영 김영춘, 1993. 12. 3.)

38　오지영, 『동학사』, pp. 88~90; 『梧下記聞』, p. 65.

내가 손화중의 손자 손홍철(孫洪哲), 손홍렬(孫洪烈)을 만났을 때 (1994) 그들은 그 석불에서 나온 보물들이 상당 기간 가보로 전해져 왔었다고 증언했지만,[39] 이 글의 진위를 가리는 것은 무의미한 일이며, 다만 손화중이 당시의 민심을 깊이 읽고 있었음을 의미하는 것임은 분명하다.

전봉준이 손화중과 만난 것은 1888년경으로 손화중의 집안 조카인 손여옥과 가까운 관계로 교우하게 되었다. 손화중의 둘째 아들인 손응수(孫應洙 : 1890~1964, 정주읍 三山里 蔭城마을)의 증언에 따르면, 그 무렵 무장현 괴치리 사천(砂川)마을의 오두막집으로 이사해서 한 해쯤 되었을 때부터 전봉준이 가끔 찾아왔다고 한다. 찾아오는 도인들 가운데 전봉준은 유독 키가 작고 샛별 같은 눈을 가진 사람이었다.

교인들이 앉으면 으레 도담(道談)과 시국에 관한 이야기를 했다. 손화중은 아직 동학교인이 일어날 때가 아니라고 주장했다. 눈발이 날리는 어느 겨울날 해질 무렵, 전봉준이 찾아와 뒷골방에서 닭이 울도록 격론을 벌인 적도 있었다.[40] 전봉준의 입장에서 손화중이 필요했던 것은 그가 거느린 막강한 세력 때문이었다. 훗날 2차 기포 때 손화중은 전라우도 지방의 백정·재인·역부·대장장이·승려 등, 천대받던 사람들을 모아 별도의 부대를 만들었다. 이 부대는 사납기가 비길 데 없었기 때문에 사람들은 이들을 가장 두려워했다.[41]

김덕명(1845~1894)은 금구군 수류면 용계리(水流面 龍溪里 : 지금의 금산면 쌍용리 용계마을)에서 태어났다. 그는 외가가 있는 용계리에서 갑오

---

39 孫洪哲·孫洪烈(손화중의 손자)의 증언.
40 최현식, 『갑오동학혁명사』, p. 53; 孫洪烈의 증언. 손홍렬은 그의 할머니(손화중의 아내)에게서 "할아버지는 서울에 올라가 대원군을 만나 서찰을 받아 왔다."는 말을 들은 적이 있다고 필자에게 말했으나, 이는 입증되지 않는다.
41 『梧下記聞』, p. 231.

년까지 살았고, 갑오년 이후 가족들은 금산면 삼봉리 거야마을(金山面 三鳳里 巨野)로 갔다. 그의 족보인『언양김씨족보신유보』(彦陽金氏族譜辛酉譜, 1981) 용암공파보(龍巖公派譜)에 따르면, 그의 아버지는 한기(漢驥 : 1818~1877)이며 파평 윤씨(坡平尹氏 : 1819~1871)를 초취로 맞이했다가 중도에 상배(喪配)하고 김해 김씨(金海金氏)를 맞이했다.

김덕명은 초취와의 사이에서 장남으로 태어났다. 원래의 이름은 준상(俊相)⁴²이고 자는 덕명(德明)이며, 호는 용계(龍溪)였다. 그의 호가 용계인 것은 그의 출생지와 관련이 있다. 16세에 사서삼경을 익히 알고 특히 담론이 유창했다고 한다. 아내는 초취가 전의 이씨(全義李氏 : 1847~1879), 재취가 안동 김씨(安東金氏 : 1848~1881), 삼배(三配)가 연안 이씨(延安李氏 : 1861~1909)로 가정적으로는 불행한 사람이었다.⁴³

김덕명은 1880년대 말이나 1890년대 초에 동학에 입도한 이래 중견 지도자가 되어 손화중·김개남, 태인의 김낙삼(金洛三), 부안의 김낙철(金洛喆), 여산의 박치경(朴致敬), 익산의 남계천(南啓天) 등과 함께 교도를 지도했다. 그는 1892년의 삼례취회에서 주도적인 역할을 했으며, 1893년 이래 금구·원평은 그의 관할지역으로, 호남의 중요 포교지이면서 금구취회의 중심지가 되었다.⁴⁴

김덕명은 동학에 대한 신심이 깊어 해월(海月) 최시형이 그 지방에 내려올 때는 그의 집에 묵을 정도였다.⁴⁵ 원평은 금구 대접주 김덕명 포(包)의 관할이며, 김덕명과 전봉준은 혁명 동지로서 원평과는 인연이 깊다. 김덕명은 금구의 4대 토반인 언양 김씨 문중의 중진 인물이었다.⁴⁶

---

42 金在洪(김덕명의 아들)의 除籍謄本(본적 全羅北道 金堤郡 金山面 三鳳里 288).
43 『彦陽金氏族譜辛酉譜』(1981), 龍巖公派譜.
44 박맹수,「사료로 읽는 동학농민혁명(9) : 금석문에 나타난 동학농민혁명」(中),『문화저널』(58)(전주 : 전북문화저널사, 1993. 3.), p. 28.
45 「金洛鳳履歷」, p. 296;「大先生事蹟」(필사본), p. 76.
46 최순식,『백제 유민의 저항운동과 미륵신앙의 변천과정 : 전북 모악산 금산사를 중심

앞서 살펴본 바와 같이, 전봉준은 유년 시절에 그의 아버지를 따라 원평에서 1킬로미터 떨어진 정읍군 감곡면 계봉리(甘谷面 桂鳳里) 황새마을에서 살았으며, 그곳에서 2킬로미터 떨어진 김제군 봉남면 종정(鳳南面 從政)마을에서 서당을 다녔다. 이곳은 행정구역상으로는 정읍이지만 원평 생활권에 속했다.

김덕명 후손들의 증언[47]에 따르면, 전봉준은 김덕명의 집에서 더부살이한 적이 있었다고 한다. 전봉준의 족보에서 보듯이 그의 어머니는 김덕명의 집안인 언양 김씨의 딸이어서 김덕명은 외척이었으며 이런 점에서도 두 사람은 남다른 인연을 맺고 있었다.

최경선(1859~1895)은 전주 최씨로서, 전주 서촌면 월천리(西村面 月川里)에서 태어났다. 본명은 병석(炳碩)이며 경선은 그의 자(字)이다.[48] 전봉준의 법정 진술에 따르면, 그는 학문이 깊었던 사람은 아니었던 것 같다.[49] 최경선은 전봉준과는 동향[태인]이고 혁명 5~6년 전에 만나 사귀어온 사이로서, 나이가 4년 차이라고는 하지만 사제와 같은 관계는 아니었다.[50]

그러나 혁명 때에 최경선은 사발통문에 함께 서명했을 뿐만 아니라, 혁명 전개 과정에서 전봉준의 모주(謀主) 또는 고굉(股肱 : 팔과 팔꿈치, 곧 믿을 만한 부하)[51]으로서 활약하게 된다. 전주화약 이후 전봉준이 열읍(列邑)을 순회할 때 여러 두령 가운데 오직 최경선만을 대동한 것[52]으로 보

으로』(김제 : 모악향토문화연구회, 1992), p. 25.
47 金昞壹(김덕명의 손자) : 1921년생(서울시 麻浦區 上岩洞 705)의 증언
48 최현식, 『신편 정주·정읍인물지』, p. 262.
49 「全琫準供草 四招」: "問 汝曾使崔慶善代書之事乎 / 供 崔非能書者."
50 「全琫準供草 五招」(일본 영사의 질문) : 問 汝與崔慶善 相親爲幾年 / 供 以同鄕相親 爲五六年矣 問 崔曾於汝 有相師之分否 / 供 只以親舊相從 無師授之分也"
51 『동학관계판결문집』(1)(서울 : 총무처기록보존소, 1994), pp. 31~32, '崔永昌(卿宣)篇'
52 「全琫準供草 三招」: 問 遍向列邑之時 汝獨行乎 有同行者乎 / 供 騎率兵有二十餘人. 問 其時崔慶善同行乎 / 供 然矣."

최경선

아 그들의 사이는 각별했던 것으로 보인다.

위에서 살펴본 전봉준과 그의 동지들 사이의 유대에는 지리적인 요인이 크게 작용하고 있다. 교통 기관이 발달하지 않은 전근대사회에서 주민들의 만남의 장소는 주로 장(場 : 시장)이었다. 당시 전북 일대의 시장의 형성을 보면 산외면 지금실을 중심으로 하는 용머리장, 태인장 그리고 원평장(院平場)이 정족(鼎足)을 이루고 있었고, 이 세 장터는 반경 10킬로미터 안에서 같은 생활권을 이루고 있었다.[53] 따라서 전봉준을 비롯한 위의 지도자들은 어려움 없이 자주 만날 수 있었고, 그들의 의지를 토로할 수 있는 기회를 가졌으리라고 여겨진다.

또한 전봉준 자신이 신문 때 고백하고 있는 바와 같이, 그의 동지들은 거의가 동학교도였다는 점에서 일치를 보이고 있다. 이를테면 김개남은

---

53 崔洵植(모악향토문화연구회장 : 김제군 금산면 원평리)의 증언.

남원 포(南原包)의 포주였고, 손화중은 정읍 포의 포주였으며, 최경선은 태인의 접주로서 나주(羅州)에서 웅거했고, 김덕명은 금구의 포주였다.

전봉준의 동지들 거의 모두가 동학도였다고 하는 사실은 그들이 당시의 어지러운 세태에 대한 불만과 불평이라는 공통점을 가졌다는 점과 그로 말미암아 동류의식의 형성이 가능했다는 점에서도 중요하다. 그뿐만 아니라 이들의 동질성은 전봉준의 동지들이 모두 동학도들이었으므로 전봉준마저도 동학도였으리라는 잘못된 추론을 낳는 데도 일조를 했다.

혁명 동안에 이들의 활동상을 보면 후세에 알려진 바와 같은 혈맹의 동지애나 연합 행동의 성격은 보이지 않고 오히려 개별적인 행동을 전개함으로써 전력의 약화를 초래하고 있음을 알 수 있다. 특히 김개남은 전봉준과 "서로 상관하지 않는"[54] 사이였으므로 이들의 전력은 상대적인 약세를 면치 못했다. 가문으로 보나 세력으로 보나 김개남은 전봉준에게 진심으로 승복했던 것으로 보이지 않는다.

군사력이라든지 용병술에서 결코 전봉준에게 뒤떨어진다고 볼 수 없는 김개남이 전봉준과 불화 관계에 있었다는 사실은 그들의 행동에 전략적인 차질을 가져왔고, 더 나아가 갑오농민혁명을 실패로 이끄는 중요한 이유가 되었다.[55] 김개남과 전봉준의 행적, 그리고 두 사람의 관계를 보노라면 우리는 역사가 한 시대에 두 영웅을 용납하지 않는다고 하는 아이러니를 새삼스레 느끼게 된다.

---

54 「全琫準供草 四招」: "問 前日所供 汝於金開男 初無相關云 而今見此簡 則間多相關者 何也 / 供 金則矣身勸以合力王事 終不廳施 故始有所相議者 而終則絶不相關"
55 이진영은 이와 같은 시각에 반대하고 있다. 곧 두 사람의 사이에 갈등이 있었던 것에는 동의하면서도 "이것이 전열의 분열이나 농민전쟁의 방향을 굴절시키지는 않았다."는 것이 그의 주장이다.(이진영, 「김개남과 동학농민전쟁」, p. 90 참조)

3. 조병갑

한 인간이 삶을 이끌어가는 데에는 자신의 의지나 능력도 중요하지만, 그가 어떤 사람들과 '만남'을 이루느냐 하는 것도 다른 어떤 조건 못지않게 중요하다. 인생에서 인연을 중요하게 여긴 석가모니나 "인간은 사회적 동물"이라는 아리스토텔레스(Aristoteles)의 경구를 굳이 빌리지 않더라도 인생에서 만남은 한 인간의 삶의 궤도를 하늘과 땅 차이로 바꿔놓게 마련인데, 전봉준의 경우도 예외는 아니었다.

전봉준이 역사의 한 인물로 기록되는 데 중요한 역할을 한 세 번째 만남은 조병갑(趙秉甲)으로부터 비롯된다. 조병갑은 양주 조씨(楊州趙氏) 문중에 태어난 인물로 조대비(趙大妃)와는 먼 조카뻘이요,[56] 좌의정 조병세(趙秉世), 전 충청관찰사 조병식(趙秉式), 전라관찰사 조병호(趙秉鎬)와는 같은 항렬이었으며,[57] 죽은 영상 조두순(趙斗淳)의 서질(庶姪)이었다는 설[58] 도 있을 정도니까 그의 배경은 하늘을 찌를 듯했다. 여러 가지 기록을 검토해볼 때 그가 고부 군수로 발령을 받은 것은 1892년 4월 28일이었다.[59]

장봉선(張鳳善)의 기록이나 당시의 구전에 따르면 그는 조씨 가문의 한 기첩(妓妾)의 서출이었다고 한다.[60] 그러나 이것이 공식적으로 확인되

56　장봉선, 『전봉준실기』, p. 381.
57　전주시사편찬위원회(편), 『전주시사』(전주 : 전주시청, 1974), p. 251.
58　『梧下記聞』, p. 69.
59　『日省錄』高宗 29년 4월 28일. 趙秉甲이 古阜에 부임한 일자에 관해서 전봉준은 다음과 같이 말하고 있다.(「全琫準供草 初招」: 問 古阜倅到任 何年何月 / 供 再昨年至·臘兩月間矣. 問 到任的在何月 / 供 雖未詳 居年則爲 一周年矣) 곧 전봉준의 말에 따르면 조병갑은 1892년 11~12월에 부임하여 갑오혁명이 일어나기 이전까지 약 1년간 재임하였다고 기억하고 있으나 이는 그의 착오로 보인다. 만약 조병갑이 1892년 11월에 부임하였다면 이는 조병갑의 수탈을 못 이겨 최초로 소(訴)를 올린 것이 1892년 11월이라는 그의 공초와 맞지 않는다. 왜냐하면 조병갑이 부임하던 달부터 수탈을 시작했으나 "1년을 참고 기다렸다."는 전봉준의 대답과는 앞뒤가 맞지 않기 때문이다.(「全琫準供草 初招」: 問 等訴何時 / 供 初次再昨年十一月 再次同年十二月)
60　장봉선, 『전봉준실기』, p. 381; 邕京源(1912년생, 井邑郡 井州邑 光橋洞 172-2)의 증언.

는 것은 아니다. 당시는 아직 근대적 개혁[甲午更張]이 이루어지지 않은 터여서 그가 서출이었다면 과연 과거에 급제하여 벼슬할 수 있었겠느냐 하는 데 대해서 의심이 생기며, 그의 죄과에 대해 상대적으로 비하(卑下)하려고 후세인들이 그렇게 날조했을 가능성도 없지 않다.

어쨌든 조병갑은 만경평야의 노른자위인 고부 군수로 부임하자 물욕에 눈이 뒤집히고 말았다. 그것은 자신의 개인적인 영화를 위해서도 필요한 것이었지만 그를 그곳에 심어준 문족(門族)에게 상납하려면 어쩔 수 없는 일이었다.

당시 고부의 상황을 살펴보면, 지리적으로 호남의 삼신산이라 불리는 두승산(斗升山 : 해발 443m)을 진산(鎭山)으로 하여 서쪽으로는 고창의 방등산(方登山)에서 발원하는 눌지천(訥池川)이 흐르고 있는데, 여기에는 김제의 벽골제(碧骨堤), 익산의 황등제(黃登堤)와 더불어 삼호(三湖)로 일컫는 눌제(訥堤)가 있었다. 그 유역에는 눌지(訥池)와 팔왕(八旺)과 백산평야가 있다.

고부 동쪽으로는 정읍 내장산에서 시작되는 동진강의 지류 정읍천이 흐르고 있어 이 주위로 배들[梨坪]·수금(水金)·달천(達川)평야가 펼쳐진다. 이처럼 고부는 서북으로는 비옥한 농토가 있고 아울러 서해안의 부안 곶(扶安串)을 끼고 있어 해륙의 물산이 풍부할 뿐만 아니라 인문이 발달하여 천부의 낙토라 일컫는 고장이요, 전라도 53개 군현 가운데 으뜸으로 꼽히는 곳이었다.[61]

당시 고부는 28개의 촌락으로 구성되어 있었는데 농산물이 풍부하여 줄포(茁浦)·염소(鹽所)·동진(東津)·사포(沙浦) 등 네 개의 항구를 통해 각지에 수출하는 양도 적지 않은바, 1만8천여 석이 되는 상납액은 줄포에 있는

---

61 최현식, 『갑오동학혁명사』, pp. 26~27.

세고(稅庫)를 통해 수출됨으로써 무역상 추요(樞要)한 곳의 하나였다.[62]

이와 같이 비옥한 지방의 방백으로 부임한 조병갑은 온갖 방법으로 민생의 고혈을 짜기 시작했는데, 실질적인 피해자인 전봉준의 입을 빌려 죄상을 들어보면 다음과 같다.[63]

첫째로는 세칭 만석보(萬石洑)의 수세(水稅) 문제이다. 본디 고부군을 관통하고 있는 동진강의 배들평야에는 이미 팔왕보(八旺洑)가 마련되어 있어[64] 아무리 혹심한 가뭄이 들어도 이곳만은 매년 풍년이 들어 만석보라고 했다. 그런데 조병갑은 그가 부임하던 해(1892)에 느닷없이 만석보가 있는 곳의 하류에 또 다른 보를 쌓게 했다. 이 보는 여러 가지로 민원(民怨)의 대상이 되었다. 우선은 그 보를 만드는 데 필요한 노동력을 무상으로 착취했고, 이곳에 필요한 말목(抹木)을 마련하려고 몇백 년 묵은 토호들의 선산에서 나무를 베어 썼다.[65]

그뿐만 아니라 보가 이중으로 축조되어 있기 때문에 홍수가 지면 오히려 배들평야가 물에 잠김으로써 농사를 망치게 되어 있었다. 새로 쌓은 보가 이토록 민막(民瘼 : 民生의 어려움)의 원인이 되었음에도 불구하고 조병갑은 이 보에서 물을 급수 받는 농지에 대해서 상답(上畓) 한 마지기에 벼 두 말을, 하답(下畓) 한 마지기에 벼 한 말을 받았으니 이를 통해 1893년 한 해 동안에 그가 착복한 양곡은 700여 섬에 달했다.

---

62 「巴溪生 報 : 全羅道古阜民擾」 (음력 4월 12일), 『駐韓日本公使館記錄』(1), pp. 53~54.
63 「全琫準供草 初招」 : 問 雖曰貪官汚吏 告色必有然後事 詳言之 / 供 今不可盡言其細目 而略告其槩 / 一 築洑民洑下 以勒政傳令民間 上畓則一斗落收二斗稅 下畓則一斗落收一斗稅 都合租七百餘石 陳荒地許其百姓耕食 自官家給文券 不爲徵稅云 及其秋收時 勒收事 / 一 勒奪富民錢葉二萬餘兩 / 一 其父曾經泰仁倅 故爲其父建造碑閣云 勒斂錢千餘兩 / 一 大同米民間徵收以精白米十六斗式準價收斂 上納則貿麤米 利條沒食事 此外許多條件不能盡爲記得 / 問 此外古阜倅 行何等事耶 / 供 今所陳事件 皆民間貪虐事 而築洑時 勒斫他山數百年邱木 築洑役之民丁 不給一錢勒役矣.
64 오지영, 『동학사』, p. 102.
65 당시 고부 들녘에는 양반들의 선산이 200개 남짓 있었다. 남영신, 「황토재에서 우금티까지」, 『백년 이웃』 1995년 1월호, 두산그룹, p. 18.

만석보유지비(萬石洑遺址碑) (촬영 : 1981. 1. 14.)

둘째로 조병갑은 만경평야의 진결(陳結 : 미개간지)을 개간토록 지시했다. 19세기 말엽 고부의 진결은 전체 면적의 27.3퍼센트였고, 풍수해로 말미암은 피해 농지[災結地]를 제외한 경지 면적은 72.5퍼센트였다.[66] 조병갑이 방백으로 부임하기 직전인 1890년 12월 30일에 전 부사과(副司果) 김창석(金昌錫)이 전주·김제·금구·태인·부안·옥구·임피 등 전라북도 7개 읍의 균전사로 있었는데,[67] 그는 이 지역에서 진전을 개간하도록 장려하고자 3년간의 면세 혜택을 약속했다.

그러나 가을에 도조(賭租)라는 명목으로 조세를 징수하였으며, 조병갑

---

66 『全羅北道各郡丙申條收租案(1896)』(필사본 : 규장각문서 LM352.12) 전라북도 1896(전북대 尹源鎬 교수 제공). 이에 관한 자세한 논의는 윤원호, 「19세기 고부의 사회 경제」, 『전라문화논총』(7), p. 30, 35 참조.
67 『高宗實錄』 1890년 12월 30일자.

은 이를 모방하여 5년간의 면세를 약속했다.⁶⁸ 애당초 조병갑도 이 공사를 시작하면서 개간한 해로부터 얼마 동안은 징세하지 않겠노라고 문서[文券]를 주었다. 그러나 씨만 뿌려도 수확할 수 있는 만경평야에서 그해 가을에 대풍이 이루어지자 조병갑은 마음이 바뀌었다. 아니 어쩌면 처음부터 계획된 것이었는지도 모른다. 1893년 추수기가 되자 조병갑은 약속과는 달리 이 새로운 개간지에서도 다른 곳과 동등한 세금을 거두어들임으로써 원성을 들었다.

토지를 둘러싼 또 다른 수탈은 궁방토(宮房土) 문제였다. 궁방토란 관아의 경비를 조달하는 궁방의 식토(食土)로 소작인이 경작했다. 전라도는 전국에서 아문에 세를 내지 않는 땅[衙門免稅田籍]이 가장 많은 곳이었다. 이는 그만큼 이곳에 궁방전이 많다는 뜻이다.⁶⁹ 앞서 말한 균전사 김창석이 1891년에 민간에 발령하여 말하기를, "누구의 논인지를 가리지 않고[無論某畓] 명례궁(明禮宮)에 부속하면 토지세[結價]가 크게 줄리라." 하였다.

이에 어리석은 민정이 여러 차례 어려움을 겪은 터라, 이 발령을 기꺼이 좇아가니 전주·금구·태인·부안·김제·임피·옥구 등 7개 소재 전답 가운데 해당하는 궁(宮)에 부속한 것이 3,330여 마지기가 되었다.⁷⁰ 이와 같이 궁방토가 는다는 것은 농민의 경작지가 줄어드는 것을 뜻하는 동시에 이를 둘러싼 세리(稅吏)의 비리가 컸음을 뜻하는 것이었다.⁷¹ 이러한 구조적·인위적 수탈로 말미암아 고부의 논 면적은 64.7퍼센트인데 견주

---

68 윤원호, 「19세기 고부의 사회 경제」, p. 35. 본래 당시의 토지제도에 따르면 토지 점유 뒤 최초의 3년 동안은 모든 세금이 면제되었으며 4년째 되는 해의 수확기에 관리들이 나와 경지의 면적을 측량하고 토지에 따르는 세금의 총액을 정하게 되면 이때부터 비로소 세금을 물게 되어 있었다. 러시아대장성(편), 김병린(역), 『구한말의 사회와 경제』(서울 : 유풍출판사, 1983), pp. 19~20.
69 최기성, 「19세기 후반 고부의 폐정 실태」, 『전라문화논총』(7), p. 103.
70 박명규, 「19세기말 고부 지방 농민층의 존재 형태」, 『전라문화논총』(7), p. 67; 『황성신문』 光武 3년 3월 27일자.
71 최기성, 「19세기 후반 고부의 폐정 실태」, p. 93 참조.

조병갑의 아버지 조규순(趙奎淳) 송덕비(촬영 : 金永生, 1981. 10.)
후대의 고부 백성들이 비석 아랫부분에 "忘碑" 이하를 땅에 묻었다.
그렇게 되면 비석의 뜻이 전혀 다르게 된다.

어 조세 부담 비중은 75.5퍼센트였다.[72]

셋째로 고부의 부호들을 수탈한 일이다. 이때 조병갑의 수탈 명분은 마을 사람이 불효를 했거나, 동기간에 화목하지 않았거나, 간음했거나, 아니면 도박을 한 데 대한 벌과금의 성격을 띠었는데, 이렇게 해서 조병갑이 수탈한 총액은 2만 냥에 이르렀다.[73]

넷째로 조병갑은 자신의 아버지인 조규순(趙奎淳)을 위한 비각을 세운다는 명분으로 주민들을 수탈했다. 조병갑의 아버지는 본래 태인 군수를 역임한 바 있는데, 조병갑은 조규순이 선치(善治)를 했으므로 그 공덕을 기

---

72 윤원호, 「19세기 고부의 사회 경제」, p. 30.
73 「全琫準供草 初招」: 問 今所告中之萬餘兩勒奪錢 行以何名目乎 / 供 以不孝·不睦·淫行 及雜技等事 構成罪目而行矣.

리기 위해 동민들이 추렴해서 비각을 세워야 한다고 강요했다. 이때 조병갑이 비각 명목으로 거두어들인 돈은 1천 냥에 이르렀다.

현재 전북 정읍군 태인면 태창리의 호남 제일정(第一亭) 피향정(披香亭 : 보물 289호) 경내에 있는 조규순의 영세불망비(永世不忘碑)의 비문에 "계사(1893)년 2월 모일(某日) 아들 병갑이 고부 군수로서 비각을 다시 세웁니다."(癸巳二月日子秉甲以古阜郡守建閣改竪)라고 쓰여 있는 것으로 보아 이것이 이미 있었는데 어떤 연유로 없어졌다가 이때 세워졌음을 알 수 있다.

다섯째로는 대동미(大同米)를 둘러싼 수탈이었다. 대동미라 함은 각종 공물을 미곡세로 대납하던 방법이었는데 조병갑은 추수기에는 정백미(精白米)를 거두어들이고 정부에 상납할 때는 나쁜 쌀[矙米]을 보냄으로써 차액을 착복했다. 이 대동미를 둘러싼 민원을 더욱 악화시킨 것은 전운사(轉運使) 조필영(趙弼永)이 저지른 폐단이었다. 조필영은 일찍이 김제 군수를 역임했는데 당시 그는 농민을 수탈한 죄로 유배 처분을 받은 전과자였다.[74]

전운사라 함은 세미(稅米)를 거두어 서울로 올려 보내는 전운사(영)(轉運司[營])의 직함으로 1883년에 설립되었다. 이때부터 세곡의 운송이 외국에서 수입한 선박이나 용선(傭船)을 통해 이루어졌는데, 이로 말미암아 운송 잡세 조로 농민에게 한 결당 서너 말의 추가 부담을 지움으로써 농민의 부담이 늘어났다. 따라서 농민들은 세미를 배편으로 운송하지 말고 예전처럼 각 읍에서 납부할 수 있기를 요구했으나 받아들여지지 않았다.[75]

---

74 『承政院日記』 高宗 30년(1893) 12월 4일자.
75 『續陰晴史』(上), pp. 322~324. 폐정개혁 14개조 중 제11조 : 一. 輸船의 稅米를 실어 올려간 뒤 매 결에 대해 덧붙여 거두는 쌀이 3~4두에 이르니 이를 즉시 혁파할 것(輸船上納以後 每結加磨鍊米 至於三四斗之多 卽爲革罷事); 폐정개혁 24개조 중 제1조 : 一. 轉運營의 漕報는 각기 邑에서 상납하던 예에 따라 할 것(轉運營之漕報 自該邑上納例復古事); 鄭喬, 『大韓季年史』(上), p. 86 : 전운사를 개혁하고 옛 법에 따라 읍으로부터 상납케 할 것(轉運司革罷 依舊自邑上納事).

그뿐만 아니라 전운사는 이러한 구조적인 비리 이외에도 이남규(李南珪)의 지적[76]처럼 이를 기회로 법이 정한 이외의 징세를 하고 있었다. 러시아인 드미트레브스키(Dmitrevskii)의 증언에 따르면, 당시 관가에서 일하는 창고 인부들의 급료로 염출하는 정액이 기본 지세의 100분의 3이었고 실어 온 곡식을 배에서 하역하여 창고에까지 운반하는 데 따르는 경비를 메우고자 별도의 세금이 있었으며 보충 세금 가운데 일부는 지방 당국이 사용하려고 징수했다고 한다.[77]

조필영이 법을 어기며 가렴(苛斂)한 명분은 거두어들인 쌀이 건조로 말미암아 줄어들었으니 가마니마다 서 되에서 다섯 되를 추가로 징수해야 한다는 것이었다. 그러나 사실상 세미가 줄어든 것은 쥐나 건조 때문이 아니요, 관리들의 색대질[78] 때문이었다. 전운사의 수탈이 얼마나 심했던가는 당시 전라감영의 군사마(軍司馬)로 종군한 최영년(崔永年)이 "호남 민란의 시초는 조필영이요, 이음새는 조병갑이며, 끝맺음은 이용태(李容兌[泰])"라고 말한 데서도 잘 드러나고 있다.[79] 더구나 조필영은 조병갑과 가까운 친척이었기 때문에 조필영의 죄상은 조병갑에 대한 원성에 상승 작용을 일으켰음이 사실이다.[80]

이상에서 본 바와 같이 민란은 앞에서 인용한 거어(Ted R. Gurr)의 용어를 빌리자면 가치 박탈에서 비롯된 것이며, 구체적으로 말한다면 무스니에(Roland Mousnier)의 주장처럼 조세 불만에서 비롯된 것이다.[81] 이

---

76 『高宗實錄』 甲午(1894) 6월 23일자 李南珪 疏 : "李南珪疏略曰······ 轉運使科外徵斂 招謗聚怨 目之爲禍亂之階 萬口一辭"
77 러시아대장성(편), 김병린(역), 『구한말의 사회와 경제』, pp. 300~301.
78 색대질 : 곡물의 품질을 검사를 한다는 핑계로 죽침(竹針)으로 얼마씩 빼내는 일.
79 「東徒問辨」, 『東學亂記錄』(上). p. 158 : "······ 噫 湖南之亂 始於趙弼永 中於趙秉甲 終於李容兌 此前古不易之論也"
80 최현식, 『갑오동학혁명사』, p. 32.
81 Roland Mousnier, Peasant Uprisings in 17th Century : France, Russia, and China(London : Harper & Row, 1971), p. 306.

런 점에서 볼 때 한말의 국고 수입이 국민총조세액의 30퍼센트 남짓이 었다는 사실[82]은 당시의 조세 불만에 대한 설득력 있는 자료가 된다.

전근대 유럽의 조세 불만은 전쟁과 통치기구의 유지를 위한 증세(增稅)에 원인이 있었지만,[83] 적어도 조선 후기의 민란에는 이러한 틀이 적용되지 않는다. 러시아의 관찰자들은 조선조의 조세 불만이 불완전한 토지측량제도로 말미암은 불공평한 징세에 있다고 생각했지만,[84] 이는 부분적으로만 타당할 뿐이며 가장 중요한 원인은 벼슬아치들의 수탈[秕政]이었다.

조병갑은 이처럼 고부에서의 토색질에 한창 열을 올리다가 1893년 11월 30일자로 익산 군수로 전임되어 고부를 떠나게 되었다.[85] 일부의 주장[86]을 들어보면 그가 고부를 떠나게 된 것이 모친상을 당한 때문이라고 하나 그것은 사실과 다르다. 만약 그가 모친상 때문에 관직을 떠났다면 곧 이어 익산 군수마저도 제수 받을 수 없기 때문이다. 고부에서 한창 치부를 하고 있던 터에 전임 발령을 받게 된 조병갑은 즉시 전라감사 김문현(金文鉉)을 찾아가 유임을 간청했다.

조병갑으로부터 먹은 것이 있고 또 그의 배후를 잘 알고 있는 김문현은 우선 고부 군수로 후임된 이은용(李垠容)을 불러 군수직을 사양토록 강압하는 한편 상부에 보고를 올리되, "전 고부 군수 조병갑은 포흠(逋欠 : 관물을 사사로이 소비하는 행위)이 많아 점차 청산하고 있으나, 때마침 세금을 받아들이고 있는데 타읍으로 전출하면 착오가 발생할까 걱정된다."는 뜻으로 유임을 요청했다. 그러자 이조(吏曹)에서는 그 요청대로 왕께

82　러시아대장성(편), 김병린(역), 『구한말의 사회와 경제』, p. 301.
83　Roland Mousnier. Peasant Uprisings in 17th Century, pp. 308~309.
84　러시아대장성(편), 김병린(역), 『구한말의 사회와 경제』, p. 301.
85　『承政院日記』高宗 30년(癸巳) 11월 30일조 ; 『日省錄』高宗 30년 11월 30일조.
86　장봉선, 『전봉준실기』, p. 381.

특별히 유임해줄 것[特爲仍任]을 주청했고, 결국 조병갑은 왕의 재가를 받아 고부 군수로 다시 부임하게 되었다.[87]

김문현은 우선 후임인 이은용을 안악 군수(安岳郡守)로 이임(移任)시키는 데는 성공했으나(11월 30일), 곧이어 또 다른 후임이 부임하였다. 1893년 12월 동안에 이은용의 후임으로 신좌묵(申佐黙 : 12월 24일), 이규백(李圭白 : 12월 26일), 하긍일(河肯一 : 12월 27일), 박희성(朴喜聖 : 12월 28일), 강인철(康寅喆 : 1894년 1월 2일) 등이 하루걸러 연속하여 고부 군수로 임명되었으나 김문현의 농간과 조병갑 배후 인물들의 압력을 받아 모두 신병을 이유로 사임했다.[88]

조병갑은 전임 명령을 받은 지 한 달이 조금 지난 1894년 1월 9일에 갈망하던 고부 군수로 복직하는 데 성공했고[89] 그의 수탈은 계속되었다. 그 무렵 수령의 법정 재임 연한은 1,800일(5년)이었으나,[90] 1611년부터 1811년까지 고부 군수의 평균 재임 연한은 18.5개월이었으며, 1862년에서 1894년 사이의 32년 동안에는 29명이 교체되어 평균 재임이 1.1년으로 그 가운데 임기를 마친 사람은 하나도 없었다는 사실[91]은 당시의 인사가 얼마나 난맥이었나를 잘 보여주고 있다.

---

87 『承政院日記』高宗 31년(甲午) 정월 9일조.
88 『承政院日記』高宗 30년(癸巳) 11월 30일, 12월 25, 26, 27, 28, 29일 및 31년(甲午) 정월 2일조 참조.
89 『承政院日記』高宗 31년(甲午) 정월 9일조.
90 조선조 후기 수령의 임기에 관해서는, 이희권, 「조선 후기의 守令과 그 통치 기능」, 『전라문화논총』(2)(전주 : 전북대 전라문화연구소, 1988), pp. 67f 참조.
91 최기성, 「19세기 후반 고부의 폐정 실태」, p. 98.

VI

1. 항변

전봉준은 아버지의 죽음에 대한 슬픔을 잊을 수도 없으려니와 그칠 줄 모르는 조병갑의 탐학은 더욱 견디기 어려웠다. 이와 같은 사실은 비단 전봉준 개인에게만 국한된 문제는 아니었다. 결국 고부 일원의 백성들은 다시 조병갑에게 삶의 어려움[民瘼]을 호소해보기로 작정했다. 그들은 먼저 스무 명이 연명(連名)하여 1893년 11월에 고부군 서부면 신중리 대뫼마을(西部面 新中里 竹山)에 있는 송두호(宋斗浩)의 집에 모여 선후책을 논의하게 되었다.

그들이 대뫼의 송두호 집에서 모이게 된 이유는 아마도 소장(訴狀)을 올리는 연명자 가운데 송두호가 가장 연장자였기 때문이었던 듯하다. 전봉준의 장인이 송두옥(宋斗玉)이었다는 점을 고려한다면 연명자 가운데 송○○으로 된 이름들은 처가의 문족이었을 것이다. 참고로 당시에 모였던 스무 명의 이름과 연령(당시 滿 나이)을 적어보면,

송두호(宋斗浩 : 1829~1895, 64세), 송인호(宋寅(?)浩 : 1842~1918, 51세), 황찬오(黃贊五 : 1852~1894, 41세), 송주옥(宋柱玉 : 1853~1895, 40세), 황채오(黃彩五 : 1854~1894, 40세), 전봉준(全琫準 : 1855~1895, 38세), 임노홍(林魯鴻 : 1855~?, 38세), 황홍모(黃洪模 : 1855~1895, 38세), 김도삼(金道三 : 1856~1895, 37세), 송대화(宋大和 : 1858~1919, 35세), 김응칠(金應七 : 1858~1894, 35세), 최경선(崔景善 : 1859~1895, 34세), 손여옥(孫如玉 : 1860~1894, 33세), 이성하(李成夏 : 1862~1926, 31세), 최흥열(崔興烈 : 1862~1940, 31세), 정종혁(鄭鍾赫 : 1862~1952, 31세), 송주성(宋柱晟 : 1863~1924, 30세), 이봉근(李鳳根 : 1863~1930, 30세), 이문형(李文炯 : 1875~1917, 18세), 송국섭(宋國燮 : 1879~1945, 14세)[1]

---

[1] 지금의 井邑郡 古阜面 舟山里 대뫼[竹山] 마을에 있는 동학혁명모의탑의 뒷면과 최현식,

등이다. 이들은 우선 그간에 있던 사실들을 자유 토론 형식으로 발표한 뒤 다음과 같은 결의문을 작성하였다.

계사(癸巳) 십일월(十一月) 일(日)

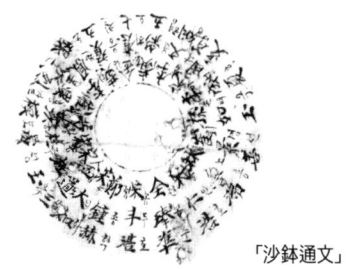

「沙鉢通文」

各里里(각이이) 執綱(집강) 座下(좌하)
右(우)와 如(여)히 檄文(격문)을 四方(사방)에 비전(飛傳)호니 勿論(물논)이 昇沸(성비)호얏다. 每日(미일) 亂亡(는망)을 謳歌(구가)호던 民衆(민중)드른 處處(처처)에 보여서 말호되「낫네 낫서 亂離(는이)가 낫서」「에이참 줄 되얏지 그양 이디로 지니서야 百姓(빅성)이 혼 사룸이나 어디 느머 잇겠나」호며 期日(기일)이 오기만 기다리더라 이 씨에 道人(도인)드른 善後策(선후칙)을 討議決定(토의결정)호기 爲(위)호야 古阜(고부) 西部面(서부면) 竹山里(죽산이) 宋斗浩家(송두호가)에 都所(도소)를 定(정)호고 每日(미일) 雲集(운집)호야 次序(추서)를 決定(결정)호니 그 決議(결의)된 內容(니용)은 左(좌)와 如(여)호다

一. 古阜城(고부성)을 擊破(격파)호고 郡守(군수) 趙秉甲(조병갑)을 梟首(효수)홀 事(사)
一. 軍器倉(군기창)과 火藥庫(화약고)를 占領(점녕)홀 事(사)
一. 郡守(군수)의게 阿諛(아유)호야 人民(인민)을 侵漁(침어)호 貪吏(탐이)를 擊懲(격징)홀 事(사)

『갑오동학혁명사』(전주 : 新亞出版社, 1994), pp. 37~38을 참고함.

一. 全州營(전주영)을 陷落(홈녹)ᄒ고 京師(경ᄉ)로 直行(직힝)홀 事(ᄉ)

右(우)와 如(여)히 決議(결의)ᄀ 되고 ᄯᆞ르서 軍略(군략)에 能(능)ᄒ고 庶事(서ᄉ)에 敏活(민활)ᄒ 領導者(영도자)될 將(장) (以下不明)[2]

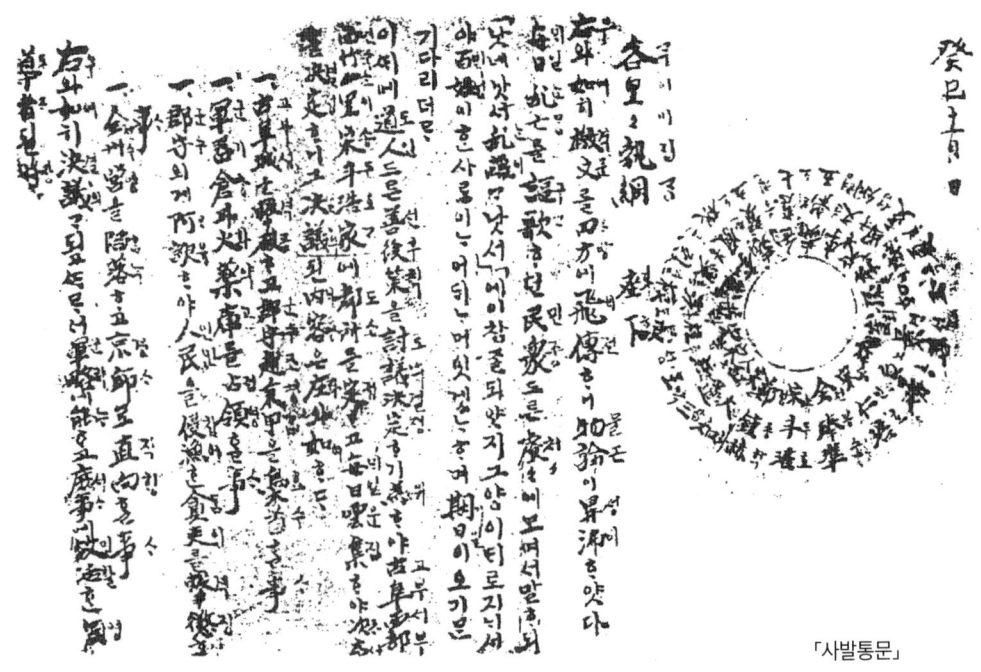

「사발통문」

이들의 총인원이 20명이었고 그 가운데 10대 소년이 2명이나 포함되어 있었다는 사실을 고려할 때, 이들의 결단에는 다소 흥분된 감정이 깃들어 있었음을 짐작할 수 있다. 그들이 비록 의기 있는 남아들이라 할지라도 군기(軍器)도 없는 터에 20명의 힘으로 서울을 점령한다는 데에는 현실적인 무모함이 있기 때문이다.

이들은 과거 소청(訴請) 당시에 장두들만이 극심한 보복을 당했다는

---

2 『동아일보』 1970년 1월 7일자 참조. 이 사발통문은 위의 사진에서 보는 바와 같이 내려 쓰기로 되어 있으며, 한자 오른쪽에 한글로 토를 달아놓았다. 이 책에서는 현행 가로쓰기에 따라 옮겨 적고 한글 토는 괄호 안에 표기했다.

사실을 고려하여 통문(通文)을 먼저 만든 다음 앞머리에 20명이 사발처럼 둥그렇게 서명함으로써 주모자가 누구인지를 알 수 없도록 하였으니, 후세인들이 이를 가리켜 사발(沙鉢)처럼 생겼다고 해서 「사발통문」(沙鉢通文)이라 했다.³

이 사발통문이 학계에 알려진 것은 1970년 1월 7일자 『동아일보』가 정읍발 기사로 보도한 때부터이다. 이 일이 있은 뒤 전라북도 도지사는 문화공보부 장관에게 이의 진위와 사료적 가치에 대해 질의서를 보냈고, 문공부 장관은 문화재 전문 위원 김상기(金庠基)의 감정서(문공 1082-2-133, 1970. 1. 28.)를 전라북도 도지사에게 발송했는데, 그 내용은 다음과 같다.

김상기(문화재 전문 위원)의 감정서

일자는 11월 일로 되어 바로 고종 31년 갑오 정월에 거사하기 전년 11월 2개월 전에 결의한 것을 그 내용은 거의 혁명 수행대로 되어 있어서 동학혁명에 관한 중요한 사료를 제시하고 있는데 필적은 동일인에 의하여 되어 있고, 열명(列名)도 각각 서명한 것은 아니라 약간 의심스럽지마는 시골 농민 간에는 자서(自署)할 수 없는 경우가 많을 것이 짐작되어 대필할 수도 있을 것임. 기념사업회 또는 지방문화재로 잘 보존할 가치가 있음.⁴

그 뒤 이에 대해 가장 관심을 보인 사람은 김의환(金義煥 : 당시 부산여

---

3 이 沙鉢通文은 1970년 1월 6일에 송두호의 증손인 宋基泰(井邑郡 新泰仁邑 平和洞 山 8)의 집에서 발견된 것으로서 크기는 1尺4寸 × 1尺이다. 내가 1981년에 답사 차 이곳에 들렸을 때 모의(謀議)의 후손들은 이를 '영구(永久)히 보존하고자' 동학혁명모의탑을 건립할 당시(1969) 이를 탑신(塔身) 속에 묻어버렸다. 그 뒤 1994~1995년에 내가 다시 이곳을 답사했을 때는 후손들이 이것을 파내어 서울 어디론가 이사한 뒤 종적을 알 수가 없었다.
4 김의환, 「동학군전적지답사기」 (4), 『新人間』(320)(1974년 9월호)(서울 : 천도교중앙총부, 신인간사), pp. 100~101.

대 사학과 교수)이었다. 그는 1971년 11월에 답사를 통해 이를 목격하고 서명자 가운데 한 사람인 송두호의 손자인 송후섭(宋後燮 : 1913년생)을 만나 다음과 같은 면담 기록을 남겼다.

> 내[宋後燮]가 9세(1921년?) 때 부친[宋大和]이 세상을 떠났는데 그때 부친으로부터 물려받은 서류가 들어 있는 궤짝이 있었다. 그것을 그대로 보관해오다가 그로부터 17년 후인 26세 때 부친으로부터 물려받은 이 서류를 정리하다가 보니 도장이 찍혀 있는 봉투 두 개가 있었다. 나는 그것이 중요한 문서라고 생각되었기 때문에 내가 보관해오던 『여산송씨가보』(礪山宋氏家譜, 1935년 刊)의 뒤표지 속에 넣어서 보관해왔다. 1968년 송기태(宋基泰)가 그 가보를 보다가, 끄집어내 보고 알게 되어 12월 4일(陽)에 세상에 발표하여 알게 된 것이다.
> 사발통문은 두 개의 봉투 가운데 한 봉투에 동학 대접주 임명장과 같이 들어 있었다. 나는 국한문을 전혀 모르기 때문에 전혀 알 수가 없었다. 지금 살고 있는 이 집터와 집은 고부면 신중리 대뫼(古阜面 新中里 竹山) 562번지로 갑오농민혁명 전 [부친이] 이곳에 살다가 혁명 뒤 모의자로 지목되어 피신하였기 때문에 집은 관군에 의해 소각당하였다. 이 집은 돌아와 다시 지은 집으로 부친이 이곳에 살다가 세상을 떠나고 그 뒤 계속해서 나는 여기에 살고 있다.'[5]

이어서 김의환은 "사발통문을 검토해본 결과 결의한 문구의 내용이나 필적으로 보아서는 당시의 것으로 생각되었다. 그러나 먹과 종이가 좀 새롭다는 데 약간의 의심이 갔다."[6]고 미심쩍어하면서도 "사발통문의 원본은 진짜인 것이 틀림없다."[7]고 주장했다.

---

5 김의환, 「동학군전적지답사기」(11), 『新人間』(327)(1975년 5-6월), pp. 61~63 ; 김의환, 『전봉준전기』(서울 : 정음사, 1974), pp. 53~55.
6 김의환, 「동학군전적지답사기」 (4), p. 100.
7 김의환, 『전봉준전기』, p. 55.

최근에 들어 이 사발통문에 관한 연구는 더욱 활발한데, 그 가운데에서도 신용하(愼鏞廈)의 주장은 주목할 만하다. 그의 주장을 요약하면 다음과 같다.

(1) 사발통문의 '계사(癸巳) 十一月 日' 앞부분에 원문[본문]이 있었으나 그것이 잘려 나갔다.
(2) 사발통문 및 그 서명자가 동일인의 필치로 되어 있는 것은 농민들이 글을 몰라서가 아니라 그 가운데 어느 한 사람이 훗날 그때의 일을 회상하여 쓴 회고록이기 때문이다.
(3) 그리고 그것은 송대화(宋大和)일 것이다.
(4) 그 작성 일자는 1905년 이후 일제강점기의 어느 시기일 것이다.
(5) 따라서 사발통문의 4개 항의 내용을 고부민란의 의지로 해석하는 것은 잘못된 것이다.
(6) 특히 서울로 직향하겠다는 내용은 사발통문 작성 당시의 의사와는 무관하다.[8]

이 밖에 정창렬(鄭昌烈)도 "지금 전해지고 있는 사발통문은 그 당시의 용지가 아니며, '우(右)와 여(如)히 ······'의 앞부분이 일실(逸失)되었다. 원본의 작성과 사건과는 시차가 있다."고 주장하고 있다.[9]
나로서도 이것이 당시의 것이라고 믿지 않는다. 위에서 다른 필자들이 주장한 이외에도, 그 중요한 이유 가운데 하나는, 1894년 당시에는 문장을 기술하면서 꺾쇠[「 」]나 한자에 한글 독음을 다는 일이 없었기 때문이다. 그리고 후대의 어느 한 사람이 쓰지 않고서는 서명이 이렇게 고

---

8 愼鏞廈, 「古阜民亂의 沙鉢通文」, 『魯山유원동박사화갑기념논총』(서울 : 정음문화사, 1985), p. 117; 愼鏞廈, 「古阜民亂의 沙鉢通文」, 『동학과 갑오농민전쟁연구』(서울 : 일조각, 1993), pp. 118~129에 같은 논문이 수록되어 있음.
9 정창렬, 「갑오농민전쟁연구」(서울 : 연세대 대학원 박사 논문, 1991), p. 87.

동학혁명모의탑과 대뫼마을(촬영 : 1981. 1. 15.)

를 수가 없다. 이 점은 위에서 다른 저자들이 지적했듯이 글씨를 몰라 필적 좋은 사람이 대필했다고 추정[量知]할 수 있다.

이 사발통문의 서명자는 스무 명이지만, 전봉준의 법정 진술에 따르면, 이때 함께 관아를 찾아가 항변한 사람은 마흔 명 남짓이었고, 소득이 없자 다음 달인 12월에 다시 예순 명 남짓이 소장(訴狀)을 들고 조병갑을 찾아갔으나 쫓겨나고 말았다.[10]

2. 고부민란 : 1차 기포(起包)

한때의 격정을 못 이겨 막상 서울로 진격하자고 결의는 했지만, 전봉

---

10 「全琫準供草 初招」: 問 然則汝自初一次呈狀于官庭乎 / 供 初次四十餘名等訴 而被捉囚 兩次等訴 六十餘名當驅逐矣 問 等訴何時 / 供 初次再昨年十一月 再次同年十二日

준을 비롯한 일부 지도자들은 자신들의 거사 계획이 무모함을 잘 알고 있었다. 그들에게는 우선 인원이 부족했던 것이다. 판단이 여기에 이르자 그들은 당시 정읍의 포주로 가장 영향력이 있었던 손화중(孫化中)을 여기에 가담시키는 것이 좋겠다는 결론에 이르렀다. 마침 서명인 가운데 손여옥(孫如玉)이 손화중과는 문중의 족질(族姪) 사이여서 매개 역할을 할 수 있었다.

그리하여 1893년 11월 어느 날 유난히도 눈이 많이 내리는 밤을 이용하여 전봉준과 손여옥을 비롯한 몇몇 지도자들은 읍내 과교리(科橋里)에 살고 있는 손화중의 집을 방문했다. 그러나 거사의 전말을 들은 손화중은 거부 의사를 표시했다. 그가 내세운 반대 이유는 교주인 최시형(崔時亨)의 비폭력주의를 거스를 수 없을 뿐 아니라 전략상으로도 불가능하다는 것이었다. 전봉준과 손화중은 날이 지새도록 격론을 벌였지만, 손화중은 끝내 그들의 거사 계획을 반대한 채 참여하지 않았다.[11]

그렇다고 해서 조병갑의 탐학을 더 이상 견딜 수는 없는 일이요, 무언가 다시 민중의 의지를 보여 주어야겠다는 것이 서명자들의 공통된 의사였다. 여기서 한 가지 흥미 있는 사실은 조병갑이 1893년 11월 30일자로 익산 군수로 전임되었음에도 농민들이 12월에도 그에게 진정했다는 사실이다. 앞서 살펴본 바와 같이, 『승정원일기』에 따르면 조병갑은 고부 군수에서 퇴임하고 후임으로 이은용(李垠容)이 발령받았는데도, 전라감사 김문현(金文鉉)에게 유임을 요청한 채로 고부에 머물러 있었음을 확인할 수 있다. 그는 연이어 다섯 명이 고부 군수로 발령을 받았음에도 불구하고 고부를 떠나지 않을 만큼 철면피였으며, 전라감사 김문현에게 이들을 자퇴시키도록 만들었다. 조병갑에게 고부는 그토록 중요한 의미

---

11 최현식, 『갑오동학혁명사』, pp. 52~53.

를 갖는 곳이었다.

그러는 동안에 한 해가 저물어 갑오년(1894)이 밝아왔다. 비록 음울한 세월이었지만 새해는 그들에게도 새로운 꿈과 희망을 주었다. 초하룻날부터 벌어지기 시작한 각 마을의 농악놀이는 한 해의 풍요를 기원하면서 흥을 돋우었다. 그들에게 다소의 위안이 되는 바람이 있다면 익산 군수로 발령을 받은 조병갑이 어서 이 고을을 떠나는 것이었다. 그러나 고부 백성의 그와 같은 꿈도 물거품으로 돌아갔다. 원망의 대상이던 조병갑이 드디어 복직 운동에 성공하여 고부 군수로 머물러 앉은 것이었다. 조병갑의 재임 일자는 정월 9일로 되어 있었다.

날이 갈수록 일이 어려워짐을 안 전봉준은 이제 최후의 수단인 무력으로 조병갑을 추방할 수밖에 없다고 생각했다. 전봉준이 뜻이 맞는 동지들을 찾아가 상의했고 모두가 그의 거사 계획에 동조해 주었다. 거사 일시는 정월 9일 새벽으로 잡았다. 전봉준은 우선 모의 장소를 태인 주산리(舟山里)의 최경선(崔景善)의 집으로 잡고 병력을 불러모은 결과 장정 300명이 금세 모여들었다.[12]

전봉준은 미리 사람을 보내 고부 사람들은 9일 아침에 배들[梨坪][13]의 말목장터[馬項市場] 삼거리에 있는 감나무 밑에 모이되 각기 무기를 가져오도록 했다. 말목장터를 거사 지점으로 잡은 것은 이곳에 사람의 왕

---

12 오지영, 『동학사』(서울 : 永昌書館, 1940), p. 110. 이 당시의 정황에 대하여 전봉준은 다소 다른 설명을 하고 있다. 곧 그는 법정 진술에서, 자신이 봉기를 적극적으로 주도했다기보다는, "백성들이 나의 집 근처에 모였기 때문에 자연히 주도자가 되었으며, 굳이 내가 앞장을 설 수밖에 없었던 것은 그 가운데서도 자기가 배운 사람이었기 때문이었다."고 대답했는데 이는 사실이 아닌 것 같고, 그곳이 법정이었다는 상황에서 나온 인간적인 회피였던 것으로 보인다.(「全琫準供草 初招」: 問 衆民以汝爲主謀之時 至汝家乎 / 供 衆民數千名 都聚矣家近處 故自然爲之之事, 問 數千名衆民 何故推汝爲主謀乎 / 供 衆民雖曰數千名 皆是愚蠢農民 矣身則文字粗解之緣故)

13 배들[梨坪]이라 함은 배[梨]가 많이 열리는 들[坪]이라는 뜻이 아니라 배[船]가 들어오는 포구라는 뜻인데 일제시대 때 지적도를 만들면서 梨坪으로 잘못 썼다는 주장이 있다. 유홍준, 『나의 문화유산답사기』(2)(서울 : 창작과비평사, 1994), p. 360.

말목장터 삼거리의 감나무(촬영 : 1981. 1. 14.)
정자의 감나무는 시멘트 독으로 말라 죽고 지금은 없다.

래가 빈번하기 때문이었다. 9일 밤이 되자 전봉준은 장정 300명을 거느리고 주산리 최경선의 집을 출발하여 30리 거리가 되는 말목장터로 갔다. 약속된 감나무 주변에는 이미 많은 주민이 낫과 같은 무기를 들고 기다리고 있었다. 목격자인 박문규는 당시의 상황을 다음과 같이 기록해두었다.

　　갑오년, 내 나이 16세가 되던 해의 정월 초팔일은 말목 장날이었다. 석양에 동네 사람들이 쑤군쑤군하더니 조금 있다가 통문이 왔다. 저녁을 먹은 후에 여러 동네에서 징소리며, 나팔소리, 고함소리로 천지가 뒤끓더니 몇천 명 군중이 내 동네 앞길로 몰려오며 고부 군수 탐관오리 조병갑이를 죽인다고 민요(民擾)가 났다.

수만 군중이 사방으로 포위하고 몰려갈 제 군수 조병갑은 정읍으로 망명·도주하여 서울로 도망하였다. 그는 본디 서울의 유세객이다. 민요군은 다시 평명(1월 10일 아침)에 말목장터로 모여 수직(守直 : 지킴)을 하니 누차 해산 명령이 내려졌다. 민중이 해산하면 장두는 죽는다. 久持屯聚嚴守[오래 머물며 자리를 엄히 지키고 있음]할 제 민요 장두는 전명숙 씨와 정익서(鄭(益)瑞) 씨 외 수인(數人)이라.[14]

전봉준의 궁극적 관심은 고부 관아를 습격하고 조병갑을 몰아내는 데 있었다. 그러나 그들에게는 무기가 없었다. 그는 민중의 숫자로 이 약점을 극복하리라고 계산했다. 그리하여 그는 밤을 새워 당산(堂山)굿이 벌어지고 있는 예동(禮洞)으로 갔다. 굿이 절정에 이르렀을 무렵 붉게 타는 모닥불 앞에 전봉준은 창검을 들고 나타났다. 그는 조용해진 마을 주민을 향하여 조병갑의 죄상을 규탄하고 이제는 무력으로써 그를 축출하지 않을 수 없음을 역설했다. 군중들은 환호로써 이에 응답했다.[15]

1월 11일에서 14일까지 15개 마을에서 연인원 1만여 명이 민요에 참가했다. 전봉준은 이들 가운데 먼저 장정을 뽑고 노인과 아이들을 돌려보냈으며 마을마다 5명을 뽑아 자기 마을을 통솔하게 했다.[16] 인원은 충분하다고 하더라도 그들에게는 무기가 없었다. 전봉준은 우선 예동 김 진사 댁 부근에 대장간을 차려 급한 대로 병장기를 만들게 했다. 그러고도 무기가 부족한 사람들은 하송리(下松里)를 지나면서 그곳의 무성한 대나무를 베어 죽창(竹槍)을 만들었다.[17] 그들의 입성은 여느 농민들과 다름이 없었고

---

14 「石南歷史小說 : 朴氏定基歷事」, 『한국학보』(71) 부록(서울 : 일지사, 1993), p. 8.
15 장봉선, 「전봉준실기」, 『정읍군지』(정읍 : 이로재, 1936), p. 382. 이때 그는 부하들에게 마을 주민을 둘러싸게 하고 "아녀자와 노약자 외에 이곳을 탈출하려는 자는 총살하리라."고 소리쳤다고 장봉선은 기록하고 있으나 사실이라고 믿기는 어렵다. 이때 그들에게는 총이 없었다.
16 伊藤博文, 『祕書類纂朝鮮交涉資料』(中)(東京 : 原書房, 1970), p. 345.
17 동학사상연구소(편), 『동학혁명』(서울 : 동학사상연구소, 1979), p. 99; 최현식, 『갑오동학혁명사』, pp. 44~45.

최초의 집회가 있었던 예동마을(촬영 : 1981. 1. 14.)

다만 의지의 표상으로 머리에 흰 띠를 동여매게 했을 뿐이었다.

이제 남은 것은 고부 관아를 습격하는 일이었다. 말목장터에서 고부로 가는 길은 두 갈래가 있는데, 첫째는 말목에서 출발하여 창동(倉洞) - 운학리(雲鶴里) - 은선리(隱仙里) - 후지리(後池里)를 거쳐 고부 북쪽으로 진입하는 것이고, 다른 하나는 말목장터에서 남쪽으로 내려가 덕천(德川)사거리 - 황토현 - 두승산(斗升山)을 넘어 고부 동쪽으로 진입하는 것이었다.

그런데 앞의 길은 다소 멀지만 도로 사정이 평탄하고, 뒤의 길은 다소 가깝지만 두승산(해발 448m)의 돌점재를 넘어야 한다는 어려움이 있었다. 여러 가지 사정을 고려한 끝에 전봉준은 북쪽 도로로 진격하기로 결정하고 1894년 1월 10일 날이 밝기 전에 말목장터를 출발했다.

그날 오전에 고부에 도착한 전봉준의 부대는 우선 관아를 습격한 다음 조병갑을 찾았으나 그는 난민(亂民)이 쳐들어온다는 소식을 듣고 미리 은(殷) 아무개의 집에 숨어 있다가 밤이 되자 순창을 거쳐 전주로 도망했다.[18] 전봉준은 관아를 점령한 뒤 다음과 같은 조치를 취했다.

---

18 장봉선, 『전봉준실기』, p. 382. 「高阜民擾日記」, 伊藤博文, 『祕書類纂朝鮮交涉資料(中)』,

고부 관아의 옛터(촬영 : 1981. 1. 15.). 지금은 향교만 남아 있고 오른쪽에는 고부초등학교가 들어서 있다.

(1) 관속(官屬) 가운데 군수와 부동(浮動)하고 탐학한 무리를 처단한다.
(2) 군기고를 열어 총·창·탄약을 거두고,
(3) 읍내의 청죽을 베어 죽창을 만들어 무기가 없는 무리에게 주고,
(4) 옥문을 열어 민란의 장두와 원통히 갇혀 있는 백성을 석방하고,
(5) 창고를 열어 빈민을 구휼하고,
(6) 읍의 업무를 대략 정리하고,
(7) 대군을 호궤(犒饋 : 먹임)한다.[19]

날이 밝자 난민들은 말목장터로 퇴각했다. 그들은 원부(怨府)인 만석

---

p. 346에 따르면, 조병갑을 숨겨준 인물이 정 아무개(鄭某)로 되어 있다. 최현식의 기록에 따르면, 조병갑은 영원면 앵성리(鶯城里) 조 아무개(曺某)로부터 군중들이 쳐들어 온다는 말을 듣고 입석리 진선(立石里 眞仙) 마을의 부호인 정(鄭) 참봉 집으로 피신했다가 변복을 얻어 입고 밤이 되어서야 정읍·순창을 거쳐 전주감영으로 피신했다고 한다.(최현식, 『갑오동학혁명사』, p. 44). 내가 답사한 바에 따르면 조병갑은 제주도 갑부 은대정(殷大靜)의 집에 피신해 있었다. 은대정의 이름은 알려져 있지 않고 제주도 대정리에서 이사 왔기 때문에 그렇게 불렀다. 전라북도 문화재인 그의 구옥은 얼마 전까지 한일여관으로 영업을 하다가 최근에 개발로 이전했다.

19 오지영, 『동학사』, p. 111. 위의 조치에서 (2)의 무기고를 습격하여 탈취했다는 대목은 다소 논쟁의 소지가 있다. 전봉준은 법정 진술에서 이 대목을 부인했다.(「全琫準供草 初招」: 問 古阜軍器庫軍物 汝不爲奪取耶 / 供 其時則無奪取)

보를 헐고자 했지만, 추위와 얼음으로 그 뜻을 이루지 못했다.

고부에서 민란이 일어났다는 보고를 받은 전주감영에서는 전봉준을 잡으려고 병정 16인을 미복(微服)으로 변장시키고 철추(鐵椎)를 몸에 숨겨 고부에 밀파했다. 당시 장두청에는 대문이 달려 있었고 이곳에 출입하는 사람들은 암호로 왼손 손목에 노끈을 매었는데, 전주영병들은 이를 모르고 잠입했다가 잡히어 5~6일간 고통을 받고 백산으로 이주할 때 석방됐다.[20]

여기까지의 과업이 끝나자 전봉준은 방백(方伯)과 백성들에게 보내는 다음과 같은 「격문」을 발표했다.

격문(檄文)

우리가 의(義)를 들어 차(此)에 지(至)함은 그 본의(本意)가 단단타(斷斷他)에 있지 아니하고 창생(蒼生)을 도탄(塗炭)의 중에 건지고 국가를 반석(盤石)의 우에 두자 함이라. 안으로는 탐학(貪虐)한 관리의 머리를 버히고 밧그로는 횡포(橫暴)한 무리를 구축(驅逐)하자 함이다. 양반과 부호의 앞에 고통 받는 민중들과 방백(方伯)과 수령(守令)의 밑에 굴욕을 받는 소리(小吏)들은 우리와 같이 원한(寃恨)이 깊은 자라. 조금도 주저치 말고 이 시각으로 일어서라. 만일 기회를 잃으면 후회하여도 밋지 못하리라.

갑오(甲午) 정월(正月) 일(日)
호남창의대장소 재백산
(湖南倡義大將所 在白山)[21]

이제 난민들에게 필요한 것은 쌀이었다. 그들은 굶주림을 메운다는 뜻에서뿐만 아니라 행여 관군의 반격이 있을 때를 대비해서라도 양곡이

---

20 「石南歷史小說 : 朴氏定基歷事」, pp. 9~10.
21 오지영, 『동학사』, p. 112.

필요했다. 전봉준은 1차 기포 때 함열(咸悅)의 조창(漕倉)을 습격하려 했으나 당시 민란이 군계(郡界)를 넘으면 반역이 되기 때문에 그럴 수 없었다.[22]

3. 귀소(歸巢)

고부민란이 전주감영을 통해 조정에 알려지자 조정에서는 각 대신의 합계(合啓)에 따라 "고부 군수 조병갑을 압송 격식을 갖추어 잡아 와 남간(南間)에 수감(囚監)하라."는 전교를 받아냈다.[23] 조병갑의 실질적 후임으로 2월 15일에 고부 군수로 부임한 사람은 전 용안(龍安) 현감 박원명(朴源明)이었다.[24] 박원명은 대대로 광주(光州)에 살았고 그 자신도 재산이 넉넉하고 재주가 있었을 뿐만 아니라 본도 출신이어서 이곳 형편을 잘 알기 때문에 민영준(閔泳駿)이 그를 임명했다.[25]

박원명은 민군이 영채를 차리고 있는 곳에 글을 보내, "나의 뜻은 백성을 편안케 하는 데 있을 뿐이다. 이제부터 그대들과 이곳의 시정을 의논하고자 하니 민군 중에서 이부(吏部) 이하의 자리를 선발하여 주기 바란다."고 했다.[26] 그는 또한 3월 3일에 음식을 크게 차려놓고 난민을 불러 조정에서 죄를 용서해주었다고 말하고 돌아가서 농사짓고 생업에 편안히 힘쓰라고 당부했다.[27]

---

22 최현식, 『신편 정주·정읍인물지』(정읍 : 정읍문화원, 1990), p. 230.
23 『駐韓日本公使館記錄』(1)(과천 : 국사편찬위원회, 1986), p. 22
24 『承政院日記』高宗 31년 2월 15일자; 황현(저), 김종일(역), 『梧下記聞』(서울 : 역사비평사, 1994), p. 70.
25 황현, 『梅泉野錄』(서울 : 국사편찬위원회, 1971), p. 144 : "源明世居光州 擁厚皆 頗有機幹 且以本道人 必諳情形 故閔泳駿用之"
26 伊藤博文, 「全羅道古阜民擾日記」, 『祕書類纂朝鮮交涉資料(中)』, p. 350.
27 『梧下記聞』, p. 71.

이때까지만 해도 전봉준으로서는 더 이상의 야망도 없었고 민란을 확대할 의사도 없었다. 그들은 조병갑을 축출했다는 사실과 쌀을 얻었다는 사실만으로 만족했다. 따라서 전봉준은 이번의 거사를 여기에서 종식해야겠다고 생각하고 난민들을 해산했다. 그 뒤 말목장터로 돌아온 전봉준은 샛길로 부하 몇십 명을 거느리고 어디론가 떠났다.[28] 난민들도 전봉준의 명령에 따라 각기 집으로 돌아가 생업에 종사함으로써 고부민란은 종식되었다. 이 민란이 완전히 종식된 것은 정확히 3월 13일이었다.[29]

여기까지 전개된 전봉준의 1차 거병에 대해서는 몇 가지 논쟁의 여지가 있다. 첫째로는 이 1차 기포의 성격을 어떻게 해석할 것인가의 문제이다. 이에 대한 해석은 크게 두 가지로 나누어진다. 하나는 이것이 단순하고도 우발적인 민란이 아니라 전봉준의 오랜 계획과 야심 끝에 이루어진 혁명의 서막이요, 따라서 이때 그는 고부의 폐정개혁(弊政改革)에 그치는 것이 아니라 전국 각도로 그 범위를 넓히고자 했다는 것이다. 이런 시각에서 전봉준을 개인의 이해관계를 넘어 농민 일반의 요구를 대표하려는 넓은 시야와 포부를 가진 농민군의 지도자로 보려는 견해[30]가 있고, 다른 하나는 적어도 1894년 정월의 기포는 동학과는 무관한 민란이라는 견해가 있다.[31]

전봉준의 초기 의도와 관련하여 위의 두 견해를 비교해 볼 때, 전봉준이 애당초부터 '천하'를 도모할 꿈을 꾸었다는 식의 해석은 자칫 그의 거병을 과대평가할 위험을 안고 있다. 적어도 당시 전봉준의 의거는 "용의주도하게 계획한 거대한 꿈"의 시발은 아니었다. 그것은 아버지의 죽음에

---

28 「石南歷史小說 : 朴氏定基歷事」, p. 10.
29 伊藤博文, 「全羅道古阜民搖日記」, 『祕書類纂朝鮮交涉資料』(中), p. 353.
30 김의환, 『전봉준전기』, p. 59; 오지영, 『동학사』, p. 161 참조.
31 김용섭, 「전봉준공초의 분석 : 동학란의 성격 一斑」, 『역사연구』(2)(서울 : 한국사학회, 1958), p. 6, 10; 신복룡, 『동학사상과 갑오농민혁명』(서울 : 선인, 2006), p. 152~187.

대한 사사로운 원한과 민중적 추대³²에 따라 절반은 타의적 거병이었다.

따라서 1월 기병은 다분히 서둘러 준비한 데서 오는 엉성한 성격을 가진 것이었다. 그뿐만 아니라 당시 전봉준의 의도는 동학과는 무관한 것이었고, 그러므로 그의 이 1차 기포도 이에 앞서 30년간 계속된 비조직적인 민란의 연속선상에서 파악하는 것³³이 훨씬 현실성이 있다. 이러한 논의를 뒷받침하는 논거로 다음의 두 기록을 음미해볼 필요가 있다.

> 원래 금번의 난민은 소위 동학도와 다르다. 오로지 양민이 관가의 무거운 수탈을 원망하여 원수 갚기를 꾀함에 있다. 각기 죽창과 몽둥이[木棍]를 지니고 밤을 틈타 일어나고 낮에는 집에 있으면서 소요를 일으키지 않는다고 한다. 지난날 정읍에서 곤도(棍徒) 일흔 명 남짓을 생포하였는데 동학도는 겨우 대여섯 명에 불과했다.³⁴

> 問 : 난민 중에는 원민(寃民)이 많았는가, 아니면 동학교도가 많았는가?
> 供 : 원민이 많았고 교도는 적었다.³⁵

위의 자료에 비추어볼 때 고부의 1차 봉기는 조선 말기에 흔히 있었던 민란의 한 예였지 종교 투쟁은 아니었다. 전봉준의 기포나 동학란 발발의 전제가 된 것은 동학사상이나 동학교문의 취회 운동과는 관계가 없었고 민족주의적 동기라는 것도 이 시기에는 논의되지 않았다. 민족 문제가 대두된 것은 9월의 3차 기포 때의 일이다. 이런 점에서 선학들의 연

---

32 「全琫準供草 初招」: 問 起包時 汝何以主謀乎 /供 衆民皆推矣身 使爲主謀 故依民言, 問 衆民以汝爲主謀之時 至汝家乎 /供 衆民數千名 都聚矣家近處 故自然爲之之事, 問 數千名 衆民 何故推汝爲主謀乎 /供 衆民雖曰數千名 皆是愚蠢農民 矣身則文字粗解之緣故
33 김용섭, 「전봉준공초의 분석 : 동학란의 성격 一斑」, pp. 6, 10, 39.
34 「청국함 平遠號 함장과 能勢辰五郎(인천 2등영사)의 대담」, 『駐韓日本公使館記錄』(2), pp. 98~99.
35 「全琫準供草 初招」: 問 古阜起包時 東學多乎 寃民多乎 /供 起包時寃民・東學雖合 東學少 而寃民多

구는 1차 기포에서의 동학사상을 지나치게 과대평가했다.[36] 이러한 논의는 "전봉준전"을 "동학혁명사"와 동일시하려는 종래의 도식이 무너진다는 의미에서도 재평가를 받을 필요가 있다.

둘째로 짚고 넘어가야 할 사실은 1894년 정월에 일어난 이 사건의 호칭의 문제이다. 종래의 주장에 따르면, 1894년 정월의 사건은 "고부민란"이며, 무장 기포에서 전주화약까지가 1차 기포이고, 공주전투를 중심으로 한 대일항전이 2차 기포로 되어 있다.[37] 그러나 이것은 잘못된 시대구분이다. 우선 1894년 정월의 사건[1차 봉기]은 조선조 후기에 연면히 이어 내려온 민란의 복제 현상이었다.

그러다가 여기에 종교적인 요소가 가미되고 군계(郡界)를 넘음으로써 전국 규모의 저항으로 확대된 것은, 고부 관아 습격 사건이 마무리될 무렵인 1894년 3월에 장흥부사(長興府使) 이용태(李容泰)가 뒤늦게 난을 평정한다는 구실로 미련스럽게 가담자를 폭압하기 시작한 때부터이다.

이용태의 보복이 가혹해지자 인근 10여 읍의 백성들이 일시에 공명하여 모여들기 시작하여 10여 일 만에 몇만 명에 이르렀는데 동학교도가 난민과 함께 결합한 것도 이때부터였다.[38] 이런 맥락에서 흔히 황토현전투로 불리는 3월 거병으로부터 6월의 전주 함락과 화약(和約)까지의 기간을 2차 기포라고 할 수 있다.

3차 기포는 일본의 침략 야욕이 본격화되고 청일전쟁에서 일본의 승리가 임박하자, 종전의 민란이나 2차 기포 때의 종교 투쟁의 성격을 넘어서서 농민군이 민족주의 항쟁을 전개한, 다소 전쟁의 개념까지 포함하는 투쟁이었다.

---

36 김용섭, 「전봉준공초의 분석 : 동학란의 성격 一斑」, p. 6, 10.
37 신용하, 『동학과 갑오농민전쟁연구』(서울 : 일조각, 1993), pp. 130f,160~161, 286f.
38 황현, 『梅泉野錄』, p. 128 : "民憤怒復亂 ······ 於是愚民響應 右沿一帶十餘邑 一時響應 旬日至數萬人 東學之與亂民合 自此時."

따라서 현재 학계나 교계에서 이 일련의 사건을 구분할 때, 고부민란을 단순한 민란으로, 황토현전투를 1차 거병으로, 공주전투를 2차 거병으로 호칭하는 것은 잘못된 것이다. 이 세 가지 사건이 모두 연속성을 가지고 전개된 것이라고 볼 때, 고부민란을 굳이 떼어내 하나의 민란으로 봄으로써 혁명의 전개 과정에서 이를 누락할 것이 아니라 이를 1차 기포로 보는 것이 옳다.

V

2차 기포(起包)

1. 박해

혁명을 일으키는 민중들은 격정적인 데가 있는 반면에 단순하다. 각기 생업으로 돌아간 백성들은 이것으로 역사의 한 장은 끝맺어졌다고 생각했다. 더구나 민란이 일어난 지 한 달 남짓 지난 다음인 2월 15일자로 용안 현감(龍安縣監)에서 고부 현감으로 임명된[1] 신관 사또 박원명(朴源明)은 선치(善治)를 베풀어 민중들의 상처를 씻어주려고 노력함으로써 고부의 민란은 원만한 해결점에 이르는 것 같았다.

그러나 문제는 의외의 곳에 있었다. 1862년의 진주민란 이후 민중들의 소요에 과민한 반응을 보였던 전라감영에서는 백성들이 군청을 습격하고 군수를 몰아낸 문제를 없었던 것으로 덮어둘 수 없다고 생각했다. 조정에서도 이 문제를 수월하게 생각하지 않았다. 그렇다고 해서 조정이 고부 백성을 압살하려고 생각했던 것은 아니었다. 다만 사람을 보내 난민들을 어루만지고[撫恤] 진상이 어떠한 것인지를 알고자 했을 따름이다.

이와 같은 역할을 맡고 고부민란의 안핵사(按覈使)로 임명된 사람은 장흥부사 이용태(李容泰)였다. 그는 박원명이 부임한 다음 날인 2월 15일자로 임명을 받았는데[2] 그가 바로 고부민란의 물줄기를 뒤바꿔놓은 인물이 되었다. 그는 고부의 안핵사로 부임하자마자 선치를 베풀려는 박원명의 처사를 꾸짖고 왕건(王建) 이래 이곳이 역향(逆鄕)으로 지목받고 있다는 사실을 들어 난민들을 엄중히 다스려야 한다는 방침을 세웠다. 그에게 가장 중요한 일은 민란의 주모자를 색출하여 다스리는 것이었다.

이용태는 박원명이 한 일을 모두 번복하고 백성들을 압박하고 반역죄를 적용하여 죽이려 했다. 그는 또한 부자들을 윽박질러 난을 일으키게

---

1 『承政院日記』 高宗 31년(1894) 2월 15일자.
2 『承政院日記』 高宗 31년(1894) 2월 16일자.

했다고 협박하여 많은 뇌물을 거두니, 감영 감옥으로 끌려오는 죄수들이 줄을 이었다.³ 그는 민란의 주모자를 색출하는 데 심혈을 기울여 자기 나름대로 민요의 원인을 알아보았고 또 사실을 꽤 정확히 알고 있었다. 이러한 사실은 그가 조정에 올린 장계(狀啓) 가운데 민요가 일어난 원인을 다음과 같이 일곱 가지로 정리한 데서 잘 나타나 있다.

一. 토지 제도가 해이해진 점
一. 전운소(轉運所)가 부족미를 채우고자 수탈한 점
一. 유망(流亡)한 곳의 세를 받을 수 없었던 점
一. 개간한 황무지에 과세한 점
一. 미개간한 황무지에 땔감을 과세한 점
一. 만석보(萬石洑)에 과세한 점
一. 팔왕보(八旺洑)에 과세한 점⁴

그런데 이용태는 민란을 조사하는 과정에 한 가지 특이한 사실을 발견했다. 그것은 난민 가운데 의외로 동학교도가 많이 포함되어 있다는 사실이었다. 난민 가운데 동학교도가 많은 것은 그들이 유독 조병갑으로부터 피해를 입었다는 증거가 아니라 그들이 종교적 이상주의와 정열로 말미암아 개혁 의지가 강했음을 의미하는 것이었다.

이와 같은 사실은 이용태가 이 민란이 동학교도에 의한 것이라고 판단하게 했다. 그것이 오해이든 사실이든 이용태는 난민들을 다스리고 처벌하는 데 이를 좋은 구실로 삼았다. 결국 그는 민란 참여와 관계없이 동

---

3 황현, 『梅泉野錄』(서울 : 국사편찬위원회, 1971), p. 128 : "及李容泰至 盡反源明所爲 毆忤逆之律 欲按誅之 又構富室以倡亂脅索厚賂 與監司金文鉉通謀 移囚營獄者相望."
4 『高宗實錄』 甲午(1894) 4월 24일자;『承政院日記』 고종 31년(1894) 4월 15일자 : (1) 移結也 (2) 轉運所總加量餘新刱不足米也 (3) 流亡結稅米未收也 (4) 陳畓已墾處賭租也 (5) 陳畓未墾處柴草也 (6) 萬石洑水稅也 (7) 八旺里洑水稅也 民之抱冤 由於此 起鬧亦由於此

학교도를 잡아들이도록 명령했다. 당사자가 없으면 처자와 아녀자도 잡아들여 추궁했다. 이때의 상황에 관해 당시의 목격자인 최영년(崔永年)은 다음과 같이 기록하고 있다.

> 군중들이 해산하고 10일도 못되어 안핵사 이용태는 역졸 800명을 거느리고 고부에 들이닥쳐 새로 부임한 군수 박원명에게 민란의 주모자들을 찾아내라고 위협하며 역졸을 고부 군내에 풀어 마을을 뒤지고 다니며 부녀자를 강음(强淫)하고 재산을 약탈하며, 백성들을 마구 구타하고 굴비 꿰듯 사람을 엮어 갔다.[5]

일이 이렇게 되자 전봉준과 같은 비교도는 말할 것도 없고 동학교도들조차 탐관오리를 몰아내려고 한 일이 오히려 일을 어렵게 만들었음을 알았다. 더구나 이용태는 이곳이 만경평야가 있는 곡창이어서 난민들을 처벌한다는 구실로 엄청난 축재가 가능하다는 사실을 발견했다. 이 시점에 이르러, 이용태의 어리석음은 한 개인의 비극으로 끝나지 아니하고 역사의 비극으로 발전하게 되었다.

이러한 일련의 사태에 전봉준을 비롯한 지도자들은 우선 모임을 갖고 대책을 논의했다. 그 결과 우선 전라감사에게 이 어려운 사정을 바로 호소[直訴]하는 것이 상책이라고 생각했다. 그리하여 1894년 정월부터 3월에 걸쳐 그들은 이용태와 김문현(金文鉉)에게 진정을 올렸지만 아무런 응답이 없었을 뿐 아니라[6] 오히려 이는 이용태의 비위를 건드리는 격이 되었다.

---

5 崔永年, 「東徒問辨」, 『東學亂記錄』(上)(서울 : 국사편찬위원회, 1970), p. 157: "擾民退散 各集農器 如是未滿十日 按撫使李容兒(泰) 率驛卒八百餘名 擱入古阜 威喝新倅朴源明 使之 大索擾民狀首 驛卒電散一邑 橫行閭里 强淫婦女 掠奪財産 鞭扑男丁 捕縛如魚貫"
6 「全琫準供草 再招」: 問 呈營呈邑何時乎 /供 昨年 正二三月間

2. 무장(茂長)에서 황룡촌(黃龍村)까지

이제 그들이 갈 수 있는 마지막 길은 다시 한 번 봉기로써 항쟁하는 것이었다. 더구나 1차 기포 뒤에 수색이 심해지자 전봉준은 상황이 피할 수 없게 되었음을 알았다. 그러나 이제는 지난번 조병갑을 기습한 것과는 경우가 달랐다. 이용태가 거느리고 있는 군대는 어느 정도 정규 훈련을 받았고 병기에서도 우월했기 때문이다.

전봉준은 이때부터 동학교도의 잠재력을 주목했던 것으로 보인다. 그는 김개남(金開南)·손화중(孫化中)·최경선(崔景善) 등과 함께 화란(禍亂)을 복으로 바꿔준다고 백성들을 설득하면서, "동학이 하늘을 대신하여 세상을 다스려 나라를 보호하고 백성들을 편안케 할 것이다. 우리는 살상을 하지 않을 것이며 오직 탐관오리만을 처벌할 것"이라고 했다.[7]

사세가 불리함을 깨달은 전봉준은 무장(茂長)의 동학도들에게 막강한 영향력이 있는 손화중에게 다시 한 번 가세할 것을 부탁했고 태인에 기반을 두고 있는 김개남에게도 같은 부탁을 했다. 손화중은 시기상조를 역설했으나 전봉준의 간절한 부탁에 따르지 않을 수 없었다. 손화중은 그의 무리 몇천 명을 거느리고 각지를 돌아다니며, "방금 국정이 더럽고 어지러워[濁亂] 멸망의 근심[患]이 조석에 있으니 신민된 자 …… 어찌 수수방관하리요. 불초 비록 비재(菲才)이나 각위(各位)와 병력(幷力)하여 혁명을 선동하여 불량한 정부를 전복하고 정치를 일신 개혁하여 국가와 민중을 구제코자 하노라."고 선동했다.[8]

이들은 거사 일자를 1894년 3월 21일로 정했다. 굳이 이날을 잡은 것

---

7 황현(저), 김종일(역), 『梧下記聞』(서울 : 역사비평사, 1994), p. 72.
8 장봉선, 「전봉준실기」, 『정읍군지』(정읍 : 이로재, 1936), p. 384.

은 이날이 동학교주 최시형(崔時亨)의 탄생일이었기 때문이다.[9] 거사 장소는 무장의 당산마을 앞 들판으로 정했다.[10] 이곳을 거사 장소로 정한 이유는,

(1) 무장 대접주 손화중의 포가 그 규모에서 전라도에서 가장 커 당시 그가 거느리고 있는 군대는 3천 명에 이르렀으며, 이미 1년 전의 보은취회 때 손화중은 독자적으로 호남의 동학도를 모았던 금구취당의 두목이었다. 따라서 무장에 도소를 설치하면 단기간에 효율적으로 대규모 동학 조직의 세력을 도소의 휘하에 둘 수 있었다.

(2) 전봉준과 손화중의 절친한 친분과 동지적 결합 관계 때문이었다. 손화중은 전봉준보다 6년 연하였으며 전봉준이 학식과 지략의 면에서 탁월했기 때문에 손화중은 대접주이면서도 전봉준을 자기의 윗자리에 받아들였다.

---

9 최현식, 『갑오동학혁명사』(전주 : 신아출판사, 1994), p. 57.
10 종래의 학설에 따르면 2차 기포의 장소는 흔히 백산(白山)으로 알려져 있었으나 오늘날에는 무장으로 굳어지고 있다. 2차 기포의 장소가 무장이라는 논거로서는, (1)「全琫準供草 初招」, (2) "전봉준 판결선고서"에 무장에서 기포했다는 기록, (3)「聚語」에 실린 "무장동학배포고문," (4)『梧下記聞』, p. 72의 기록, (5)『隨錄』의 일지, (6) 朴文圭의「石南歷史小說 : 朴氏定基歷事」, p. 10(이 필사본은『한국학보』(71) 부록(서울 : 일지사, 1993)에 수록되어 있음), (7) 金邦善의『林下遺稿』의 기록이 제시되고 있다. 박맹수,「사료로 읽는 동학농민혁명(11) : 전라도 무장현의 동학농민군 전면 기포에 대하여」,『문화저널(60)』1993년 5월호(전주 : 전북문화저널사), pp. 27~29 참조.

이에 관하여 최현식(崔玄植, 정읍문화원장)은 무장에서 최초로 군집했던 사실을 시인하면서도 2차 기병을 무장기포로 볼 것이냐에 대해서는 다른 의견을 제시하고 있다. 그 논거로서는, (1) 당시의 기포는 무장뿐만 아니라 부안·고부·태인 등지에도 있었다. 따라서 무장의 집결은 인정되나 전체의 일부에 지나지 않는다. (2) 이 문제의 중요한 논거가 되는 필자 불명의『수록』(隨錄)이라는 책의 신뢰도가 높은 것이 아니다. (3) 전봉준의 공초 275개 문항 중에서 고부 기포라는 표현은 있어도 무장 기포라는 표현은 없다. (4) 각 지역의 농민군이 백산에 모여 대오를 결성했으니 이곳을 기포지로 보아야 한다. (5) 무장 기포설은 농민군의 진압을 위한 정부군이 무장이 아닌 고부로 출동한 점을 설명할 수가 없다. (6) 전봉준이 무장을 찾아간 것은 사실이지만 그것은 포가 없는 그로서는 호남 제일 포주인 손화중의 도움이 필요했기 때문이었다. (7) 따라서 이 사건은 무장의 농민군과 고부의 농민군이 백산에서 연합 부대를 형성한 것으로 보아야 한다.(최현식,「고부와 갑오동학혁명」,『전라문화논총』(7)(전주 : 전북대 전라문화연구소, 1994), p. 135; 최현식,『갑오동학혁명사』, pp. 60~61)

(3) 무장이 지리적으로 고부에 비교적 가까운 동학 조직의 거점이었다.[11]

전봉준은 이곳에서 다음과 같은 「창의문」(倡義文)을 발표하여 자신이 거병한 입장을 밝혔다.

창의문(倡義文)

세상에서 사람을 귀(貴)타 함은 인륜이라는 것이 있기 때문이다. 군신(君臣) 부자(父子)는 인륜(人倫)의 가장 큰 자라. 인군(人君)이 어질고 신하가 곧으며 아비가 사랑하고 아들이 효도한 후에야 국가가 무강(無疆)의 역(域)에 미쳐 가는 것이다. 우리의 성상은 인효자애(仁孝慈愛)하고 신명성예(神明聖叡)한지라. 현량하고 방정한 신하가 있어 그 총명을 도우면 요순(堯舜)의 가르침과 한나라 문제·경제의 정치를 가히 써 바랄지라. 금일에 인신(人臣)된 자, 은혜 갚는 것을 생각지 않고 한갓 녹위(祿位)만 도적하여 총명을 가릴 뿐이라.

충성스럽게 간하는 선비를 요언(妖言)이라 이르고 정직한 사람을 비도(匪徒)라 하여 안으로는 보국(輔國)의 인물이 없고 밖으로는 백성을 수탈하는 관(官)이 많다. 인민의 마음은 날로 변하여, 들어서는 낙생(樂生)의 업(業)이 없고 나가서는 보신(保身)의 책(策)이 없다. 학정이 날로 자라고 원성이 그치지 아니하여 군신·부자·상하의 분별(分別)이 무너지고 말았다. 소위 공경(公卿) 이하 방백 수령들은 국가의 위난을 생각지도 아니하고 다만 자기가 살찌는 일에만 간절하여 과거시험의 문을 돈벌이로 볼 뿐이며 응시의 장은 매매하는 저자와 같다.

허다한 화뢰(貨賂)는 국고에 들어가지 못하고 다만 개인의 사장(私藏)을 채우고 만 것이며 국가에는 오래 쌓인 빚이 있어도 갚기를 생각지 아니하고 교만하고 사치하고 음란하고 더러운 일만을 기탄없이 행하여 팔로(八

---

11 신용하, 「고부민란의 사발통문」, 『동학과 갑오농민전쟁연구』(서울 : 일조각, 1993), pp. 143~144; 박맹수, 「사료로 읽는 동학농민혁명(11) : 전라도 무장현의 동학농민군 전면기포에 대하여」, p. 29.

路)가 어육(魚肉)이 되고 만민이 도탄에 들었다. 수재(守宰)의 탐학에 백성이 어찌 곤궁치 아니 하랴. 백성은 국가의 근본이라. 근본이 시들면 국가는 반드시 없어지는 것이다.

보국안민의 책(策)을 생각지 아니하고 다만 제 몸만을 생각하여 국록만 없애는 것이 어찌 옳은 일이랴. 우리 등이 비록 재야의 유민이나 군토(君土)를 먹고 군의(君衣)를 입고 사는 자라. 어찌 차마 국가의 멸망을 앉아서 보겠느냐. 팔역(八域)이 동심(同心)하고 억조(億兆)가 순의(詢議)하여 이에 의기(義旗)를 들어 보국안민으로 사생의 맹세를 하노니 금일의 광경에 놀라지 말고 승평성화(昇平聖化)와 함께 들어가 살아보기를 바라노라.

갑오 정월 일

호남창의소(湖南倡義所)

전봉준(全琫準) 손화중(孫化中) 김개남(金開男) 등[12]

---

12 오지영, 『동학사』(서울 : 영창서관, 1940), pp. 108~109; 「聚語」, 『東學亂記錄』(上), pp. 142~143(갑오 4월 11일자)에는 "茂長東學輩布告文"이라는 이름으로 다음과 같은 漢譯文이 실려 있다.

"人之於世 最貴者 以其倫也 君臣父子 人倫之大者 君仁臣直 父慈子孝 然後乃成家國 能逮无疆之福 今我聖上 仁孝慈愛 神明聖叡 賢良正直之臣 翼贊佐明 則堯舜之化 文景之治 可指日而希矣 今之爲臣 不思報國 徒竊祿位 俺蔽聰明 阿意苟容 忠諫之士 謂之妖言 正直之人 謂之非徒 內無輔國之才 外多虐民之官 人民之心 日益渝變 入無樂生之業 出無保軀之策 虐政日肆 惡聲相續 君臣之義 父子之倫 上下之分 逆壞而無遺矣 管子曰四維不張 國乃滅入 方今之勢 有甚於古者矣 自公卿以下 至方伯守令 不念國家之危殆 徒以肥己潤家之計 銓選之門 視作生貨之路 應試之場 擧作交易之市 許多貨賂不納王庫 反充私藏 國有積累之債 不念圖報 驕侈淫昵 無所畏忌 八路魚肉 萬民塗炭 守宰之貪虐 良有以也 奈之何民不窮且困也 民爲國本 本削則國殘 不念輔民安民之方策 外設鄕第 惟謀獨全之方 徒竊祿位 豈其理哉 吾徒雖草野遺民 食君之土 服君之衣 不可坐視國家之危 而八路同心 億兆詢議 今擧義旗 以輔國安民 爲死生之誓 今日之光景 雖屬驚駭 切勿恐動 各安民業 共視昇平日月 咸休聖化 千萬幸甚"

여기에서 한 가지 문제가 되는 것은 오지영의 글에는 이것이 갑오년 정월에 발표된 것으로 되어 있고, 「聚語」에는 4월 11일로 되어 있다는 사실이다. 그러나 정월이라면 전봉준이 아버지에 대한 복수심[父讐]에 대한 원한의 단계를 벗어나지 못한 때인 반면에 이 글은 민족주의적 색채를 짙게 깔고 있다는 점을 생각할 때 이 글은 정월에 발표될 수가 없었고 그 후인 4월의 2차 기포에 발표된 것으로 보는 것이 옳을 것이다.

무장 포고문은 옹택규가 작성했다는 주장이 있으나 그의 손자 邕京源(1912년생, 全北 井邑郡 井州邑 光橋里 172-2)의 증언에 따르면 옹택규는 포고문 가운데 몇 글자를 가필했을 뿐이라고 한다. 그분만 아니라 김개남이 무장 포고문의 서명자로 기록된 것은 석연하지 않다. 왜냐하면 그는 무장 기포에 참여하지 않았기 때문이다. 김개남은 전봉준이 무장에서

3월 23일에 농민군 3천여 명은 창과 칼, 죽창을 들고 향교와 각 관청을 습격했다.[13] 무장은 난민들로 말미암아 무정부 상태에 들어갔다. 농민군은 흰 무명으로 머리띠를 매고 길이 5척이 넘는 죽창을 지녔다.[14] 이들은 무장의 굴치(屈峙)를 넘어 흥덕을 지나 일부는 정읍을 거쳐 고부로 향하고 일부는 줄포로 진출했다. 그들이 이러한 우회로를 잡은 것은 정읍 인근 지역에 봉기를 알리고 동참을 호소하고자 함이었다.[15]

4월 4일, 동진강을 건너 부안성(富安城)[16]을 함락하고 관군을 기다리고 있던 농민군은 부안의 지형이 불리하자 모든 농민군을 고부로 옮겨 날개[羽翼]를 펼침으로써, 이곳 줄포에 주둔하는 전주감영군의 진로를 차단했다. 5일에 감영군은 이광양(李光陽)·송봉암(宋鳳岩) 등 병사 250명을 중견으로 하여 7~8천 명의 용병을 이끌고 농민군과 서로 대진했고 줄포의 군대와 연합하여 공격하라는 명령을 전했다.

4월 6일 밤이 되자 줄포의 감영군이 전선에 도달했다. 신호포로 전투가 벌어졌다. 밤은 깊고 음침하여 주변을 판별하기가 쉽지 않았다. 농민군은 응사가 느려 관군이 열 발을 쏘면 겨우 한 발로 응했다. 경군(京軍)이 돌진하자 농민군은 짚으로 지은 가성(假城)에 들어가 앞뒤로 탄환을 빗발치듯 쏘았는데 이에 이광양과 많은 장병이 쓰러지고 패잔병은 사방으로 흩어졌다.[17]

기포하여 고부를 거쳐 정읍으로 진출할 때 뒤늦게 합류했다. 따라서 여기에 그의 이름이 기록된 것은 창의문을 수록한 오지영의 착오라는 지적이 있다. 이진영, 「김개남과 동학농민전쟁」, 『한국현대사연구』(2)(서울 : 한울, 1995), pp. 74~75 참조.

13 『梧下記聞』, pp. 75~76.
14 「巴溪生 報 : 古阜 黃土山전투 상황」(음 4월 12일), 『駐韓日本公使館記錄』(1)(과천 : 국사편찬위원회, 1986), p. 53.
15 이진영, 「김개남과 동학농민전쟁」, pp. 80~81.
16 이 일대에는 부안이라는 지명이 두 군데 있는데, 하나는 지금의 전라북도 부안군(扶安郡)이고, 다른 하나는 고창군 부안면(富安面)이다. 이 글에서는 고창군 부안면을 가리킨다.
17 「巴溪生 報 : 古阜 黃土山전투 상황」(음력 4월 12일), 『駐韓日本公使館記錄』(1), p. 59.

무장기포지(1993. 12. 4.). 고창군 공음면 구수리 당산(孔音面 九水里 堂山)의 평야

이어서 농민군은 4월 9일 고창현을 습격하여 감옥을 부순 뒤 죄수를 석방하고, 군기를 빼앗고, 호적을 몰수했으며 동헌을 헐었다.[18] 또 그 가운데 일부는 나주를 공격하여 목사 민종열(閔鍾烈)에게 항복을 요구했다. 그러자 민종열은 "이름 없는 거사라, 법에 따라 마땅히 벨 것이요, 부도(不道)한 말을 듣기를 원하는 바가 아니다."라고 대답하며 영장(營將) 이원우(李源佑)와 함께 항전했다.[19]

농민군은 다시 1차 기포에서처럼 백산(白山)을 거점으로 잡았는데 이곳은 군량이 풍부할 뿐만 아니라 고부에 자리 잡고 있는 이용태 군대를 끌어내어 요격하기에 알맞은 전략적 요충지였기 때문이다. 백산은 본래 이름이 심미산인데, 삼면이 강물로 둘러싸여 있고 한쪽으로만 겨우 사람

---

18 『梧下記聞』, p. 83.
19 『梧下記聞』, pp. 88~141, p. 213. 그 뒤 민종열이 항전하는 과정에서 농민군을 다수 사살하자 전봉준이 김학진에게 그의 파직을 요구했다. 김학진은 농민군을 무마하기 위해 조정에 주청하여 그를 파직했으나 백성이 길을 막아 떠나지 못하고 끝까지 항전했다.

과 말이 통행할 수 있으며 근방은 유명한 평야지대여서 조선의 비결(秘訣)에도 적혀 있을 정도로 좋은 공수(攻守) 조건을 갖춘 곳이었다. 비결에 이르기를, "고부의 백산은 만민을 먹여 살릴 수 있다."[古阜白山 可活萬民][20]고 했다.

죽창을 든 난민들은 백산에 올라 자신들의 승리를 축하했다. 전봉준의 지휘는 일사불란하게 이루어졌다. 그의 명령에 따라 심미산의 농민군이 모두 일어서면 산이 하얗게 보였고 그들이 앉으면 죽창 빛으로 산이 파랗게 보였다. 이때부터 "앉으면 죽산이요 서면 백산"이라는 민담이 생겼으며 심미산의 이름도 백산으로 바뀌었고, 농민군들이 신발에 묻은 눈을 털었다 하여 "신털미산"으로도 부른다고 촌로들은 말하고 있다.[21]

이 무렵 이용태와의 싸움이 이미 민란의 성격을 넘어 동학도에 대한 보복의 양상으로 발전하자 손화중과 김개남도 이 거사를 외면할 수 없었다. 그리하여 이들은 두 번째 거병에 합류하기로 결정하고 각기 차서(次序)를 정하는데, 전봉준이 대장이 되고, 손화중과 김개남이 총관령(總管領)이 되고, 김덕명(金德明)과 오시영(吳時泳)이 총참모가 되고, 최경선이 영솔장(領率長)이 되고, 송희옥(宋喜玉)과 정백현(鄭伯賢)이 비서가 되었다.

이 당시 기포 병력의 숫자를 살펴보면, 무장의 손화중포의 예하에는 무장 두령 송경찬(宋敬贊)과 강경중(姜敬重)이 인솔하는 병력이 1,300명, 흥덕(興德) 두령 고영숙(高永叔)이 인솔하는 병력이 300명, 정읍 두령 손여옥(孫如玉)과 차치구(車致九)가 인솔하는 병력이 1,200명으로 도합 2,900명이었고, 김개남포의 예하에는 태인 두령 김낙삼(金洛三)과 김문행(金文行)이 인솔하는 병력이 1,300명이었으며, 김덕명포의 예하에는 태인 두령 최경선, 김제 두령 김봉년(金奉年), 금구 두령 김사엽(金士曄), 김봉득

---

20 「巴溪生 報 : 古阜 黃土山전투 상황」(음력 4월 12일), 『駐韓日本公使館記錄』(1), p. 56.
21 金學燮(1905년생, 全北 扶安郡 白山面 龍鶴里 거주)의 증언.

백산(촬영 : 1981. 1. 15.)

(金鳳得), 유한필(劉漢弼)이 인솔하는 병력이 2천 명으로 모두 6천여 명이 넘었다.[22]

동학도는 백산의 높은 언덕에 의지해 3개소에 진을 쳤다. 그들이 지닌 병기 가운데는 군대의 총도 여럿 있었다. 관군은 백산에 이르러 진을 치고 저녁밥을 먹는데 규율이 없었다. 이때 농민군이 쳐들어오니 관군과 보부상들은 싸워보지도 못하고 무너져 죽은 사람이 많았다. 이때 우영관 이곤양(李昆陽 : 根昌)이 죽고 나머지는 도주했다.[23] 전주에서 온 영병은 이날 오후 백산 기슭에 진을 치고 아직 싸우지 않고 있었다. 이때 남원부사의 원병으로 총잡이 쉰 명 남짓이 와 합세했으나 모두 피로한 모습이었다.

영병은 배후에 주둔하고 있었다. 영병·향병(鄕兵) 모두 다음 날을 기다려 접전할 것이라 하여 자연히 경계를 게을리했는데, 야밤의 어둠을 타고 홀연히 진중에서 포성이 크게 일었다. 관병이 당황하여 어찌할 바를 몰랐다. 낮에 남원의 원병이라고 한 것은 위장한 농민군이었던 것이다.

---

22 오지영, 『동학사』, pp. 111~112.
23 「甲午略歷」, 『東學亂記錄』(上), p. 64.

이들의 지휘자가 돌격하는 것을 신호로 앞산으로부터 몇백 명의 농민군이 전후좌우 사방에서 돌진해 오니, 순식간에 관병이 크게 패하여 흩어졌다. 패한 뒤 감영으로 도망쳐 돌아온 병졸은 물론 대관(隊官)들은 더벅머리 모습이었다. 중군(中軍)도 관립(冠笠)이 파괴되어 상투머리에 맨발로 탈출하여 돌아왔다.[24]

첫 접전에서 대승한 농민군은 "보국안민"(輔國安民)을 대장기(大將旗)로 정하고 다음과 같은 4대 군율을 정했다.

　一. 사람을 죽이지 말고 물건을 해치지 말 것[不殺人 不殺物]
　一. 충효를 다하여 세상을 구하고 백성을 평안하게 할 것[忠孝雙全 濟世安民]
　一. 왜적을 몰아내고 성도를 깨끗이 할 것[逐滅倭夷 澄淸聖道]
　一. 서울로 진격하여 세도가들을 몰아낼 것[驅兵入京 盡滅權貴][25]

백산에 모인 농민군은 군사를 2대(隊)로 나누어 부안과 태인으로 진격하여 말목장터에서 하루를 묵었다. 당시 조병갑은 자신이 수탈한 쌀 4천 섬을 백산 부근에 있는 뫼안[山內]에 쌓아두고 있었다. 이러한 사실을 알고 있는 난민들은 우선 백산을 점령하여 뫼안의 양곡들을 굶주린 백성들에게 나누어준 다음, 날씨가 풀리자 만석보를 헐어버렸다.[26] 그때가 3월 초순이었다.[27] 이어서 농민군은 관아를 습격하여 죄수를 석방하고 무기고를 파괴하여 무기를 탈취했다.[28]

---

24 「津沼米作 報 : 白山 싸움」 (5월 9~11일), 『駐韓日本公使館記錄』(1), pp. 60~61.
25 鄭喬, 『大韓季年史』(上), 국사편찬위원회, 1971, p. 74(갑오 4월조).
26 金學燮(1905년생, 全北 扶安郡 白山面 龍溪里)의 증언.
27 「全琫準供草 初招」 : 問 起包後行何事乎 / 供 起包後陳荒勒徵稅還推 而官築洑毁破矣 / 問 其時何時 / 供 昨年三月
28 「兩湖招討謄錄」, 『東學亂記錄』(上), p. 166.

사기가 오른 농민군은 고부의 백산 예동에서 태인의 용산 화호 신덕정(龍山 禾湖 新德亭)으로 옮겨 주둔하고 발포하니 그 형세가 험악하여 방어할 방책이 없다는 보고[29]가 전주를 거쳐 조정에 전달되었다. 조정에서는 그제야 사태의 심각성을 느끼기 시작했다. 이번 민란은 향리의 반경을 벗어나고 있다는 점에서부터 여느 민요와는 다르다는 사실을 그들은 감지하기 시작했다. 이에 조정에서는 전라병사 홍계훈(洪啓薰)을 양호초토사로, 이학승(李學承)·이두황(李斗璜)·원세록(元世祿)·오건영(吳建泳)·오원영(吳元泳)을 영솔장으로 임명하여 토벌전을 전개하기 시작했다.[30]

양호초토사 홍계훈은 임오군란 때 궁중에서 왕비를 업고 나와 피신한 홍재희(洪在羲)였다.[31] 이 당시의 병력을 보면, 장위영 군대의 762명과 인부 64명, 도합 826명이었으며, 신임 전라병사 이문영(李文泳)이 여기에 가세했다. 이들 가운데 청국 군함 평원호(平遠號)에는 홍계훈과 이문영이 군인 386명, 야포 네 문, 탄약 141상자를 싣고 탔으며, 조선 기선 창룡호(蒼龍號)에는 군인 247명이 탔고, 조선 기선 한양호(漢陽號)에는 군인 194명이 탔다.[32] 이들은 서양총으로 무장하고 대포 몇십 문을 앞세우고 서양북[洋鼓]을 치고 나팔을 불며 인천으로 행군하니 향곡의 주민들이 놀랐다.[33]

평원호는 4월 4일(양력 5월 8일) 양호초토사 홍계훈 일행과 그가 인솔하는 친군병을 나누어 싣고 인천을 출발하여 이날 밤 풍도(豊島) 앞바다에 정박하고 다음 날 5일 항진했다. 그런데 해도(海圖)가 불완전하여 속력을 반으로 낮추어 5일 밤 군산진에서 12마일 떨어진 앞바다에 정박했다.

---

29 『梧下記聞』, p. 76.
30 『高宗實錄』 갑오(1894) 4월 2,4,15일자;『承政院日記』 갑오(1894) 4월 2일자.
31 朴成壽(주해),『渚上日月』(上)(서울 : 서울신문사, 1993), pp. 187~188(1894.4.23.);『梧下記聞』, p. 81.
32 「衫村 報 : 동학당 토벌을 위한 조선군 출정의 건」(1894.5.11.,『駐韓日本公使館記錄』(1), p. 139.
33 오지영,『동학사』, p. 120.

홍계훈의 병사들이 모두 하륙을 마친 것은 다음 날 6일(양력 5월 10일) 정오가 지나서였다. 창룡호와 한양호는 곧 하구로 진입하여 군산진 전면에 닻을 내렸다. 군산진에 도달하기까지 3개의 모래톱이 있어 창룡호도 만조가 아니면 진항할 수가 없었다. 평원호가 닻을 내린 장소는 하구까지 작은 증기선으로 한 시간 반이 걸리며 역조일 때는 서너 시간이 걸렸다. 간만의 차가 인천처럼 심하지는 않다 해도 거의 15~16피트였다.[34]

당시 김문현은 향병을 조련하여 싸움터에 내보낸 것이 이미 5천~6천 명이나 되었는데 혹시 실수가 있을까 걱정하여 계속 전보로 구원을 요청했다. 4월 6일에 경병 800명을 거느리고 군산포에 상륙한 홍계훈은 당일 전주로 향하다가 옥구 임피(臨陂)에서 노숙하고 50리 떨어진 대장촌(大長村)에서 점심을 먹고 다시 40리를 가서 7일 저녁 전주에 도착했는데 그날은 황토현전투가 있던 날이었다.

4월 9일(5월 12일) 홍계훈과 동행한 경성 주재 청국사서(淸國使署) 서국릉(徐國崚 : 邦傑)이 전주감영에서 다음과 같은 글을 평원호 선장에게 보냈다.

일행은 편안히 전주에 도착했다. 난당(亂黨)은 고부·태인·부안·무장·고창·금구 등 여섯 현에 만연하고 금산과 여산에서도 봉기했다. 4월 초6일 전라영병 300여 명과 보부상 600여 명으로 고부 두승산(斗升山)에서 난민을 요격했으나 대패하여 많은 조창(鳥槍)과 도계(刀械)를 빼앗겼다는 보고가 있었다. 정읍·고부·연지·모천(茅川) 강변 일대의 지방 대소 관리는 도피하여 초토사는 행군할 마음이 없다. 8일 우선 100여 명을 흥덕으로 뽑아 보내 적정을 정찰시키고 있다.[35]

관군의 병력으로는 전투력이 미흡하다고 생각한 홍계훈은 순창·담양

---

34 「청국함 平遠號 함장과 能勢辰五郎(인천 2등영사)의 대담」, 『駐韓日本公使館記錄』(2), p. 98.
35 「청국함 平遠號 함장과 能勢辰五郎(인천 2등영사)의 대담」, 『駐韓日本公使館記錄』(2), p. 98.

일대에서 보부상을 모집해서 전력을 강화시켰다.[36] 홍계훈은 전주에 도착하자 전주영장 임태두(任泰斗)와 함께, 영장(營將) 김시풍(金始豊)과 전 오위영장 정석희(鄭錫禧)·김영배(金永培)·김용하(金用夏)·김동근(金東根) 등을 역모 혐의로 남문시장에 군민(軍民)을 모아놓고 효수했다.[37] 본디 김시풍과 전라감영 수교 정석희는 당시 감사 휘하의 무인 가운데 가장 걸물로서 농민군이 두려워했다.

일설[38]에 따르면, 이들을 두려워한 전봉준이, 이 두 사람이 공모하여 관군을 배반하여 몰래 농민군과 내통했다고 교묘히 꾸며 선전했고, 여기에 속은 감사 김문현과 홍계훈이 이들을 처단했다고 하나 이러한 음모의 진위는 밝혀지지 않는다. 다만 그가 김개남의 족숙(族叔)이었다는 점과 두 사람 사이에 교류가 있었다고 믿을 만한 가능성이 크다는 점[39] 등으로 하여 그가 의심받을 위치에 있었던 것은 사실이다.

그러나 전봉준이 전주성을 공격할 당시 김개남은 합류하지 않고 남원에 있었다는 점에서 볼 때 그의 죽음은 음해였을 가능성이 크다. 김시풍이 처형되자 민심이 크게 이반하기 시작해, 농민군 관군 모두가 다 같이 분개했다. 당시 그의 죽음을 애석히 여긴 무리들이 전주성에 다음과 같은 「방문」(榜文)을 붙였다.

방문(榜文)

방금의 사세(事勢)는 앉아서 죽음을 기다릴 수 없는 형편이다. 웅병맹장(雄兵猛將)은 각각 그 믿는 땅에 있고 각 군의 재사(才士)는 먼 곳에 보

---

36 『渚上日月』(上), p. 188; 오지영, 『동학사』, p. 118.
37 「甲午略歷」, 『東學亂記錄』(上), p. 64; 「光緒 20년 4월 초9일 진시 승정원 開拆」, 『駐韓日本公使館記錄』(2), p. 3.
38 「동학의 변란과 전주」, 『東學農民戰爭研究資料集』(1)(서울 : 여강출판사, 1991), pp. 366~367.
39 이진영, 「김개남과 동학농민전쟁」, pp. 65~66.

내어 근왕(勤王)의 일을 한다. 대저 오늘날 우리들의 주위를 둘러싸고 있는 형편으로 말한다면 집권 대신들은 모두 외척인데 밤낮으로 오직 자기들의 배만 채우고 자기의 당과 자기의 파만을 각 읍에 포열(布列)하여 백성 해치는 것만을 일삼고 있으니 백성들이 어찌 이를 견딜 수 있단 말인가?

초토사 홍계훈은 본디 무식한 사람이라 동학의 위세를 두려워하면서도 부득이 출병했다. 망령되게도 공이 있는 김시풍을 죽이고 이것으로써 공을 삼으려 하니 반드시 형벌을 받아 죽을 것이다. 가장 가석한 일은 3년 이내에 우리나라가 러시아에 귀속될 것이므로 우리 동학이 의병을 일으켜 백성들을 편안케 함이니라.[40]

한편, 농민군은 4월 7일 고부군 도교산(道橋山)으로 영채[屯寨]를 옮겨 영문(營門)에서 보낸 병정들과 서로 접전한 뒤 정읍현 연지원(蓮池院)으로 직행했다. 이들은 당일 밤늦게 장교청(將校廳)에 곧바로 들어가 방문을 부수고 수감된 죄수 여섯 명을 석방하고 또 군기고를 부수어 창검 등 무기를 가져갔다.

그들은 또한 공형(公兄)의 집과 도사령(都使令)의 가산을 모두 부쉈고 부상(負商)들이 머무는 집도 역시 불사르고 고부군 삼거리로 나아갔다. 그들은 이곳에서 묵고 초8일에 흥덕으로 떠났다. 이튿날이 되어 아침에 농민군 몇천 명이 읍에 곧바로 들어가 군기고를 부수고 탄약과 창검, 조총을 어려움 없이 탈취하여 같은 날 정오경 고창의 경계(高敞界)로 향했다.[41]

농민군은 다시 8일 밤에 몇천 명이 고창에 쳐들어가 먼저 옥문을 부수고 수감 중인 죄수 일곱 명을 방면하고 이어 군기를 빼앗고 장적(帳籍)

---

40 鄭喬,『大韓季年史』(上), p. 75(高宗 31년 甲午 4월조) : "方今事勢不可坐以待死 雄兵猛將各在其信地 而各郡才士飛書千里 以勤王事 大抵以國勢言之 執權大臣皆是外賊 終夜經營只知肥己 以其黨與派布各 害邑民爲事 民何以堪 今招討使洪啓薰 不啻人本無識 怯東學之威 不得已出兵 妄戮賢良有功之金始豊 欲爲邀功 此必受刑而死 最可惜者三年之內 我國歸於俄羅斯 是故我東學 大擧義兵 欲安生民."
41 「光緒 20년 4월 12일 승정원 開拆」,『駐韓日本公使館記錄』(2), p. 4.

을 거두어 조사하고 동헌과 각 공청을 타파하고 관인[印符]을 탈취하려 했다. 위급한 현감은 은밀히 피신했고 농민군은 조병갑이 피신했던 읍내 은대정(殷大靜)의 집으로 가 가산을 파괴하였으며 초9일 오시(午時)경에 무장읍으로 돌아갔다.[42] 이 두 현청의 습격을 통해 농민군은 황토현전투에 필요한 무기를 획득할 수 있었다. 이 무렵 농민군의 규모는 대략 8천에서 1만 명 정도였던 것으로 추산된다.[43]

4월 초7일에 관군이 농민군을 쫓아서 고부 황토현에 이르렀다. 관군이 서쪽으로 갈 때 향병과 영병이 섞여서 갔는데 영병이란 이른바 훈련을 받은 병대이나 아직 전진(戰陣)을 겪어보지 못해서 향병과 다를 것이 없으며, 교만하고 사나워 다루기가 어려웠다. 이들을 데리고 행군하면 가는 길마다 약탈하고 점포를 헐고 장사꾼의 물건을 겁탈하며, 온 마을을 뒤지고 닭이나 개도 가리지 않았다. 이렇게 되자 백성들이 모두 이를 갈고 두려워하며 그들을 피했다.[44] 또 장령(將領)된 인물은 기율이 없이 다만 칼을 빼어 손에 들고 군사를 몰고 갈 뿐 그들을 구휼하는 일이 없었다. 이리하여 군사가 모두 주리고 목마르게 되었다.[45]

황토현는 해발 35.5미터의 구릉으로 말목장터와 고부의 중간에 위치하고 있다. 이곳의 흙이 황토이기 때문에 이름이 황토현이 되었다. 홍계훈이 서울에서 출발할 무렵 경군의 수는 800명이었다고는 하나 전주에서 군산까지 행군하는 동안 탈주자가 많아 황토현전투 당시의 실제 병력은 470명에 지나지 않았고 그나마 그간의 봉급을 받지 못해 사기가 저하되었으며, 주력 부대는 용병(傭兵)인 보부상이었다. 더구나 관군들이

---

42 「光緖 20년 4월 12일 승정원 開拆」, 『駐韓日本公使館記錄』(2), p. 4.
43 『渚上日月』(上), p. 179; 「전라남도 고부 민요」, 『駐韓日本公使館記錄』(1), p. 54; 오지영, 『동학사』, pp. 111~112.
44 관군이 민가에 끼친 폐해에 관해서는 앞의 「石南歷史小說 : 朴氏定基歷事」, p. 11 참조.
45 『梧下記聞』, p. 79.

약탈을 일삼음으로써 민심이 이반된 상태였기 때문에 그들의 패배는 예정된 것이었다.[46]

황토현에 도착한 관군은 농민군이 쳐들어올까 의심하여 소나무로 영채에 가득 불을 피우니 영채 안이 낮과 같고 연기가 밖으로 자욱한데 마침 안개가 짙어 사방을 분별할 수 없었다. 이때 갑자기 대포 소리가 나면서 탄환이 발밑에 떨어지니 관군이 삼대[麻]처럼 쓰러졌다. 농민군은 삼면을 포위하고 그 한쪽 모퉁이만 터놓고 크게 소리치며 죽이자 관군이 일시에 무너졌다.

날이 밝고 안개도 걷히자 농민군은 흰옷 입은 향병은 쫓지 않고 오직 검은 바지 입은 영병과 등에 붉은 도장이 찍힌 보부상만을 끝까지 쫓아 칼을 휘둘러 사사로운 원수를 갚는 것처럼 했다. 또 산 아래 큰 들에는 이때 이미 봄갈이[春耕]를 마치고 물을 가두어 놓아 끝없이 아득했다.

패배한 군사가 물을 바라보고 뛰어드니 물은 깊고 진흙이 짙어 빠지기만 하면 움직일 수 없었다. 여기에서 농민군이 칼과 창으로 내려치니 선혈이 흙에 섞여 물이 벌겋게 물들고 버리고 도망한 군수 물자가 길을 메웠다.[47] 이 전투에서 관군은 영관(領官) 이경호(李景鎬)가 전사하는 등 심한 타격을 입었다.[48] 당시의 상황에 관해서는 다음과 같은 관군 측 참전자의 회고담이 남아 있다.

4월 6일 아침, 우리는 고부를 떠나 징집된 마을 사람들과 함께 고생스럽게 군량을 운반했다. 비가 온 뒤라 수레와 짐을 실은 말의 행진이 생각같이 되지 않았기 때문에, 우리는 커다란 짐만 챙겨 진군했다. 두승산 동

---

46 『渚上日月』(上), pp. 187~188; 황현, 『동학란』(서울 : 을유문화사, 1985), p. 118.
47 『梧下記聞』, p. 80.
48 『高宗實錄』 甲午(1894) 4월 13일자; 「5월 18일자 전라도 전주에서 올라온 者의 直話」, 『駐韓日本公使館記錄』(1), pp. 15~16.

황토재 전적지 기념관 (촬영 : 1981. 1. 14.)

쪽의 장거리에서 우리는 계곡을 더듬으며 진군했는데, 길은 좁았고 비탈길은 고르지 않았다. 그러나 모든 군사는 매우 원기 왕성하여 행진 중에도 노래를 부르고 크게 소리를 지르는 등 왁자지껄했다. 여러 번 휴식하면서 저녁 무렵 황토현에 도착했다.

그 뒤 우리는 곧바로 짐을 풀고는 진지의 막사를 지었으며 각 부대, 군단의 작은 진지를 각 소에 만든 뒤 밥을 지었다. 모두 배가 고파 저녁밥을 달라고 크게 소리쳤는데, 장교 한 명과 여남은 명의 군사가 마련한 쇠고기와 술을 먹고 모든 군사가 원기를 회복했으나 술잔치를 열지는 않았다. 그리고 아둔한 농민군은 모두 나무껍질을 먹고 계곡의 물로만 배를 채워 당장 내일은 길도 걷지 못할 것이라고 비웃었다.

이러한 유희에 빠진 전쟁은 다시는 없을 것이라고 우리는 생각했다. 그날 밤 처음에는 경계를 세웠다. 그러나 농민군의 진영이 완전히 고요하여 불빛조차 보이지 않았기 때문에, 모두 안심하고 그 뒤로부터는 술에 취하고 노래와 춤을 추다가 깊이 잠이 들었는데 나 역시 마찬가지였다. 그러다가 한밤중에 적이 습격해 온다는 커다란 부르짖음에 잠이 깨었는데, 이리저리 도망하는 사람, 엎어지는 사람, 울부짖는 사람, 엎드린 사람, 숨는 사람 등 진영의 주위에는 시체가 쌓여 있었다.

 거의 2천 명 가량의 관군 가운데 무기를 가지고 대적한 사람은 매우 적고, 나머지는 앉아서 칼을 맞거나 자다가 죽는 등 그 패배의 모습은 매우 참혹했다. 나는 황토현 북쪽 소나무 숲에 몸을 숨기고 겨우 지름길을 더듬으며, 백산 서쪽 해안까지 갔다가 배를 타고 아산 쪽으로 도망하여 목숨을 건졌다. 왜냐하면 동쪽으로 도망한 사람들은 농민군의 별동대에게 습격당했고 곳곳에 수리(水利)의 작은 샛강이 있어 그냥 건널 수가 없었기 때문이다. 7일 동이 트기 전에 관군은 대개가 살해되었는데, 이 싸움에서 나의 동료 보부상은 780명 가량이 전사하거나 살해되었다. 관군은 다수의 군기를 버렸고 대포 2문도 퇴각하였으며 쌀 100석을 잃었다.[49]

이 무장 - 고부 - 백산 - 황토현전투로 이어지는 2차 기포는 갑오농민혁명의 전개 과정에서 다음과 같은 몇 가지 중요한 의미를 가진다.

첫째로 2차 기포를 계기로 하여 조선왕조 후기의 주맥(主脈)을 이루는 민란의 하나인 고부민란에 동학이라고 하는 종교적 성격이 착색되었다는 것이다. 본디 2차 기포는 영돈(領敦) 김병시(金炳始)의 지적[50]처럼, 관리들이 저지른 학정에서 비롯된 것이었다. 그럼에도 불구하고 여기에 동학도가 가세한 것은 그들이 이용태로부터 직접적인 피해를 겪었다는 사실과 그들이 가지고 있는 종교적 정열 또는 개벽사상에 그 뿌리를 두고 있는 정의감 때문이었다.

본디 전환기의 사회에서는 종교가 그 사회의 문화에 기본적인 이념, 가치, 행태 그리고 가정(假定)을 가장 훌륭하게 표현해 준다.[51] 종교인들은 객관적인 사실에도 정의감을 발휘하는데 하물며 자신들이 피해자가

---

49 菊池謙讓, 『近代朝鮮史』(下)(서울 : 鷄鳴社, 1939), pp. 220~222.
50 「甲午實記」, 『東學亂記錄』(上), p. 11 : "領敦對曰 …… 臣則謂此 皆本是良民 始因列倅之剝割 不耐困苦 欲訴其冤而聚會."
51 Donald E. Smith, *Religion and Political Modernization*(Boston : Little, Brown and Co., 1970), p. 169.

되었을 때 결코 침묵할 수가 없어 체제에 도전하게 되었다. 내란을 정당화시키는 강도와 범위는 그 체제가 보여주고 있는 정통성에 반비례한다.[52] 이런 점에서 볼 때, 이용태가 없었더라도 민란은 일어났겠지만, 이용태의 어리석은 처사는 민란과 종교의 만남을 가능케 한 하나의 고리[環]와 같은 것이었다.

황토현전투가 가지는 두 번째 의미는 이 전과(戰果)에서 얻은 무기가 농민군의 전투력을 강화해줌으로써 그 뒤 황룡촌전투의 승리와 전주 함락에 중요한 역할을 했다는 사실이다. 1차 기포 당시만 하더라도 농민군들은 죽창이나 농기구 등의 원시적인 무기로 고부 관아를 점령했고 그 성격도 민란의 성격을 벗어나지 못했다. 그러나 2차 기포를 치르면서 농민군이 군계(郡界)를 넘어 민란이 확산된 것은 황토현전투에서 승리했기 때문이다.

셋째로, 당시의 상황을 살펴볼 때 갑오농민혁명은 민란의 단계적 확산(escalation) 현상이지 일부 학자들의 말처럼 처음부터 계획된 것은 아니다. 역사는 결코 예정된 것이 아니다. 플루타르코스(Plutarch)의 말처럼 역사는 작은 조약돌에 의해서도 방향이 바뀔 수 있는 시냇물에서 시작되는 것이다. 고부민란이 혁명으로 변신하는 과정을 보노라면 우리는 역사가 반드시 거창한 법칙에 따라 예정되고 조화되어 흘러가는 것이 아니요, 그렇게 되지 않을 수도 있었던 것이 그렇게 된 데에는 지극히 미소(微小)한 인자가 작용하고 있음을 알 수 있다. 이를테면 이용태의 어리석음과 같은 것이 그러한 예에 속한다고 하겠다.

넷째로 황토현전투를 통하여 조정은 중국에서 있었던 태평천국(太平天國)의 난을 연상했다는 점이다. 그들이 모두 종교로 무장되어 있고 강

---

52 Ted R. Gurr, *Why Men Rebel?*(Princeton : Princeton University Press, 1970), p. 185.

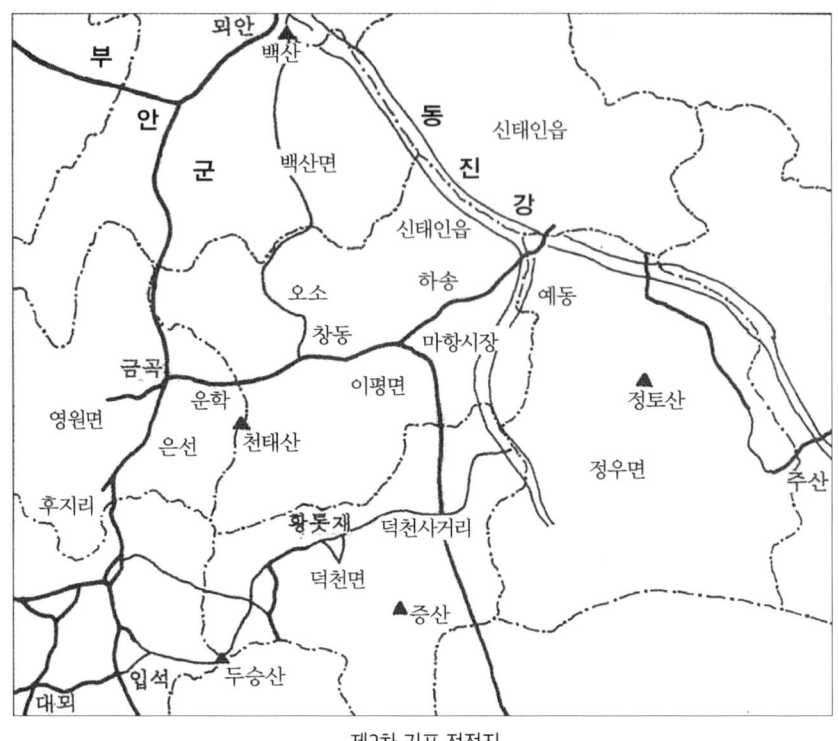

제2차 기포 전적지

한 배외심과 정권에 대한 도전 의지를 가지고 있다는 점을 감안할 때, 조선왕조가 갑오농민혁명을 보면서 중국의 외우내환(外憂內患)을 연상했다는 것은 어찌 보면 당연한 일이었다. 이러한 연상 심리는 피해의식으로만 그치는 것이 아니라 그 해결 방법에도 지대한 영향을 끼쳤다.

황토현에서 승리한 농민군은 다음 날인 4월 9일에 무장으로 향했다. 농민군이 이동한 경로를 보면, 정읍의 연지원(4월 6일) – 흥덕(4월 7일) – 고창(4월 8일) – 무장(4월 9~12일) – 영광(4월 12~16일) – 함평(4월 16일) – 무안(4월 18일) – 나주(4월 19일)를 거쳐 장성 황룡촌으로 남진하여 경군(京軍)을 맞이하게 되었다.[53]

노다지와 같은 고부의 군수직을 잃은 조병갑은 이때까지도 자신의 복

---

53 「光緒 20년 4월 14일, 18일 승정원 開拆」, 『駐韓日本公使館記錄』(2), pp. 5~6.

직을 포기하지 않고 있었다. 그는 4월 15일 전주감영의 김문현을 찾아가 온갖 모략으로 복수를 충동질했다. 조병갑은 감영에 이르러 우선 감사에게 이렇게 요청했다.

> 간악한 무리가 석기(席旗 : 거적을 깃대에 걸어 만든 깃발)를 걸고 죽창을 들고 부문(府門)을 덮쳐 지휘를 받던 속리(屬吏)들이 모두가 곤경에 빠졌습니다. 지금은 화가 자신에게 미치게 되어 겨우 모면하여 여기에 이르렀으며 바라건대 병사 1천 명을 빌려주시면 곧 달려가 이를 진압하겠습니다.[54]

그러나 감사는 듣지 않고 정부에 장계를 올려 그 지휘를 받겠다고 하여 조병갑은 영문(營門)에 숨어 있었다.

여기에서 한 가지 짚고 넘어가야 할 문제가 있다. 그것은 다름이 아니라 농민군이 왜 북상하지 않고 남진하였을까 하는 점이다. 전봉준이 이제까지 일부 학계에서 거론되었던 바와 같이, 당초부터 천하를 도모할 뜻이 있었다면 일차적으로 전주를 선공했어야 하는데 오히려 그는 남진했다. 아마도 이 의외의 남진은 전라좌도의 동학 세력이 강성했기 때문에 그 세를 이용하려는 의도와, 무기를 포함한 모든 물자가 풍부한 나주를 점령하여 전주 공격을 위한 물량을 확보하고자 하는 의도에서 나온 것으로 보인다. 그러나 나주목사 민종열의 저항이 의외로 강경하자 이를 포기하고 다시 장성으로 북상했다.[55]

전봉준이 이끄는 1만 명의 농민군이 장성 황룡촌에 도착한 것은 4월 21일이었다. 그들은 월평 삼봉(月坪三峰) 아래에 진을 쳤다. 홍계훈은 4월 22일에 대관 이학승(李學承)·원세록(元世祿)·오건영(吳建永)에게 군사 300명을 주어 장성으로 출발시키면서 23일에 황룡촌에 있는 농민군

---

54 「全羅道古阜民擾」(1894. 4. 12., 『駐韓日本公使館記錄』(1), p. 54.
55 최현식(정읍문화원장)·朴孟洙(원불교영산대학 교수)와의 대담.

을 공격하도록 명령했다.⁵⁶ 23일에 홍계훈의 선봉 경병 200여 명이 영광에서부터 농민군을 쫓다가 월평에 이르렀다. 관군은 먼저 공을 차지하려고 후원을 기다리지 않고 삼봉 위에서 대환포를 쏘기 시작했다. 황룡천 너머의 농민군은 군사를 거두어 도피하는 듯하다가 크루프 소총(克虜伯 : Krupp)으로 응전했다.⁵⁷

농민군은 장태를 앞세우고 관군에게 돌진했다. 장태는 청죽(靑竹)을 얽어 만든 것으로 그 밑에 차바퀴를 달았다. 그 속에 사람이 앉아 총을 쏘았다고 한다. 다른 기록에는 그 둘레가 열 아름쯤 되고 길이가 열 발쯤 되었다고 하며 바퀴는 없었다고 한다. 내가 장성 황룡촌에서 만난 광산(光山) 접주 이춘영(李春榮)의 손자 이찬종(李贊鍾)과 이현종(李現鍾)의 증언에 따르면, 장태의 크기는 길이가 11~12자였고 높이가 4.5자였다고 한다. 그들의 아버지 이규익(李圭益 : 1898~1993)은 방탄용으로 당시 죽세공 기술자들이 황룡촌에서 4킬로미터 떨어진 임곡(臨谷)의 가정마을에서 대나무를 베어 와 장성군 삼계면 사창리(長城郡 森溪面 舍倉里)에서 장태 7~8개를 만들었다고 한다.

장태는 대를 쪼개 원통을 만들고 그 안에 볏짚을 채워 넣은 일종의 방탄차였다.⁵⁸ 황현(黃玹)은 장태를 이렇게 설명하고 있다.

> 큰 죽롱(竹籠)이 몰려오는데, 크고 둥글며 닭 우리처럼 생긴 것이 몇십 개였다. 더욱이 밖에는 칼을 꽂아 마치 고슴도치와 같고 아래는 두 바퀴를 달아서 굴러서 몰려온다. 관군이 연환(鉛丸)과 시석(矢石)을 쏘았으나 죽롱이 모두 막아주고 적은 그 뒤를 따라 포를 몰면서 몰려온다.⁵⁹

---

56 최현식, 『갑오동학혁명사』, p. 85.
57 「光緖 20년 4월 20일 승정원 開拆」, 『駐韓日本公使館記錄』(2), p. 7.
58 光山 접주 李春榮의 손자 李贊鍾·李現鍾의 증언.
59 『梧下記聞』, pp. 90~91.

장태를 만든 사람이 누구인가에 관해서는 기록이 일정하지 않다. 오지영(吳知泳)은 장흥 접주 이방언(李邦彦)이 장태를 만들었기 때문에 그를 이장태라 불렀다고 전언한다.[60] 그러나 최현식의 주장에 따르면, 장태를 만든 사람은 이방언이 아니라 담양의 이용길(李龍吉 : 1857~?)인데 그는 월평 싸움에서 장태를 만들어 이장태라는 이름을 얻었다고 한다. 또 이찬종의 증언에 따르면, 장태를 만든 사람은 그곳의 죽세공이었던 김남수라고 하는 말을 아버지로부터 들었다고 한다.[61]

월평 삼봉에서 관군이 연환과 시석을 쏘았으나 모두 죽롱이 막아내고 농민군은 그 뒤를 따라 대포를 쏘면서 몰려왔다. 초토사의 대영(大營)에서도 멀리 바라보기만 하고 구원할 수가 없어 제 마음대로 달아나게 버려두니 농민군은 쫓지 않고 군사를 거두어 퇴각했다. 이날 죽은 관군의 수가 일곱 명이요, 대환포 두 문을 빼앗겼다.

농민군 가운데는 대환포에 맞아 죽은 무리가 많아 이들을 끌어모아 무덤 열일곱 개를 파서 하나에 시체 네댓 구씩을 묻었다. 농민군은 다시 월평으로 들어가 마을 가득히 깃대를 세우고 밥을 지으려다가 경군이 습격해 온다는 소식을 듣고 나팔소리 한 번에 군사를 재촉하여 앞으로 나가는데 말 탄 무리가 200여 명이었다.[62]

홍계훈은 영광에 도착하여 이학승에게 경병 270명을 거느리고 먼저 떠나게 하면서 경솔히 장성 경계에 들어가지 말라고 부탁하고 "내일 사시(巳時)에 응원을 가리라."고 약속했다. 그러나 이학승이 경계를 알지 못해 돌고 돌아 월평에 이르렀을 때는 사면이 모두 농민군이어서 나아가지도 못하고 물러나지도 못하는 상황이 되었다. 그러자 홍계훈에게 글을

---

60 오지영, 『동학사』, pp. 122~123.
61 "장태"에 관한 기록은 『錦城正義錄』(나주 : 나주향토문화연구회, 1991), p. 55; 최현식, 『갑오동학혁명사』, p. 88; 『梧下記聞』, pp. 90~91 등을 참조.
62 『梧下記聞』, pp. 90~91.

보내 이들을 효유(曉諭)하도록 했다.

　그러나 이학승은 농민군의 세력이 커서 효유할 수 없을 것 같은 데다 저쪽에서 먼저 쳐들어올까 두려워 농민군이 회답하기에 앞서 갑자기 대포로 공격하여 많은 농민군이 죽었다. 농민군은 관군이 몹시 적고 원군이 없는 것을 보고 강을 건너와 사방을 포위하고 공격했다. 그러자 경병이 도망치기 시작했고 이 와중에 두 명이 전사했다. 이때 이학승이 우뚝 서서 "나는 대장 이학승이다. 의리에 구차히 살 수가 없구나. 역적들은 어찌 나를 죽이지 않느냐?"고 크게 외치고서 탄환에 맞아 쓰러지자 농민군이 머리를 베어 갔다.[63]

　이학승이 죽자 조정에서는 그에게 좌승지를 추증하는 한편으로 그가 순직한 월평 신호리 신현(莘湖里 莘峴)에 순의비를 세우고 면암 최익현(勉菴 崔益鉉)에게 비문을 쓰게 했는데 그 비문의 내용은 다음과 같다.

선전관 증 좌승지 이공 순의비(宣傳官贈左承旨 李公殉義碑)

　슬프다!
　이곳 장성부(長城府)의 서쪽 10리 신현(莘峴)은 고(故) 선전관 이학승이 의리를 위해 죽은 곳이다. 지난 갑오년(1894)에 동학의 도적들이 호남에 창궐하여 군현(郡縣)을 연거푸 함락하고 지나가매 인민은 모두 고깃덩어리가 되었더라. 조정에서는 홍계훈을 초토사로 임명하여 장병이 동적(東賊)을 공격하니 공(公)은 장위영 대관으로서 군대를 좇아 영광(靈光)에 유진(留陣)할 제 적도 몇 만 명이 장성의 월평을 점령하고 있는지라.
　공은 군사 200여 명을 이끌고 앞장서 강을 끼고 싸워 적 100여 명의 목을 베었으나 중과부적이었다. 대군이 멀리 있으므로 적들은 강을 건너 삼면으로 싸고 쳐들어왔다. 사졸들이 패배하자 휘하의 병사들이 공을 붙잡고 피신할 것을 간청하니 공이 웃으며 말하기를, "장부가 죽을지언정

---

63 『梧下記聞』, pp. 89~90.

난을 만나 구차히 목숨을 부지할 수는 없다." 하여 몸을 일으켜 홀로 적을 꾸짖다 꺾이지 않고 죽으니 4월 23일이었다.

비록 지난날의 안고경(顔杲卿)[64]이라 할지라도 어찌 이보다 더할 수 있겠는가? 시신을 모시고 오는 길[反葬]에 적들을 길에서 만나 부관참시하는 변을 겪으니 공의 화(禍)가 더욱 참혹했다. 적들이 발길을 돌리기에 앞서 말에서 떨어져 스스로 죽으니 어찌 공의 정영(精英)한 기운이 죽음에 따라 없어진 것이 아님이 아니겠는가? 이것이 곧 영험함이다. 이 일이 들려오매 특별히 통정대부 좌승지로 추증하고 관리를 보내어 제사하게 했으며, 그 아우 도승(道承)을 녹용(祿用)하여 김포(金浦) 군수를 제수했다. 무릇 그 충혼을 구천에서 위로할 뿐만 아니라 실로 그 뜻을 만세에 세워 신하된 백성에게 권하는 뜻이 지극하도다.

고을의 인사들이 서로 말하기를, "지난날 주자(朱子)와 송자(宋子 : 송시열) 두 분께서는 충의를 기록하시매 비록 미미할지라도 반드시 기록하여 당나라의 위사(衛士) 이사룡(李士龍)[65]과 같은 이의 인륜도 모두 간편(簡編 : 역사)에 기록했거늘 하물며 이공(李公)의 빼어난 절의를 알리지 않을 수 있겠는가?" 했다.

장차 비석을 세워 그의 충의를 남기려 할 새, 기우만(奇宇萬)이 그러한 논의를 일으키고, 지부(知府) 김성규(金星奎)가 돕고, 유생 송영순(宋榮淳)과 박만승(朴萬升)이 일을 추진했다. 김한목(金漢穆)이 지은 전(傳)을 가지고 박 군이 북으로 800리에 있는 이 못난 사람에게 표(表)를 요구한지라, 글을 알려오니, 나는 그 글을 절반도 읽기 전에 나도 모르는 사이에 눈물이 흘러내린다.

비록 저세상 사람이라 할지라도 격앙하거늘 하물며 한 시대의 왕조를 모시며 듣고 보는 것임에랴. 흔히 말하기를, 인간에게는 오상(五常)이 있

---

64 안고경(顔杲卿 : 692~756) : 중국 당(唐)나라 현종(玄宗) 때의 충신으로 안녹산(安祿山)이 반란을 일으키자 현종을 위한 의병을 일으켜 싸웠으며 안녹산에게 처형되었다.
65 당나라 사람이 아니라 명나라 사람 이등(李登)을 의미한다. 생몰연대를 알 수 없다. 그는 그리 위대한 인물이 아니었다. 그렇다면 병자호란 때 순절한 이사룡(1595~1640)을 최익현이 착오했을 수도 있다.

으되 임금과 부모가 가장 크며, 선비에게는 백 가지 행동이 있으나 충효가 우선이거늘 충효로 죽는 것은 분수가 정해진 까닭이라 한다. 진실로 의를 분별하는 것이 매우 밝아도 마음에 길러진 것이 본래 있지 않은즉, 창졸간에 위급한 때를 만나 본심을 잃어 홀연히 그 사악한 바를 알지 못하여 죽는 것보다 더한 것이 많다.

공은 효도에서 충성으로 나아가 늘 그 강개한 뜻을 가슴에 품어오다가 끝내 조정의 어려운 때를 만나 마침내 서슬 푸른 칼을 밟고 그 머리를 잃고도 후회함이 없었으니 이른바 질풍에 굳센 풀이요, 큰 추위에 견디는 소나무라 하니 공이 아니면 누구이겠는가? 하늘은 높고 땅은 깊으며 해와 달이 비추는데 천 년을 두고 썩지 않는 것은 오로지 공의 의로운 죽음뿐이라.

공의 자(字)는 경습(景習)이요, 성종(成宗)의 왕자 경명군(景明君) 시(諡) 정민공(貞敏公) 휘(諱) 침(忱)의 후손이다. 조선조 중엽에 휘 제형(齊衡)으로 집의(執義)를 지내고, 휘 단석(端錫)이 문인으로 참판(參判) 증 이조판서(贈吏曹判書) 호 쌍호당(雙壺堂)으로, 함께 청백(淸白)과 효행으로 장천서원(長川書院)에 배향된 분이 공의 7대와 6대 조부이며, 5대조 휘 복연(復淵)은 무인으로 통제사(統制使)를 지냈다.

증조는 무인으로서 부총관(副摠官)을 지낸 응혁(應爀)이며, 할아버지는 통덕랑(通德郎) 후지(厚址)이며, 아버지는 무인으로 군수를 지낸 종규(鍾奎)이다. 공은 철종[睿陵] 임자(1852)생으로 금상(今上) 갑술년(1874)에 무과에 급제하여 무겸(武兼 : 武臣兼宣傳官)에 임명되고, 도판(都判)을 거쳐 첨사를 역임했으며, 장위영초관(壯衛營哨官)으로 선전관을 겸대(兼帶)하다가, 43세에 세상을 떠났다. 그 비명(碑銘)에 이르기를, 목숨을 버려 의리를 이루었으니 이를 가리켜 큰 절개라 할 수 있다.

선비가 평상시에 자만하지 않고 변고를 만나 스스로 설 수 있는 이가 드문데 공은 오직 종용히 자기 소신을 굽히지 않고 성패와 이익에서 내세우는 것은 충(忠)이었고, 나라를 위해 몸을 바쳤으니 하늘을 우러러 부끄러움이 없다. 살아서 나갔다가 죽어서 돌아오니 왕의 마음이 측은했다. 무엇을 줄 것인가? 은대(銀臺 : 승정원의 별칭)의 현직(顯職)이라. 황룡강은

마르지 않고 영걸(英傑)스러운 풍채는 영원하리라. 이러한 사연을 돌에 적어 길이길이 보이노라.[66]

이때 농민군은 들판에서 주먹밥에 기름 섞은 소금으로 식사를 했으며,[67] 무기라고는 장태와 황토현에서 노획한 구식총과 약간의 대포뿐이었고 총이 없는 병사들은 푸른 소나무 가지를 꺾어 흔들며 따라다니는 정도였다. 반면에 경군은 대포 3문에 100정의 신식총을 들고 있었다. 이와 같은 무기의 비교는 홍계훈을 교만하게 만들기에 충분한 것이어서 여

---

66 『勉菴集』(25), 碑, 宣傳官 贈左承旨 李公殉義碑
  "嗚呼 此長城府西十里莘峴 故宣傳官李學承殉義之地也 曩在甲午 東賊猖獗于湖南 連陷郡縣所過 人民殆魚肉 朝廷差洪啓薰爲招討使 將兵擊之 公以壯衛營隊官 從戎留陣靈光時 賊徒數萬 盤據長之月坪 公領軍二百人 爲前鋒夾水而戰 斬賊百餘 然寡不敵衆 而大軍向遠 於是 賊渡水三面圍迫 士卒逐潰 麾下士挽公請跳 公笑曰 丈夫死爾 不可臨難而苟活也 挺然獨立罵賊不屈 而死卽四月二十三日也 雖古之杲卿 何以加焉 迨其反葬逆賊於路 至有剖棺刺屍之變 公之禍尤其慘矣 賊未旋踵陛馬自斃 豈非公精英之氣 不隨死而亡 有此靈驗者歟 事聞特贈通政大夫承政院左承旨 命遣官致侑 錄其弟道承爲金浦郡守 蓋非獨以慰忠魂於九原 實爲萬世樹民彛 爲臣子勸也至矣 鄕之人士相與言曰 昔朱宋兩夫子 叙列忠義 雖微必書 如唐衛士李士龍之倫 亦皆著之簡編 況以公節義之磊落 而可無識乎 將立石以表其忠寢 卽奇宇萬倡其論 知府金星奎助其力 儒生宋榮淳朴萬升幹其事 朴君以金漢穆所爲傳 北走八百里徵文於不佞 不佞讀之未半 不覺淚潛然下矣 雖在異世猶可激昂 況竝時同朝耳目所逮者乎 盖嘗論之 人有五常 君親爲大 士有百行忠孝爲先 所在致死分定故也 而苟非辨於義者甚明 養於中者有素 則倉卒危迫之際 喪失本心 而忽不自知其所惡 有甚於死者多矣 公以移孝之忠 常懷慷慨之志 及遭王事多難之日 終能蹈白刃 喪其元而不悔 所謂疾風勁草 大冬寒松者 捨公而誰也 天高地下日月照臨 閱千祀而不朽者 其惟李公之死節也歟 公字景瑄 成宗王子景明君諡貞敏公諱忱之後也 中葉有諱齊衡文執義 諱端錫文參判 贈吏曹判書 號雙壺堂 俱以淸白孝行 享長川書院 於公爲七世六世 五世諱復淵武統制使 曾祖武副摠官應爀 祖通德郞厚址 考武郡守鍾奎 公以睿陵壬子生 今上甲戌登武科 筮仕武兼歷都判經僉壯衛營哨官兼帶宣傳官 卒年僅四十三 銘曰 捨生取義 是云大節 士方平居 罔不揭揭 變故臨之 鮮罷自立 公惟從容 內篤操執 成敗利鈍 所仗者忠 捐身爲國 無愧蒼穹 生行死歸 王心斯惻 何以贈之銀臺顯職 龍江不渴 英風俱長 刻詞于石 昭示无疆"

  당시의 역사를 기술하면서 농민군은 옳은 충신이요, 관군은 역사의 죄인인 양 기술하는 것은 옳은 필법이라 할 수 없다. 그가 어떠한 위치에 있었든, 자신의 직무에 충실했고 그로 말미암아 목숨을 버렸다면 이념에 관계없이 역사가는 그를 기록해줄 책무가 있다고 생각되기에 여기에 그의 비명 전문을 싣는다.

67 李贊鍾(1922년생)·李現鍾(光山 접주 李春榮의 손자 : 1925년생, 광주시 광산구 오룡동 토말 마을)의 증언.

기에 초토사의 실수가 있었다. 혁명군은 대관 이학승을 포살하고 대포 3
문과 양총 100정을 노획한 여세를 몰아 북진을 계속했다. 그들은 월평
에서 노령(蘆嶺)을 넘어 정읍을 거쳐 전주로 향했다.[68]

3. 전주성

황룡촌에서 패전한 홍계훈은 전열을 가다듬어 농민군을 추격했으나
그들은 이미 전주성에 웅거하여 오히려 공수가 뒤바뀐 처지가 되고 말았
다. 농민군 보병과 기병 1만여 명[69]이 4월 27일 날이 밝을 녘에 바로 전
주 서문 밖에 이르렀다. 전봉준은 농민군이 자만심과 복수심으로 말미암
아 무분별해질 수도 있음을 걱정했다. 이에 전봉준은 군사들의 규율을
세울 필요가 있다고 여겨 다음과 같은 12개조의 군령을 발표했다.

  一. 항복한 무리는 대접을 받는다[降者受待]
  一. 곤궁한 무리는 구제한다[困者救濟]
  一. 탐학(貪虐)하는 무리는 몰아낸다[貪者逐之]
  一. 순종하는 무리는 경복한다[順者敬服]
  一. 도주하는 무리는 쫓지 말라[走者勿追]
  一. 굶주린 무리는 먹인다[飢者饋之]
  一. 간교하고 교활한 무리는 없애버린다[奸猾息之]
  一. 가난한 무리는 타이른다[貧者曉諭]
  一. 불충한 무리는 없애버린다[不忠除之]
  一. 거역하는 무리는 타이른다[逆者曉諭]

---

68 「光緖 20년 4월 24일 승정원 開拆」, 『駐韓日本公使館記錄』(2), p. 8.
69 『梧下記聞』, p. 100.

一. 병자에게 약을 준다[病者給藥]
一. 불효자는 죽인다[不孝殺之]⁷⁰

홍계훈은 4월 26일 아침 완산 칠봉에 진을 쳤는데 정오에 농민군 몇 백 명이 남문을 나가서 두무봉(兜鍪峰)으로 향하다가 경병에게 패배하여 죽은 무리가 몇 십 명이요, 도망한 무리가 몇 백 명이며 많은 죽롱과 마차[車輪]를 빼앗겼다. 오후에는 경병이 서문 밖 민가 800~900호를 불태웠다.⁷¹ 농민군이 용머리고개로부터 일자진(一字陣)을 벌여 공격하자 감사 김문현은 서문을 닫고 서문 밖의 수많은 민가를 불태워 농민군의 공격을 끊도록 했다.

이날은 전주 서문 밖의 장날이었다. 오시쯤 되자 장터 건너편 용머리 고개에서 대포소리가 터져 나오며 몇 천 발의 총소리가 일시에 장터를 뒤덮었다. 농민군들은 장꾼들에 섞여 고함을 치고 총을 쏘며 입성했다. 전봉준은 대군을 거느리고 서문으로 들어가 선화당(宣化堂)에 자리를 잡으니 이로써 전주성이 함락되었다.⁷²

서문이 저절로 열리면서 농민군이 일제히 몰려들어 오자 부민들은 사방으로 흩어져 도망하거나 죽은 무리가 많았다. 전주가 함락된 것은 4월 27일이었다. 관찰사 김문현과 판관 민영승(閔泳昇)은 조경전(肇慶殿)과 경기전(慶基殿)⁷³에 있는 위패와 영정을 위봉산성(威鳳山城)으로 이궁한다는 구실로 성을 버리고 도주했다.⁷⁴ 김문현은 난민을 따라 20리를 나

---

70 金允植, 『續陰晴史』(上)(서울 : 국사편찬위원회, 1971), p. 131(高宗 31년 5월 초1일자).
71 黃玹, 『東學亂』, p. 138.
72 오지영, 『동학사』, p. 123.
73 慶基殿은 1410년(태종 10) 이래 태조의 영정을 모신 곳이다. 당시에는 御容殿이라고 부르다가 1442년 이래 경기전이라는 고유명사가 부여되었다. 『전라북도지』(3)(전주 : 전주시청, 1991), p. 1004.
74 「甲午略歷」, 『東學亂記錄』(上), p. 64.

가서 용진촌(龍津村)에 이르러 나귀를 빌려 타고 달아났다.[75]

5월 1일(양력 6월 4일) 오전 10시경 농민군이 갑자기 남문에서 나와 미전교(米廛橋)를 건너 완산 주봉의 관군을 향해 돌진했다. 그들은 모두 탄환을 피하려고 등에 황색 종이에 붉은 글자로 주문을 쓴 부적을 붙인 채, 입으로는 탄환을 제거하는 주문 "시천주조화정"(侍天主造化定)을 높이 외치면서 빗발치는 탄환 속으로 뛰어들어왔다. 관군은 신예의 화력으로 이를 맞았고, 내려다보며 총격했다.

농민군은 동료의 시체를 넘어 가파른 언덕에 의존하여 올랐다. 관군이 이러한 맹공에 놀라 물러난다면 패퇴의 기색이 역력해질 것이라고 생각한 경군은 서둘러 산을 내려와 응전했다. 양군이 다시 격전을 벌여 마침내 경군이 승리했으며, 농민군은 큰 타격을 받고 많은 시체를 남겨둔 채 성안으로 도망했다.[76] 이때 홍계훈은 농민군에게 다음과 같은 「효유문」을 발표했다.

슬프다!
너희들은 모두가 국가의 적자(赤子)이나 전명숙(全明叔)의 거짓되고 음험한 말에 무혹(誣惑)되어 스스로 용서받지 못할 죄과에 빠짐을 알지 못했으니, 슬프고도 슬프도다. 너희들의 그동안의 정상만 하더라도 주살(誅殺)하지 않을 수 없을 터인데 심지어 윤음(綸音)을 가지고 간 관원을 멋대로 살해하여 스스로 부도(不道)한 난적이 되었으니 일이 이에 미치면 하늘과 사람이 함께 분노할 것이다. 너희들이 이제라도 뉘우치고 귀순하여 척사위정(斥邪衛正)한다면 이는 이른바 "사람이 뉘라서 허물이 없으리오. 고치는 것이 선(善)이다."[人孰無過 改之爲善]는 말에 합치되는 것이다.
"협종(脅從)한 자는 벌하지 말라."는 유훈(維訓)도 있으니 너희들이 능

---

75 黃玹, 『東學亂』, p. 137.
76 「동학의 변란과 전주」, 『東學農民戰爭研究資料集』(1), pp. 371~372.

히 의기(義氣)를 함출(函出)하여 전명숙을 원문(轅門)에 묶어 와 왕법(王法)을 바르게 하는 무리가 있다면 마땅히 계문(啓聞)하여 상상(上賞)으로 시행하고 특히 공로를 참작하여 속죄를 표시하겠다는 뜻으로 이미 여러 번 유시(諭示)했건만 아직껏 소식이 없으니 더욱 분완(憤惋)한 일이다. 만약 일향(一向) 자감(自感)하여 따르지 않는다면 다시 무엇이 애석할 것이 있으리오. 모두 진멸(殄滅)하여 혈유(孑遺)도 남기지 않을 것이다. 나는 다시 말하지 않을 것이니 모름지기 알아들을지어다[知悉].[77]

전투는 5월 2일에서 3일(양력 6월 5~6일)에 가장 치열했다. 승전에 기세를 얻은 관군은 크루프 포와 회선포로써 완산 위에서 성안의 적진을 포격했다. 이 때문에 처음에는 서문 밖 일대 민가에 화재가 일어나, 삽시간에 500~600호를 불태우고 사상자가 100여 명에 이르게 되었다.

위봉에서 패배한 농민군은 5월 3일(양력 6월 6일) 설욕전을 기도하여, 아침 10시경부터 서문과 북문에서 돌진하여 사마교(司摩橋)와 그 하류에 있던 비석전(飛石傳)을 건너는 곳까지, 멀리 서쪽의 최고봉 유연대의 힘준한 비탈을 기어올라 왔다. 관군은 힘에 부쳐 눈사태가 일어나듯 남쪽으로 달아났다. 농민군은 이를 추격하여 다가산(多佳山)을 점령하고 다시 남진하여 용머리고개의 좁은 길을 가로질러 준험을 등지고 단번에 홍계훈의 본영에 육박했다.[78]

당초 농민군은 고부·장성에서 관군을 쳐부순 승리에 취해서 전주로 입성할 때 양호[湖南·湖西]를 쉽게 이길 것이라고 생각했다. 그러나 관군

---

[77] 「曉諭文」, 『駐韓日本公使館記錄』(2), p. 32: "咨嗟 爾等皆以國家赤子 爲全明叔詭誕 險詖之所誣惑 不知自陷於罔赦之科 痛惜痛惜 爾等之其間情形有不可勝誅 而甚至於綸音賫持之官 惟意戕害自作不道之亂賊興言及此神人共憤 爾等今幸悔而歸化斥邪而衛正 則所謂人熟無過改之爲善也 脅從罔治亦有維訓 爾等有能函出義氣函出 所謂全明叔縛致轅門 俾正王法 則隨當 啓聞示以上賞特지將功贖罪之意 前已屢諭示 向此無報益憤惋 若一向 自感不從則更有 何所惜乎 其殄殄滅之無遺有斷不可已 我言不再咸須知悉"; 黃玹, 『東學亂』, p. 155.
[78] 「동학의 변란과 전주」, 『東學農民戰爭硏究資料集』(1), p. 372.

의 숫자가 날로 늘어 길게 포위하고 있으므로 외부의 후원이 끊어지자 시간이 흐를수록 싸움은 어려워졌다. 말먹이 꼴과 양식이 차차 다 떨어져가고 연환이 날아오는 것이 마치 소나기 같아 성안에서도 삿갓을 쓰고 다닐 지경이었다. 그러자 서서히 탈주자가 발생하기 시작했고, 농민군은 성문을 굳게 닫고 감히 나오지 못하는 상황이 되었다.[79]

5월 초사흘(6월 6일) 미시(未時 : 2~3시)경에 농민군 5~6천 명이 황색의 큰 깃발을 세운 채 서문과 북문을 열고 나와서 관군과 접전하여 대패하고 1천여 명이 다치거나 죽었다. 관군은 승세를 몰아 사다리 300여 개를 만들어 성밖에 매달아 세우고 일제히 성을 넘어 들어가 남문을 공격했다.[80] 이 전투로 농민군의 지도자 김순명(金順明), 어린 장사 이복용(李福用), 모사(謀士) 선판언(宣判言), 곽(郭)장군, 박(朴)장사가 죽고 전봉준은 머리와 허벅지를 다쳤다. 이때 관군은 농민군 500여 명을 사살하고 군기(軍器), 창총(槍銃) 1천여 점, 불랑기 대포 스물네 좌, 연환 5만8천 개, 화약 1천여 근, 그 밖에 화살·갑주(甲冑)·도부(刀斧) 등을 노획했다.[81]

살아남은 농민군들이 사방으로 흩어져 도망갔으나 많은 수가 각처 사람들에게 잡혀 사형(私刑)을 받았다.[82] 초토사 홍계훈은 서울에 장문(狀文 : 5월 29일자)을 보내, 수령들의 탐욕으로 백성들이 도탄에 빠지게 된 것이 민란의 원인임을 보고하는 한편, "지금 사세로 볼 때 우리의 수는 적고 그들의 수는 많으므로 청국 군대를 빌려 이 일을 돕도록 하여 동학도들이 머리와 꼬리가 닿지 못하게 하고 또 그 정보를 통하지 못하게 한다면, 그들의 세력은 반드시 분열될 것이고 힘도 다하여 스스로 해체될 것"이

---

79 黃玹, 『東學亂』, pp. 144~146.
80 「光緖 20년 5월 초4일 승정원 開拆」, 『駐韓日本公使館記錄』(2), p. 10.
81 『高宗實錄』 甲午(1894) 5월 초10일; 『梧下記聞』, p. 100.
82 「光緖 20년 4월 30일 승정원 開拆」, 『駐韓日本公使館記錄』(2), p. 9.

라고 헌책했다.[83]

　농민군이 두 번의 패전에서 많은 사상자를 내자 전봉준도 점차 앞날을 비관하게 되었다.[84] 이후에도 간헐적인 전투와 소강이 유지되는 가운데 대엿새가 지나갔다. 경군이나 혁명군 어느 쪽도 전주성을 둘러싼 공방전에 더 이상의 유혈을 바라지 않았다. 홍계훈의 입장에서 본다면 전주성 탈환도 자신이 없거니와, 전주는 왕조의 본관이니 함부로 다루지 말라는 조정의 분부를 거역할 수도 없었다.[85]

　전봉준의 입장에서 보더라도 이 전투에는 자신으로서는 넘을 수 없는 벽이 있었다. 그는 우선 자신이 최초로 거병했던 당시의 소망인 탐관오리들이 어느 정도 제거되었거나 아니면 그 뜻이 윗전에 전달되었다고 생각했을 뿐만 아니라 자신의 병력으로는 더 이상 경군의 지원병을 감당할 수 없다고 생각했다. 그러나 무엇보다 전봉준을 주저하게 만든 것은 조정의 외국 군대 차용 논의와 북접의 시기에 찬 눈초리였다.[86]

　전봉준이 애당초 기병한 궁극적인 동기는 "국기(國基)를 반석 위에 올려놓기 위함"이었으나 이제는 오히려 자신의 그와 같은 처사가 국가의 위기를 초래하고 있다는 사실에 그는 괴로워했다. 그는 태평천국(太平天國)의 말로가 어떠했으며 청조의 외국 군대 차용에 의한 북경 함락의 비극이 어떠했던가를 잘 알고 있었다. 생각이 여기까지 이른 전봉준은 붓을 들어 초토사 홍계훈에게 다음과 같은 글을 써 보냈다.

---

83 「동학당에 관한 5월 27일자 보고」, 『駐韓日本公使館記錄』(1), pp. 28~29.
84 菊池謙讓, 「韓國最近外交史 : 大院君傳」, 『東學農民戰爭硏究資料集』(1), p. 372.
85 『日省錄』高宗 癸巳(1893) 3월 25일조. 高宗은 신임 전라감사를 召見하는 자리에서 다음과 같이 말했다 : "湖南異於他道 豊沛舊邑 上奉殿廟之地 所重自別"; 田保橋潔, 『近代日鮮關係의 硏究』(下)(서울 : 朝鮮總督府中樞院, 1940), p. 265.
86 김상기, 『東學과 東學亂』(서울 : 大成出版社, 1947), p. 96; 李瑄根, 『韓國史 : 現代篇』(서울 : 을유문화사, 1963), pp. 105~106; Benjamin B. Weems, *Reform, Rebellion and the Heavenly Way*(Tucson : The University of Arizona Press, 1964), p. 41.

전주성 풍남문(출처 : 한국관광공사)

소지문(訴志文)

저희도 이 나라 선왕의 유민(遺民)이라 어찌 옳지 못하게 위를 범할 마음으로 편안히 하늘과 땅 사이에서 숨을 쉴 수 있겠습니까? 저희의 이 거사는 비록 놀랄 만한 일인 줄 아오나 출병을 해서 마구 잡아죽이는 것은 누가 먼저 한 것입니까? 지난 날의 도백(道伯)이 허다한 양민을 죽이고 도리어 저희들 죄라고 이르니 덕화(德化)를 펴고 백성을 다스리는 사람이 무고한 백성을 많이 죽인 것은 죄가 아니고 무엇이며 가짜 인부(印符)로 방목(榜目)을 붙이니 손가락으로 쓴 것도 인부가 될 수 있습니까?

대원군(大院君)을 받들어 국정을 감역케 하자는 것은 이에 합당하거늘 어찌하여 반역이라고 말하며 잡아죽입니까? 임금님의 말씀을 받들어 백성을 선유하는 종사관이 임금님의 말씀은 보여 주지 아니하고 다만 토벌한다, 잡아 가둔다, 병정을 부른다 하는 문자만 보이니 만일 참인 것을 알면 어찌 이럴 리가 있겠습니까? 전주감영에 대포 놓은 것을 가지고 저희들 죄라고 하지마는 성주를 시켜 대포를 놓아 경기전(慶基殿)을 무너뜨린 것은 옳으며 군대를 동원해서 문죄를 한다면서 무고한 백성을 살해하는 것은 옳습니까?

성에 들어가고 무기를 수집한 것은 신명을 방어하는 데 불과한 일입니다. 눈 한 번 흘긴 것도 반드시 앙갚음을 한다는데 조상의 무덤을 파고 백성의 재물을 토색하는 것은 저희가 가장 미워하고 엄격히 금하는 바입니다. 탐관오리가 아무리 학정질을 해도 정부에서는 못 들은 척하고 내버려두어 백성들만 생명 재산을 보전하기 어렵기 때문에 탐관오리를 낱낱이 없애버리자는 것이 무슨 죄가 있습니까?

전주는 나라에서도 중하게 여기는 곳인데 봉산(封山)에 진을 친다거나 우물을 파는 것은 국법으로 금지한 바 있거늘 각하께서 고의로 범한 것은 무슨 뜻입니까? 느끼고 깨달아서 속죄하게 하는 방법은 각하께서 선처해서 나라에 보고하는 것인즉 모든 백성들이 한가지로 바라고 치하하는 일이 아닙니까? 말을 이만 그칠 뿐입니다.

제중생등 의소(濟衆生等義所)[나무 도장][87]

간헐적인 전투와 소강이 유지되는 가운데 열흘이 지나갔다. 그러나 앞서 밝힌 바와 같이 경군이나 혁명군 그 어느 쪽도 전주성을 둘러싼 공방전에 더 이상의 유혈을 원치 않았다.

이 무렵, 조정은 김문현·조병갑을 거제에, 이용태를 남해에, 조필영을 함열(咸悅)에 귀양 보냈다.[88] 그리고 그 후임으로 김학진(金鶴鎭)을 전라감사로 삼고 서병묵(徐丙黙)을 병사로 삼아 며칠 안에 내려가게 했다.

---

[87] 「兩湖招討謄錄」, 『東學亂記錄』(上), p. 207 :
"生等 亦先王之遺民 安有不正犯上之心 寧容呼吸於覆載之間哉 生等之此擧 雖知駭然 擧兵屠戮 有誰先之 不念舊伯之殺戮許多良民 反謂生之罪戾 宣化牧民之人 多殺良民 非罪而何 假印揭榜 指署爲印乎 奉太公監國 其理甚當 何謂不軌殺害 宣諭從事 未見綸音 但見討捕·募兵之文字 若知眞的 豈有是理乎 完營放砲之說 反謂生等之罪 使主之放砲毀殿例乎可乎 擧兵問罪 無罪衆民 殺害可乎 入城集器 不過防身逃命之故也 睚眦必報 掘塚討財 生等之切憎所嚴也 貪官雖虐 朝家未聞生民難保 貪官則當一一誅除 有何罪也 完山爲國家所重 封山留陳 穿鑿在法禁斷 而閣下之故犯 何意 感悟贖罪之方 唯在閣下善處登聞 則庶冀生民一賀哉 言止此而已 木圖署濟衆生等義所"

[88] 黃玹, 『東學亂』, p. 175.

김학진은 선원(仙源) 김상용(金尙容)의 후손으로 대대로 장동에 살았는데 글을 잘한다는 평판을 들었으며 벼슬을 탐하지 않았기 때문에 조정의 안 팎에서 쓸 만한 사람으로 여겼다.[89]

김학진이 왕의 앞을 떠날 때 엎드려 일어나지 않자 임금이 "무슨 할 말이 있는가?"라고 물으니 "형편에 따라 일을 처리하도록 허락하셔야 부임하겠습니다."라고 대답했다. 왕이 이에 대답하지 않자 그는 기어이 응낙을 받으려고 일어나지 않았다. 이에 왕이 그를 보내려고 말하기를 "경의 마음대로 하라." 했다. 그러나 그는 집사람과 작별할 때 흐느끼며 눈물을 흘리니 이 말을 듣는 무리가 근심했다. 서병묵은 지난 날 강진영(康津營)을 다스릴 때 청렴하고 은혜가 있다고 일컬어졌기 때문에 다시 제수를 받은 것이요, 달리 장점이 없었다. 조정에서는 엄세영(嚴世永)을 삼남염찰사(三南廉察使)로 삼고 이원회를 양호순변사로 삼았다.[90]

당시 왕의 생각은 농민군을 귀화시켜 생업으로 돌려보내는 것이었다. 이러한 왕의 뜻은 김학진을 거쳐 홍계훈에게 전달되었고 5월 8일에 홍계훈이 대사령을 내려 마음대로 가게 했다. 이리하여 관군이 포위를 풀자 농민군은 드디어 북문을 열고 북을 치고 춤추면서 진을 정돈하여 서쪽으로 향했다.[91] 이렇게 하여 농민군은 전주를 점령한 지 열흘 만인 5월

---

89 『梧下記聞』, p. 104. 조정에서 김학진을 병조판서로 임명하고 그 후임에 朴齊純을 임명하자 전봉준과 농민군은 김학진이 병조판서로 부임하는 것을 적극 만류했고 후임 박제순이 전주에 오는 것을 저지했다. 이에 김학진은 "동도들이 제가 병조판서로 전보되는 것을 말리고 있습니다. 만일 신(臣)이 하루라도 없으면 무국(撫局)이 장차 깨지고 지난날의 전공이 모두 무너져 후환이 있게 될 것입니다."라고 하면서 유임을 요청했다.(『日省錄』高宗 31년 7월 17일자) 조정에서는 이 문제를 놓고 고심하던 중 김가진(金嘉鎭) 등의 건의에 따라 김학진이 진심으로 농민군을 선무한 실적을 인정하여 특별히 유임시켰다.(『日省錄』高宗 31년 7월 18일자) 이러한 사실로 볼 때 그는 적과 동지에 관계없이 두루 존경받는 인물이었던 것으로 보인다. 그는 그 뒤 얼마 지나지 않아 전라감사에서 파면되었다.(『承政院日記』1894년 9월 22일자)

90 『梧下記聞』, p. 91.

91 『梧下記聞』, pp. 100~101.

5일과 6일(양력 6월 8~9일) 이틀 사이에 철병했다.[92]

농민군은 전주에서 철병하면서 통문을 띄우기를, "들리는 소문에 따르면 청국군의 수는 다만 3천 명뿐인데 몇 만 명이라고 와전되었고, 또 각국의 군대가 도로에 계속 줄을 잇고 있다고 한다. 그러므로 잠시 병력을 퇴진할 것이다. 지금 그렇게 하지 않으면 이다음에 후회해도 소용이 없을 것이다. 일이 이미 이 지경에 이르렀으므로 청국군이 물러간 뒤에 다시 의기를 들까 하니 각 군의 장졸들은 각별히 유념하여 명령을 기다리기 바란다."고 말함으로써 패배를 시인하지 않고 철군의 명분을 찾으려 했다.[93]

6월 중순이 지나 신임 관찰사 김학진은 전봉준 등을 감영으로 초청했다. 이때 성을 지키던 군졸들이 각기 총검을 들고 좌우에 정렬해 있는데도 전봉준은 큰 관을 쓰고 마의를 입은 채 거리낌없이 들어왔다.[94] 전봉준과 관찰사는 관민이 서로 화해할 수 있는 방책을 상의했다. 이 자리에서 전봉준은 평안히 귀화하여 생업에 종사할 수 있는 길을 모색했고 김학진이나 홍계훈도 전봉준의 요구가 타당하다고 생각했다. 이와 같은 양쪽의 이해관계는 경군과 동학군의 화약을 재촉하는 요인이 되었다. 군대를 물리는 조건으로 전봉준은 전라감사에게 다음과 같은 13개조를 개혁해줄 것을 요구했다.

폐정개혁안(弊政改革案) 13개조

一. 전운사를 개혁하고 옛 법에 따라 읍으로부터 상납케 할 것[轉運司 革罷 依舊自邑上納事]

---

92 「甲午略歷」, 『東學亂記錄』(上), p. 65 : "六月 觀察使請邀全琫準于監營 是時 守城軍卒 各持銃槍 整列左右 全琫準峩冠麻衣 昂然而入 少無忌憚 觀察使相議官民相和之策 許置執綱 于各郡 於是東徒割據各邑 設執綱所于公廨 置書記·省察·執事·童蒙之名色 宛成一官廳"
93 「초토사 전보」(6월 15일자), 『駐韓日本公使館記錄』(1), pp. 89~90.
94 「甲午略歷」, 『東學亂記錄』(上), p. 65.

一. 균전어사 제도를 개혁할 것[均田御史革罷事]

一. 탐관오리를 벌하여 몰아낼 것[貪官汚吏懲習逐出事]

一. 각 읍의 탐관오리로서 천 냥을 수탈한 자는 사형에 처하는 것으로 그치고 친족에게 물리지 말 것[各邑逋吏 犯逋千金 則殺其身 勿徵族事]

一. 봄가을의 호포는 옛 법에 따라 매 호에 2냥씩으로 배정할 것[春秋兩度 戶役錢 依舊例 每戶一兩式排定事]

一. 각 항의 결전의 수검은 평균 분배하되 함부로 매기지 말 것[各項結錢收斂錢 不均分排 勿爲濫捧事]

一. 각 포구의 사사로운 미곡 거래를 금할 것[各浦口 私貿米嚴禁事]

一. 각 읍의 수령이 해당 읍의 산을 사들이는 일이 없도록 할 것[各邑守令 該地方用山買壓嚴禁事]

一. 외국인은 개항장에서만 매매하며 도성에 들어와 시장을 차리거나 각처로 임의 행상하는 일이 없도록 할 것[各國人商買 在各港口賣買 勿入都城設市 勿出各處任意行商事]

一. 보부상은 폐단이 많으니 개혁할 것[行褓商爲弊多端革罷事]

一. 각 읍의 아전에게 직책을 맡길 때는 청전을 받지 말고 능력에 따라서 쓸 것[各邑吏分房時 勿捧請錢 擇可用人任房事]

一. 간신이 국사를 날로 그르치는 매관 행위를 금할 것[奸臣弄權 國事日非 懲治其賣官事]

一. 국태공[大院君]에게 정치를 맡겨 민심으로 하여금 소망하는 바가 있게 할 것[國太公[卽大院君]干預國政 卽民心有庶幾之望事][95]

이 밖에도, 이 담판에서 제시된 것은 아니지만, 농민군은 일련의 투쟁 도중에 조정에 다음과 같은 개혁안들을 제시했다.

---

95 鄭喬, 『大韓季年史』(上), p. 86(高宗 31년 5월조).

폐정개혁안 14개조

一. 군포(軍布)·환곡(還穀)·전세(田稅) 삼정(三政)은 대전통편(大全通編)의 예에 따라서 준행할 것[軍·還·稅三政 依通編例遵行事]

一. 흉년을 대비하여 마련한 양식 창고는 일도(一道) 내 인민의 기름을 짜내는 것이나 다름없으니 즉시 폐지할 것[賑庫則一道內人民之盡膏 卽爲革罷事]

一. 전보는 민간에 폐가 많으니 없앨 것[電報多弊民間 撤罷事]

一. 해안에 새로 마련된 각 항목의 세전은 모두 혁파할 것[沿陸各項新設稅錢 一倂革罷事]

一. 전 감사가 거두어들인 환곡은 다시 징수하지 말 것[還米之有舊伯之收捧 勿爲再徵事]

一. 각 읍의 탐관오리는 모두 파면하여 몰아낼 것[各邑貪官汚吏 一倂罷黜事]

一. 각 읍의 관이 정해진 수요 외에 덧붙여 거두어들이는 것은 모두 혁파할 것[各邑官況元需外 加磨鍊 一倂革罷事]

一. 각 읍의 창고 물종은 시가에 따라 쓸 수 있게 할 것[各邑各庫物種 從時價取用事]

一. 각 읍의 아전의 돈놀이를 없앨 것[各邑衙典任債 一倂勿施事]

一. 각 포구의 쌀 무역업을 모두 금단할 것[各浦口貿米商 一倂禁斷事]

一. 수송선의 세미를 실어 올려간 뒤에 매 결에 덧붙여 거두는 쌀이 3~4두에 이르니 이를 즉시 혁파할 것[輪船上納以後 每結加磨鍊米 至於三四斗之多 卽爲革罷事]

一. 각 읍의 진부결은 아예 징세 대상에서 빼버릴 것[各邑陳浮結 永爲頉下事]

一. 각 처 보부상의 집결처를 모두 혁파할 것[各處任房名色 一倂罷事]

一. 궁방에서 돌려가며 징세하는 토지제도를 없앨 것[各宮房輪回結 一倂革罷事][96]

---

96 『續陰晴史』(上), pp. 322~323(高宗 31년 6월조).

폐정개혁안 24개조

一. 전운영의 조보는 각기 읍에서 상납하던 예에 따라 할 것[轉運營之漕報 自該邑上納例復古事]

一. 균전관이 황무지의 토지세를 속이는 일은 백성의 손실이 크므로 혁파할 것[均田官之幻弄陳結 售民甚大 革罷事]

一. 조세로 바치는 쌀은 원래의 대동법 예에 따라 할 것[結米 依舊大同例 復古事]

一. 군전은 봄가을 매 호 1냥씩으로 할 것[軍錢 春秋每戶一兩式 元定事]

一. 환곡은 전임 감사가 모두 받아갔으므로 다시 받지 말 것[還穀 舊伯旣爲 拔本收稅 則更勿還徵事]

一. 어느 고장을 막론하고 보를 쌓기 위한 세금을 징수하지 말 것[勿論某處 築洑收稅 革罷事]

一. 각기 읍의 지방관이 본 읍에서 논을 사거나 산을 이용하는 것은 법에 따라 처벌할 것[該邑地方官 買畓用山於本邑 依律勘處事]

一. 각 읍 시정의 모든 물건에 대해서 세금을 나누어 받는 것과 도매라는 이름의 거래를 혁파할 것[各邑市井各物件 分錢收稅 都買名色革罷事]

一. 공금을 불법으로 횡령한 자에 대해서는 1천 금이면 사형으로 속죄케 하고 족척에게서 징책하지 말 것[分錢之犯逋 千金則殺身贖罪 勿排於族戚事]

一. 관장을 끼고 여러 해 된 빚을 강제로 받아내는 일을 일체 금할 것[私債之年久者 挾官長勒捧 一倂禁斷事]

一. 각 읍의 벼슬아치들의 돈놀이를 엄금할 것[列邑吏屬處 捧任債出差勿施 嚴禁事]

一. 세력에 의지해서 타인의 선영을 빼앗는 자는 사형에 처할 것[恃勢力奪 人先壟者 殺其身懲勵事]

一. 각 포구의 미곡 밀수는 일체 금할 것[各浦港潛商貿米 一倂禁斷事]

一. 각 포의 어염세를 거두지 말 것[各浦漁鹽稅錢 勿施事]

一. 각 읍의 관아에서 수요되는 물종은 시가로 사들여 쓰도록 하고 고정된 값을 없앨 것[各邑官衙物種所入 從時價排用 常定例 革罷事]

一. 천민을 유린하는 탐관오리는 일일이 몰아낼 것[貪官汚吏 侵虐殘民 一一罷黜事]

一. 동학인으로 허물없이 살육되거나 구속된 자는 일일이 원통함을 풀어줄 것[東學人無辜殺戮係囚者 一一伸寃]

一. 전보국은 민간에 폐가 가장 크므로 이를 없앨 것[電報局 爲弊民間最大 革罷事]

一. 보부상·잡상들이 패를 지어 행패 부리는 것을 못하게 할 것[褓負商 雜商作黨行悖 永永革罷事]

一. 흉년에 백지 징세를 하지 말 것[歉年白地徵稅 勿施事]

一. 한 가구를 나누어 따로 징수하는 일을 일체 없앨 것[烟役別分定加斂條 一併革罷事]

一. 토지 거래에 붙이는 구전(口錢)과 고전이라는 이름의 세금이 해마다 늘어 가는데 이런 것을 일체 받지 말 것[結上頭錢 考錢名色 年增歲加 一併勿施事]

一. 경영병에 소속된 관리의 급료는 옛 법대로 삭감할 것[京營兵邸吏料米 依舊例 減削事]

一. 흉년에 대비한 양곡제도를 혁파할 것[賑庫革罷事][97]

이상이 흔히 전주화약으로 알려진 일련의 사실이다. 여기에서 우리는 몇 가지 잘못된 역사 해석을 바로잡을 필요가 있다. 이에 대해서는 장영민(張泳敏)의 노작(勞作)이 도움되는데, 그 논지를 요약하면 다음과 같다.

첫째, 전주성 공방은 관군의 일방적인 승리였다. 따라서 전주성전투에서 마치 농민군이 관군을 제압한 것처럼 기술한 오지영(吳知泳)의 기록[98]은 사실과 많이 다르다. 관군이 압승을 하고서도 전주성을 즉시 탈환하지 않은 것은 기존의 설명처럼 관군의 포화로 경기전이 훼손될 것을 걱정

---

97 『續陰晴史』(上), pp. 322~323(高宗 31년 6월조).
98 오지영, 『동학사』, pp. 123~125.

해서가 아니라 고종(高宗)이 성내 양민의 무고한 희생을 걱정했기 때문이다. 설령 대포로 공격을 한다 해도 경기전은 사정거리 밖에 있었다.

둘째, 이토록 완벽하게 승리한 관군이 농민군에게 화약을 요청했을 리가 없다. 이와 같이 농민군이 궤멸된 상황에서 농민군이 읍폐 민막을 휴전의 조건으로 제시할 계제도 아니었다. 또한 홍계훈도 농민군에게 폐정개혁이나 탐관오리의 처벌을 약속한 바도 없다. 그의 목표는 '비도'(匪徒)들의 귀화였을 뿐이다. 농민군과 관군 사이에 화약은 존재하지 않았다.

셋째, 농민군의 전주성 입성은 관군의 예봉을 한곳으로 집중시키는 결과를 초래함으로써 스스로 포위 공격을 당하게 되었을 뿐만 아니라 외부로부터의 지원 차단을 초래했다는 점에서 농민군의 전략적 실수였다.

넷째, 세칭 전주화약의 실체는 관군의 무력에 압도당한 농민군의 해산이었을 뿐이다.[99]

장영민의 이와 같은 주장은 주목할 만하다. 이 논문에서 지적하고 있는 바와 같이 종래의 설명, 곧 농민군이 일거에 전주성을 점령했다든가, 전주화약이 마치 전봉준의 주도와 홍계훈이나 김학진의 비굴한 수종(隨從)으로 이루어진 것처럼 묘사된 것은 전봉준에 대한 빗나간 미화일 뿐이다. 만약 농민군이 압승했다면 그들 스스로 귀화라는 용어를 쓰면서 향후의 문제에 관하여 완영(完營)의 처분을 따르기로 하고 선후처리[歸家]를 요망했을 리도 없다.[100] 그때의 입장을 전봉준은 이렇게 설명하고 있다.

問 : 성을 지키면서 무엇을 했는가?
供 : 그 뒤 경군이 뒤따라와 완산에 이르러 용머리고개에 진을 치고 성

---

99 張泳敏,「동학농민군의 '전주화약'에 관한 재검토」,『진산한기두박사화갑기념문집』(이리 : 원광대, 1993), pp. 1268~1286.
100 「兩湖電記」(5월 21일),『東學農民戰爭史料大系』(6)(서울 : 여강출판사, 1994), p. 150 :"五月初七日 彼類納供文曰 伏以生等 歸化之日卽伸寃之日 …… 初八日供文曰 今此歸化之日 嚴令申申敢不感服訴寃 從民願登階而 永世頌德 惟在閣下處分矣"

을 향하여 대포를 쏘아 경기전을 파괴했으므로 이로 말미암아 경군의 입성을 허락했더니, 경군이 병영으로부터 효유문을 지어 너의 소원대로 따르겠다 말하므로 감격하여 해산했다.[101]

전주성에서 물러난 전봉준은 금구·김제·태인·정읍을 거쳐(5월 17일)[102] 장성(5월 20일), 담양(5월 28일), 순창(6월 5일)을 지나 옥과(玉果), 남원, 평창(平昌), 순천, 운봉(雲峰)을 경유했는데 기병 20명과 보병 500명을 인솔하고 있었고,[103] 최경선이 수행했다.[104] 그는 7월 하순 무렵에 태인의 자택으로 돌아왔다.[105]

4. 집강소

전봉준이 개혁안을 요청한 뒤 20여 일이 지난 6월 하순에 전라감사 김학진은 전봉준을 만났다. 이 자리에서 김학진은 전라도 남원·나주·운봉을 제외한 53개 군현에 집강소라는 동학교도에 의한 자치행정기구를 설치함으로써 개혁안을 추진할 것을 허락하면서, "백성들이 살고 있는 마을마다 집강을 배치할 것이니 만약 원통하고 답답한 일로 말하고 싶은 것이 있으면 해당 집강이 사유를 갖추어 관청에 호소한 다음 그 결정에 따르도록 하라."[106]고 지시했다.

---

101 「全琫準供草 初招」: 問 與京軍接戰 孰勝孰敗 /供 我軍取食時 京軍爲大砲射擊 故我軍死者四五十名 我軍一齊追逐 京軍敗走 取來 大砲二座 如干彈丸矣 問 其時兩軍數各幾何 /供 京軍七百 我軍則四千餘名. 問 守城後行何事乎 /供 其後京軍隨後至完山 留陣龍頭峴 向城中以大砲攻擊 毀傷慶基殿 故以此緣由 許及京軍矣 自京營中 作曉諭文 謂以從汝所願 故感激解散
102 「全琫準供草 四招」
103 『續陰晴史』(上), p. 316.
104 「全琫準供草 四招」
105 「동학당사건에 대한 會審顚末 具報」,『駐韓日本公使館記錄』(8), p. 50.
106 「金鶴鎭의 曉諭文」(6월 3일자);『梧下記聞』, pp. 175~176.

이 집강소는 우리나라 지방자치 제도의 일종으로 더 많은 연구를 필요로 하는 것이다. 본디 집강이라 함은 해월 최시형이 정한 육임(六任)에 그 근거를 두고 있다. 그 구체적인 내용은 다음과 같다.

(1) 교장(敎長) : 사람이 진실하여 인망이 두터운 사람이며
(2) 교수(敎授) : 성심으로 수도하여 가히 교리를 전할 수 있는 사람이며
(3) 도집(都執) : 풍력(風力)이 있고 기강을 밝게 알아 경계를 아는 사람이며
(4) 집강(執綱) : 시비가 밝아 기율을 바로잡고[執] 대중을 통솔[綱]할 수 있는 사람이며
(5) 대정(大正) : 공평하고 부지런한 사람이며
(6) 중정(中正) : 직언을 할 수 있는 강직한 사람이다.[107]

집강이란 당시 소단위 행정구역의 장(長)을 지칭하는 보편적 용어로 마을의 기율을 잡는 일종의 자치기구였다는 점에서 볼 때 농민군의 집강소가 반드시 위의 육임에서 유래되었다고 보기는 어렵지만, 그로부터 암시를 받았을 가능성은 높다. 전봉준을 중심으로 하는 농민군 지도부는 고을마다 접을 설치하고 대도소라고 불렀으며, 대도소에는 한 사람의 접주를 뽑아서 지방관[太守]의 일을 행하도록 하면서 그를 집강이라 불렀는데 관직의 유무를 따지지 않았다.[108] 집강소는 각 읍을 나누어 공청(公廳)에 소(所)를 설치하고 서기(書記)·성찰(省察)·집사(執事)·동몽(童蒙)이라는 직책을 둔 하나의 관청이었다.[109] 이 집강소가 추진할 것은 대체로 다음과 같은 것들이었다.

---

107 오지영, 『동학사』, p. 62. 해월이 육임(六任)을 정했다. 육임이라 함은 (1) 敎長 : 以質實望厚人, (2) 敎授 : 以誠心修道可以傳授人, (3) 都執 : 以有風力明紀綱知境界人, (4) 執綱 : 以明是非可執紀綱人, (5) 大正 : 以持公平謹厚, (6) 中正 : 以能直言剛直人이다.
108 『梧下記聞』, p. 129.
109 「甲午略歷」, 『東學亂記錄』(上), p. 65.

금구 원평의 집강소 자리 (촬영 : 1993. 12. 2.)

一. 도인(道人)과 조정과 사이에는 묵은 원한[宿嫌]을 씻고[蕩滌] 서정(庶政)을 협력할 것
一. 탐관오리는 그 죄목을 조사[査得]하여 일일이 엄징(嚴懲)할 것
一. 횡포(橫暴)한 부호배(富豪輩)는 엄징할 것
一. 불량한 유림과 양반배는 징습(懲習)할 것
一. 노비문서는 태워버릴[燒袪] 것
一. 칠반천인(七班賤人) 대우는 개선하고 백정 두상(頭上)에 평양립(平凉笠)은 탈거(脫去)할 것
一. 청춘과부는 개가를 허(許)할 것
一. 무명잡세는 모두[一幷] 실시하지 말[勿施] 것
一. 관리 채용은 지벌을 타파하고 인재를 등용할 것
一. ○과 간통(奸通)하는 자는 엄징할 것
一. 공사채(公私債)를 막론하고 이왕의 것은 모두[幷] 실시하지 말[勿施] 것
一. 토지는 평균으로 나누어 경작[分作]케 할 것[110]

---

110 오지영, 『동학사』, pp. 126~127. 제10조 중 ○표는 '敵'인 듯이 여겨지는데 이 책이 일제 치하에서 출간된 것이므로 이렇게 표시한 것으로 보인다. 오지영의 『동학사』 초

또 다른 기록에 따르면, 다음과 같은 전후 처리도 했다.

(1) 이미 거둬들인 포·창·검·마(馬)는 이미 공납에 귀속되었은즉, 각 접주에게 통문을 돌려 포·창·검·마의 수효와 성명·주소를 소상히 작성하여 두 권의 책으로 만든 다음 손질하여 순영으로 올려 보낸다. 보고가 끝난 뒤에는 한 권은 영문에서 보관하고 한 권은 각 집강소에 보관하여 뒷날 참고하도록 한다.
(2) 역마(驛馬)와 상마(商馬)는 각기 본래의 주인에게 돌려준다.
(3) 지금 이후로는 총포를 거둔다거나 말을 모으는 일을 일체 금지하며, 전곡(錢穀)을 토색질한 자는 이름을 영문에 보고하여 군률에 따라 처벌한다.
(4) 남의 무덤을 파거나 사채(私債)를 받아내는 일은 시비를 따지지 않고 일체 금하며 만약 범하는 자는 영문에 보고하여 법대로 처리한다.[111]

이제 전봉준에게 남은 것은 전후 처리를 마무리짓는 일이었다. 그러나 전봉준은 폐허가 된 호남을 돌아보면서 자신이 미처 깨닫지 못한 사실을 발견했다. 그것은 다름 아니라 농민군의 작폐가 심각했다고 하는 사실이었다. 굶주렸던 농민들은 부호들의 재산을 약탈했고,[112] 자신의 조직을 강화하려고 이웃 조직을 유린했고, 전직 벼슬아치들에게 보복했

고본에는 첫글자 ○이 '敵'으로 되어 있다. 김양식의 주장에 따르면, 이 12개조의 개혁안이 전주에서 김학진과 전봉준 사이에서 이루어졌다는 종래의 주장은 수정되어야 한다고 한다. 곧 이 12개조 모두가 두 사람에 의해 하나의 강령으로 문서화된 것은 아니며, 오지영이 훗날 당시의 활동과 폐정개혁의 내용을 정리하는 차원에서 조문화한 것이라고 한다. 김양식, 「1·2차 전주화약과 집강소 운영」, 『역사연구』(2)(서울 : 역사학연구소, 1993), p. 152.
111 『梧下記聞』, p. 201. "전봉준이 각 집강에 보낸 甘決": 一. 已收之砲槍劍馬 已屬公納 輪通各接主 砲槍劍馬數䒢姓名居住 昭詳註錄 成冊兩件 粧納于巡營 成貼後 一件留上營門 一件還置各執綱所 以爲後考 一. 驛馬與商賈馬 各歸本主 一. 從今以後 收砲索馬 一切禁斷 討索錢穀者 指名報營 依施軍律 一. 堀人塚·捧私債 勿論是非 切勿施行 而若犯此科者 當報營營勘律
112 『渚上日月』(上), p. 209, 211.

고,[113] 지난날의 상전에게 보복했고,[114] 충청도에서는 반상의 신분 질서에 한(恨)이 맺혔던 노비들이 상전을 붙잡아다가 불알을 까는 등 사형(私刑)을 가함으로써 울분을 씻으려 했다.[115] 당시 농민군의 작폐가 어떠했던가는 다음과 같은 목격담에도 잘 나타나 있다.

> 대개 적은 천한 노비들로 구성되어 있었으므로 양반들을 가장 미워했다. 길에서 갓 쓴 사람을 만나면 갑자기 달려들어 '너도 양반이냐?'며 갓을 빼앗아 찢어버렸고 간혹 어떤 자들은 자기가 갓을 쓰고 거리를 쏘다니며 모욕을 주었다. 무릇 남의 집 종으로 적을 추종한 사람들뿐만 아니라 그렇지 않은 사람들까지도 한결같이 적을 끌어다대며 주인을 협박하여 노비문서를 불태우고 면천해 줄 것을 강요했다. 이들 가운데 몇몇은 주인을 결박하여 주리를 틀고 곤장을 때리기도 했다.
> 이 무렵 노비가 있는 집안에서는 이런 소문을 듣고 노비문서를 불태워 화를 피하기도 했다. 노비 가운데 착실한 사람은 더러 노비문서를 태우지 말아달라고 했으나 그들의 기세가 점점 커지자 주인들은 더욱 그들을 두려워했다. 간혹 양반 가운데는 주인과 노비가 함께 적을 추종하여 서로를 접장이라고 부르면서 적의 법도를 따랐다. 백정이나 재인들 또한 양반과 더불어 평등한 예를 행하여 사람들은 더욱 이를 갈았다.[116]

농민군의 세력이 강성할 때는 숨죽여 살았지만 9월 이후 그들의 세력이 약화되자 향촌에서는 지주를 중심으로 하는 토호들이 농민군을 방어하고자 동회를 열어 동약(洞約)을 정했으며, 집집마다 창을 준비하여 농

---

113 「甲午略歷」, 『東學亂記錄』(上), p. 65 : "日以討索民財爲事 所謂邑宰只有各位 不得行政 甚者逐送邑宰 吏胥輩盡爲入籍于東學 以保姓名."
114 『渚上日月』(上), pp. 208~209.
115 張道斌, 『甲午東學亂과 全琫準』(서울 : 德興書林, 1926), p. 25; 『梧下記聞』, p. 82; 『渚上日月』(上), p. 186.
116 『梧下記聞』, p. 231.

민군을 방어하도록 계책을 세우는 곳도 있었다.[117] 이것은 누구의 잘못을 탓할 일이라기보다는 사세의 흐름이 그것을 불가피하게 했다. 전근대 사회에서의 농민운동은 그 나름의 한계와 특성을 가지고 있었다. 이를테면 그들은,

(1) 산업화 이전의 유산에 집착한다.
(2) 원시적인 방법의 투쟁과 같은 낙후된 이데올로기에 영향을 받는다.
(3) 그들의 정치적 시야는 지리적으로 영향을 받는다.
(4) 소부르주아적인 사적(私的) 소유에 집착한다.
(5) 사회체제 전반에 저항하기보다는 폐습과 부정에 제한적으로 저항하는 경향이 있다.[118]

이와 같은 사실을 가슴 아파하고 책임을 통감한 것은 전봉준뿐만 아니라 동학의 최고 책임자인 최시형의 경우도 마찬가지였다. 그는 교도들의 흥분을 제어할 필요가 있다고 생각했다. 그리하여 교도들에게 보내는 다음과 같은 「통유문」을 발표했다.

통유문(通諭文)

천(天)이 대운(大運)을 강(降)하사 사람에게 이 법을 가르친 바는 대개 세상으로 선(善)에 나아가며 복리에 취(就)하야 더욱 지선(至善)의 경(境)에 정진하기를 위함이러니, 이제 도인(道人)이 된 자 도를 빙자하야 속인(俗人)을 능멸하고 비법(非法)을 행하는 것이 어찌 정도를 지키는 자의 소

---

117 『渚上日月』(上), p. 207, 1894년 7월 9일자, 7월 16일자. 반농민군의 활동에 관해서는 이진영, 「동학농민전쟁기 전라도 泰仁 古縣 內面의 반농민군 구성과 활동 : 金箕述과 道康 金氏를 중심으로」, 『전라문화논총』(6)(전주 : 전북대 전라문화연구소, 1993), p. 76 참조.
118 Jean Chesneaux, *Peasant Revolts in China : 1840~1949*(London : W. W. Norton & Co., 1973), p. 153.

위(所爲)리오. 심하야는 도(道)로써 도를 해하야 강포(强包)는 위협을 주(主)함에 약포(弱包) …… 지지하기 어렵고 패류(悖類) …… 악을 사(肆)함에 선류(善類) …… 도리어 안보키 어려우니,

슬프다. 지도자(知道者)의 소위가 도리어 타인만 같지 못하니 탄식할 일이로다. 맹씨(孟氏) 가로되 짐승이 서로를 잡아먹는 것[獸相食]도 사람이 미워한다 했거늘 하물며 사람이 서로를 잡아먹는[人相食] 지경에 이르니 금수와 다름[相違]이 없도다. 오등(吾等)이 이제 30년 도산검수(刀山釖水) 중에서 난험(難險)을 비상(備嘗)하고 겁회(劫灰)를 재탈(纔脫)하고자 할 차제에 호월(胡越)의 동가(同家)를 보지 못하고 도리어 형제의 진비(抮臂)를 일삼으니 경훈(經訓)에 이른바 부끄러움을 모르는[不面] 탓[致]이요 다수의 탓[故]이로다.

이로써 불녕(不佞)이 누차 통유(通諭)하얏으나 방금 대란의 중에 특효가 없음을 보아 차라리 무언(無言)코져 했으나 그러나 만일이라도 사문전발(師門傳鉢)의 은혜를 갚기 위하여 영우(靈友)의 부승지재(負乘之災)를 참아 이기지 못하야 이에 8조를 정하야 각 포에 펴노니 지푸라기[蒭蕘]의 언(言)으로 바리지 말고 길이 금석(金石)의 전(典)을 삼아 삼가 어기지 말라.

　一. 각 포 사무는 맛당히 해 주사(該主司)와 주관(主管)의 말을 쫓을 것
　一. 무덤[人塚]을 파헤치고[勒掘] 전재(錢財)를 강탈하는 자는 도법(道法)에 의하야 죄를 과할 것
　一. 각 포 교도가 당이나 세력을 믿고[恃黨怙勢] 재물을 범하는 자는 엄히 징벌을 행할 것
　一. 타포(他包) 교도가 혹…… 침륵(侵勒)의 폐가 있으면 법소(法所)에 치보(馳報)할 것
　一. 각 포 교도가 법소 포덕소(包德所) 문빙(文憑)을 가지지 않고 자의(恣意)로 취당(聚黨)하는 자는 제안(除案)할 것
　一. 무리히 호상(互相) 구타하는 자는 명고(鳴鼓)하야 각 포에 회시(回示)할 것
　一. 술을 마시거나[酗酒] 노름으로 남의 재산을 빼앗는 것[賭技騙財]은

결코 도인의 행위가 아니니 범하면 제안(除案)할 것
　一. 각 포 사무는 크고 작음[巨細]을 물론하고 포덕소(包德所) 지유(指諭)를 받들어 행할 것[119]

또 전라도에서 발표된 통문에는 다음과 같은 기록도 있다.

위 도(道)의 종지(宗旨)는 진실로 나라를 돕고 백성을 편안케 하는 데[輔國安民]에 있다. 다행히 국왕의 은혜를 입고 지금 귀화하려고 하는바 어찌 천덕(天德)을 더럽히고 감히 국론을 어길 것인가? 도인이라 칭하면서 본업인 농업에 힘쓰지 아니하고 민심을 선동하면 이는 곧 난도(亂徒)이다. 지금 이후부터는 화해하고 근신하여 다시는 죄를 범하는 일이 없어야 한다. 만일 이같이 포고한 뒤에도 포고한 뜻을 준행하지 않으면 단연코 법에 따라 조처할 것이다. 후회하는 일이 없도록 하라.

갑오 5월
의소(義所)[120]

이 무렵에 전봉준은 몇 천 명을 거느리고 금구 원평에 머물면서 전라우도의 집강소를 모두 통할(統轄)했고, 손화중은 무장과 영광 일대를 장악하고 있었다. 김개남은 남원에 웅거하고 있었다.[121] 그는 2차 봉기가 시작될 때 일단 남원에 들어왔다가 물력(物力)이 풍부한 것을 보고 마음으로 부럽게 여겼는데 마침 부사 윤병관(尹秉觀)이 도망했다는 말을 듣고 우도(右道)로 다니면서 5만여 명을 모아 격문을 전하며 들어가자 아전과 백성들이 감히 막는 무리가 없었다.

이리하여 남원에 진을 친 지 60일 만에 드디어 거기에 자리를 잡아

119　이돈화, 『천도교창건사』(2)(서울 : 천도교중앙종리원, 1933), pp. 63~64.
120　「동학당 포고문」, 『駐韓日本公使館記錄』(3), p. 213.
121　「甲午略歷」, 『東學亂記錄』(上), p. 65 : "全琫準擁數千之衆 據金溝院坪 行號令右道 金開南擁數萬之衆 據南原城 統轄左道 其餘金德明・孫和中・崔景善輩 各據一方"

10여 고을을 호령할 수 있었다.[122] 그가 남원에 웅거한 또 다른 이유는 이곳이 전라좌도를 호령할 수 있는 지리적 요건을 갖추었다는 점과, 그의 처가가 임실이어서 이곳을 자주 왕래하면서 지리적 여건을 소상히 알고 있었기 때문이었다.[123]

그 밖에 김덕명과 최경선도 각기 한 지역에 할거했다. 이들이 할거한 지역 모두에 집강소가 설치된 것 같지는 않다. 다만 전봉준이 장악한 전주·원평 일대에서 주로 집강소가 운영되었는데, 이는 농민군의 여러 지도자 가운데서 특히 전봉준이 무엇을 지향했는가를 이해하는 데 도움이 된다.

122　黃玹, 『東學亂』, pp. 230~231.
123　이진영, 「김개남과 동학농민전쟁」, p. 63, 84

VI
음모

IV

역사학의 한 분과로서 인물사를 쓰는 이유는 시대적 상황에 따라 달랐다. 적어도 얼마 전까지만 해도 우리의 역사가 인물사에 치중했던 것은 그것이 현실을 우상화하는 도구로 필요했기 때문이었다. 따라서 한국사에서 영웅주의나 우상화는 정치지도자의 요구에 맞춰 어용학자들의 손에 의해 이루어졌다. 바꾸어 말하면 한국의 인물사는 정치적 동기로 말미암아 왜곡되었던 것이다.

그러던 것이 한국 사회에서도 시민의식이 눈뜨게 되면서 역사의 주체에 대한 인식도 달라지기 시작했다. 그 변화를 단적으로 말한다면 영웅중심의 사관(heroism)으로부터 민중중심 사관(populism)으로의 이동이라고 할 수 있다. 그 변화의 시기가 언제부터인가에 대해서는 보는 이에 따라 그 견해가 다르겠지만, 적어도 한국의 정치사에 비추어본다면 1960년대 초, 좀 더 정확히 말한다면 4·19 혁명이 분기점을 이루고 있는 것으로 보인다. 여기서 4·19 혁명이 민중사학의 분기점이라고 지적한다고 해서 그때부터 우리의 민중사학이 자리 잡았음을 의미하는 것은 아니며, 그것은 아직 갈등과 진통 속에서 형성되고 있는 단계였다.

범위를 좁혀 이 글의 주제인 전봉준과 관련해서 생각해볼 때 영웅사관의 입장에서 볼 것인가, 아니면 민중사관의 입장에서 볼 것인가에 따라서 그 역사적 의미는 많이 달라진다. 그런데 전봉준에게 이러한 사관을 적용하는 준거에는 몇 가지 쟁점이 있다. 이제까지 우리 사학계에서 거론된 전봉준에 관한 문제점들은 다음과 같이 정리해 볼 수 있겠다.

첫째, 전봉준과 일본 극우단체인 천우협(天佑俠)이 과연 제휴했는가?

둘째, 전봉준은 과연 대원군과 밀모했는가?

셋째, 가장 중요한 문제로, 전봉준은 과연 우리가 흔히 생각하고 있는 것처럼 동학도였는가? 그리고 이 질문에 연결되는 문제로 그는 과연 접주였는가 하는 것들이다.

이 세 가지 의문 가운데 첫 번째와 두 번째는 사료에 입각하여, 그리고 세 번째 문제는 사관과 사료에 근거하여 거론해 보고자 하는 데에 본뜻이 있다.

역사 속에 명멸했던 인물이 역사가의 붓끝에서 그 이미지가 고정되었을 때, 이에 대한 후세의 인식을 바꾸는 것은 참으로 어려운 일이다. 로마 황제 네로(Nero)가 로마를 불태웠다는 것이 정사(正史)를 가지고는 입증되지 않는데도, 이 이야기는 그의 악정에 덧보태져 기정사실로 고착되었으며, 조선왕조에서 가장 탁월한 대외정책을 구사한 인물이 광해군(光海君)이었음에도 그의 패륜은 그의 공업(功業)을 모두 덮어버렸다.

최만리(崔萬理)가 한글 창제에 반대했다는 것은 사실이 아니며, 김성일(金誠一)이 왜군의 침략을 부인했다는 것은 그의 진의를 잘못 이해한 것이고, 원균(元均)이 그토록 비열한 졸장이 아니요, 적어도 임진왜란사에 기록된 일등공신 3인 가운데 하나였는데도 후세의 아세곡학(阿世曲學)하는 무리들이 "하나의 우상"을 만들고자 그를 악의적으로 비하했다는 것은 어제오늘의 얘기가 아니다. 우리는 여기에서 한 인물이 역사에 특정한 이미지로 기록된다는 것이 얼마나 무서운 일이며, 그것을 관할하는 역사가의 책임이 얼마나 막중한 것인가를 통감하게 된다.

1. 일본 천우협(天佑俠)과의 관계

전봉준의 생애에서 한 가지 흥미로운 수수께끼는 그가 과연 일본 사학자들이 기록하고 있는 것과 같이 일본 협객들과 밀모 내지는 제휴했었는가 하는 점이다. 물론 이는 단순한 흥미의 영역을 넘어서 전봉준이라는 한 인간의 파란 많은 생애의 성격을 규명하는 데에도 중요한 의미를 갖는다. 본디 내란이란 국내적인 사건임에도 불구하고, 그것이 성공할 수 있느냐의 여부는 그 내란을 주도한 불평자에 대한 외국의 협조에 달려 있다.[1] 따라서 갑오농민혁명의 전개 과정에서 전봉준과 천우협을 연결하려는 발상은 그럴듯한 측면을 당초부터 가지고 있었다. 그러나 우리가 여기에서 구명해야 할 것은 그 가능성이 아니라 깊이의 문제다.

이 문제를 알아보려면 먼저 당시 일본의 국내외적 여건을 살펴보는 것이 중요하다. 당시 일본은 초기자본주의의 단계에 있었으므로 제품 원료의 구입과 상품시장의 개척, 그리고 메이지유신(明治維新)과 더불어 무장 해제된 사무라이[武士]의 불만 해소라는 세 가지 어려운 문제를 안고 있었는데, 이 세 가지 문제를 동시에 해결해 줄 수 있는 것은 조선을 교두보로 하여 대륙에 상륙하는 것이었다.

사이고 다카모리(西鄕隆盛) 이래 대륙 침략을 주장하던 대륙론자들, 구체적으로 말한다면 정한론자(征韓論者)들은 강화도조약 체결(1876), 임오군란(壬午軍亂 : 1882), 갑신정변(甲申政變 : 1884)에 이르는 일련의 사태를 통하여 그들의 꿈이 어느 정도 달성되고 있다고 생각했다. 그러나 갑신정변 이후 그들이 대조(對朝) 접근의 중요 인물로 지목했던 김옥균(金玉均)이 1894년 3월에 수구파들에게 암살되는 사태는 한 동지의 상실이라는 의미를 넘어서 대청(對淸) 또는 대조(對朝) 감정을 격화시키기에 충분한 것이었다.[2]

1894년 초까지만 해도 일본이 조선에 접근할 수 있는 가능성은 강화도조약이 체결되던 1876년 당시, 곧 원점으로 돌아간 느낌이었다. 이제

---

[1] Ted R. Gurr, *Why Men Rebel?*(Princeton : Princeton University Press, 1974), p. 271.
[2] 이에 관한 자세한 논의는 신복룡, 『한국정치사』(서울 : 박영사. 2003), pp. 328~338 참조.

그들에게는 대륙에 상륙할 수 있는 새로운 계기와 구실이 필요했고, 가능하다면 청국과 전쟁을 일으켜 안으로는 사무라이들의 불만을 해소하고 밖으로는 조선을 청국의 그늘에서 벗어나게 하여 일본이 독식(獨食)할 수 있게 해 줄 어떤 도화선 혹은 "방화"(放火)의 구실이 필요했다.[3]

그렇다고 일본이 국가적인 차원에서 이와 같은 화근을 조작할 계제는 아니었다. 이에 대륙 낭인(浪人)의 젊은 기수인 우치다 료헤이(內田良平) 등의 무리가 현양사(玄洋社)의 비호 아래 이러한 임무를 맡겠노라고 나서서 기회를 기다리고 있던 차에, 조선에서 갑오농민혁명이 일어났고 청국은 천진조약(天津條約)을 위반하면서 토벌군을 파병했다. 일본이 바라던 사건이 터진 것이다.

청국이 토벌군을 파견하게 되자 일본은 한성 및 개항장의 일본 거류민을 보호한다는 미명 아래 6월 2일(음력 5월 3일)에 이토 스케유키(伊東祐亨)를 책임자로 하여 육·해군 1개 혼성여단을 조선에 파견, 6월 10일(음력 5월 11일)에 입경시켰다. 이제 남은 것은 청·일 양군이 어떻게 하면 개전할 수 있는가 하는 것이었고, 갑오농민혁명은 그 불씨 구실을 하기에 충분해 보였다.

그러던 터에 전봉준의 농민군과 전라감영 사이에 화약이 성립되고 내전은 의외로 싱겁게 끝나고 말았다. 갑오농민혁명을 "방화"의 구실로 삼으려 했던 일본에게는 전주화약이 커다란 실망과 당혹감으로 다가올 수밖에 없었고, 이제 그들은 또 다른 구실을 조작해야만 하는 처지가 되었다.

일본의 이와 같은 처지를 해결하고자 나선 우치다 료헤이는 현양사의 실력자인 도야마 미츠루(頭山滿)와 히라오카 고타로(平岡浩太郎)의 협력을 얻어 14명으로 협객을 조직하였으니, 이것이 곧 천우협이다. 이들 14

---

3 韓相一, 『日本 帝國主義의 한 연구 : 大陸 浪人과 大陸 膨脹』(서울 : 까치, 1980), pp. 58ff.

인의 명단을 보면 우치다 료헤이를 비롯하여 스즈키 덴칸(鈴木天眼), 도키자와 우이치(時澤右一), 구사카 도라기치(日下寅吉), 오하라 요시타케(大原義剛), 오자키 마사요시(大崎正吉), 다케다 한시(武田範之), 오쿠보 하지메(大久保肇), 다나카 지로(田中侍郎), 시라미즈 겐기치(白水健吉), 요시쿠라 오세이(吉倉汪聖), 치바 구노스케(千葉久之助), 이노우에 도사부로(井上藤三郎), 니시와키 에이스케(西脇榮助) 등이다.[4] 이 가운데 주모자는 우치다 료헤이였고, 다케다 한시는 부산에 있는 산자수명각(山紫水明閣)의 주인으로 조선 사정에 밝은 인물이었으며[5] 니시와키 에이스케는 조선어에 능통한 인물이었다.[6]

이들이 조선에 "방화 작업"을 하고자 부산에 상륙한 것은 6월 중순이었다. 이때는 전봉준이 전주성을 물러나 각지를 돌아다니며 집강소를 순회하던 기간이었다. 일본 측 기록과 이를 토대로 하는 몇몇 조선 측 기록에 따르면 천우협 단원들은 남원을 거쳐 순창에 이르러 전봉준을 만났다고 한다. 이들은 전봉준에게 자신들이 작성한 격문을 전달했고 양측은 민(閔)씨 척족을 몰아내고 개혁 정권을 수립하는 데 흔쾌히 합의를 보았다고 한다.[7]

아울러 전략적인 지원을 위해서 다나카 지로, 스즈키 덴칸, 요시쿠라 오세이 등은 전봉준의 군사(軍師)가 되었고, 우치다 료헤이와 니시와키 에이스케는 각각 유격군의 일본 측 대장과 부장이, 도키자와 유이치와 이노우에 도사부로는 동면군(東面軍)의 일본 측 대장과 부장이, 치바 구

4　黑龍俱樂部(편), 『國士內田良平傳』(東京: 原書房, 1967), p. 68; 淸藤幸七郎, 『天佑俠』(東京: 新進社, 1903), pp. 11ff.
5　김상기, 『동학과 동학란』(서울: 大成出版社, 1947), p. 103.
6　黑龍俱樂部(편), 『國士內田良平傳』, p. 68.
7　黑龍俱樂部(편), 『國士內田良平傳』, pp. 69ff; 黑龍會(편), 『東亞先覺志士記傳』(上)(東京: 原書房, 1966), pp. 208~216; 玄洋社史編纂委員會(편), 『玄洋社史』(東京: 玄洋社史編纂會, 1917), pp. 456~461.

천우협을 이끈 우치다 료헤이(內田良平)

노스케와 오쿠보 하지메는 각각 서면군(西面軍)의 대장과 부장이, 시라미즈 겐기치와 구사카 도라기치는 각각 남면군(南面軍)의 일본 측 대장과 부장이, 오하라 요시타케는 북면군(北面軍)의 일본 측 대장이, 오자키 마사요시는 치중군(輜重軍)의 대장이, 마지막으로 다케다 한시는 적십자군(赤十字軍)의 대장이 되었다고 한다.[8]

일본 측 기록에는 이들의 활동이 비교적 소상하게 소개되어 있다. 이를테면 그들은 각기 소임을 분담하였는데 스즈키 덴칸과 요시쿠라 오세 이 두 사람은 격문의 기초에 착수했으며, 다나카 지로, 도키자와 유이치, 치바 구노스케, 오하라 요시타케 등 네 명은 통역인 니시와키 에이스케를 따라서 동학당의 동정을 탐지하려고 출발했고, 우치다 료헤이는 다이너마이트를 제조했고, 구사카 도라기치는 척탄(擲彈) 제조 임무를 맡고

---

8 『玄洋社社史』, pp. 462~463.

오자키 마사요시는 위의 두 사람이 폭탄을 제조하는 일을 도와주었으며 오쿠보 하지메는 폭탄 제조 작업의 경계 업무를 맡았다는 것이다.⁹

이들은 "3개월 동안 전라도 각지에서 동학군을 도와 유격전을 전개함으로써 동학란을 전국적인 규모로 확대시키는 데 결정적인 역할을 했다."는 것이 일본 측 기록들의 한결같은 주장이며, 조선 측 기록¹⁰에도 그들의 암약상이 보이고 있다. 그러나 이것은 어디까지나 일본 측의 주장이요, 사실을 검토해 보면 앞뒤가 맞지 않는 부분이 많다. 이를테면 천우협이 6월에 상륙하여 9월까지 "3개월" 동안 활동했다고 하지만 조선 측 기록인 『통리교섭통상사무아문일기』(統理交涉通商事務衙門日記)에 따르면 이들은 이미 6월 중순에 노조(路照 : 통행증)를 소지하지 않고 순창·공주 등지를 배회하다 관헌들에게 적발되었다.¹¹

이들이 전라도와 충청도를 배회한다는 정보를 입수한 통리교섭통상사무아문에서는 충청관찰사와 전라관찰사에게 전보로 알렸고 이들은 곧 체포되었다. 그 뒤 이들은 서울로 압송되어 일본영사관에 인도되었다. 조선 측 기록도 그들이 동학교도와 내통하려고 했다는 사실은 인정하고 있지만 그 대상이 전봉준이라고는 되어 있지 않다.¹²

그리고 이들이 체포된 날짜가 6월 17일이라는 점을 생각할 때 이들이 3개월간 암약하였다는 것은 터무니없는 일이다. 그들은 6월 중순에 상륙하여 농민군의 지도자를 탐문하러 다니다가 곧 체포된 것으로 보이며,

---

9 　黑龍俱樂部(편), 『國士內田良平傳』, p. 68.
10　「統理交涉通商事務衙門日記」, 『舊韓國外交關係附屬文書』(5); 『統署日記』(3)(서울 : 고려대 아세아문제연구소, 1973), 高宗 31년(1894) 6월 15, 16, 17, 20, 21일자.
11　「統理交涉通商事務衙門日記」, 6월 16일자 : "領事云 田中·鈴木·大原·吉昌 外十名 姓名未詳 幷不知的向處 電完伯 日人吉昌事急時 完伯來電 今初三日 釜監電開 吉昌·鈴木等 十四名 不帶路照 持藥鐵入內地 當送巡査掌還云矣 …… 十二日放送 而自言向京"
12　「統理交涉通商事務衙門日記」, 6월 16일자 : "果於初六日 吉倉等倒淳昌 見匪魁萬端慫恿 而且辭甚兇悪…… 今見完電 日人 吉昌等 十四名 無路照 持藥鐵入淳昌 通匪魁慫恿萬端 情形叵惻 去十四經礪山向歸營云 望即密派校卒 詗捉該日人等 押送駐京日領事究辦"

설령 그들이 농민군의 지도자를 만났다고 하더라도 교섭이 그리 짧은 시간 안에 이루어졌을 것인가 하는 데 대해서도 의문의 여지가 많다.

그뿐만 아니라 6월 초순부터 중순 사이라면 전봉준이 경군과의 전투 의사를 분명히 포기한 때인데 과연 그들에게 이와 같은 어마어마한 직책을 맡겼겠는가 하는 점도 의심스럽다. 그리고 그 정도의 조직이라면 막후에서 암약하는 범위를 넘어 외부인들에게 표면화되었을 터인데, 갑오농민혁명 당시 실제로 전봉준과 함께 참전했던 오지영의 『동학사』에는 이에 관한 언급이 전혀 보이지 않는다.

다만 이돈화는 『천도교창건사』에서 "일본인 다케다 한시 등 15명이 금시계 1개와 마(瑪) 1과(顆)를 보내 믿음을 보이고 면회를 청한즉 전봉준이 거리낌없이 이들을 면담하고 시국을 상론하였다."[13]고 기록함으로써 마치 전봉준의 그릇됨[器局]이 그렇게 컸다는 식으로 표현하고 있다. 이는 전봉준이 천우협을 만났다는 유일한 기록인데, 그 신빙성은 매우 낮다.

그러나 이러한 문제를 차치하더라도 의문은 여전히 남는다. 이를테면 그들이 암약하였다고 하는 6월에서 9월은 일본군이 대궐을 침입한 일이 있어[14] 전봉준은 말할 것도 없고 온 백성이 일본에 대해 적개심을 가지고 있던 터였는데 그런 속에서 설령 전봉준이 천우협을 만났다 하더라도 과연 그들의 도움을 받았을까 하는 점도 수긍할 수가 없다.

이상과 같은 사실들을 정리해보건대, 천우협의 14명이 조선에 상륙했던 것도 사실이고 전봉준이라고 꼬집어 말할 수 없는 어떤 지도자를 만났던 것도 사실인 듯하다. 그러나 일본의 역사가들이 기록하고 있는 것처럼 그들이 갑오농민혁명에 그렇게 깊이 연결되었던 것은 아니며 이

---

13 이돈화, 『천도교창건사』(2)(서울 : 천도교중앙종리원, 1933), p. 61.
14 『續陰晴史』(上)(서울 : 국사편찬위원회, 1971), p. 326, 高宗 31년 6월 24일자.

는 단지 공명심에 부푼 현양사나 흑룡회(黑龍會)의 과장된 기록에 지나지 않는다. 이는 일본의 우익 작가 다키자와 마코도(滝沢誠)의 주장처럼, "환각(幻覺)의 전투"[15]에 지나지 않는 것이었다.

2. 대원군(大院君)과의 관계

전봉준의 생애에서 우리의 관심을 끄는 두 번째 수수께끼는 대원군과의 관계이다. 이미 이상백(李相佰)은 한 논문[16]에서 전봉준은 대원군과 분명히 밀통하고 있었다고 단정하고 있으나, 과연 전봉준이 대원군의 교사(敎唆)를 받아 거병했느냐는 문제에 대해서는 확실한 답변을 하고 있지 않다. 이 문제의 선구적 연구자인 김상기(金庠基)는 두 사람 사이의 밀모에 관한 세간의 소문을 소개하면서도 "이 밀약설에 대해서는 아직 정확한 자료가 없으므로 우선 그에 관한 몇 가지 자료만을 들어둘 뿐이요, 속단은 피하려 한다."는 입장을 취하고 있다.[17] 유영익(柳永益)은 대원군과 전봉준의 밀모를 기정사실화하고 더 나아가 이를 근거로 전봉준의 일련의 행동을 보수 회귀로 평가하는 견해를 제시하고 있다.[18]

---

15 滝沢誠,「天佑俠ノート: アジア主義神話形成(2)」,『海外事情』(東京: 拓殖大學海外事情研究所, 1988), p. 118; 滝沢誠,「武田範之とその時代」(東京: 三嶺書房株式會社, 1986), p. 91.
16 李相佰,「東學亂과 大院君」,『역사학보(17·18)』(서울: 역사학회, 1962), pp. 1~26.
17 김상기,『동학과 동학란』, pp. 79~80. 이 밖에도 두 사람의 밀모설을 주장하는 입장으로는 菊池謙讓,『朝鮮最近外交史: 大院君傳』(서울: 日韓書房, 1910), pp. 158~159, p. 164; 菊池謙讓,『近代朝鮮史』(下)(서울: 鷄鳴社, 1939), pp. 229~230; 장봉선,「전봉준실기」,『井邑郡誌』(정읍: 이로재, 1936), p. 381; 信夫淸三郞,「陸奧外交: 일청전쟁의 외교사적 연구」,『東學農民戰爭研究資料集』(1)(서울: 여강출판사, 1991), p. 124 등이 있다.
18 밀모설에 대한 유영익의 주장에 따르면, 1893년 3월 광화문 복합 상소 당시 대원군은 그들 가운데 급진적인 지도자들과 비밀 접촉이 있었다고 한다. 그 근거로는, (1) "*A. Heard to Secretary of State*", Spencer J. Palmer(ed.), *Korean-American Rela-*

이 두 사람의 관계에 대해서는 천도교의 공식기록도 "유관"(有關)한 것으로 기록하고 있다. 이를테면 이돈화의 『천도교창건사』에 따르면, 전봉준은 1891년부터 한성에 올라와 3년 동안이나 대원군의 문객(門客)으로 있었다고 한다. 이때 전봉준은 대원군에게 벼슬을 청탁하지는 않았고 다만 권좌에서 물러난 간웅(奸雄)을 달래 조정 개혁의 계획을 밀약하였다는 것이다.[19] 이 문제는 오지영의 『동학사』도 대체로 비슷한 의견을 내놓고 있다.

　곧 전봉준은 "일찍이" 한성으로 올라가 대원군의 문객이 되었으나, 여러 날을 지내면서도 벼슬을 청탁하거나 소송 문제에 힘을 빌리려고 청하는 바가 없었다. 이를 이상하게 생각한 대원군이 그의 의중을 물으니 "나의 품은 생각은 나라를 위하고 인민을 위하여 한 번 죽고자 하는 바이다."라고 대답했다. 이때부터 의기가 상통한 두 사람 사이에는 어떤 밀약이 있는 듯한 "세평"이 있었다고 오지영은 다소 완곡하게 표현하고 있다.[20]

　이상의 천도교 측 기록에 따르면 전봉준은 고부에서 민란이 일어나기 오래 전에 이미 조정 전복을 계획하고 있었고 또 거기에는 대원군의 영향이 크게 작용하고 있었다는 설명이 가능하다. 그러나 이는 사실대로 믿기가 어렵다. 왜냐하면 적어도 조병갑이 고부군수로 부임한 1892

---

　　tions : 1887~1895(Berkeley and Los Angeles : University of California Press, 1963), pp. 314~315, No.391; (2) 최류현, 『시천교역사』, pp. 68~69; (3) 김도태, 『서재필박사자서전』(서울 : 을유문화사, 1972), p. 210은 "광화문 상소 사건 당시 무리 중에는 전봉준이 끼어 있었다."는 구절 등을 제시하고 있다.[柳永益, 「갑오농민봉기의 보수적 성격」, 『갑오동학농민혁명의 쟁점』(서울 : 집문당, 1994), p. 368] 위의 주장을 위한 논거 가운데 미국 공사 허드(A. Heard)의 주장에 등장하는 급진적 지도자가 반드시 전봉준이라고 믿을 만한 증거가 없고, 『서재필박사자서전』은 서재필(徐載弼)의 회고라기보다는 김도태(金道泰)의 임의적인 진술이어서 이것만으로는 전봉준이 대원군을 만났다고 믿을 수 없다. 『서재필박사자서전』의 학술적 가치와 신뢰성에 대해서는 신복룡, 「開化黨과 甲申政變에서의 徐載弼의 활동」, 『徐載弼』[대우학술총서](서울 : 민음사, 1993), pp. 159-206 참조.
19　이돈화, 『천도교창건사』(2), pp. 57~58.
20　오지영, 『동학사』(서울 : 永昌書館, 1940), pp. 162~163.

년 1월 이전까지 전봉준은 조정에 대해 그토록 적의를 품을 이유도 없었고 개인적이 원한이 있었던 것도 아니다. 전봉준이 한성에서 머물렀다고 천도교 측에 기록되어 있는 기간에 그는 평범한 서생(書生)이요, 적빈한 농민이었을 뿐이다. 그런데도 전봉준이 체포되어 문초를 받을 무렵 재판부에서는 대원군과의 밀모를 집요하게 추궁하고 있다. 그런 예로 다음과 같은 대목을 들 수 있다.

> 問 : 대원군이 동학과 관련이 있다는 것은 세상이 다 아는 일이요, 또 지금 대원군이 권세가 없은즉 네 죄의 경중은 여기에서 결정되는 것이지 대원군에게 있는 것이 아닌데 너는 끝내 말하지 않고 대원군이 두둔해 줄 것만을 깊이 기다리고 있는 것 같은데 이는 과연 무슨 뜻인가?
>
> 供 : 대원군이 다른 동학과 관련되어 있는 것이 비록 몇 백의 무리라 하더라도 나와는 애당초 관계가 없는 일이다.[21]

위의 문답에서 볼 수 있는 바와 같이 전봉준은 대원군과의 밀모설을 극구 부인하고 있지만 답변에서는 이미 말꼬리를 잡히고 있었다. 그가 신문 과정에서 진술한 내용을 주의 깊게 살펴보면 결국 그는 대원군과 밀모했다고까지는 말할 수 없어도 모종의 연관이 있음이 확실하다고 믿게 하는 답변들이 묻어나오고 있는데, 그러한 답변 가운데 대표적인 것으로는 다음과 같은 대목이 있다.

> 問 : 송희옥이 작년 9월에 쓴 글에 따르면 "어제 저녁에 두 사람이 비밀리에 내려와서 그 전말을 자세히 살펴보니 과연 개화파에서 압력이 있

---

21 「全琫準供草 三招」: 問 大院君之有涉於東學事 世所共知 且大院君今無威權 則汝罪之輕重 只在此場 不在大院君 而汝之終不直招 有似乎深望大院君之暗護者 是果何意 /供 大院君有涉他東學 雖曰百十輩 而至於矣身 則初無所涉

어 먼저 효유에 따르면 후에 비밀리에 소식이 있으리라." 하였는데 이는 누가 보낸 편지이기에 너는 역시 모른다고 하는가? 지난번 너의 대답에서 "작년 10월에 재차 거병한 것은 일본군이 군대를 이끌고 입궐한 것이라, 이해의 소재를 알지 못하는 고로 우리 백성을 위하는 자는 일각을 안심할 수 없어 거병했다."고 했은즉, 이는 대원군으로부터 비밀리에 소식이 뒤에 있었음을 알려주는 것인데 그런데도 너의 재차 거병에 암암리의 합의가 없다고 하겠는가?

供 : 그간에 비록 이러한 무리들의 왕래가 있었다고 하더라도 본래 그 얼굴을 알지 못하는즉 그토록 중요한 일을 그런 사람과 어찌 의논하겠는가? 그러므로 행적이 수상한 사람은 하나도 만나지 않았다.[22]

그런데 전봉준과 대원군의 관계에 관한 신문과 여러 정황으로 볼 때 두 사람 사이에 내통이 있었던 것이 사실임은 알 수 있으나, 그 시말이 천도교 측에서 말하는 것처럼 1891년부터 이루어진 것도 아니고, 갑오농민혁명은 대원군이라고 하는 한 개인의 힘으로 일어나거나 무마될 수 있는 것도 아니었다. 이제 전봉준의 문초록을 중심으로 그 시말을 살펴보면 대체로 다음과 같이 정리할 수 있다.

애당초 전봉준이 고부에서 민란을 일으킨 것은 후세의 사가들이 미화하고 있는 것처럼 제세안민(濟世安民)의 거창한 꿈에 기반을 두고 있는 것은 아니었고, 다만 자기의 아버지가 조병갑에게 소청했다가 매 맞아 죽은 원한과 그의 수탈로 고생하는 농민들에 대한 연민 때문이었다. 따라서 그가 일차로 거병했을 때의 목적은 조병갑을 몰아냄으로써 밖으로는 고부 백성들의 민생을 구하고 개인적으로 부친의 죽음에 대한 원한을

---

22 「全琫準供草 三招」: 問 宋喜玉甲午九月書 有云 昨暮又有二員 祕密下來 而詳考顚末 則果壓於開化邊 先護曉維後有祕奇云 此是送誰之書 亦是所汝不知之事乎 向日汝之所告 昨年十月再起事 日人之率兵入闕也 不知利害之所在 故爲我臣民者 不敢一刻安心 乃有 此擧云 則焉大院位之從後祕奇 不亦暗合於汝之再起乎 /供 這間雖或有此等輩之來往 素不知其面 則重大事件 何以議及乎 是故跡涉殊常者 一不接面

갚으려는 데 지나지 않았다.

그러던 것이, 혁명이 격해짐에 따라서 전봉준은 호남창의소(湖南倡義所)의 대장이 되었고 주변의 각광을 받기 시작했다. 이때 전봉준의 행적을 가장 주의 깊게 바라본 인물이 바로 대원군이었다. 대원군과 전봉준의 관계에서 먼저 손을 내민 것은 대원군이지, 전봉준이 그를 찾아갔거나 아니면 그에게 어떤 내찰(內札)을 보낸 것은 아니었다.

당시 대원군의 입장은 어떠했던가? 임오군란이 일어난 뒤 섭정으로서의 권세도, 국태공(國太公)으로서의 위엄도 모두 사라지고 말았다. 청국도, 일본도, 자신의 아들도, 그리고 가신들 가운데 그 누구도 그에게 힘이 되어 주지 않았다. 오히려 그는 사면으로 적을 맞고 있었다. 그러던 터에 호남에서 동학을 중심으로 한 민란이 일어났다. 이를 보고 그는 이 난세에 어쩌면 자신이 권토중래(捲土重來)할 수도 있을 것이라고 생각했다.

본디 어떤 집단이 종교적 성격을 띠면서 사회의 강력한 세력으로 등장하게 되면 이에 대하여 정치적 유혹을 느끼면서 접근하는 무리들이 생기게 마련이고, 또 민란이 일어나면 그것이 사실이든 아니든 간에 이를 진압해야 할 입장에 있는 사람은 그 배후에 성직자나 향신(鄕紳)이 연루되어 있다고 공언하는 것이 상례이다.[23] 그들은 대부분 몰락하고 빈궁한 무리들로 농민을 자극하고 반란을 일으키게 하며 그에 대한 주도권을 얻는다.

이들 가운데는 대체로 권력 핵의 주변에 있던 궁정 관료들이 많다.[24] 그들은 권력투쟁에서의 한 기술로 종교적 상징을 조작하고 때로는 시니컬하게도 그들의 이해관계가 하나의 정치적 원칙의 가면을 쓸 수 있도

---

23 Roland Mousnier, *Peasant Uprisings in Seventeenth Century* : France, Russia and China(London : Harper & Row Pub. Inc., 1971), p. 338.
24 *Ibid.*, p. 339.

록 합리화 과정을 겪는 일도 흔히 있다.[25] 이러한 상황을 가리켜 "음모 이론"(conspiratorial theory)이라고 부르는 학자도 있다.[26]

대원군의 경우에 혁명군이나 전봉준에 대한 접근의 최초 형태는 동학 농민군에게 보낸 효유문에서 정치적 제스처로 나타나고 있다. 그러므로 대원군과 전봉준의 관계에서 이 효유문은 중요한 열쇠가 되며 따라서 신문 과정에서도 일본 영사 우치다 사다츠지(內田定槌)는 이에 대해 집요하게 추궁하고 있다. 다음의 대목들을 보자.

問 : 대원군의 효유문은 어떻게 얻어 보았는가?
供 : 9월 태인(泰仁)의 본가에 있을 때 한 접솔(接率)이 베껴다가 보여 주었다.
問 : 대원군의 효유문은 단지 한 번만 보았는가?
供 : 그렇다.
問 : 효유문에는 어떤 문구가 있었는가?
供 : (아래 '효유문' 원문 참조)
問 : 효유문에는 도장이 찍혀 있었는가?
供 : 내가 본 것은 베낀 것이므로 도장은 없었으나 관청에 도착한 원본에는 도장이 있다고 들었고 이를 방방곡곡에 붙였다.
問 : 방방곡곡에 붙이는 일은 누가 했나?
供 : 관에서 나온 사람들이 했다고 들었다.
問 : 효유문은 누가 가지고 갔는가?
供 : 주사(主事)의 직함을 띤 사람이 가지고 갔다고 들었다.
問 : 그때 네가 본 효유문은 진짜이든가 가짜이든가?

---

25 Donald E. Smith, *Religion and Political Development*(Boston : Little, Brown & Co., 1970), p. 145.
26 신복룡 외(역), 『現代政治思想』(서울 : 평민사, 1995), pp. 303~304, 469; Leon, P. Baradat, *Political Ideologies : Their Origins and Impact*(Englewood Cliffs : Prentice Hall, 1994), p. 113, 282.

供 : 이미 관에서 붙였은즉 어찌 가짜로 보겠는가?
問 : 너는 이미 그것이 진짜인 줄 알면서도 어찌해서 다시 거병했는가?
供 : 일본의 속셈을 상세히 알아보기 위해서였다.[27]

이상 문초 내용을 살펴볼 때 일본 영사는 대원군과 전봉준의 밀모에 대한 단서를 잡으려고 무던히도 애를 쓰면서 그를 통해 반일 총수(反日總首)인 대원군을 거세하는 빌미를 잡으려 했고, 전봉준도 그 나름대로 신문의 화살을 피하려고 끈덕지게 버틴 흔적이 나타난다.

그렇다면 왜 일본은 농민군과 대원군의 관계를 그토록 집요하게 추궁했는가? 이를 알려면 당시 일본 공사관의 요원이 작성한 다음과 같은 두 개의 보고서를 음미해 볼 필요가 있다.

대원군은 배짱과 고집이 세고 이준용(李埈鎔) 또한 교활하므로, '이들 두 사람의 세력을 막고 통제하지 않고서는 도저히 어떤 일에도 개선의 실마리를 찾기 어렵다'는 것이었습니다…… 그런데도 기왕에 대원군 등은 동학당을 선동하는 비밀 명령을 전한 바 있었습니다. 그런데 때마침 경무사(警務使)로 재직 중이던 이윤용(李允用)이 탐정의 직무를 충실히 수행하고 있었으므로 대원군은 자신에 관한 일들이 노출될 것을 두려워하여 남몰래 이를 방지하려고 꾀하였습니다.

그리하여 9월 28일 대원군은 공사관을 방문하고 돌아가는 길에 순검

---

27 「全琫準供草 三招」(日本領事의 심문).
問 雲峴宮曉諭文 於何得見 / 供 九月在泰仁本第時 接率一人謄艸來時 / 問 其時方將起包乎 / 供 其時在家治病 而無意於起包 / 問 其道內無東徒之滋擾乎 / 供 其時則金開男等 作擾於列邑 / 問 列邑則何邑 / 供 淳昌·龍潭·錦山·長水·南原等 而其餘則未詳 / 問 大院君曉諭文 只有一次之見乎 / 供 然矣 / 問 曉諭文措以何辭 / 供 汝等之今此起鬧 實有守宰之貪虐 衆民之寃屈 從今以後 官之貪虐必懲之 民之寃屈者必伸之矣 各歸安業爲矣 而如或不遵 則當治之以王章云矣 / 問 曉諭文有印蹟乎 / 供 矣身所見 係是謄草 故無之 而其到官原本 則有之云 而揭付於坊曲 / 問 揭付坊曲則是誰之爲也 / 供 自官爲之云矣 / 問 曉諭文誰爲持往 / 供 帶主事之啣者持往云 / 問 其時曉諭文 汝視之爲眞乎 爲假乎 / 供 旣是自官揭付 則焉爲視之以假乎 / 問 汝旣視之以眞 則胡爲再起乎 / 供 欲詳貴國之裡許而然

[巡査]이 거수경례를 한 것이 국법을 어긴 처사라 하여, 순사 5명을 포박하고 투옥하였으며 그날로 이윤용의 관직을 박탈하고 자기 당인(黨人)인 허진(許璡)을 천거하여 경무사로 삼았습니다. ……

그런데 지난 31일 밤 법무협판(法務協辦) 김학우(金鶴羽)가 자객에 의하여 암살되었습니다. 이 암살은 대원군의 사주에 의한 것이라 의심되는 바, 이는 거의 사실일 것임에 틀림없습니다. …… 이상과 같은 형편이므로 우선 대원군 및 흉포(凶暴)를 제거하고 그 독위(毒威)를 좌절시켜 개혁에 방해를 줄 수 없도록 하여야 비로소 각 직무에서 안심하고 그 권한을 지켜 서로 범하는 일이 없이 모든 일의 개선을 도모할 수 있을 것입니다.

그러므로 그 흉포를 좌절시키려면 그 음모밀계(陰謀密計)의 증거를 파악하여 사실을 확인하는 것이 극히 필요할 것입니다. 본관이 지난번에 평양(平壤)에서 일본 병사가 입수한 서신의 원본을 청구한 것도 위에 말한 증거의 일부로 삼아, 이 늙은이[大院君]를 속박하여 그 흉포를 억제하는 방책으로 하려는 때문이었습니다.

대원군 및 이준용의 내명(內命)을 전하여 동학당을 선동한 건에 관계된 사람으로는 이병휘(李秉輝)와 대원군의 수족이 되어 움직이다가 현재 투옥되어 있는 허엽(許熀)이라는 무리가 있습니다. 이 허엽이 대원군 및 이준용의 내명을 받들어 동학당에게 밀서를 보냈다고 합니다. 정인덕(鄭寅德)이라는 자(者)도 공모하였다는 이유로 전(前) 경무사 이윤용의 손에 체포되었습니다.

또 이병휘는 이 사건에 관계한 일이 있었으므로 앞서 이윤용이 이 사람을 이용하여 이 사건을 정탐하려 하였기 때문에 대원군의 노여움을 사서 투옥된 자입니다. 따라서 이 두 사람을 힐책(詰責)하면 대원군 등이 동학당을 선동한 건에 관한 사실을 손에 넣을 수 있을 것 같습니다. ……

그리고 이러한 수단을 취하려면 우선 사실을 확인하고 증거를 수집하는 일이 제일의 급무라고 믿습니다. 이와 같은 제일의 방법으로도 노활(老猾)한 대원군을 묶어두는[羈絆] 효과를 얻을 수 없는 경우에는 제2, 곧 최후의 방법을 취할 필요가 있을는지도 모릅니다. 곧 대원군을 조선 정계로부터 제거해서 국정에 일체의 관여를 불허하든가, 그렇지 않으면 전에 그에게 청국(淸國)이 취했던 것과 같은 수단[납치]을 취하지 않을 수 없는 지경에 이를지도 모르는 일입니다.

　물론 이러한 최후 수단을 취해야 할 경우에는 이를 사전에 각의(閣議)에 제기하게 될 것이지만 미리 유념해두시기 바랍니다. 그렇지만 대원군의 나이가 75세이므로 지금까지 청국의 존재만 알고 다른 나라의 존재를 알지 못하여 머리끝에서 발끝까지 모두 완고의 두 글자로 굳어져 있는 노인인지라 이러한 노인을 부추겨서 개명(開明)의 풍조(風潮)로 유도하려 함은 말이 쉽지 무척 곤란한 일이며 근본적으로 무리한 주문입니다. …….[28]

　(조선의 내정을) 개혁하는 데 그 방법 여하는 고사하고 과연 이 나라 정부 스스로 이와 같은 대개혁을 행하여 순조롭게 그 목적을 달성할 수 있을지는 매우 의심스러운 상황입니다. 혹 희망을 현 국왕의 생부인 대원군에게 걸 수도 있지만 이와 같은 큰 사업이 일조일석에 그 효과를 거둘 수 있는 것은 아니고 5~10년 또는 20년 정도의 긴 세월이 걸리는 것이므로 대원군이 설령 강의영매(剛毅英邁)하다는 소문이 있을지라도 70세의 고령인 만큼 혼자의 힘으로 이 회천(回天)의 대업을 성취한다는 것은 도저히 힘든 일로 생각됩니다.[29]

이 두 개의 문건에서 읽을 수 있는 일본의 의중을 요약하면 다음과 같은 맥락이 된다.

(1) 대원군은 조선의 친일정책에 치명적인 장애 인물이다.
(2) 그렇다고 해도 그는 너무 늙었으므로 회유하여 쓸 만한 가치가 있는 인물도 못 된다.

---

28 「大院君의 東學黨 선동에 관한 件」, 『駐韓日本公使館記錄』(5)(과천 : 국사편찬위원회, 1990), pp. 82~84.(이하『駐韓日本公使館記錄』이라 약기함)
29 「재경성 2등영사 內田定槌 發 외무대신 陸奧殿, 대한정책에 관한 의견 상신의 건」 (1894. 6. 26),『駐韓日本公使館記錄』(2), p. 46.

(3) 대원군이 이번 농민봉기에 연루된 것은 분명한 사실이다.

(4) 따라서 이번의 사건은 대원군을 제거할 수 있는 호기이므로 이 기회를 결코 놓칠 수 없다.

그러면 우리는 신문의 초점이 되었던 대원군의 효유문은 어떤 내용을 담고 있는가를 살펴보아야 한다. 이 효유문은 그 의미 또한 심장한 바가 있으므로 여기에 그 전문을 소개하고자 한다.

흥선대원군 효유문(興宣大院君 曉諭文)

흥선대원군이 이에 간절히 효유하노니, 우리나라는 인후로써 나라를 세우고 예의로 풍속을 이뤄 훌륭한 역대 임금이 태평성세를 이룬 지 500년 동안, 백성들은 병화를 겪지 않고 지금에 이르렀으나 어쩌다가 근자에 들어와 기강이 해이해지고 풍속이 퇴폐해졌도다. 방백수령의 탐학과 토호·강족(强族)의 무단(武斷)과 간교하고 교활한 벼슬아치들의 수탈이 날이 가고 달이 갈수록 심해져 기율이 몹시 어그러지니 우리 조종(祖宗)이 보호하는 모든 백성들은 살아갈 길이 없다. 조정은 높고 멀어 호소할 길이 없으며 끝내는 동학에 몸을 의탁케 하고 무리를 이루어 스스로 목숨을 부지하게 함으로써 하루를 산 것을 다행히 생각게 되었으니 그 정상을 살펴보건대 궁(窮)하고 가엾도다.

내가 문을 닫고 칩거한 지 20여 년에 몸은 이미 늙고 또한 병들어 세상사를 듣지 않았더니 근자에 국가가 어려움을 당하여 병든 몸을 이끌고 입궐하여 밖을 보매 사방에 병영이 둘러 있어 연기와 먼지[煙塵]가 눈에 가득하고 안을 살펴보니 국가는 외롭고 위태하여 형세는 마치 바람에 나부끼는 깃발의 술과 같다. 팔로(八路)를 돌아보아도 국가를 위하여 믿을 만한 사람은 백성뿐이나 그나마도 태반은 거짓된 말에 물들었도다.

당초에는 원통함을 호소하기 위해 일어나더니 점차로 승세를 타고 움직여 도처에서 소란을 일으키고 기강과 본분을 어그러뜨려 관(官)으로 하

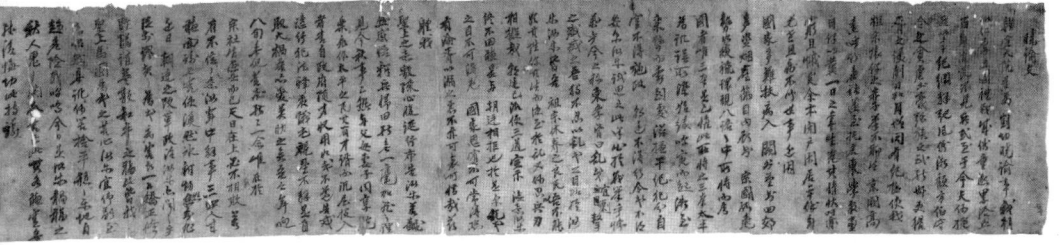

「흥선대원군 효유문」

여금 시정(施政)을 이룰 수 없게 하고 조정으로 하여금 법을 행하지 못하게 하고 백성으로 하여금 편안히 생업을 유지할 수 없게 하니 그대들은 깊이 생각해볼지어다. 이것이 과연 의거(義擧)에서 나온 것인가 패거(悖擧)에서 나온 것인가?

오늘날 동학도를 가리켜 남들은 모두 말하기를 이들은 난민이니 마땅히 초격섬멸(剿擊殲滅)하라고 하나 나만은 그대들을 난민으로 지목하여 공격하는 일을 차마 할 수 없도다. 그대들은 모두가 우리 조종(祖宗)이 정성스럽게 기른 백성임에도 내가 능히 그 성품을 순하게 만들지 못했고 그 생명을 지켜주지 못하여 난리에 이르게 하였으니 어찌 차마 총칼로써 서로 견줄 수 있겠는가?

조정에서 이미 삼남에 관리를 파견하여 덕의(德義)를 보였는데도 그대들이 끝내 듣지 않는다면 이는 조정과 더불어 서로 항거하는 것이라. 그렇다면 난민이라는 지목을 면할 수가 없고 국가의 은유(恩宥)를 입을 수 없으니 이는 관민이 함께 환난에 빠질 염려가 있을까 두렵도다. 이 또한 어찌 애석하지 않으리오.

이에 성상(聖上)께서는 마음속에 있는 말을 풀어 그대들에게 널리 포고하였으니 마음을 바꾸어 무기를 버리고 생업으로 돌아간다면 추호라도 그대들을 죄로 다스릴 이유가 없도다. 지금 이번 가을 곡식이 이미 여물었으니 부모처자와 함께 배불리 즐기며 영원토록 태평성대의 백성을 이룰지어다. 재주와 슬기가 있어 각자 왕화(王化)로 돌아가면 조정은 마땅히 그 재주에 따라 받아들이리라. 그대들이 행여 고계(告戒)를 따르지 않고 범법을 자행하며 벌이나 개미처럼 무리를 지어 관망하여 헤어지지 않는다면 이는 스스로 큰 화를 부르는 것이라. 그때는 나 또한 도움이 되지 못할 것이 측은하도다.

내 나이 이제 팔순을 바라보매 달리는 죄에 빠진 사람을 구할 길이 없고 다만 생각하는 것은 오로지 종묘사직과 생령(生靈)들뿐이라. 성상께서 굽어살피시니 반드시 서로 속이지 말지라. 만약 믿지 않는 마음이 있거든 그대들 가운데 사리를 아는 3~4인이 와서 타이르는 말을 듣고 보면 반드시 얼음이 녹듯이 의혹이 풀릴 것이요, 근심하고 두려워하던 일이 그렇지 않음을 알리라.

요즈음 조정에서 정치를 개혁하고 있음을 그대들은 듣지도 못했는가? 이제까지 잘못된 폐단이 있어 백성들에게 해로움을 끼친 것은 일일이 고쳐 서로가 화목하고 뜻이 도타워 날로 화평의 복을 돈독하게 할지니 이는 모두가 우리 성상께서 국가와 백성을 위하여 고심하고 있는 일이다.

그대들은 마땅히 성상의 뜻에 따라 거짓이 없어야 하거늘 어찌하여 고통스럽게도 평온한 낙지(樂地)를 버리고 위험을 자초한단 말인가? 슬프다! 오늘은 그대들의 화복을 가르는 때이며 인귀(人鬼)의 관문이로다. 나는 이제 여기에서 말을 그치고자 하니 각기 깊이 알아듣고 후회함이 없도록 특별히 효유하노라.

갑오 9월 일[30]

---

30 興宣大院君曉諭文
 興宣大院君爲剴切曉諭事 我朝以仁厚立國 禮義成俗 重熙累洽 五百年間 民不見兵 式至于今 夫何挽近以來 綱紀解弛 風俗漸頹 方伯守令之貪虐 土豪强族之武斷 奸吏猾胥之侵削 日加月增 罔有紀極 使我朝宗懷保之赤子 擧不聊生 京闕高遠 呼訴無路 遂至托名東學 聚黨自保 以冀一日之幸生 究其情狀 吁亦窮且慽矣 余本廢戶閒居二十餘年 旣老且病 不問世事 近因國家多難 扶病入闕 外望則四郊多壘 煙塵滿目 內顧則家國孤危 勢如綴旒 環視八路之中 所恃而爲國者 惟民而已 太半爲訛誤所染 始緣呼寃而起 漸至乘勢而動 到處滋擾 干紀犯分 使官不得施政 朝不得行令 民不得安業 爾等試思之 此果出於義擧乎 悖擧乎 今之稱東徒 皆曰亂民 宜剿擊之殲滅之 吾獨不忍以亂民指目 加於汝等 汝等皆吾祖宗休養之民 吾不能順其性 保其生 而使至於亂 又何忍以兵刃相擬哉 朝廷已派使三道 宣示德意 汝等終不回聽 是與朝廷相拒也 於是乎 亂民之目 不可得免 國家恩宥 不可相得 恐有淪胥以溺之慮 不亦可哀可惜者乎 玆體我聖上之意 敷陳心腹 誕行布告 汝等幡然感悟 釋兵歸田 斷無一毫可罪之理 見今秋事已熟 與父母妻子 同享飽樂 永作太平之民 其有才諝 而各稱王化 當自政府隨才收用 如或不遵告戒 恣行犯法 蜂聚蟻屯 觀望不解 是自敢大禍 吾亦愛莫助之矣 吾今年迫八旬 無他榮求 斷斷一念 惟在於宗社生靈 而天日在上 必不相欺 若有不信之意 汝輩中解事三四

이상의 효유문을 주의 깊게 관찰하면 대원군의 다음과 같은 의중을 읽을 수 있다.

첫째, 나는 그대들의 아픔에 대하여 연민의 정을 느끼고 있다.
둘째, 그대들이 도당을 지은 것은 불가피했다.
셋째, 남들이 그대들을 난민으로 부르는 것을 나는 참을 수 없다.
넷째, 그대들이 끝내는 왕화(王化)로 돌아와 생업에 종사해 주기를 바란다.

이상 네 항목에서 네 번째 것은 국태공으로서 그렇게밖에 말할 수 없었다는 점에서 납득할 수 있다. 첫 번째 항목은 당시의 진보적인 지식인들 가운데 그렇게 말한 사람이 가끔은 있었다고는 하지만 대원군이 그렇게 말했다는 것은 의외이다. 그러나 이 네 항목 가운데 가장 놀라운 것은 동학도의 결당을 기정사실화하고, 무엇보다도 그들은 당시 위정자들이 입을 모아 말했던 바인 난민들이 아니라고 말한 두 번째와 세 번째 항목이다.[31]

이것은 당시의 위정자들은 말할 것도 없고 일본을 몹시 당혹스럽게 하는 것이었다. 더구나 당시 대원군이 일본으로부터 거세 대상 1호로 꼽히고 있던 상황이라는 점을 생각하면 더욱 그렇다. 결국 대원군의 효유

人 來聽面諭 必當使渙然氷釋 惕然知非 近日朝廷之改革政治 汝等亦聞之乎 從前謬獎之爲民病害者 一一矯正 修睦隣誼 盆敦和平之福 此皆我聖上爲國民之苦心 汝等宜仰副至意 帖然無訛 何故捨平穩之樂地 自招危險哉 嗚呼 今日是汝等禍福之秋 人鬼之關 余言止此 其各審聽 毋致後悔 切此特諭

甲午 九月 日

「大院君曉諭文」은 奎章閣 소장도서(도서번호 121415)로서 실물 크기 49.5cm×18cm(전장 258cm)로서 1帖(6折 12面)이다. 이 효유문은 伊藤博文, 『祕書類纂朝鮮交涉資料』(中)(東京:原書房, 1970), pp. 463~464에도 수록되어 있으나 규장각본과는 내용이 다소 다르다.

31 대원군이 농민봉기를 난적(亂賊)으로 보지 않고 두둔한 것은 여러 곳에서 찾아볼 수 있다. 예컨대, 「동학당 재기에 관한 諸報告」, 『駐韓日本公使館記錄』(1), p. 2 참조.

문에 담긴 내용을 흑백논리로 가른다면 그것은 갑오농민혁명을 충동하는 쪽이었다. 그의 의중이 그러했다면 실제로 그는 전봉준에게 어떻게 접근했던가? 이에 대한 내막을 살펴보면 다음과 같이 정리할 수 있다.

당시 대원군에게는 동학교도인 박동진(朴東鎭)과 정인덕(鄭寅德)이라는 두 심복이 있었다. 대원군은 이들을 통해 전봉준에게 접근할 것을 계획했다. 그런데 때마침 대원군의 사랑에는 이병휘(李秉輝)라고 하는 문객이 출입하고 있었다. 그는 본디 지체가 높은 인물도 아니요, 정치적 야망이 있는 인물도 아니나 다만 산송 사건(山訟事件)이 있어서 호남을 자주 왕래하는 동안에 고부민란의 전개 과정을 소상하게 알게 되었고, 그 산송 사건의 처리를 청탁하려 대원군의 문객인 허엽(許燁)의 소개로 대원군의 사랑에 드나들다가 대원군의 눈에 길잡이로 선택되었다.[32]

대원군은 1894년 8월 중순에 호남 지리에 밝은 이병휘를 앞세우고 박동진과 정인덕을 호남에 파견하였는데, 이때는 전주화약이 이루어지고 전봉준은 태인의 평사리에서 신병을 치료하고 있었다. 이들 가운데 박동진은 상복(喪服)으로 변장하고, 나머지 사람들은 하인들로 꾸민 다음 태인으로 내려갔다. 이들이 먼저 만난 사람은 전봉준이 아니라 김개남이었다. 그러나 어떤 이유에서인지 김개남은 이들을 전봉준에게 보냄으로써 자신은 이 엄청난 음모에서 발을 빼게 되었다.[33]

여기서 대원군과 전봉준의 관계는 미묘하게도 전봉준과 김개남의 관계로 비약하게 된다. 당초 대원군이 농민군의 봉기를 보고 또 그들과의 제휴를 구상했을 때 그 대상으로는 전봉준이 아니라 김개남에게 더 초점

---

32 「重犯供草 李秉輝 初招」, 『東學亂記錄』(下)(서울 : 국사편찬위원회, 1971), pp. 583~584. 이병휘의 행적에 대해서는 「李秉輝가 제출한 시말서」, 『駐韓日本公使館記錄』(8), pp. 58~60에 상세히 기록되어 있다. 이들 이외에도 소모사(召募使)라는 이름으로 이건영(李健永)이라는 인물이 접근한 기록도 보인다.(「全琫準供草 再招」 및 「全琫準供草 五招」 참조)
33 菊池謙讓, 『近代朝鮮史』(下), p. 229.

을 맞추었던 것을 여러 정황에서 알 수 있다. 앞에서 보았듯이 박동진이 먼저 김개남을 찾아갔을 뿐만 아니라 대원군은 자신의 심복인 정석모(鄭碩謨)를 김개남에게 보냈다.[34] 당시의 정황에 대하여 당사자인 정석모는 다음과 같은 기록을 남기고 있다.

> 김태정(金泰貞)과 고영근(高永根)[35]이 김개남을 찾아왔다. 김개남이 정청에 앉아 있는데 그 위용이 매우 당당했다. 상견례를 마치자 두 사람은 대원군의 효유문을 내보이면서 이는 국태공의 뜻이라고 말했다. 김개남은 이를 읽은 뒤 "그대들이 온 뜻은 내가 이미 아는 바이오. 바라건대 잠시 물러가 쉬었다가 다시 상의합시다."라고 말했다. …… 나[정석모]는 큰 소리로 "국태공의 명을 받고 왔거늘 이에 따르지 않고 어찌 사람을 이토록 모독하시오?"라고 말했다.
> 이때 금구에 있던 전봉준으로부터 김개남에게 급한 편지가 왔는데 그 글에 이르기를, "우리들의 거사에는 앞으로 나아가는 일만이 있을 뿐 물러섬은 없소. 만약 국태공의 명령을 따른다면 만사는 끝장이오. 정석모 일행을 죽임으로써 국태공이 바라는 바를 끊어버림만 같지 못하오."라는 내용이었다. 김개남은 평소에 전봉준과 서로 시기하는 사이였는데 이 편지를 보고서 하는 말이 "이 사람이 화(禍)를 나에게 떠넘기려 하는구나." 하였다. 이렇게 하여 김개남이 마음을 돌림으로써 드디어 우리의 효수를 중지시키니 우리 일행은 목숨을 부지할 수 있었다.[36]

---

34 정석모(鄭碩謨)의 인적 사항에 관해서는 『東學亂記錄』(下), pp. 6~7에 수록된 「해설」 참조.
35 고영근(高永根 : 1853~1923) : 대한제국의 군인이자, 개화파 정치인이며 종2품 경상좌도병마절도사를 역임한 관료였다. 일본으로 건너가, 명성황후의 암살에 가담한 조선인 제3대대장 우범선(禹範善)을 찾아 사살하였다.
36 「甲午略歷」, 『東學亂紀錄』(上), pp. 67~68 : "金泰貞高永根兩人 往見金開南 開南坐於正廳 威儀甚盛 相見禮畢 宣曉論文 且以國太公之意口宣焉 開南覽畢曰 公等之來意 吾已知之 請且少退安歇 以待從後商議 …… 余[鄭碩謨]高聲曰 余奉國太公之命而來 若不歸化則已 何相辱至此也 自全琫準(是在金溝) 傳急足致書于開南 略曰 吾輩之擧 有進無退 若順國太公之命 萬事去矣 不若殺鄭某(鄭碩謨)一行 以絶國太公之望也云云 開南素與琫準相猜 及見此書 以謂此人欲嫁禍於我也 因此回心 遂停梟首之擧 余一行之得免梟首"

이 기록에서 "이 사람이 화를 나에게 떠넘기려 하는구나."라는 대목이 여운을 남긴다. 전봉준은 대원군과의 문제와 정석모가 "뜨거운 감자"인 것을 알고 이를 김개남에게 보냈으며, 김개남도 전봉준의 이와 같은 속마음을 잘 알고 있었다. 이런 점에서 볼 때 당시 전봉준은 대원군과 제휴할 의사가 없었던 것으로 보인다. 정석모뿐만 아니라 이기(李沂)가 김개남을 설득하여 대원군을 돕게 하려고 그를 찾아갔을 때 김개남으로부터 죽음의 위험까지 겪은 사실[37]로 보면 김개남도 대원군과의 관계를 호의적으로 생각하지 않았음을 알 수 있다.

이러한 상황 속에서 박동진 일행은 다시 전봉준을 찾아가 그 비서인 송희옥을 만났다. 전봉준의 입을 통해 이 당시의 상황을 들어보면 다음과 같다.

問 : 송희옥이 말하기를 대원군으로부터 두 사람이 내려왔다고 하는데 그들의 이름은 무엇인가?
供 : 그때 들었을 때는 알았지만 지금은 기억할 수가 없다.
問 : 두 사람의 성명을 비록 똑똑히 듣지 못했다고 하더라도 성이나 이름도 끝내 기억할 수 없는가?
供 : 성은 박(朴)가와 정(鄭)가였던 것 같으나 자세히는 모르겠다.
問 : 박가와 정가라면 정인덕이 아닌가?
供 : 박동진은 분명하나 정가는 자세히 알 수 없다.
問 : 박동진과 정인덕은 송희옥을 만나 무슨 말을 하였는가?
供 : 송희옥이 말하기를 '대원군은 그대가 북상하기를 기다린다.'고 했다.[38]

---

37 鄭寅普,「海鶴李公墓誌銘」,『海鶴遺書』(서울 : 국사편찬위원회, 1971), p. 9 : "甲午東匪起 公時家求禮 謂此可驅之入京 覆政府誅姦惡 奉上一新國憲 在運用及早耳 走往說全琫準 琫準匪首頗豪 善公言 因曰吾則請從 南原有金開南 公往合之 公卽馳至南原 而開南拒不見 意欲害之 公易衣跳以免."

38 「全琫準供草 初招」: 問 宋之言自雲峴宮下來之二人 姓名爲誰 / 供 其時則得聞知之矣 今則難記 / 問 二人姓名雖俱不得聞 而於姓於名間 終無可記乎 / 供 其姓則似是朴,鄭而未詳

위의 사건에서 중간 역할을 했다는 송희옥은 공식적으로는 전봉준의 비서였을 뿐만 아니라 문족(門族)으로 따진다면 처가의 재종숙질(再從叔姪)간이어서[39] 매우 신임하는 터였다. 송희옥은 이들을 전봉준에게 안내했다. 전봉준은 사안의 중요함을 생각하여 국태공의 친서를 가지고 왔는가를 물었으나 박동진 일행은 사안이 중요할수록 기밀을 지켜야겠기에 그러한 문증은 없노라고 대답하고 구두로 국태공의 의사를 전달했다. 이들의 입을 통해 전달된 대원군의 제의는 명년(1895) 2월에 군대를 다시 일으켜 서울로 쳐들어와 내정을 개혁하고 일본군을 몰아내자는 것이었다. 이를 뒷받침하는 증거로 전봉준은 법정에서 다음과 같이 진술했다.

> 問 : 너와 송희옥이 삼례에서 만났을 적에 혹시 대원군의 말이라고 칭탁하던 것이 없었는가?
> 供 : 송희옥이 대원군으로부터 2월에 내려왔다고 말하면서 속히 북상하는 것이 좋을 것 같다고 말하더라고 하기에 내가 무슨 문빙이라도 있느냐고 물었더니 없다고 대답했다. 내가 문빙을 보이지 않는 것을 책망하였더니 대답이 횡설수설하여, 실로 황당무계하였으며 나는 모름지기 대원군이 시키는 일이 아니라도 마땅히 해야 할 일이라면 당연히 하겠노라고 대답했다.[40]

그렇다면 북상의 구체적인 방법은 어떤 것이었을까? 이에 대해서는 이병휘의 다음과 같은 법정 진술이 남아 있다.

耳 / 問 朴·鄭則不是朴東鎭·鄭寅德否 / 供 朴東鎭是分明 而鄭則未詳 / 問 朴·鄭之見宋也 謂有何言 / 供 宋稱雲峴宮 亦是待汝之上來 / 問 朴·鄭之見宋也 謂有何言 / 供 宋稱雲峴宮 亦是待汝之上來

39 「全琫準供草 初招」: 問 宋之於汝 無戚分乎 /供 妻族七寸也."
40 「全琫準供草 三招」: 問 汝與宋參禮相見時 無或稱托雲峴之說乎 /供 宋稱以向有自雲邊下來二月 謂以從速上來似好爲敎云 故矣身問有書字乎 答無 矣身責以不見文字 而橫豎之說 實根荒唐 且不必言雲峴宮之爲敎 而事之當行者 我自當之云矣

영사 : 누구로부터 의뢰받아 누구에게 전하였는가?

이 : 정인덕이라는 사람으로부터 의뢰받아 박동진이라는 사람에게 넘겨주었다.

영사 : 박동진이라 하는 자는 동학당인가?

이 : 동학당인데 벌써 포도청에 잡힌 사람이다.

영사 : 어제 법무대신의 취조 당시, 동학당 몇 10만 명을 인솔하여 한성으로 올라오라는 것이 편지 안에 쓰여 있다 했는데 틀림없는가?

이 : 틀림없다.

영사 : 동도(東徒) 몇 10만 명을 인솔하고 오라는 것을 전하라는 것은 누가 명령한 일인가?

이 : 정인덕의 편지였지만 이준용 참판의 명령을 전한 것이다.

영사 : 정인덕이 쓴 편지가 동도를 인솔하고 오라는 이 참판의 명을 전한 것인지 확인해본 것인가?

이 : 그런 일을 쓴 서신은 내가 가지고 간 서신 가운데에 없었고, 이미 박동진에게 보낸 서신 안에 쓰여 있는 것을 박동진이 나에게 보여 준 것이다. 이 편지는 이준용의 친필로 박동진의 동생 아무개가 상경하여 가지고 간 것이다.

영사 : 그 들었다는 일을 말해 보라.

이 : 정인덕으로부터 서신을 받았을 때 그 사람으로부터 들은 바로는 이 편지는 상경하는 동도의 수가 10여만 명뿐이면 부족하기 때문에 속히 더 많은 사람들을 상경시킬 것이며, 일본 병사가 내려가는 일은 대원군께서 빈번히 저지하는 방향으로 전력 가운데 있으나 만일 일본 병력이 그 지방으로 내려가게 되면 동도들을 조속히 해산하여 11~12월 무렵에 강의 결빙을 기다렸다가 청국 병사들이 오게 될 형편이 되면 협력하여 일병을 격퇴하고 정부를 갱신하여 새로운 주상을 세우려(이때 신주(新主)란 누구냐고 물었는데 이것은 꺼려야 할 형편이었으므로 명확히 진술할 수 없었음) 한다는 내용이라고 들었다.

영사 : 그대가 이곳에서 체포된 것은 대원군의 명령이란 것이 틀림없

는가?

　　이 : 대원군의 명령이다.[41]

　위의 두 기록으로 미루어볼 때 대원군은 농민군의 북상을 통해 권토중래하고자 하는 명백한 의지가 있었다. 그러나 그것은 대원군의 생각이었지 전봉준의 입장은 달랐다. 사실상 전주화약이 성립되기 이전까지만 해도 전봉준은 대원군의 개혁 의지와 국수주의적인 태도에 대해 호감을 가지고 있었다. 그리하여 전주성을 점령한 직후 전라감사에게 보낸 「소지문」(訴志文 : 1894. 5. 4.)에서도 "국태공이 국정을 맡아야 한다."[42]는 의사를 분명히 했다.

　그뿐만 아니라 전봉준은 동학군이 나주 관속에게 보낸 통문에서도 "전하께 아뢰어 국태공을 모셔 국정을 돌보도록 하여 나라를 어지럽히고 불충불효하며 아첨을 일삼는 자들을 모두 파면시켜 축출코자 한다."[43]고 주장했으며, 전주화약이 조정되는 과정에서 제시된 폐정개혁안 13개조 가운데 제13조에서 "국태공이 정사를 맡으면 민심에 어떤 소망을 줄 수 있다."[44]고 말한 바 있다.

　그러나 전주화약 이후로는 생각이 달라진 것이다. 왜냐하면 전봉준이 평사리에 있는 동안 그는 일본이 조선의 왕궁을 침해한 사실에 분개해 있었고 자의든 타의든 간에 이 사건에 대원군이 관여했다는 사실을 못마땅하게 생각하고 있었다. 뿐만 아니라 이때는 이미 전주화약이 성립되어 더 이상 이 나라를 전화(戰禍)의 소용돌이 속에 몰아넣어서는 안 되겠다

---

41 「法務衙門에서의 李秉輝 調査 筆記 拔抄」(1894년 11월 4일), 『駐韓日本公使館記錄』(8), pp. 60~64.
42 「兩湖招討謄錄」, 『東學亂記錄』(上), p. 207.
43 황현(저), 김종일(역), 『梧下記聞』(서울 : 역사비평사, 1994), p. 87.
44 鄭喬, 『大韓季年史』(上)(서울 : 국사편찬위원회, 1971), p. 86 : "國太公[卽大院君]干預國政 卽民心有庶 幾之望事."

는 결심을 굳히고 있던 때였다.

이와 같은 사실로 볼 때, 전봉준이 대원군의 밀사를 만난 것도 사실이요, 그가 한때 대원군에 대하여 호의적이었던 것도 사실이다. 그러나 전봉준의 세 번째 거병이 대원군의 교사에 의한 것이라고 믿을 만한 근거는 없다.[45] 이를 확인하기 위해 우리는 전봉준의 다음과 같은 말에 귀를 기울일 필요가 있다.

> 問 : 네가 재차 거병한 것은 대원군의 효유문이 개화파의 압력에 의한 것으로 보고 아울러 대원군이 너의 북진을 기다린다고 생각하고 한 일이 아닌가?
> 供 : 대원군의 효유문이 개화파로부터 압력을 받았는지 받지 않았는지는 내가 생각한 바 없고 재차 거병한 것은 나의 본심에서 우러나온 것이며 또 설령 대원군의 효유문이 있었다고 해도 깊이 믿기 어려웠으므로 재차 거병을 도모하게 되었다.[46]

전봉준은 문초 과정에서 박동진 일행을 만나서 국태공의 의사를 전달받은 것은 사실이지만 그들을 소개한 송희옥이라는 인물이 도무지 믿을 만한 사람이 못 되었기 때문에 그들의 말에 귀를 기울이지 않았다고 말하고 있으나[47] 이 말 또한 위증에 지나지 않는다. 송희옥은 처족 재종질

---

45 박찬승은, "9월 6일, 송희옥이 龜村(원평 구미리)에서 대원군의 밀사를 만나 농민군의 상경을 독촉하는 대원군의 뜻을 전해 듣고 당시 태인에 머물고 있던 전봉준을 불러 이 문제를 상의하였으며, 이 회합에서 전봉준은 재봉기를 서두르기로 결정한 것으로 보인다."고 주장하고 있으나(박찬승, 「1894년 농민전쟁기 남원지방 농민군의 동향」, 『동학농민혁명의 지역적 전개와 사회 변동』, 호남사연구회 주최 동학농민혁명백주년기념 학술대회, 1994. 6. 10~11, 전주), p. 21, 전봉준의 3차 기포가 대원군의 밀약에 의해 충동되었다고 보기는 어렵다.
46 「全琫準供草 三招」: 問 汝之再起 以大院君曉諭文 視爲開化邊之所壓 而兼有雲峴宮 故待汝等之上來 而乃行此事乎 /供 曉諭文之爲開化邊壓不壓 實所不計 而至於再起事 出於矣等本心 且雖有大院君之曉諭文字 不可深信 故力圖再起
47 「全琫準供草 三招」: 問 與宋喜玉於參禮驛 旣與之同謀 則其名字 焉得不詳乎 /供 宋喜玉

이요, 또 그가 믿을 수 없는 인물이라면 수하에서 가장 중요한 직책인 비서에 임명되었을 리가 만무하기 때문이다.

다만 전봉준이 최후로 체포되기 직전에 서울로 올라가 정세를 살펴보고자 했다는 자신의 고백[48]은 곧 그가 대원군을 찾아가 만나고 싶었음을 의미할 수도 있는데, 이런 점에서 본다면 그는 나중에 대원군과 제휴하지 않았음을 후회했는지도 모른다. 그러나 설령 그들이 제휴했다면 과연 혁명의 줄기를 바꾸어놓을 만한 결과를 초래할 수 있었을까 하는 점은 또 다른 논의를 낳게 될 것이다. 왜냐하면 정치적 음모가 성공할 수 있는 가능성은 불만자들이 가지고 있는 조직적 지원의 강도에 정비례하고 그 음모가 연루된 범위에 반비례하는 법인데,[49] 전봉준과 대원군의 밀모에는 의사를 원활하게 소통할 수 있는 채널은 오히려 좁았고 대신에 음모의 범위는 추상적이리만큼 넓었기 때문이다.

정치적 야심이라는 것과 음모의 가능성이라는 점에서 보더라도 대원군은 발상 자체부터 실수를 저지르고 있다. 대원군이 전봉준을 정치적 야심을 가진 인물이라고 생각한 것 자체가 오판이었기 때문이다. 전봉준은 정권에 도전할 만한 야심을 가진 정치적 인간형은 아니었으며 밀사들의 처사도 어설픈 것이었다. 그러기에 밀명(密命)의 수행자는 사건 자체를 정당하게 평가받지도 못한 채 엉뚱하게도 혹세무민(惑世誣民)의 죄로 처형되고 말았다.[50]

    本是虛妄之類 忽往忽來 實所未詳 …… 宋也本是浮荒之類也
48 「全琫準供草 初招」: 問 其後更行何事乎 /供 …… 金溝解散後 矣身欲詳細知京中裏許 欲爲上京 於淳昌地爲民兵彼執
49 Ted R. Gurr, *Why Men Rebel?*, p. 281.
50 『高宗實錄』 甲午(1894) 9월 21일조: "忠淸監司朴齊純 以帶率軍官 前主事朴世綱 謀起亂萌 兒情已露 前主事朴東鎭 惑世誣民 暑刻雜貸 竝大會軍民 梟首驚衆啓."

3. 북접(北接)과의 갈등

전봉준이 혁명을 전개하면서 인간적으로나 전략적으로 가장 괴로워했던 것은 동학교주 최시형으로부터 백안시당했다는 사실이다. 사실상 이 문제는 혁명 당시에 새삼스럽게 일어난 것도 아니요, 전봉준과 최시형 사이의 개인적인 문제도 아니었다. 이것은 멀리 최제우(崔濟愚) 때의 남·북접의 문제로까지 거슬러 올라간다.[51]

남접이니 북접이니 하는 것은 어떤 지방색을 의미하는 것도 아니고 별다른 악의가 있었던 것도 아니었다. 다만 교조 최제우가 살아 있을 때 그가 남쪽인 경주에 있었던 관계로 이곳을 편의상 남접(南接)이라 불렀고, 그의 후계자로 내정된 최시형이 주로 북쪽인 보은에서 활약했기 때문에 이곳을 북접이라고 불렀다. 그러다가 최제우가 순교한 뒤부터는 동학의 본거지[大都所]가 보은으로 옮겨졌으며 혁명이 일어나자 남접의 개념은 영남에서 호남으로 바뀌었다.[52]

고부에서 민란이 일어나고 거기에서 다수의 동학도가 피해를 겪을 때까지만 해도 북접의 최시형 측에서는 이에 대해 별로 관심을 보이지 않았다. 설령 관심이 있다 해도 그는 움직이지 않았을 것이다. 왜냐하면 성격으로 볼 때 최시형은 투사적인 종교지도자가 아니요, 수도사적인 비폭력주의자였기 때문이다. 남접에 대한 이와 같은 백안시 현상은 최시형에게만 국한된 것이 아니요, 대부분의 북접 지도자도 마찬가지였다.

따라서 고부에서 민란이 일어나고 그것이 동학이라는 표피 속에 무장되었다는 사실을 알았을 때 북접에서는 동정하기보다는 불쾌감과 배신감

---

51 남·북접에 관한 주요 논문으로서는, 朴孟洙, 「동학의 남·북접에 관한 비판적 검토」, 『한국학논집(25)』(서울 : 한양대학교 한국학연구소, 1994), pp. 111~170이 있다.
52 오지영, 『동학사』, p. 136.

을 느꼈다. 그것은 대도소에 대한 일종의 배신이며 항명이라고 생각했기 때문이다. 특히 무장(茂長) 대접주 손화중이 기포했다는 사실이 알려지자 도내(道內) 두령 40여 명은 "전봉준과 손화중이 하는 일은 교당 밖의 일[教外之事]이니 상관하지 말자."고 뜻을 모은[立義] 책자를 배포했다.[53]

이어서 서장옥(徐章玉)이 기포에 깊이 개입되었다는 사실은 교단 측을 더욱 당황하게 했다. 그리하여 최시형은 '3월 거병'이 있은 뒤 관군과 전쟁이 치열하게 벌어지고 있는 남접에 사람을 보내어 "해가 지기[日暮] 전에 해산하지 않으면 큰 재난[大患]이 닥쳐오리니[當頭] 빠른 걸음으로 달려가 서둘러 전달[健足速傳]하라."[54]고 지시함으로써 거병의 잘못됨을 성토하도록 하였다. 그러나 그 무렵 개인적으로 볼 때 동학과는 무관했던 전봉준이 최시형의 지시에 귀를 기울이지 않았다.

최시형은 전봉준이 끝내 자신의 비폭력 노선을 따르지 않자 4월에 다음과 같은 경고문을 발송했다.

> 부(父)의 원수[讐]를 갚고자[報] 할진대 맛당히 효도[孝]할지요, 백성[民]의 곤궁함[困]을 돕고자[拯] 할진대 맛당히 인(仁)할지라. 효도의 소(所)에 인륜(人倫)이 가명(可明)이요, 인(仁)의 소추(所推)에 민권(民權)을 가복(可復)이니라. 더구나 경전[經]에 말한[云] 바 현기(玄機)를 드러내지 않고[不露] 서두르지[心急] 말라 하였나니 이[是]는 선사(先師)의 유훈(遺訓)이시라. 운(運)이 아즉 열리지 않고[未開] 시(時) 또한 이르지 않았으니[未至] 망녕되게 움직이지[妄動] 말고 진리를 더욱 탐구하여[益究] 천명(天命)을 거스름이 없이[勿違] 하라.[55]

---

53 「金洛鳳履歷」(필사본), 『전라문화논총』(7), 부록(전주 : 전북대학교 전라문화연구소, 1994), pp. 284~285.
54 「金洛鳳履歷」(필사본), p. 294.
55 「최시형이 전봉준에게 보낸 경고문」, 『天道教會史草稿』(서울 : 천도교청년교리강연부, 1920) 번각본 : 『東學史料資料集』(1)(서울 : 아세아문화사, 1979), p. 457; 천도교중앙총부(편), 『天道教百年略史』(上)(서울 : 미래문화사, 1981), p. 220.

이러한 경고는 사실 모독적인 것이었다. 이미 아버지의 원수에 대한 관념보다는 제세안민(濟世安民)의 단계에 이르렀던 혁명의 도중에 이와 같은 경고를 받은 전봉준은 북접 또는 최시형에 대해 어떤 존경이나 기대를 걸지 않았다. 전봉준이 법정에서 진술할 때 "난을 일으키면서 최시형과 의논한 바 있는가?"라는 질문에 "아무런 의논이 없었다."고 대답했고 "왜 교주에게조차 의논하지 않았는가?"라는 질문에 "충의는 각기 자신의 본심에서 우러나서 하는 일이거늘 하필이면 최시형에게 의논할 필요가 있겠는가?"고 대답했다.[56] 이런 점에서 볼 때 전봉준은 최시형에 대해 어떤 위계상의 부담을 느끼지도 않았고, 그와의 관계에서 타협의 의지 같은 것도 갖지 않았다.

9월 이후의 3차 기포 시기가 되면 전봉준에 대한 북접의 입장은 더욱 적대적으로 바뀌었다. 그들은 전봉준이 삼례에서 거병했다는 소식을 듣자 전봉준을 비롯한 지도자들을 "국가의 역적이요 사문(斯門)의 난적(亂賊)"[57]이라고 규정하고 이들에 대한 토벌군을 조직하자는 논의까지 나오게 되었다. 이와 같은 분위기 속에서 중도파인 오지영의 중재로 토벌군을 조직하는 문제는 취소되고 대신에 오지영을 남접으로 파견하여 도(道)의 가르침이 난을 일으키는 데 있지 않음을 전달하도록 했다.

오지영은 자신의 글인 『동학사』에서 자신의 역량에 의해 남북접의 분규가 그쳤다고 말하고 있으나, 그것은 자기 미화이며 사태는 더욱 악화되었다. 북접 측에서는 남접에 소속한 전봉준의 처사가 정통파에 대한 도전이요 위협이라고 생각했다.[58] 남접 사이에는 무기를 약탈하는 등 내

---

56 「全琫準供草 再招」: 問 再次起包時議及崔法軒乎 /供 無議及矣 問 崔法軒是東魁 糾合徒黨何不議及耶 /供 忠義各其本心 何必議及法軒後行此事乎
57 오지영, 『동학사』, p. 138.
58 Benjamin B. Weems, Reform, *Rebellion and the Heavenly Way*(Tucson : The University of Arizona Press, 1964), p. 44.

분이 심각해졌다. 당시 최시형은 보은에 있으면서 그곳을 "벌남접"(伐南接)이라 부르고 "벌남기"(伐南旗)를 만들어 세움으로써 남접을 토벌할 의지를 분명히 했다.[59] 그는 이어서 교도들에게도 다음과 같은 통유문을 발송했다.

> 무릇 우리의 도[吾道]는 남북의 어느 접을 물론하고 모두가 용담(龍潭)의 연원(淵源)이나 도를 지키고 스승을 받드는[衛道尊師] 자는 유일 북접이라. 이제 듣건대[今聞] 호남의 전봉준과 호서의 서인주(徐仁周)가 문호(門戶)를 별도로 세워 남접이라 이름하고 창의(倡義)함을 자칭(藉稱)하야 도민을 침해하고 도인(道人)을 장해(戕害)함에 그 극(極)이 망유(罔有)하다 하니 이를 일찌감치 근절치 아니한즉 동서(東酉, sic)를 가리지 않고[莫辨] 옥석이 구분(俱焚)할지니 바라건대 팔역(八域) 각 포 중에 우리 북접을 신앙하는 자는 글이 도착하는 동시에 추향(趨向)하는 성심(誠心)을 분발(奮發)하야 각 해 각 두령(頭領)의 알아서 단속함에 일준(一遵)하야 추호[絲毫]라도 어김[違越]이 없이 하고 사문난적(師聞亂賊, sic)을 일제히 소리쳐 함께 토벌함이 가(可)하다.[60]

그러나 전란이 확대되어 동학도의 폐해가 전국화됨에 따라 북접 지도자들은 더 이상 좌시할 수 없는 지경에 이르렀다. 더구나 10월이 되어 3차 거병이 본격화되자 명분상으로라도 보국안민을 주창하는 자신들이 남접의 항전과 일본군의 개입을 묵과할 수 없어 내키지 않는 참전을 하게 된다. 결국 이와 같은 동학의 남·북접 분규는 혁명을 실패로 이끈 한 원인이 되었으며, 이 사태에서 최시형에게 일정 부분 그 책임이 있다.

우리는 혁명의 마지막 장을 넘길 때마다 그들이 왜 전주성에서 더욱 북진하여 좀 더 큰 규모로 조선의 개혁을 주도하지 않았을까 하는 낭만

---

59 『天道教會史草稿』, p. 466.
60 「崔時亨의 통유문」(1894. 9.), 『天道教會史草稿』, p. 461.

적인 아쉬움을 피력하는 경우가 많다. 실제로 전주화약 당시의 병력으로 본다면 어느 정도 항전할 힘이 저장되어 있었다. 그러나 그 이면에는 앞에서 지적한 몇 가지 이유 외에 북접과의 갈등이 한 원인이 되었음을 지나칠 수 없다.

이와 같은 사실을 통해 우리는 한 국가나 집단의 멸망이나 실패는 외부 요인에 따라 초래되는 것이 아니라 바로 자신이 안고 있는 모순에 의해서 초래된다고 하는 토인비(A. Toynbee)[61]나 맹자(孟子)의 경구[62]를 새삼 음미해 보게 된다.

---

61 A. J. Toynbee, *A Study of History*, Vol. IV(London : Oxford University Press, 1973), pp. 3f.
62 『孟子』離婁王章句(上) : "人必自侮然後人侮之 國必自伐然後人伐之"

VII

전봉준은 과연 동학도였을까?

1. 왜 이 문제가 거론되어야 하는가?

카(E. H. Carr)는 그의 저서에서 칼라일(T. Carlyle)이 『영웅숭배론』 (*Heroes and Hero Worship*, 1840)을 쓴 것은 인류의 역사를 영웅의 전기로 보았다는 점에서 불행한 일이었다고 개탄한 바 있다.[1] 그의 개탄은 역사를 영웅중심 사관에서 보는 것이 옳지 않다는 인식에서 비롯된 것이다. 그러나 역사란 결국 "영웅"은 아니더라도 그 누군가의 행적이기 때문에 우리는 역사에서 인물사가 가지는 중요성을 배제할 수 없다.

범위를 좁혀 이 글의 주제가 되는 전봉준의 생애를 살펴보면, 그리 오래전의 인물이 아닌데도 학계와 교계에서 그에 관한 견해가 일치하지 않고 있다. 그의 생애에 대한 중요한 쟁점은 주로, 그는 과연 동학교도였는가, 그는 고부 접주였는가, 그의 출생지는 어디인가, 그의 가계와 신분은 어떠했는가? 등으로 요약될 수 있다. 이러한 의문들은 사료 해석상의 차이, 관련 교단(敎壇)의 이해관계, 지방적 이기심, 그리고 민중이냐 보수냐의 시각 문제와 연루되어 쉽게 결론이 나지 않고 있으며, 특히 교도 및 접주인지의 여부는 다시 살펴볼 여지가 많다.

전봉준이 동학교도인가 아닌가, 그리고 그가 접주였는가 아닌가 하는 문제는 이 글이 기본적으로 영웅 사관을 배제하려고 노력하면서 쓴 것이라 해도 중요한 의미를 갖는다. 왜냐하면 이는 갑오농민혁명의 성격을 구명하는 데서, 동학이라는 종교적 인자와 민란 또는 개혁이라는 인자에 각각 어느 정도의 비중을 둘 것인가 하는 문제에 중요한 변수가 될 뿐 아니라 그 일련의 사건을 어떻게 이름 지을 것인가의 문제와도 관련되기 때문이다.

---

1 E. H. Carr, *What is History?*(London : Macmillan Co., 1961), p. 43.

이제까지 학계의 주장에서는 갑오농민혁명의 추진력은 동학이라는 이상주의적 개혁 의지였다고 보는 견해가 지배적이었고, 따라서 1894년의 일련의 사태를 "동학란"이나 "동학혁명"이라고 이름 짓는 데 주저함이 없었다. 그러나 나는 세칭 "동학혁명"에 대한 이런 식의 의미 부여를 거부한다. 왜냐하면 갑오농민혁명의 독립변수는 동학이 아니라 조선왕조 말엽에 맥을 이어온 "민란의 요소"였으며, 동학은 그 역사의 흐름에 개입된 하나의 종속변수에 지나지 않는다고 생각하기 때문이다.

논리를 좀 더 명료하게 전개한다면 동학이라는 인자가 없었더라도 1890년대 중반의 민란은 지속되었겠지만, 민란의 맥락이 없었더라면 동학이라는 인자가 있었더라도 갑오농민혁명은 일어나지 않았으리라는 것이 나의 생각이다. 달리 말하면 동학은 민란이 지배하던 당시의 시대적 상황[混沌]의 산물이었다. 따라서 민란은 동학의 외연(外延)이며 동학은 민란에 내포되는 것이다.

이런 점에서 볼 때 전봉준이 교도였는지의 여부와 그가 접주였는지의 여부는 단순히 그의 개인적인 문제가 아니라 1894년에 일어난 일련의 사건의 성격, 곧 그것이 민란이냐, 혁명이냐, 아니면 종교투쟁이냐의 문제를 구명하는 중요한 논거가 될 수 있으므로 좀 더 냉정하고 정확하게 검증할 필요가 있다.

2. 종래의 주장과 논쟁의 시말

우리가 이 의문을 풀자면 먼저 전봉준은 동학도였다는 주장이 어디에서부터 시작된 것인가를 추적해봐야 한다. 물론 당시 일부 관변 측 기록에는 그가 동학의 괴수로 기록된 것이 있으나 천도교 측 자료 가운데에서 그가 동학교도 또는 동학 접주로 기록된 최초의 예는 이돈화(李敦化)의 『천도교창건사』(1933)이다. 이돈화는 이 책에서 전봉준이 30세 되던 해(1884)에 동학에 입도(入道)했다고 기록하고 있다.[2] 그 뒤를 이어 오지영(吳知泳)의 『동학사』는 그가 1888년에 손화중을 만나 동학에 참여하여 세상일을 한번 해보고자 했다고 기록하고 있다.[3] 그 뒤 천도교의 공식기록이라고 할 수 있는 『천도교백년약사』는 이돈화의 주장을 그대로 받아들여 전봉준이 1884년에 동학에 입도했다고 기록하고 있다.[4]

학계 측의 주장을 들어보면 전봉준이 동학에 입도했다고 주장한 최초의 학자는 장도빈(張道斌)이었다. 그는 『갑오동학란과 전봉준』(1926)이라는 책에서 이렇게 설명하고 있다.

> 봉준이 그 큰 계획을 실현하려고 밤낮으로 계획한 결과 하나의 묘안을 생각해냈다. 그것은 곧 동학당에 투신함이었다. 당시 동학당이 점점 비밀리에 결사를 완성하여 평등의 주의, 혁명의 사상으로 평민계급의 일대 단체가 되거늘 봉준이 그것을 보고 어두운 중에 환희를 금하지 못하여 그 단체가 자기의 생각과 가까움을 깨닫고 여기에 투신하여 자기의 이상을 이루기로 했다. 동학 제2세 교주 해월 최시형의 문하에 들어가 동학의 신도가 되니 1874년이었다.[5]

그 뒤 김상기(金庠基)도 『동학과 동학란』(1947)에서 "전봉준이 1890년에 이르러 그의 용무지지(用武之地)가 동학교문에 있음을 발견하고 비로소 서장옥(徐璋玉)의 부하인 황해일(黃海一)의 소개로 동학에 입도하였다."고 기록하고 있다. 그러나 김상기가 전봉준을 동학도라고 확신했다

---

2 이돈화, 『천도교창건사』(2)(서울 : 천도교중앙종리원, 1933), p. 57.
3 오지영, 『동학사』(서울 : 영창서관, 1940), p. 161.
4 천도교중앙총부(편), 『天道教百年略史』(上)(서울 : 미래문화사, 1981), p. 208.
5 張道斌, 『갑오동학란과 전봉준』(서울 : 덕흥서림, 1926), pp. 18~19.

고 믿기에는 많은 문제가 있다. 곧 김상기의 다른 주장을 들어보면 조금 다르다.

> 원래 동학은 민중적 교문으로 교세 팽창과 아울러 유기적 조직을 가졌으며, 교문의 정신에서도 개혁적 색채가 비교적 농후하므로 세간의 불평분자는 여기에서 용무지지를 발견하게 되었을 것이다. 다시 말하면 교문 이용의 견지에서 불평분자의 입교를 보게 되었다. 이는 …… 이필(李弼)이 동학교문과 그리 밀접한 관계가 없었다는 점과 (최시형은 이필에 대하여 교인 여부를 의심하였다 함) 전봉준도 동학당 수령의 한 사람으로서 고천(告天) 의식과 주문 등에 조금도 관심을 가지지 아니하였다는 것은 모두 그들의 목적이 다른 데 있었다는 것을 의미한다.[6]

현대의 사학자로서 김의환(金義煥)은 그의 저서 『전봉준전기』(1974)에서 전봉준이 1890년에 동학에 입도했다는 김상기의 주장을 그대로 추인하고 있다.[7] 최근의 학술적 입장으로서는 유영익(柳永益)이 "전봉준은 유교적 배경의 향사로서 동학교단에 가입했으나 인즉천(人卽天)이라든가 후천개벽 등 동학의 혁명적 교리에는 관심이 없었던 사이비 동학도였다."[8]는 입장을 보이고 있다.

나는 과거 갑오농민혁명을 공부하면서 전봉준의 생애를 한 권의 책[9]으로 남긴 바 있다. 여러 가지로 부족한 책이었지만 "역사가는 역사를 사

---

6 김상기, 『동학과 동학란』(서울 : 大成出版社, 1947), pp. 72, 78~79.
7 김의환, 『전봉준전기』(서울 : 정음사, 1974), p. 49.
8 柳永益, 「갑오농민봉기의 보수적 성격」, 『갑오동학농민혁명의 쟁점』(서울 : 집문당, 1994), p. 356.
9 이 책의 초간본인 『전봉준의 생애와 사상』(서울 : 양영각, 1982)이 있다. 이 책의 초고는 「實錄 全琫準」이라는 이름으로 『월간朝鮮』 1981년 9월호(pp. 152~193)와 『アジア公論』 (서울, 東京 : 한국국제문화협회)의 1981년 12월(제10권 12호), pp. 122~134, 1982년 1월호(제11권 1호), pp. 122~138 및 1982년 2월호(제11권 2호), pp. 102~116에 세 번으로 나누어 일본어로 게재되어 있다.

랑해야 한다."[10]는 트레버-로퍼(Trevor-Roper)의 경구를 유념하면서 나름대로 부끄럽지 않은 글을 쓰려고 노력했다. 이 글을 쓰는 나의 기본적인 입장은 1차 사료에 의거하여 그의 생애를 기록한다는 것이었다. 이러한 입장을 견지하며 책을 집필하는 과정에서 나는, 천도교 측과 학계에서 한결같이 전봉준은 동학교도였다는 사실을 의심 없이 그리고 당연한 것으로 받아들이고 있음에도 불구하고, 그 어떤 1차 사료도 그의 입도 사실이나 접주 임명을 확인해 주지 않고 있다는 사실에 주목하게 되었다.

이러한 생각을 가지고 있던 내가 「실록 전봉준」을 『월간조선』(1981년 9월호)에 발표했을 때부터 전봉준과 동학과의 관계에 대한 논쟁이 본격화되었다. 처음 이 글이 발표되었을 때 나는 천도교 측과 일부 사학자들로부터 거센 반발을 받았다. 천도교에서는 선도사(宣道師) 표영삼(表暎三)이 월간지[11]와 교계 기관지[12]에 반박문을 발표하는 한편, 내 주장을 규탄하는 글을 교단 본부 게시판에 게재했다.

학계에서는 김창수(金昌洙 : 동국대 교수)가 한국사상연구회의 주관과 천도교중앙총부의 협찬으로 마련된 심포지엄에서 내 주장을 반박하는 글[13]을 발표했다. 이와 때를 같이하여 『동아일보』가 4회에 걸쳐 내 입장(1981.10.26.; 11.26.)과 표영삼의 입장(1981.10.21.), 그리고 김창수의 입장(1981.11.23.)을 차례로 게재했고, 『한국일보』가 또한 내 입장(1983. 1. 23.)을 게재한 바 있다. 이상의 논쟁들을 정리해 보고 그에 대한 나의 입장을 밝혀보면 다음과 같다.

---

10 E. H. Carr, *What is History?*, p. 20.
11 表暎三, 「전봉준은 동학교도이다 : 신복룡 교수의 해석에 異議 있다」, 『월간朝鮮』 1981년 12월호, pp. 323~328.
12 表暎三, 「동학접주 전봉준」, 『新人間』(서울 : 천도교중앙총부, 신인간사), 1981년 11·12월 합병호.
13 金昌洙, 「전봉준과 동학혁명」, 한국사상발표회(1981년 11월 25일), *mimeo*.

3. 교도에 관한 논쟁

첫째로, 교단과 김창수의 공통된 논리는 전봉준이 동학을 "몹시 좋아했다."[酷好]는 것은 "열렬히 믿었다."는 뜻이라며, 이는 곧 그가 동학교도임을 의미한다는 것이다.[14] 그리고 그 논거로,

> 問 : 너의 동모자(同謀者)인 손화중과 최경선 등은 동학을 몹시 좋아했는가?
> 供 : 그렇다.
> 問 : 너도 역시 동학을 몹시 좋아했는가?
> 供 : 동학은 수심경천지도(守心敬天之道)이므로 몹시 좋아했다.[15]

는 법정 진술을 제시하고 있다. 그러나 이것은 비약된 해석이다. 왜냐하면 "좋아하는 것"과 "믿음"[信仰]은 전혀 다르기 때문이다. 어떤 종교를 믿는 사람은 그 종교를 좋아할 수 있다. 그러나 그 종교를 좋아했다고 해서 그가 그 종교를 신봉했다고 말할 수는 없다. 현대 한국학계의 학자 가운데 박종홍(朴鍾鴻)이나 조지훈(趙芝薰)만큼 동학을 좋아한 사람도 없으나 그들은 천도교도가 아니었고, 나 또한 내 젊은 시절을 바칠 만큼 동학을 좋아했지만 천도교도가 아니다. "성서를 읽었다고 해서 모두 기독교인은 아니다."

논리적으로 말할 때 "A는 B이다."는 설명이 가능하다고 해서 "B는 A이다."는 논리가 반드시 성립되는 것은 아니다. 이는 마치 "나에게 협박

---

14 表暎三,「전봉준은 동학교도이다 : 신복룡 교수의 해석에 異議 있다」, p. 324; 김창수,「전봉준과 동학혁명」, pp. 21~22.
15 「全琫準供草 再招」: 問 汝之同謀孫化中 崔催慶善等 皆酷好東學者耶 /供 然矣, 問 汝亦好東學者耶 /供 東學是守心敬天之道 故酷好也

전화를 한 사람은 천도교도이다."라고 해서 "천도교도는 협박자들이다." 고 말할 수 없는 것이라든가, "김창수는 사람이다."라고 해서 "사람은 김창수이다."고 말할 수 없는 것과 같다.

이 대목에 대한 전봉준 자신의 말을 들어보면, 그는 자신을 동학 지도자들과 접촉하게 주선해 준 최경선과도 "다만 친구로서 상종했을 뿐이지 그에게 동학의 교리를 배운 사실은 없다."[16]고 대답했다. 이점에 대해서는 앞서 인용했듯이 "전봉준도 동학당 수령의 한 사람으로서 고천(告天) 의식과 주문 등에 조금도 관심을 가지지 아니하였다는 것은 모두 그들의 목적이 다른 데 있었다는 것을 의미한다."[17]는 김상기의 주장에 비중을 두어야 한다.

둘째로, 일본 측 기록이 그를 "동괴"(東魁)로 기술하고 있다는 주장과 관련하여, 전봉준의 재판 판결문에서, "피고는 동학당이라 칭하고 비도(匪徒)의 괴수로 접주(接主)라 불리고"[18]라는 대목이 전봉준을 동학교도요 접주라 칭하고 있다는 것이다.[19] 일본 측 판결문에 그가 "동괴"로 기록된 것은 사실이다. 그러나 이러한 기록이 그를 동학도로 인정한다는 주장은 설득력이 없다. 이와 같은 나의 주장을 뒷받침하는 논거로서는 다음과 같은 전봉준의 법정 진술 한마디로 충분할 것이다.

問 : 너를 가리켜 전라도의 동학 괴수라고 하던데 과연 그런가?
供 : 애당초 나는 의(義)를 부르짖어 기포(起包)하였을 뿐이지 동학 괴수라 칭한 바 없다.[20]

---

16 「全琫準供草 五招」: 問 崔(景善)曾於汝 有師之分否 /供 只以親舊相從 無師授之分也
17 김상기, 『동학과 동학란』, pp. 72, 78~79.
18 「全琫準判決宣言書」, 이 책, pp. 296~297.
19 表暎三, 「전봉준은 동학교도이다 : 신복룡 교수의 해석에 異議 있다」, p. 328.
20 「全琫準供草 初招」: 問 汝是全羅道東學魁首之 果然耶 /供 初以倡義起包 無東學魁首之稱

이와 같은 전봉준의 답변은 일본 공사관 측이 작성한 판결문과 내용이 상반되는데, 그렇다면 전봉준의 말을 믿어야 할지 일본 공사의 말을 믿어야 할지는 피차의 양식과 양심에 따라서 선택하고 결정할 문제이다. 전봉준이 "동괴"였다는 일본 공사관의 주장에 의미를 부여했다면, "전봉준은 동학교도가 아니었다."는 헐버트(H. B. Hulbert)의 증언[21]에도 똑같은 가치를 부여했어야 옳았다.

셋째로, 김창수는 전봉준이 손병희(孫秉熙)와 연락이 있었으므로 그는 동학도였다고 주장하면서 그 논거로 3·1운동 뒤 손병희가 법정 진술에서,

> 問 : 그때(淸日戰爭 당시) 동학의 수령은 누구였나?
> 答 : 최시형이 수령이었으나 그분은 연로해서 나를 (대)통령 ((大)統領), (군사를 거느리는 인물)으로 추천하여 사실상 내가 수령이 되어 있었다. 그리고 한편 전라도 전봉준과 함께 3인이 연락을 취한 것이다.[22]

고 한 대목을 제시하고 있다.[23] 역사가는 자료 수집에서 선택적일 수밖에 없다고 한다.[24] 그것은 역사가들이 자기에게 유리한 대로 자료를 찾고 해석하려는 편견 때문이다. 물론 그 자료가 정확한 것이고 해석에도 오류가 없다면 나름대로 들어줄 만한 가치가 있을 것이다. 그러나 전봉준이 동학도임을 입증하고자 김창수가 손병희의 말을 인용한 것은 실수였다.

왜냐하면 전봉준과 손병희 사이에 연락이 있었던 것은 사실이지만, "연락이 있었다."는 사실을 가지고 그가 동학도였다고 단정하는 것은 학

---

21 H. B. Hulbert, "The Religion of the Heavenly Way," The Korea Review, Vol. 6, No. 2(Nov. 1906)(Seoul : The Methodist Pub House), p. 422.
22 「손병희에 대한 京城高等法院 訊問 調書」(1919. 8. 21., 李炳憲(편), 『3·1運動祕史』(서울 : 삼일동지회, 1966), p. 85.
23 김창수, 「전봉준과 동학혁명」, pp. 23~24.
24 E. H. Carr, *What is History?*, p. 6.

문 이전의 문제이다. 그 당시 동학도가 아니면서도 손병희와 연락이 있었던 사람이 어찌 전봉준뿐이었으며, 또 남군을 지휘한 전봉준과 북군을 지휘한 손병희 사이에 어찌 연락이 없었겠는가? 따라서 두 사람 사이에 연락이 있었다는 문제는 전봉준의 동학도 여부와는 무관한 것이다.

이상에서 표영삼과 김창수의 반론을 검토해보았지만 두 사람은 다음과 같은 내 기본적인 물음에 대답을 회피하고 있다.

첫째, 전봉준이 두 사람의 말대로 그토록 열렬한 동학교도였다면, 고부민란 이후 그가 체포될 때까지 그의 손으로 작성된 그 숱한 격문과 대정부요구서(폐정개혁안)에는 왜 동학에 관한 호교론적인 구절이 한마디도 없는가?

둘째, 어떤 인물이 특정 종교를 믿었다고 주장하려면 그가 그 종교를 절대 진리로 받아들인다는 신앙 고백이 있어야 하는데 그것이 있는가?

셋째, 그의 입교 의식이 있어야 하는데 그것이 확인되는가?

이 질문들은 매우 중요한 것임에도 두 사람이 왜 이에 대해 아무런 대답도 못하고 이를 회피하고 있는가? 존슨(Paul E. Johnson)의 주장에 따르면, 한 인간이 어떤 신앙의 신자가 되려면 적어도 다음의 네 가지 단계를 순차적으로 거쳐야 한다고 한다.

첫 번째 단계에서는 종교적 체험(religious experience)을 겪는다. 종교적 체험은 그 종교에 대한 인식(awareness), 탐구심(search), 나름의 판단(judgement), 그리고 그 종교를 통한 목적(purpose)에 관한 명상을 갖는 것을 뜻한다.

두 번째 단계에 들어서면 그는 그 종교에 귀의(歸依, convert)한다.

세 번째 단계에 들어서면 기도(pray)하고 헌신(獻身, sacrifice)하게 된다.

네 번째 단계에 들어서면 예배(ceremony)에 참석하게 되는데 이 단계를 거친 연후에야 완전한 신자라고 할 수 있다.[25]

전봉준이 동학의 신자인지 아닌지를 이 준거의 틀(framework)에 적용해 보는 것은 문제를 명백히 하는 데 도움이 될 것이다.

첫째, 종교적 체험의 단계에서 전봉준은 동학을 좋아했다. 그러나 이것이 그의 종교적 체험을 의미하는 것은 아니다.
둘째, 귀의의 단계에서 입교 의식이 어떤 1차 사료로도 입증되지 않으며 오히려 자신은 동학 지도자라고 자처한 바가 없다는 기록만이 보인다.
셋째, 기도와 헌신의 단계에 대해서 전봉준이 신앙생활을 돈독히 했다고 입증할 만한 아무런 증거나 사료가 없다.
넷째, 그가 동학의 의식에 참여했는가 하는 문제는 두 번째 단계와 세 번째 단계가 없었던 한 거론의 여지도 없다.

그러나 이 모든 논쟁을 떠나서 그가 동학교도가 아니었다는 가장 명확한 논거는 다음과 같은 그의 법정 진술이다.

問 : 너는 고부(古阜)에 주접(住接 : 머물러 삶)할 때 동학을 가르쳤는가?
供 : 나는 몇몇 아동을 가르쳤을 뿐 동학을 가르친 바가 없다.[26]

이 명증한 진술 앞에서 더 이상 무슨 논쟁이 필요하겠는가?

---

25 Paul E. Johnson, *Psychology of Religion*(Nashville : Abingdon Press, n.d., Chap. 3~4(Religious Experience), Chap. 6(Conversion), Chap. 7(Pray and Sacrifice) and Chap. 8(Ceremony).
26 「全琫準供草 初招」: 問 汝住接古阜時 不行敎東學乎 /供 矣身訓導 如干童蒙 無東學行敎之事

4. 접주(接主)에 관한 논쟁

전봉준이 동학교도가 아니었는데도 신심이 두터운 교도만이 맡을 수 있는 접주였다는 주장은 과연 어디에서 연유되었을까? 이를 알려면 먼저 접(接)이란 과연 무슨 의미인가에 대한 논의가 필요하다. 본디 접이라 함은 동학교문의 고유한 용어는 아니었으며, 그 당시 서당을 접이라 했고 서당 선생[訓長]을 접장(接長) 또는 접주라고 했다. 교사를 접장이라고 부르고 통칭 선생이라는 용어 대신에 접장이라 부르는 것은 오늘날까지도 우리 사회 일부에서 통용되고 있다. 그러니까 접이니 접주니 접장이니 하는 것은 본디 유교적 개념이었다.

그런데 몰락한 유생 가문 출신이었던 동학교주 최제우는 동학을 창도한 지 3년 만인 1862년에 유교적 개념으로서의 접에 착안하여 종교적 의미로서의 접을 개설하고 교도들의 수련 업무를 맡겼다.[27] 이와 같은 전통은 2세 교주인 최시형의 대에까지 이어져 그도 1878년에 정선(旌善)의 유시헌(劉時憲) 집에 접소(接所)를 개설하고 스스로 도(道)의 연구와 수련에 힘썼다.[28]

이상과 같은 사실에서 볼 때 전봉준 당시에는 두 가지 의미의 접이 있었으니, 하나는 유교적인 서당의 개념인 접이었고 다른 하나는 동학도들이 모이는 교회당으로서의 접이었다. 이와 마찬가지로 접주니 접장이니 하는 것도 유교적인 것과 동학교단의 것으로 나누어져 있었음도 물론이다. 전봉준이 접주였다고 하는 것은 그가 접장이었다는 사실의 연상 확대(聯想擴大)였을 가능성이 높으며, 따라서 그가 접장이라는 칭호를 들었

---

27 이돈화, 『천도교창건사』(1), p. 42. 오지영은 최제우가 申酉年(1861)에 開接하였다고 기록하고 있다. 오지영, 『동학사』, p. 31 참조.
28 오지영, 『동학사』, p. 57.

다고 해서 그가 곧 동학교도라고 볼 수는 없는 것이다.

이와 관련하여 전봉준이 접주였다는 사실에 대해 천도교 측이나 김창수가 금과옥조처럼 제시하는 첫 번째 논거는 전봉준의 법정 진술 가운데,

問 : 너는 고부에 주접(住接)할 때 동학을 가르쳤는가?
供 : 나는 몇몇 아동을 가르쳤을 뿐 동학을 가르친 바는 없다.[29]

는 대목이다. 그들은 이 답변 속에서 '주접'(住接)이란 말은 '접주(接主)로 있을 때'라는 뜻이니 이미 그가 접주였음을 전제하고 있다는 것이다.[30] 그러나 "여주접고부시"(汝住接古阜時)라는 대목을 "네가 고부의 접주로 있을 때"라고 해석한 것은 치명적인 오역으로서 표영삼의 경우는 자신에게 편한 대로 문헌을 해석했다는 비난을 면할 수 없고, 김창수의 경우에는 학자라고 하기에는, 그것도 한학(漢學)을 주요한 도구로 삼는 국사학자라고 하기에는, 한문 공부를 너무도 소홀히 했다는 무안(無顔)을 면하기 어렵다.

왜냐하면 "주접고부시"(住接古阜時)란 말은 "고부의 접주로 있을 때"라는 뜻이 아니라 "고부에 머물러 살 때"라는 뜻이기 때문이다. 역사학자가 문헌을 정확히 해석한다는 것은 하나의 미덕이기 이전에 신성한 의무이다. 아예 이번에 자전(字典)[32]을 인용하여 게재하니 두 분의 한문 공부에 다소라도 도움이 되기를 바라며, 아울러 "주"(住)와 "주"(主)는 다른 것임을 이해해주기 바란다.

---

29 앞의 註 25와 같음.
30 表暎三, 「전봉준은 동학교도이다 : 신복룡 교수의 해석에 異議 있다」, p. 328; 김창수, 위의 발표회에서 구두로 주장함.
31 E. H. Carr, *What is History?*, p. 5.
32 이희승, 『국어대사전』(서울 : 민중서림, 1993); 장삼식, 『大漢韓辭典』(서울 : 삼영출판사, 1985), '住接'조 참조.

> 주:접² 【住接】 명 한때 머물러서 삶.

주접의 뜻풀이

이 자전의 풀이로도 내 주장을 납득할 수 없다면 다음과 같은 문장을 읽어 보기 바란다.

八日(甲寅) : 七日 古阜郡東徒井邑縣ニ突入シテ 公廨-ヲ毀破シ 房門ヲ 開キテ 在囚六名ヲ放チ武器ヲ奪ヒ 屬吏ノ家舍及ビ都使令家産ヲ打破シ **負商住接ノ家ヲ燒火シ** 同縣三巨里ニ到リ止宿ス[33]

위의 글 가운데 짙은 글씨 부분을 해석하면 "(동학도들이) 보부상들이 머무르고 있는 집을 불태우고"라는 뜻이다. 그러나 "주접"(住接)을 표영삼이나 김창수의 해석대로 "접주로 있을 때"라고 해석한다면 혁명군을 진압하기 위해 조정으로부터 고용된 용병인 "보부상이 접주가 되어 집을 불태우고"라는 뜻이 되는데 보부상들이 접주 노릇을 했다니 이 얼마나 가당찮은 해석인가?

전봉준은 접주가 아니었다는 나의 주장에 두 번째로 반론의 논거가 되는 것은 3차 거병 이후에 그의 직함이 '호남창의대장'(湖南倡義大將)에서 '동도창의소'(東徒倡義所)로 바뀌었다는 사실[34]이다. 그러나 이 점에 대해서는 다른 의미를 부여할 수도 있다. 곧 이 무렵이 되어서는 세 차례나 동학교도와 생사를 같이하는 전란을 겪으면서 전봉준도 이미 그 자신이 동학도들에게 동일시 현상을 느끼고 있었다.

그것이 신심에서 우러나온 것이 아니라고 하더라도 전략적인 면에

---

33 조선총독부(편), 『朝鮮史』(6/4)(서울 : 조선인쇄주식회사, 1938), p. 1054.
34 「宣諭榜文竝東徒上書所志謄書」, 『東學亂記錄』(下)(서울 : 국사편찬위원회, 1971), pp. 379~380.

서 볼 때 굳이 그들에게 이질감을 고집하기보다는 오히려 표면상으로라도 동화의 빛을 보이는 것이 득책이라고 판단했을 것이다. 곧 전봉준은 1894년 10월이 되어서는 자신도 모르게, 그리고 자신의 의사와는 달리 스스로도 또는 남의 눈에도 동학도로 비치고 있었을 뿐이지 그 본래의 인물됨이 동학도일 수는 없다. 이런 상황에서 굳이 "나는 동학도가 아니다"라고 말할 필요가 있었겠는가?

그가 동도(東徒) 대장이었다는 것과 관련하여 제기될 수 있는 또 다른 문제점은, 만약 전봉준이 동학교도로서 난세에 권세를 휘두를 야망이 있었다면 접주가 아니라 포주(包主)가 되었어야 했다는 점이다. 접이라는 것이 교리를 연구하는 공간, 곧 교당(敎堂)의 의미를 갖는 것이라면, 포는 교세를 관장하는 일종의 교구(敎區)와 같은 것으로 다분히 전투적 의미를 갖고 있었다. 그러나 전봉준이 어느 포를 관장했다는 기록은 없다. 바꿔 말해서 김개남포니 손화중포니 김덕명포니 하는 말은 있어도[35] 전봉준포라는 기록은 어디에도 보이지 않는다. 이는 그가 동학의 조직과는 사실상 무관했음을 의미하는 것이다.

세 번째로, 김창수는 전봉준이 접주였다는 사실을 주장하면서, 전봉준의 공초 가운데

問 : 네가 접주가 된 것도 역시 최시형이 차출한 것인가?
答 : 그렇다.[36]

는 대목을 들고 있다.[37] 그러나 이 문제는 그렇게 간단히 단정할 문제가 아니다. 왜냐하면 전봉준은 일생을 통해 한 번도 최시형을 만난 적이 없

---

35 오지영, 『동학사』, p. 111.
36 「全琫準供草 四招」: 問 汝之爲接主 亦崔之差出乎 /供 然矣
37 表暎三, 「전봉준은 동학교도이다 : 신복룡 교수의 해석에 異議 있다」, p. 328.

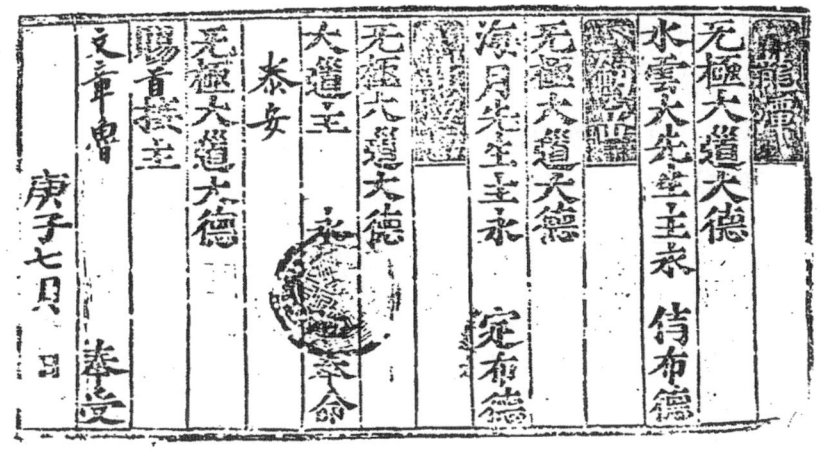

동학 접주 임명장

기 때문이다. 최시형과 전봉준이 3차 기포를 논의하던 1894년 10월 10일부터 11일까지 이틀 동안에 삼례에서 만났다는 기록[38]이 있다. 그들이 만났을 수도 있다.

그러나 그 자리는 주전론과 화전론의 팽팽한 논전이 벌어지고 있던 순간이어서 과연 이미 대장의 지위에 오른 전봉준에게 새삼 하위 직책인 접주의 임명식이 있었다고 보기는 어렵다. 더욱이 최현식(崔玄植 : 정읍 문화원장)과 박맹수(朴孟洙 : 원불교영산대 사학과 교수)는 나와의 면담에서 이 삼례집회에 이들이 참석했다는 것은 있을 수 없는 일이라고 강력하게 부인했다. 이때 최시형은 보은 청산에 있었고, 손병희는 연산(連山)전투(10월 18일)부터 남접과 합류했다는 것이다.

그렇다면 최시형은 전봉준이 동학군의 지도자로 부상하자 일방적으로 접주로 임명한 것밖에 되지 않는다. 그 당시 이와 같이 본인의 의사와는 관계없이 교도 또는 교단 측에서 일방적으로 접주로 임명하는 예는 흔히 있었는데, 예컨대 홍농 안마현(弘農安馬峴)의 접주였던 김낙선(金洛

---

38 오지영, 『동학사』, pp. 139~140; 菊池謙讓, 『近代朝鮮史』(下)(서울 : 鷄鳴社, 1939), p. 232.

先)의 공초에서,

> 나는 본디 넉넉한 집안의 백성으로 선대의 가업으로 먹고 살아왔으나 동학 난리에 집안이 무너진 뒤 먹고살 계책으로 끝내 동학을 믿게 되자 동네 사람들의 의견에 따라 접주라는 명색을 맡게 되었다.[39]

고 답변한 대목과, 무장 접주 배환정(裵煥廷)의 증손 배인수(裵麟洙)의 증언에서,

> (나의 할아버지는) 동학혁명이 발발하자 동학을 신봉하신 것보다는 주위의 추대로 접주가 되었지요. 그래 가지고 가담하게 되었어요. …… 그것을 마다고 하셨는디 한번 봉해지니까 그냥…….[40]

이라고 한 데서도 잘 나타나고 있다. 김낙선의 공초로 미루어 본다면 그는 자신의 의사와는 관계없이 한 동네의 의론에 따라 접주가 된 것임을 알 수 있다. 그렇다면 전봉준이 공초 가운데,

> 問 : 동학도 가운데 접주를 차출하는 것은 누구인가?
> 供 : 모두 최시형이 한다.[41]

는 말도 사실과 다른 것이요, 최시형이 직접 임명하지 않고서도 동네 사람들이 임의대로 접주를 추대했을 가능성이 있음을 의미하는 것이고, 전

---

39 「宣諭榜文竝東徒上書訴志謄書」, 『東學亂記錄』(下), p. 385;「갑오 10월 동학당 공초」, '弘農安馬峴金洛先條' : "招內 矣身素以饒實之民 先業資生 而蕩家於東賊後 以求生之計 果爲受道 因一村公議 以接主名色主管"
40 裵麟洙 증언, 역사문제연구소(편), 『다시 피는 녹두꽃』(서울 : 역사비평사, 1994), p. 49.
41 「全琫準供草 四招」: 問 東徒(徒)中 差出接主是誰之爲 /供 皆出於崔法軒

봉준도 주위 사람들이 본인의 의사와는 관계없이 어물쩍 접주로 추대하였을 가능성이 있다. 이와 같은 사실은 전봉준이 "여러 사람에게 밀려서 접주가 되었다."는 그의 판결문[42]으로도 충분히 입증될 수가 있다. 이렇게 임명된 접주도 진정한 의미의 접주라고 할 수 있을까?

이와 같은 정황의 문제 이외에 전봉준과 최시형의 인간적인 갈등이라는 시각에서 보더라도 최시형이 전봉준을 접주로 임명했다는 주장은 표영삼의 말처럼 그렇게 간단하게 단정할 일이 아니다. 이는 전봉준과 최시형의 인간관계를 알아보는 데서부터 풀어나가야 할 문제다.

본디 북접 출신이었던 최시형은 갑오년에 고부에서 동학도를 중심으로 하는 2차 기포가 일어났을 때 이를 "국적(國賊)이요 사문(斯門)의 난적(亂賊)"[43]이라고 질타했고, 전봉준이 고부에서 기포했다는 소식을 듣고서 "아비의 원수를 갚으려면 효도로써 할 일이지 서두르지[急心] 말라."[44]고 윽박질렀다. 전봉준의 입장에서도 교주 최시형에 대하여 어떤 존경이나 위계감(位階感)을 가지고 있지 않았다. 이러한 관계는 전봉준의 다음과 같은 신문 기록에서도 잘 나타나고 있다.

問 : 너는 재기포 때(3월) 최시형과 이 문제(거사)를 상의한 바 있는가?
供 : 의논한 바가 없다.
問 : 최시형은 동학의 우두머리인데 동학의 무리를 규합하면서 어찌 그와 의논이 없었는가?
供 : 충의(忠義)는 각자의 본심에서 우러나오는 것인데 굳이 최시형과 상의한 후에 그런 일을 행할 필요가 있겠는가?[45]

---

42 이 책 pp. 346~347 참조.
43 오지영, 『동학사』, p. 136.
44 천도교중앙총부(편), 『天道敎百年略史』(上), p. 220.
45 「全琫準供草 再招」: 問 再次起包時 議及崔法軒乎 /供 無議及矣/ 問 崔法軒是東魁 糾合東黨 何不議及耶 /供 忠義各其本心 何必議及法軒後行此事乎

이 답변으로 미루어볼 때 전봉준은 최시형에 대해 위계상 아무런 부담을 느끼지 않았을 뿐만 아니라 인간적인 정의(情誼)도 갖고 있지 않았음을 알 수 있다. 두 사람 사이가 이와 같은 냉랭한 관계인데 과연 언제 어디서 최시형이 전봉준을 만나 접주로 임명했을까 하는 의문이 남는다.

그렇다면 설령 최시형이 전봉준을 접주로 임명한 것이 사실이라고 하더라도 그것은 최시형의 일방적인 결정이었을지도 모르고, 전봉준은 나중에야 그 소식을 전해 듣고 공판정에서 그렇게 대답했을 가능성이 높다. 본래 신앙이란 그 종교의 지도자와 교리와 종교 활동에 대한 "자발적"인 경도(傾倒)를 본질로 하는 것이요, 그 가운데 하나라도 결여한다면 진정한 의미의 신앙이라고 볼 수 없다는 이론[46]으로 보아 전봉준의 교도론(教徒論)은 그 논거를 잃는다.

그뿐만 아니라 교회 형식상으로 보더라도 문제는 여전히 남는다. 위에서 본 바와 같이 접주는 반드시 교주가 임명하도록 되어 있으나[47] 그 난리통에 그러한 요식(要式)이 반드시 준수되었던 것은 아니다. 바꾸어 말해서 교주 최시형의 임명 절차와는 관계없이, 그리고 본인의 의사와도 관계없이 동네 사람들에 떠밀려 접주가 될 수도 있었다. 그보다 더욱 중요한 것은 전봉준이 비록 접주로 임명되었다 하더라도 본인이 동학교도가 아닌 바에야 접주인지 여부는 애당초 무의미한 것이요, 신도도 아닌 사람이 목사나 주지가 된 것이나 다름없다.

요컨대 당시 최시형이나 주변 인물들이 전봉준을 접주 취급을 했을 뿐 그것은 전봉준의 진의와는 무관한 것이었다. 만약 전봉준이 마음속에서 우러나는 신자요 접주였다면, 그의 직업을 묻는 법정 진술에서 '접주'

---

46 Thomas F. O'Dea, "The Institutionalization of Religion," Walter H. Capps(ed.), *Ways of Understanding Religion*(New York : The Macmillan Co., 1972), p. 235.
47 表暎三, 「전봉준은 東學敎徒이다 : 신복룡 교수의 해석에 異議 있다」, p. 327.

라고 대답했지 '선비'라고 대답했을 리가 없다.[48] 이러한 해석은 다음과 같은 그의 법정 진술에서 잘 나타나고 있다.

> 問 : 소위 접주라는 사람은 평상시에 무엇을 하는가?
> 供 : 별로 하는 일이 없다.
> 問 : 마음을 닦고 하늘을 공경하는 도를 어찌하여 동학이라 부르는가?
> 供 : 우리의 도는 동에서 생겼기에 동학이라고 부른다. 애당초의 본의는 시작한 사람들이나 분명히 알 일이지만 나는 남들이 그렇게 부르는 것을 따라서 그렇게 불렀다.
> 問 : 동학을 공부하면 병을 면하는 외에 다른 이익은 없는가?
> 供 : 다른 이익은 없다.[49]

위의 답변에서 보듯이 전봉준은 동학이나 접주에 관해서 마치 "남의 얘기하듯" 대답하고 있고 별로 관심을 가지고 있지도 않았다. 어떤 인물이 신도인가의 여부는 그의 신심(신앙고백)에 따라야 한다는 앞서의 주장에 비추어볼 때 이 대목은 그가 동학이라는 종교에 얼마나 무심했던가를 잘 보여주고 있다.

요컨대 전봉준이 접주였다는 것은 교단 측에서나 할 수 있는 말이지 어느 모로도 객관적인 논증이 불가능하다. 여러 가지 정황으로 볼 때 본인의 의사와는 관계없이 북접 측에서 그를 접주로 임명했고 전봉준도 당시의 상황에서 그렇게 흘러가는 시류에 야박스럽지 못했던 것으로 보인다.

---

48 「全琫準供草 初招」: 問 所業何事 /供 以士爲業"
49 「全琫準供草 再招」: 問 所謂接主者 平居時 行何事乎 /供 別無以行之事 /問 修心敬天之道 何以稱東學乎 /供 吾道出於東 故稱以東學 自初本意則 始作之人 分明知得 矣身則隨他人 之稱 而稱之耳 /問 學東學則 免病之外 無他利益乎 /供 無他利益

5. 맺는 말

　이제 교도론 여부의 논쟁에 관한 결론을 내린다면 그가 동학에 입교했다는 것은 어떠한 사료로도 입증되지 않고 있으며, 사실이 그렇다면 이것은 "없었던 일"로 돌려야 한다. 그가 접주였다는 주장은 전봉준의 의사와는 무관하게 최시형을 비롯한 주변 사람들이 그렇게 기정사실화했을 뿐이다.

　애당초 이 논쟁은 사료 해석과 논리학 그리고 역사학의 방법론에서부터 비롯된 것이다. "전봉준이 동학도였다는 사실을 사료로써 입증할 수 없다."는 나의 주장이 최초로 발표되었을 때 천도교 측과 김창수는 "그가 동학도가 아니라는 증거를 대라."고 논박했다. 그러나 나는 "사료로써 입증할 수 없으니 없었던 일로 하자."고 말했고 그것이 결과적으로 "동학도가 아니다."는 뜻으로 확대되었다. 논리적으로 말할 때 "이다" 또는 "있다"는 주장과 "없다"는 주장이 서로 상충될 경우에 증거 책임은 "있다"는 측에 있지 "없다"는 측에 있는 것은 아니다. 증거가 없어서 없다는데 "없다"는 증거를 대라는 것은 논리학의 초보도 모르는 주장이다. 왜냐하면 "없다"는 증거는 없기 때문이다.

　또한 김창수가 전봉준을 동학도로 보는 입장은 고부민란 또는 전봉준과 동학이 가지는 상관관계에 대하여 기본적인 오류를 저지르고 있다. 곧 김창수는 그의 글에서 "동학혁명은 앞서 전개되었던 교조신원운동을 통하여 정치적 역량을 키웠고 나아가 농민의 항거인 민란을 동학의 조직 속에 수용할 수 있었다."고 말하고 있다. 농민운동이 동학을 수용한 것이 아니고 동학이 민란을 수용했다고 말하는 것은 갑오농민혁명에서의 동학의 성격을 과대평가한 것으로 김창수는 스스로가 경계하고 있는 "과대평가"[50]

50　김창수, 「전봉준과 동학혁명」, pp. 18~19.

의 오류를 저지르는 것이다.

이에 대한 나의 기본적인 입장은 갑오농민혁명의 전개 과정에서 고부민란(1894년 1월)이 "먼저" 있었고 민란이 전개되어가는 과정에서 동학도(2차 기포)와 민중에 대한 탄압이 후발적으로 일어남으로써 그것이 혁명으로 상승되었다는 것이다. 이런 점에서 볼 때 "농민의 의지가 독립변수이고 동학은 종속변수였다." 바꿔 말한다면 동학이 농민운동을 수용한 것이 아니라 농민운동이 동학을 수용한 것이다. 이 점에서 나와 김창수의 입장은 기본적으로 다르다. 동학과 농민운동과의 관계에서 동학의 요소를 과대평가하는 어리석음을 경계하면서 동학을 종속변수로 보려는 견해는 이미 오래전에 김용섭(金容燮)의 글[51]에서 언급된 바 있다.

전봉준이 동학교도가 아니었다면 우리는 갑오농민혁명을 어떻게 해석해야 할 것인가? 그가 동학교도가 아니었다는 사실로 말미암아 종래에 우리가 가지고 있던 혁명의 성격은 수정되어야 하는 것인가? 이 문제는 역사의 주인공이 누구이냐 하는 질문과 관련해서 대답이 이루어져야 할 것이다. 혁명 당시가 전근대적인 봉건 체제였다 하더라도 그것이 민란의 형태를 취하게 되면 일단 영웅주의의 시대는 사라졌다고 보아야 옳을 것이다.

그런데 우리나라의 정치적 유산을 돌아보면 하천을 중심으로 하는 농경문화의 유산이 있기 때문에, 성군(聖君)이니 현왕(賢王)이니 하는 식의 영웅중심주의적 사관이 사필(史筆)을 지배해오고 있었다. 고구려사에서 연개소문(淵蓋蘇文)이나 을지문덕(乙支文德)이 그렇고, 신라사에서 김유신(金庾信)이나 김춘추(金春秋)가 그렇고, 조선사에서 이순신(李舜臣)이

---

51 김용섭, 「전봉준공초의 분석 : 동학란의 성격 一斑」, 『역사연구』(2)(서울 : 한국사학회, 1958), pp. 6, 20 참조.

그러했으며, 3·1운동사에서의 33인 중심적 기술이 그러했다.⁵²

그러나 민족운동의 역사에서는 민족주의자가 그 시대의 산물이지 민족주의가 민족주의자의 산물은 아니다.⁵³ 인걸이 역사를 지배하는 것이 아니라 시대가 그러한 인걸을 필요로 했으며 갑오농민혁명에서의 전봉준의 위치 또한 그와 마찬가지이다. 바꿔 말해서 전봉준이 혁명을 일으키고 주도한 것이 아니라 그 시대와 역사가 설령 전봉준이 아니었더라도 어떤 영웅을 필요로 했다.

이런 점에서 본다면 전봉준이 동학도였는가 아니었는가 하는 사실(史實)은 혁명의 성격을 결정하는 데서 중요한 영향을 끼치지는 않는다. 다만 1894년의 일련의 사건들의 성격을 규정하는 과정에서 전봉준의 교도·접주론이 종교투쟁론을 옹호하는 논거로 이용될 수도 있다는 위험성을 배제한다는 데에 이 논쟁의 의의가 있다.

곧 전봉준이 나타나기에 앞서 이미 갑오농민혁명의 성격은 규정되어 있었다. 여기에서 갑오농민혁명의 성격이라 함은 종교의 표피를 쓴 민란이라는 사실이다. 중세의 농민운동이 기독교의 표피를 쓰고 전개되었지만 그것이 기독교 운동으로만 설명되지 않는 것과 마찬가지로, 갑오농민혁명이 동학이라는 표피 속에서 전개되었지만 종교 투쟁은 아니요, 민족주의 운동으로서의 농민혁명이라고 해석될 수 있을 것이다.

그럼에도 불구하고 갑오농민혁명을 거론하면서 동학을 주요하게 취급하지 않을 수 없는 이유는 혁명의 점화 과정에서 동학의 종교적 이상주의가 민중적 저항에 중요한 동인(動因)을 제공해 주었고, 고부의 2차 기포 당시 동학교도가 주요 피해자였을 뿐만 아니라 주요 저항 세력이었

---

52 신복룡, 『한국정치사』(서울 : 박영사, 2003), pp. 446~449.
53 C. H. Hayes, *The Historical Evolution of the Modern Nationalism*(New York : The Macmillan Co., 1955), pp. 289~290.

으며, 그 후기의 단계, 곧 10월의 3차 거병 당시에 일부나마 북접의 지도자들이 이에 가세함으로써 면목을 세워주었다고 하는 사실 때문이다. 만약 이때까지도 북접이 남접의 투쟁에 가세하지 않았더라면 갑오농민혁명이 과연 동학혁명으로 지칭될 수 있었을까 하는 점에 대해서는 상당한 의문의 여지가 있다.

요컨대 전봉준은 접주이기는커녕 동학교도조차도 아니었다. 그는 후세 사가들의 곡필(曲筆)로 동학도로 규정되었을 뿐이다. 전봉준이 동학도였다거나 아니면 그가 고부의 접주였다는 주장은 그가 동학을 주요한 변수로 하여 전개되었던 혁명을 주도한 지도자라는 사실을 지나치게 의식한 선입견에서 온 성급한 단정이거나, 아니면 영웅과 자신의 동일시(identification)를 통해 위광효과(威光效果)를 얻으려는 동학교단 측과 학문적 수련이 철저하지 못한 몇몇 학자들의 일방적인 해석에 지나지 않는다.

VIII

조선의 십자군:
3차 기포(起包)

VII

1. 청일전쟁과 일본의 대응

한반도에서 농민혁명이 전개된다는 소식은 일본에게 복음과 같은 것이었다. 일본은 이것을 그들의 염원인 정한론(征韓論)을 구체화할 수 있는 절호의 기회로 판단했다. 일본은 이를 확전시켜 청나라를 제압할 기회로 삼고자 했다. 그렇다면 구체적으로 일본은 왜 농민전쟁의 확전과 청일전쟁이 필요했는가?

[1] 이때의 일본은 초기자본주의의 모순과 정치적 불안이 겹쳐 안팎으로 어려움을 겪고 있었다. 이처럼 안팎의 어려움에 봉착한 일본에 탈출구의 구실을 할 수 있는 해결책으로 제시된 것이 곧 조선과, 조선을 교두보로 한 대륙 진출이었다. 조선에 대한 중국의 이해관계가 대체로 명분론에 달려 있는 것과는 달리 일본은 하야시 다다스(林董)의 표현처럼 조선에 "지상(至上)의 이해관계"(paramount interests)[1]를 가지고 있었.

메이지유신 이후 일본이 일차적으로 직면한 모순은 사무라이[士族 : 侍]들의 불만을 어떻게 해소할 것인가의 문제였다. 중앙집권화가 완결되어 가신(家臣)인 무사 계급이 해체되고 영주들이 도쿄(東京)로 소환되자, 그들에게는 칼을 차는 것이 금지되었다. 이러한 조처는 그들의 최고 가치인 명예의 박탈을 뜻하는 것이었다.[2] 옛날에는 양편에 칼을 차고 무례

---

1 A. M. Pooley(ed.), *The Secret Memoirs of Count Tadasu Hayashi*(London : G. P. Putnam's Sons, 1915), p. 139; 신복룡·나홍주(역주), 『林董祕密回顧錄』(서울 : 건국대출판부, 2007), p. 151.
2 H. B. Hulbert, *The Passing of Korea*(London : William Heinemann Co., 1906), pp. 4~5; 신복룡(역주), 『대한제국멸망사』(서울 : 집문당, 2021), pp. 3~5; Ruth Benedict, *The Chrysanthemum and the Sword : Patterns of Japanese Culture*(New York : New American Library, 1999), p. 171.

토(無禮討)³를 구사하던 사무라이들은 이제 방직공장의 직공으로 전락하여 일당 15펜스를 받으며 고된 노동에 시달려야 했다.⁴ 그들에게는 이와 같은 신분의 몰락이 견딜 수 없는 고통이었다.

그러므로 정부의 입장에서는 이들의 불만을 밖으로 돌리는 방법을 강구해야 했다. 일본 정부는 이를 위해 사이고 쓰구미치(西鄕從道)를 도독으로 임명하여 1874년 5월 대만(臺灣) 침략을 자행했고, 유구(琉球)를 합병하는 문제를 1875년부터 구체적으로 추진하기 시작했으나⁵ 이러한 것이 사회적으로 무사의 불만을 해결해주지는 못했다.

메이지유신과 더불어 천황 정부가 겪어야 하는 두 번째 고민은 미완성된 초기자본주의가 안고 있는 구조적 모순이었다. 섬[島嶼] 국가인 일본으로서는 우선 자원 부족에서 오는 원료 공급의 차질이 심각했다. 생산 규모와 생산 양식의 발달은 더 많은 원료의 공급을 필요로 했다. 그러한 예로서, 1894년까지 20년 동안 철 생산량은 26.3배 증가했으며 수출 총액은 6.2배 증가했다. 청일전쟁에 앞서 7년(1888~1894) 동안에 공장의 수는 3.5배, 특히 그 가운데 증기력을 사용하는 신식 공장의 수는 4.4배 증가했다.⁶

이처럼 경제는 팽창하고 원료 공급이 부족한 상황에서, 일본 경제는 상품 시장의 부족과 인구 문제까지 떠안게 되었다. 이제 그들은 마비키(間引)⁷나 낙태와 같은 방법으로 인구를 조절할 수밖에 없었으며, 여기에

---

3 무례토(無禮討) : 일본의 전통으로, 평민의 신분으로 사무라이에게 무례한 행위를 저질렀을 때 그 무사는 법과 관계없이 그 평민을 현장에서 죽일 수 있는 권한을 뜻함.
4 F. A. McKenzie, *The Tragedy of Korea*(New York : E. P. Dutton & Co., 1908), p. 252; 신복룡(역주), 『대한제국의 비극』(서울 : 집문당, 2019), pp. 631, 697.
5 英修道, 『明治外交史』(東京 : 至文堂, 1976), pp. 29~32ff.
6 王紹坊, 『中國外交史 : 1840~1911』(中國 : 河南出版社, 1988), p. 208.
7 마비키(間引) : 본디는 텃밭에 밀식(密植)된 모종을 솎아낸다는 뜻이었으나, 사회학적으로는 기아가 극심할 때 자녀 가운데 몸이 허약하여 장래성이 없는 아이나 딸을 골라서 죽이는 일종의 영아(嬰兒) 살해 풍습을 의미한다.

고한노동(苦汗勞動)과 부녀자·아동 노동 문제가 함께 유발됨으로써 사태는 더욱 심각해졌다.

더욱이 당시 미국이나 영국의 번역 작품들이 빠른 속도로 유입되면서, 일본인들 사이에 민권의식(民權意識)이 점차 일어나고 있었음에도 불구하고 개인권에 대한 지배층의 무시 또한 계속되어 불만이 한층 더 증폭되었다. 여기에 늘어가는 부채와 과세 부담이 겹쳐 일본 사회는 곧 폭발할 듯한 사회적 불안과 불만에 놓이게 되었다.[8] 일본 사회가 안고 있는 이러한 여러 문제와 그로 말미암은 사회 불안은 결국 이토 히로부미(伊藤博文)나 무츠 무네미츠(陸奧宗光) 등이 강경한 대외정책 노선을 추구하게 만들었다.

이상과 같은 경제적 모순과 정치적 불안 속에서도 자본주의는 조금씩 성숙하여 국력과 더불어 군비가 증강되었다. 당시 대부분의 전략가는 청일전쟁이 일어날 경우에 일본의 패배를 예견하고 있었지만 이미 일본은 상당한 정도로 군비를 증강하고 있었고, 탄약만 하더라도 청나라와의 전쟁을 치르는 데 필요한 물량보다 더 많은 양을 비축하고 있었다.[9]

19세기 후반의 일본이 겪고 있던 위와 같은 모순을 종합적으로 극복할 수 있는 처방으로 제시된 것이 곧 조선의 정복[征韓論]이었다. 이러한 여망에 따라 쇼카손쥬쿠(松下村塾)의 요시다 쇼인(吉田松陰)을 원조(元祖)로 하여 기도 다카요시(木戶孝允), 스기무라 시게루(杉山茂), 사이고 다카모리(西鄕隆盛), 야마가타 아리토모(山縣有朋)로 이어지는 이른바 정한파(征韓派)가 등장했다. 이들은 한결같이 조선 조정이 일본 사신을 모독했

---

8 A. M. Pooley(ed.), *The Secret Memoirs of Count Tadasu Hayashi*, p. 67; 신복룡·나홍주(역주), 『林董祕密回顧錄』, pp. 54~55.
9 A. M. Pooley(ed.), *The Secret Memoirs of Count Tadasu Hayashi*, p. 44; 신복룡·나홍주(역주), 『林董祕密回顧錄』, p. 38.

다고 비난했으며,[10] 규슈(九州)의 무사를 대표하던 사쓰마(薩摩藩)의 번주(藩主) 사이고 다카모리는 심지어 "나는 조선의 정벌을 위해 목숨을 바칠 각오가 되어 있다."[11]고 대신회의에서 공언했다.

[2] 구미 외교관계가 개선됨으로써 일본은 자신감을 갖게 되었다. 정한론자와 구미파의 의견이 접근된 것은 1875년이었다. 이들은 운요호(雲揚號) 사건을 도발했고, 이를 기화로 병자수호조약을 체결함으로써 대망의 조선 상륙에 성공했다. 일본은 이 조약 제1조에서 "조선은 자주국가임"을 공식적으로 선언하여 조선이 더 이상 청나라의 번국(藩國)이 아님을 확인했다.

그러나 조·일 수교는 당초 일본의 국수주의자들이 감격했던 것처럼 그렇게 풍성한 과실을 가져다주지는 않았다. 임오군란(壬午軍亂)의 수습 과정[濟物浦條約]을 통해 입지를 강화할 수 있었지만 곧이어 벌어진 갑신정변(甲申政變 : 1884)과 한성조약(漢城條約)의 체결은 일본에게 반드시 유리한 것만은 아니었다.

극동의 무대에서 일본의 입지가 호전되기 시작한 것은 천진조약(天津條約 : 1885)이 체결된 이후였다. 이 조약에서 일본은 자신의 공사관 병력을 철수하는 자해 행위를 하면서까지 청나라 군대를 철수시키는 데 성공했으며, "청국과 일본 양국 혹은 그 가운데 한 나라가 조선에 파병할 때는 쌍방이 상호 문서로써 통지한다."(제3조)는 뜻깊은 구절을 삽입시키는 데 성공했다. 이 조약은 조선에서 청나라의 종주권을 희석하였을 뿐만 아니라, 일본이 최소한 동등한 권리를 가질 수 있다는 점을 명문화했다는 점에서 하나의 외교적 승리로 받아들이기에 충분했다.

---

10 『玄洋社社史』(東京 : 玄洋社社史編纂會, 1919), pp. 37~39.
11 黑龍會, 『東亞先覺志士記傳』(上)(東京 : 原書房, 1966), p. 43.

이제 일본은 조선 진출의 꿈을 구체화하기 시작했는데 이들의 의도가 어떠했던가 하는 것은 1894년 8월 14일자로 소집된 내각회의의 결정에서 잘 나타나고 있다. 이 당시의 결의 사항은 다음과 같다.

　　⑴ 조선 내의 사대당을 제거함으로써 대청(對淸) 일변도의 외교정책을 차단하고,
　　⑵ 그 연속 작업으로 조선 내에서의 친일 세력을 보호 육성하며,
　　⑶ 조선에서 서구 열강의 우월권을 배제하는 것인데, 특히 러시아의 남방 진출을 경계해야 하며,
　　⑷ 그러려면 최악의 경우 조선의 중립화 방안까지도 검토의 대상이 되어야 한다.[12]

　여기에서 주목할 사실은 러시아에 대한 일본의 인식이다. 일본은 그 무렵 두 나라의 군사력을 비교할 때 러시아가 쉽사리 무력을 행사할 수 없으리라고 판단하고 있었다. 당시 러시아의 군사력을 살펴보면, 러시아의 극동군은 3만 명이었고, 그나마 대일 전방 배치 병력은 1만2천 명에 지나지 않았다. 러시아가 이 부족한 숫자를 승전에 필요한 6만 명으로 증강하는 데 6개월이 필요했다.
　그러므로 막상 일본과의 군사적 충돌을 가상할 경우에 승리를 거둘 수 있는 것은 해군이었기 때문에 러시아는 일관되게 함대 시위에 주력했다.[13] 그러나 이것은 러시아의 실수였다. 왜냐하면, 사실 일본은 러시아의 함대를 방어할 수는 있었지만 육전대를 방어할 수는 없는 실정이었기 때문이

12　陸奧宗光, 『蹇蹇錄』(東京 : 岩波書店, 1941), pp. 134~139; 伊藤博文, 「對韓問題閣議案」, 『祕書類纂朝鮮交涉資料』(下)(東京 : 原書房, 1970), pp. 599~604;「朝鮮問題ニ關スル將來ノ日本ノ政策ニ關スル閣議案上申ノ件」(1894.8.17.), 『日本外交文書』(27/1)(東京 : 日本國際連合協會, 1953), pp. 646~649.
13　A. Malozemoff, *Russian Far Eastern Policy : 1881~1904*(Berkeley and Los Angeles : University of California Press, 1958), p. 64.

다.¹⁴ 일본 측에서 볼 때 이러한 군사 상황은 다행한 일이었고, 따라서 러시아의 군사 개입에 대한 두려움을 극복하고 개전할 수 있었다.

일본이 깊이 고려했던 두 번째의 국제관계는 영국의 의중을 읽는 것이었다. 한반도의 사태를 둘러싼 양국의 이해관계가 긴장 속에 서로 간에 탐색된 것은 갑오농민혁명군이 전주성을 함락하고 일본군이 조선에 상륙하기 시작한 1894년 6월부터였다. 이 무렵 영국 수상 킴벌리(John W. Kimberley)는 영국 주차(駐箚) 일본 공사 아오키 슈조(青木周臟)를 불러 "청·일 양국의 충돌은 비극적이며, 그것이 전쟁으로 발전할 경우 두 나라 모두에게 도움이 되지 않을 뿐 아니라 러시아의 개입만을 초래할 것이므로 개전만이 문제를 해결하는 방법은 아니다."¹⁵라고 충고했다.

이어서 킴벌리는 한편, 도쿄 주차 영국 공사 파제트(R. S. Paget)를 통하여 "중국과의 전쟁은 위험하며 동아시아 전체의 상황에 영향을 미칠 것이다. 더구나 개항장에서 무역 소란이 일어날 것인즉 이것은 심각한 타격을 준다."¹⁶고 거듭 훈령했다. 이 무렵 일본이 제일 걱정했던 것은 영국과 청나라 사이에 어떤 비밀스러운 공조협정(共助協定)이 있을지도 모른다는 것이었다.

그런 가운데 7월 말에 도쿄 주차 영국 대리공사는 상해와 그 근방이 전쟁터가 되어서는 안 된다는 점을 일본 측으로부터 보장받도록 훈령을 받았다.¹⁷ 이러한 일련의 사태 추이를 통하여 일본은 영국의 궁극적 관심이 러시아의 남진 방어와 상권(商圈)의 보호이며, 영국과 청나라 사이에

14　陸奧宗光, 『蹇蹇錄』, p. 281.
15　"Kimberley to Paget"(June 23, 1894), Park Il-Keun(ed.), *Anglo-American and Chinese Diplomatic Materials Relating to Korea : 1887~1897*(Pusan : Institute of Chinese Studies), Pusan National University, 1984, p. 11, No.15.
16　"Kimberley to Paget"(June 28. 1894), *Anglo-American and Chinese Diplomatic Materials Relating to Korea : 1887~1897*), p. 13, No.32.
17　A. M. Pooley(ed.), *The Secret Memoirs of Count Tadasu Hayashi*, p. 78; 신복룡·나홍주(역주), 『林董祕密回顧錄』, pp. 71~72.

비밀 협정 같은 것은 체결된 바가 없다는 확신을 갖게 되었고, 이는 일본이 개전을 결심하는 데 중요한 계기가 되었다.

당시 일본은 최소한 영국이 중립을 지켜준다면 러시아가 외교적 항변 이상의 어떤 무력 조치를 할 수 없으리라고 판단했고,[18] 이 판단은 정확했다. 영국의 입장에서도 일본이 강대해져 동양에서 일어나는 민족해방운동을 진압하고 제정러시아를 견제할 수 있는 동맹자가 되는 것이 자기 나라에 유리하다고 생각했고 그러한 의미에서 일본과 우의를 다져둘 필요가 있었다.[19] 두 나라는 각자의 상권과 중국에 있는 교민이 위해를 받지 않는 범위 안에서 서로 개입하지 않기로 결정했는데, 이것은 일본이 영국과의 관계에서 얻어낼 수 있는 최선의 외교적 승리였다.[20]

일본이 개전을 앞두고 외교관계에서 가장 신뢰한 나라는 미국이었다. 단지 청일전쟁 전후뿐만 아니라 19세기 후반부터 오늘에 이르기까지 계속되는 미국의 불가사의한 친일정책은 두 가지 맥락에서 이해될 수 있다. 첫째, 미국은 아시아 대륙을 늪(swamp)으로 생각했고, 따라서 대륙에 상륙하지 않은 상황에서 일본과 같은 태평양 연안의 도서를 발판으로 하여 아시아와 군사적·외교적 관계를 유지한다는 정책[21]을 내세웠다.

둘째, 전임 주미 공사 무츠 무네미츠 외무대신과 구리노 신이치로(栗野愼一郎) 주미 공사, 고무라 주타로(小村壽太郎) 외무성 부대신(副大臣 : 하버드대학 출신) 그리고 러일전쟁 때의 가네코 겐타로(金子健太郎 : 하버

---

18 A. M. Pooley(ed.), *The Secret Memoirs of Count Tadasu Hayashi*, p. 45; 신복룡·나홍주(역주), 『林董祕密回顧錄』, p. 39.
19 王紹坊, 『中國外交史 : 1840~1911』, p. 209.
20 「淸國ノ崩壞ヲ恐レル英國ノ態度報告ノ件」(1895.2.13), 『日本外交文書』(28-1), pp. 697~698, No.560.
21 이에 관해서는 신복룡, 『한국분단사연구』(서울 : 한울, 2006), pp. 609~634; Shin Bok-ryong, *The Politics of Separation of the Korean Peninsula*(Edison, NJ : Jimoondang International & Seoul : Jimmondang, 2008), pp. 567~587 참조.

드대학 출신)와 같은 미국 유학 출신 외교관들의 개인적인 역량을 통하여 대미 관계를 돈독하게 만든 것과 밀접한 관련이 있다. 이런 점에서 본다면 조일 관계의 운명은 이미 그 시절의 하버드대학 일본유학생회(Japan Club of Harvard)에서 결정되어 있었다. 이러한 외교적 승리는 강화조약의 체결 과정에서 보여준 일본 외교관과 청나라 고문 훠스터(John W. Foster)의 매수(買收) 관계에서도 잘 나타나고 있다.[22]

이와 같은 일본의 성공적인 대미 외교 덕택으로, 전쟁이 끝나고 청나라가 강화 과정에서 치명적인 손실을 입을 것이 자명하게 보이는 순간까지도 미국은 "열강의 개입에 동감하지 않을 것이며 중국의 요구에 부응하지도 않을 것"[23]이라는 입장을 분명히 했으며, 강화의 막바지에서도 "열강의 공동 간섭을 반대한다."는 중립과 불개입 원칙을 분명히 했다.[24]

미국은 여기서 한 걸음 더 나아가, 국무장관이 일본 공사[栗野愼一郞]를 불러 "러시아는 이미 북부 중국의 국경지대에 3만 명의 군대를 집결시키고 있다."는 군사 정보를 넘겨주었다.[25] 실질적인 면에서 본다면 미국은 청일전쟁에도 그 뒤 국제 간섭에도 구체적으로 참여하지 않았으면서도 어느 나라에 못지않게 전쟁에 깊이 개입하였으며 일본의 개전과 승리에 결정적인 영향을 미쳤다.[26]

---

22 「科士達回憶錄」(John W. Foster, *Diplomatic Memoirs*, 1909), Vol. II, Chap. 31·32·33, 『中日戰爭文獻彙編』(7)(臺北:鼎文書局, 1972), pp. 463~465.
23 「列强ノ干涉ニ對スル米國ノ立場ヲ米國務長官闡明ノ件」(1895.3.2.), 『日本外交文書』(28-1), pp. 715~716, No.584.
24 「米國務大臣他國トノ共同動作拒絶スル旨伊國大事ニ言明ノ件」(1895. 4. 4.), 『日本外交文書』(28-1), p. 734, No. 607 ;「米國政府局外中立ヲ持スルコト幷日本政府ニ忠告ノ件」(1895.4.5.), 같은 책, p. 737, No. 612.
25 「駐露米國公使ノ露國動靜ニ關スル電信ヲ米國務長官呈示ノ件」(1895.3.24.), 『日本外交文書』(28-1), p. 720, No.587.
26 이밖에 일본이 프랑스와 독일에 대하여 취한 외교 공세에 대해서는 신복룡, 「갑오농민혁명과 청일전쟁」, 『한민족독립운동사』(11)(과천 : 국사편찬위원회, 1992), pp. 106ff 참조.

[3] 조선의 친청노선(親淸路線)이 일본의 이해관계에 지장을 주고 있는 것에 대한 불안감을 지적할 수 있다. 일본은 천진조약(1885)을 통하여 갑신정변에서 입은 타격을 어느 정도 회복했지만, 이때부터 청일전쟁이 일어나기까지 10년 동안 일본의 조선관계는 암울하고도 적의(敵意)에 찬 것이었다. 일본이 그토록 청산하려고 애썼던 청국에 대한 조선의 종속관계가 10년 동안에 사라지기에는 그 뿌리가 너무도 깊었다.

이런 상황에서 일본을 더욱 견딜 수 없게 했던 것은 조선 왕실의 친청노선이었고, 왕실의 이러한 성향은 한반도 안의 통신시설이 모두 청나라에 의해 장악되는 현상으로 나타났다. 서세동점(西勢東漸)과 더불어 서구의 문물이 조선에 상륙하자 청나라는 이곳의 통신망을 장악하는 것이 우이(牛耳)를 잡는 것임을 알았다.

청국은 그러한 조치로 조선과 더불어 조청전선조약(朝淸電線條約 : 1885.7.17.)을 체결하여 인천-한성-의주(義州)-봉황성(鳳凰城 : 淸)에 이르는 전선을 가설하는 동시에 향후 25년 이내에는 다른 나라에 전화가설권을 허가하지 않기로 했고, 조청부산(釜山)전선조약(1886.3.24.)과 조청원산(元山)전선규약(1891.3.24.) 등을 체결하여 사실상 조선의 전신망을 모두 장악했는데,[27] 이는 일본의 조선정책에 커다란 부담이 되고 있었다.

이러한 상황에서 일본의 정가를 몹시 자극한 것은 청나라 안에서 일어나고 있는 일본정벌론이었다. 이러한 논의가 표면화되기 시작한 것은 1882년 8월경부터였고 주도한 사람은 장패륜(張佩綸)이었다. 당시 그는 한림원 시독(侍讀)으로서 군기대신(軍機大臣)의 밀령을 받아 일본 정벌의 가능성과 방법을 검토한 뒤, 상소문의 형식을 빌려 그 구상을 개진했고[28]

---

27 『舊韓末條約彙纂』(下)(서울 : 국회도서관, 1965), pp. 429~440.
28 張佩綸, 「은밀히 동쪽을 정벌할 계책을 정할 것을 청하는 상소문」(請密定東征之策擢), A. M. Pooley(ed.), *The Secret Memoirs of Count Tadasu Hayashi*, pp. 311~321; 신복룡·나홍주(편역), 『林董祕密回顧錄』, pp. 60~64 참조.

이 주장은 이홍장(李鴻章)의 강력한 지지를 받았다.[29] 장패륜의 상소문은 "일본이 청나라를 상대로 전쟁을 할 수는 없다."는 일본 주차 청나라 공사 왕봉조(汪鳳藻)의 보고[30]와 정확하게 일치하고 있었고 이것이 청나라 안에 있는 주전파의 결심에 중요한 인자로 작용했다.

더구나 장패륜은 이홍장의 중요한 막료일 뿐만 아니라 사위였다는 사실 때문에 그의 주장에 대한 확대 해석을 낳았고 이것이 끝내는 청나라 조정의 지배적인 분위기가 되어가고 있었다. 비록 당시 일본의 정계가 이를 구체적으로 인지하지는 못했지만, 청나라의 이러한 분위기는 은연 중에 표출되었다.

이를테면 조선 외교가에서 원세개(袁世凱)의 오만무례함이라든가,[31] "조선에서 청병(請兵)하면 5일 이내에 비도(匪徒)를 진압할 수 있다."[32]는 등의 호언장담으로 나타났다. 개전의 구실을 찾고 있던 일본 정부로서는 청나라의 이러한 태도가 일본의 대륙론자들을 자극하고, 개전의 명분을 주는 것이었기 때문에 차라리 바람직한 것이었다.

이런 상황에서 1894년 3월 김옥균(金玉均) 암살 사건이 일어났다. 일본에 대한 청나라의 제국적 오만이 심화해가는 가운데, 조선에서 고부민란이 일어나 일본이 여기에 촉각을 곤두세우고 있는 시점에서 발생한 이 암살 사건은 매우 상징적인 것이었다. 사실 김옥균의 죽음이 일본의 조선정책에 치명적인 상처를 주었다고는 볼 수 없다. 당시 김옥균은 이미

29　李鴻章, 「張佩綸의 靖藩覆擢을 論하는 上疏文」(議覆張佩綸靖藩覆擢), 『林董祕密回顧錄』, pp. 64~70.
30　陸奧宗光, 『蹇蹇錄』, p. 19; 劉彦原, 『中國外交史』(臺北 : 三民書局, 1978), p. 50.
31　"Heard to the Secretary"(Jan. 22. 1891), S. J. Palmer(ed.), *Korean-American Relations : 1887~1895*, Vol. II, No.114(Berkeley and Los Angeles : The University of California Press, 1963), pp. 55~56.
32　「朝鮮國政府東學黨鎭靜ノ爲淸國政府ニ援兵請求シタル旨報告ノ件」(1894. 6. 2.), 『日本外交文書』(27-2), pp. 155~156, No.501.

정치적 영향력을 상실한 상태였고 그러므로 일본에게는 쓸모없는 퇴물에 지나지 않았다. 그럼에도 불구하고 이 사건은 일본의 우익 세력을 자극하기에 충분했다.

김옥균이 정변에 실패했을 때 그를 외면했던 지난날과는 달리 일본의 우익들은 이 사건을 이용하기로 마음먹었다. 현양사(玄洋社)의 논객인 마토노 한스케(的野半介)는 사이토 신이치로(齋藤新一郞)와 오카모도 류노스케(岡本柳之助) 등에게 우인회(友人會)를 조직하게 하여 상해로 파견하는 한편, 이 사건은 "나라의 수치"[國辱]이므로 김옥균을 조문하는 뜻에서 조선에 출병[弔合戰]해야 한다고 주장했다. 이러한 호전적 분위기는 우익 결사대인 천우협(天佑俠)의 결성을 가져왔고, 이들이 일본의 주전론을 이끌어가기에 이르렀다.[33]

일본에서 이처럼 우익의 움직임이 고조되는 가운데 다루이 도키치(樽井藤吉)를 비롯한 극우 국수주의자들에 의한 『대동합방론』(大東合邦論)[34] 이 정한(征韓)의 여론을 주도해갔다. 현양사의 마토노 한스케가 육군참모차장 가와카미 소로쿠(川上操六)를 찾아가 조선 정벌을 주장했을 때 그가 표현한 바와 같이, 일본은 이제 조선에서 "불길"[放火]이 일어나기만을 기다리고 있었다.[35]

이상과 같이 일본이 한반도에서의 전쟁을 기다리고 있을 무렵 조선에서는 갑오농민혁명의 제1단계인 고부민란이 장흥부사 이용태(李容泰)의 보복적인 과잉 진압으로 말미암아 2차 기포로 확산되어 삼남으로 확산되는 계기를 마련해 주었다.

---

33 이에 관한 자세한 정황은 『玄洋社社史』, pp. 431~440 참조.
34 森本藤吉, 『大東合邦論』(東京 : n.p. , 1893), passim.
35 黑龍會, 『東亞先覺志士記傳』(上), pp. 142~145 ; 『玄洋社社史』, pp. 434~438.

한 나라의 감영인 전주성이 반란군에 의해 함락되었다는 사실은 조야를 크게 놀라게 했다. 사태가 이에 이르자 이미 지난해(1893) 보은에서 동학교도가 모였을 때도 청병(請兵)을 논의한 바 있던 조정에서는 더 이상 지체할 수 없다고 생각하고, 청나라 군대[36]의 지원을 요청하는 초토사 홍계훈(洪啓薰)의 장계(5월 29일자)[37]를 검토한 후,

(1) 동학교비(東學敎匪)의 창궐과 전주성의 함락으로 호남이 위급하다는 점,
(2) 조선은 신식 무기도 없으려니와 전투 경험이 없어 이들을 진압하기가 어렵다는 점,
(3) 이들의 만연이 오래되면 중조(中朝)[中國]에 근심을 끼칠 수 있다는 점,
(4) 임오군란(壬午軍亂)과 갑신정변(甲申政變)이 모두 중조의 도움으로 진압된 전례에 비추어 이번의 사태도 청나라 군대가 대초(代剿)하기를 바란다는 점[38]

등을 들어 원세개에게 청병했다. 이에 따라 이홍장은 정여창(丁汝昌)·섭지초(葉志超)·섭사성(聶士成) 등에게 병력을 이끌고 농민혁명군을 진압토록 하는 한편,[39] 도쿄 주재 청국 공사 왕봉조가 일본 외무성을 방문하

---

36 여기에서 '淸兵'이라 함은 청국의 병사라는 뜻이 아니라 "淸州 營兵"이라는 견해가 있다. 張泳敏(상지대학 교수)과의 대담. 그러나 그 뒤에 이어 나오는 문맥으로 보아 淸國兵士가 맞다. 전주(全州)에 있는 병사를 전병(全兵)이라고 부르거나 부산에 있는 병사를 부병(釜兵)이라 부르지 않는다.
37 『駐韓日本公使館記錄』(1)(과천 : 국사편찬위원회, 1986~1991), pp. 28~29.(이하 『駐韓日本公使館記錄』이라 약기(略記)함)
38 『甲午實記』(1894. 5. 8., 『東學亂記錄』(上)(서울 : 국사편찬위원회, 1971), p. 11; 「北洋大臣來電」(光緖 20년 5월 초1일), 『淸光緖朝中日交涉史料 : 中日戰爭文獻彙編』(2)(이하 『中日交涉史料』라 함)(臺北 : 鼎文書局, 1971), p. 547, No.953. 조정에서는 洪鍾宇의 주장처럼 청병 요청이 화근이 되리라는 의견이 있었지만 받아들여지지 않았다.(「일청양국군 내한에 관한 探情書」, 『駐韓日本公使館記錄』(1), p. 80)
39 「北洋大臣來電」(光緖 20년 5월 초1일), 『中日交涉史料』(2), p. 547, No.953.

여 "파병 원조는 우리[淸] 조정이 속방을 보호하는 구례(舊例)이므로 이번에 유지(諭旨)를 받들어 파병하여 대신 초멸(剿滅)하는 것이며, 임무가 완료되면 더 이상 머물지 않을 것임"을 분명히 했다.[40] 곧이어 섭지초와 섭사성의 지휘 아래 육전대 1,500명이 제원호(濟遠號)와 양위호(揚威號) 편으로 아산만(牙山灣)에 상륙했다.[41]

조선에서 갑오민란이 발생했을 때만 해도 일본은 이것이 좋은 기회라고 생각했다. 그러나 전주성의 철병과 함께 농민혁명이 예상 밖으로 일찍 종식되자 일본은 낙담했고 기회를 잃을지도 모른다는 초조감을 느꼈다. 그러던 터에 청나라 병사가 먼저 조선에 진입했다. 이는 천진조약 제3조[42]에 위배된다는 것이 일본의 해석이었다.

이런 분쟁의 가능성을 뒤늦게야 깨달은 청나라는 농민군의 진압에 선뜻 개입하지 않았다. 이러한 일련의 사태는 일본에 오랜만의 기회가 무산될지도 모른다는 불안을 불러일으켰다. 당시 일본 내각의 입장은 "소기의 목적"을 달성하기 이전까지는 일단 조선에 상륙한 군대를 철수하지 않는다는 것이었다.[43] 이와 같은 입장은 오토리 게이스케(大鳥圭介) 공사에게 보낸 외무대신 무츠 무네미츠의 다음과 같은 훈령에서 잘 나타나고 있다.

---

40 「朝鮮國ヘ屬邦保護ノ爲出兵スル旨通告ノ件」(1894.6.7.), 『日本外交文書』(27-2), pp. 167~168, No.518; 「北洋大臣來電」(光緖 20년 5월 초3일), 『中日交涉史料』(2), pp. 548~549, No.958.

41 「甲午實記」(1894.5.8.), 『동학란기록』(하), p. 11; 「北洋大臣來電」(光緖 20년 5월 초1일), 『中日交涉史料』(2), p. 547, No.953; 菊池謙讓, 『近代朝鮮史』(下)(서울 : 鷄鳴社, 1937), pp. 257~259.

42 天津條約 제3조 : "장래 朝鮮에 만일 변란이나 중대 사건이 일어나 中·日 양국 혹은 일국이 파병을 필요로 할 때는 우선 상호 行文을 知照할 것이다. 그 일을 결정하면 즉시 철회하여 다시 머물지 않는다."

43 「朝鮮國變亂ニ對スル我ガ態度幷ビニ將來ノ行動ニ關スル件」(1894.6.15.), 『日本外交文書』(27-2), pp. 206~207, No.551.

청나라와 이 문제[共同 撤兵]를 결정하고자 담판을 계속하는 동안 어떠한 구실을 내세우더라도 일본 군대를 한성(京城)에 머물게 해야 한다. 왜냐하면 이홍장은 일본군을 퇴거시키려고 고심한 나머지 청나라군을 퇴거하면서 그 목적을 이루고 싶어 하는 것처럼 보이기 때문이다. 일본 군대의 철병을 지연하는 이유로서 각하는 공공연히 공사관원이나 영사관원을 현지 조사차 폭동 지역에 파견해야 한다. 그 조사는 가급적 늑장을 부리고 보고서는 고의로 평화 상태에 반대되는 양상을 담아 작성하는 것이 바람직하다.[44]

이와 같이 전주 함락의 조기 회복이나 청나라군의 철병이 오히려 바람직하지 않고 "전쟁을 피할 수 없는 현재의 상황에서, 우리에게 부담을 주지 않는 한 어떠한 수단이라도 취하여 개전의 구실을 만들어야 하는"[45] 일본으로서는 사태를 악화시키지 않을 수 없었고, 그러한 도발을 위해 그들은 조선의 내정 개혁이라는 문제로 청나라의 발목을 잡으려 했다. 일본이 조선의 독립성을 끈질기게 고집하면서도 굳이 청나라와 내정 개혁을 함께 수행하고자 제안했던 데는 이를 기화로 두 나라 사이에 충돌을 일으키고자 하는 뜻이 담겨 있었다. 결국 일본에게는 갑오농민혁명이 청나라와 전쟁을 일으키는 데 놓칠 수 없는 기회였다.

조선 파병이 결정되자 6월 7일(음력 5월 4일) 임시 대리 공사 스기무라 후카시(杉村濬)는 외무대신 무츠 무네미츠의 훈령을 받아서 천진조약에 의거하여 파병할 뜻을 조선 정부에 보고하고 파병 정지를 요청하는 조선의 요구를 들어주지 않았다. 당시 오이소(大磯)에 체재 중이던 특명전권 공사 오토리 게이스케는 무츠 무네미츠 외무대신의 중요 훈시를 가지고

---

44 「朝鮮二於ケル留兵二盡力スベキ旨訓令ノ件」(1894.6.15., 『日本外交文書』(27-2) pp. 208, No. 552.
45 杉村濬(지음), 한상일(옮김), 「在韓苦心錄」, 『서울에 남겨둔 꿈』,(서울 : 건국대출판부, 1993), p. 103.

6월 5일 순양함 야에야마호(八重山號)에 편승하여 서둘러 요코스카(橫須賀)를 출항하여 인천에 도착하였고, 7일 호위육전대 420명, 포 4문을 대동하고 경성에 들어갔다.

이때 육군의 출병 계획도 또한 완료되었고 6월 5일 제5사단장 육군 중장 노즈 미치츠라(野津道貫)에게 동원령을 내리고 8일(음력 5월 5일)에는 대본영이 편성되었다. 또 같은 날 혼성여단장 육군 소장 오시마 요시마사(大島義昌)가 훈령을 받고 출동 준비에 착수했고, 다음 날 9일 소속 보병 제11연대 제1대장 이치노헤 효우에(一戶兵衛)의 지휘 아래 보병 1개 대대, 공병 1개 소대를 선발대로 하여 우지나(宇品)로부터 출항하였고, 12일 인천에 입항하여 상륙을 마쳤고, 13일(음력 5월 10일) 드디어 도보로 한성에 도착했다.[46]

농민군 진압을 위한 정책과 지시는 1893년에 창설된 대본영 병참총감부 소관이었고 총감은 가와카미 소로쿠 중장이었다.[47] 부산에서 서울까지 16개소의 야전 병참부를 설치하되 모두 도로를 따라 각 부·현·읍·마을의 요충지를 선택했다. 긴 것은 7리(일본 리), 짧은 것은 4~5리마다 설치하고 제5사단 소관으로 하였다.[48] 6월 23일에 청일전쟁의 막이 오르고 일본군이 실전에 투입되자, 무츠 무네미츠는 조선에 출병하면서 오토리 게이스케에게 다음과 같은 훈령을 내렸다.

(1) 조선의 독립권을 침해하는 것과 같은 행위는 군사상의 불편이나 비경제적일지라도 될 수 있는 한 회피할 것.
(2) 조선 정부에 대한 청구는 때때로 부득이한 때가 있을지라도 독립 국

---

46 「동학의 변란과 전주」, 『東學農民戰爭研究資料集』(1)(서울 : 여강출판사, 1991), pp. 374~375.
47 구양근, 『갑오농민전쟁원인론』(서울 : 아세아문화사, 1993), p. 425.
48 구양근, 『갑오농민전쟁원인론』, p. 416.

가로서의 체면을 지키고 정부를 신설하는 데 따른 경제상의 관계에서 견딜 수 있을 정도를 한도로 하여 결국 조선 정부가 우리 요구에 견딜 수 없다는 느낌을 일으키지 않도록 충분히 주의할 것.

(3) 조선은 우리 동맹국으로서 적국이 아니므로 조선에서 군사상 및 기타의 필요한 물품이 있을 때는 될 수 있는 대로 만족할 만한 대가를 주며 결코 침략(侵掠)의 형적이 없도록 주의할 것.[49]

당초부터 이 전쟁은 한반도에서 청나라의 종주권을 축출하고 조선에 대한 지배권을 장악하는 데 목적이 있었기 때문에 일본은 조선인의 국민감정을 다쳐 조선과 청나라가 동맹하는 일이 없도록 세심하게 배려했다. 일본의 이와 같은 속셈은 황현(黃玹)의 다음과 같은 목격담에서 잘 나타나고 있다.

이 싸움[淸日戰爭]에서 일본군은 자기 나라에서 모든 군수품과 군량을 운반했으며 땔감[柴炭]도 그러했고 물까지도 사서 마셨으며 군령(軍令)이 엄격하여 조선인은 일본군이 와 있는지도 몰랐다. 그러므로 조선인은 모두 그들의 길잡이가 되는 것을 싫어하지 않았다. 청나라군은 음란한 행위와 약탈을 자행하며 날마다 주구(誅求)를 일삼아서 공사간(公私間)에 모두 곤핍하여 그들을 원수처럼 생각했다. 평양성이 포위되자 대문에서 일본군을 맞이하는 무리도 있었으며 청군(淸軍)이 패하여 도망쳐 숨으면 감영의 백성들은 반드시 그곳을 일러주어 탈출하는 무리가 드물었다.[50]

---

49 「조선국에 대한 장래 정책에 대한 훈령」(1894. 8. 21.), 『駐韓日本公使館記錄』(2), pp. 220~221.
50 黃玹, 『梅泉野錄』(2) 甲午(高宗 31년)(서울 : 국사편찬위원회, 1971), p. 161; "倭人軍用百需 皆運自其國 至於柴炭亦然 所至買水而飮 軍令甚肅 民下知有兵 故皆樂爲之嚮導 淸人則恣行淫掠 日肆誅求 公私俱困 視之如讐賊 平攘之圍也 有獻門導倭者 乃其敗而逃匿也 營民必指亦其處 故得脫者罕焉"

2. 번민

　부하들을 거느리고 전후 문제를 처리하면서 장성·담양·순창·옥과·남원·순창·순천·운봉 등지를 돌아다니던 전봉준은 7월 그믐 혹은 8월 초순이 되어 태인의 평사리(平沙里) 동골[東谷]로 돌아와 모처럼 평화로움을 맛보았다.[51] 동골은 그 이름처럼 태인읍의 북쪽에서 몇 리 떨어진 산의 동쪽 기슭에 자리 잡고 있으며, 열 채 정도의 초가집이 있는 농촌이다. 집은 초가로서 겨우 몇 명이 살 수 있는 작은 규모였다.[52]

　전봉준은 그동안 큰딸 집에 맡겨두었던 자녀들을 데리고 후실 부인과 함께 평사리에서 평범한 사람으로 살고 싶었을 것이다. 그가 조소리로 돌아가지 않고 평사리를 찾은 것은 조소리의 집이 난리통에 불타버렸기 때문이다.[53] 동골에서 전봉준은 모처럼 전진(戰塵)을 씻고 휴식을 취할 수 있었다. 일찍이 상처하여 홀몸이었던 전봉준은 동골 오씨 문중 한 과수댁을 후처로 맞아 그간 돌보지 못했던 어린 자식들과 함께 잠시나마 평안한 생활을 했다.[54]

　그러나 역사는 그에게 더 이상의 휴식을 허락하지 않았다. 동기야 어디에서 비롯되었든 간에 한때는 보국안민(輔國安民)을 최고 가치로 생각한 바 있던 그에게 일본이 조선의 궁궐을 침범했다는 사실은 무척 마음에 걸리는 일이었다. 일본이 조선의 내정 개혁이 뜻과 같지 않자 왕을 협박하기 위해 대궐을 습격한 것은 6월 21일이었다.[55] 이 사건은 엄청나게

51　「全琫準供草 四招」: 問 歸家在何月何日/供七晦,八初間;「全琫準供草 再招」: 問昨年八月 汝在何處/供在泰仁矣家
52　菊池謙讓,『近代朝鮮史』(下), p. 229.
53　「全琫準供草 初招」: 問 然則古阜有任(汝)宇乎 /供 入於燒灰中矣
54　朴承圭(전봉준의 外曾孫 : 1923~1986, 井邑郡 山外面 東谷里 원동골 거주)의 증언; 金氏 女(金開南의 從孫女 : 1902년생, 井邑郡 山外面 東谷里 원동골 거주)의 증언.
55　일본군의 대궐 침입 사건 계획에 관해서는「조선 내정의 권고가 거절될 때 일본이 취

동곡리 옛집. 전봉준은 3차 기포 직전까지 여기에 살았다. 새마을사업의 일환으로 기와를 얹었다.
(촬영 : 1981. 1. 16.)

증폭하기 시작했다. 이를테면 한성 문안에 난입한 일본군이 경복궁을 습격하여 왕과 왕비를 볼모로 잡았고, 감히 주상의 머리까지 가위질했다는 소문이 나돌았다.

또 일본군이 사대문을 출입하는 사람들을 모조리 수색한다는 소문이 들렸다. "가뭄이 더욱 심한데 왜추(倭酋)가 모든 정사를 마음대로 처리하자 한성 사람들은 피난하기에 바쁘다며, 사대문을 나갈 때 일본군의 검문을 받았다. 곤전은 미리 대피하여 경복궁에 없었다."고 한다. 그뿐만 아니라 일본군들이 남대문에 걸렸던 숭례문(崇禮門)이라는 편액을 떼어

할 수단에 관한 품의」, 『駐韓日本公使館記錄』(1), pp. 298~299를, 그 실상에 관해서는 「대원군의 입궐 전말」, 『駐韓日本公使館記錄』(1), pp. 312~314와 『高宗實錄』 甲午(1894) 6월 21일자를 참조.

버리고 "대일본국"(大日本國)이라고 바꾸었다고도 한다. 더 나아가 남대문뿐만 아니라 사대문을 모두 갈아 걸었다는 소문도 돌았다.[56] 김윤식(金允植)은 당시의 모습을 이렇게 전하고 있다.

> 고종 31년 6월 21일에 일본군이 대궐에 침입하여 내외를 둘러싸고 연락을 끊으니 갑신정변 때와 같았다. 밖으로는 고관 댁에까지 군대를 파견하여 둘러싸고 성안 가득히 쏘다니니 우리나라 사람들은 감히 문밖에 나와보지도 못했고 오로지 보이는 것이라고는 일본군이 몰아치는 것뿐이었다.[57]

처음 전봉준이 일본군의 대궐 침입 소식을 들은 것은 전주화약 이후 남하하던 도중 남원에서였다.[58] 그때는 이미 화약이 성립한 직후여서 거병을 재론할 계제가 아니었다. 그러나 그가 평사리에 머무는 동안 대궐 침입 소식은 끝없이 그를 괴롭혔다. 재판 과정에서 그는 당시의 심정을 다음과 같이 피력하고 있다.

> 問 : 다시 군대를 일으킨 이유는 무엇인가?
> 供 : 그 뒤 듣자니 일본이 개화라 칭하면서 당초 일언반구의 말도 없이 백성들에게 이를 전파하였고, 또 격서(檄書)도 없이 군대를 도성에 끌어들여 밤중에 왕궁을 격파하여 왕을 놀라게 하였다 하므로 초야에 묻힌 사민 등 충군애국의 마음을 가진 사람들이 분함을 견디지 못하여 규합해서 일본군과 접전하여 일차로 그 사실을 물어보고자 했다.[59]

---

56 박성수(주해), 『渚上日月』(上), (서울 : 서울신문사, 1993), p. 201.
57 金允植, 『續陰晴史』(上)(서울 : 국사편찬위원회, 1971), p. 326 : "高宗 31年 6月 21日 日本兵入闕 圍繞內外隔絶不通 如甲申十月事 外而卿宰諸貴家 皆派兵圍守 滿城奔竄屛跡 我國人不敢出頭 惟見日兵充斥"; 『駐韓日本公使館記錄』(1), pp. 289~290.
58 「全琫準供草 四招」: 問 日兵之犯闕 聞於何處何時 /供 七月間始聞於南原也
59 「全琫準供草 初招」: 問 更起包何故 /供 其後聞則貴國稱以開化 自初無一言半辭 傳布民間

더구나 남원에서 웅거하고 있던 김개남이 여러 차례 사람을 보내 일본의 침략으로부터 조국을 건져야 한다고 강조했다.[60] 또한 대원군마저 사람을 보내어 한성으로 진격해 함께 천하를 도모할 것을 암시했다. 그러나 신중히 생각해볼 때 그가 당장 거병하는 데는 두 가지 어려움이 있었다. 첫째로는 전진(戰塵)에 시달린 자신의 신병이 아직 쾌유하지 않았다는 사실이요, 다른 하나는 아직 추수하지 않은 상황에서 민병의 동원도 어렵거니와 군량미를 조달할 수가 없다는 것이었다.[61]

　여기에서 전봉준의 건강이 어떠했는가를 살펴보는 것은 흥미로운 일이다. 그는 전주성을 공격할 때 이미 머리를 다친 바 있고 허벅지에 총상을 입었다.[62] 그리고 순창에서 체포될 때 담을 넘으려다가 민병에게 정강이를 다쳤다. 그런데 그가 법정에서 "몸에 병이 있었다."고 진술한 점, 그의 체포보고서[63]에 "전녹두는 다리에 총상을 입어 아직 치유되지 않은 데다 다른 병도 생겨 위독한 상태에 빠져 있기 때문에 우치다 사다츠지(內田定槌) 영사는 곧바로 한성 수비대의 일등 군의인 오노(大野)에게 치료를 청했는데 생명에는 별 지장이 없다."고 기록되어 있는 점이다.

　그뿐만 아니라 "전주까지 압송하는 날짜가 7~8일이나 걸려서 상처가 곪고 정신도 쇠약해져 묻는 말에도 대답할 수 없는 지경이었으므로, 도중에 죽을까 염려되어 잠시 나주에 유치하여 최경선과 함께 군의 다카하시 슌안(高橋春庵)의 치료를 받게 했다."는 기록,[64] 그리고 그의 두 아들

且無檄書 率兵入都城 夜半擊破王宮 驚動主上云 故草野士民等 忠君愛國之心 不勝慷慨 糾合義旅 與日人接戰 欲一次請問此事實

60　菊池謙讓, 『近代朝鮮史』(下), p. 231.
61　「全琫準供草 三招」: 問 旣曰倡義 則聞宜卽行 何待十月 /供 適有矣病 且許多人衆 不能一時齊動兼之新穀未登 自然十月矣
62　『高宗實錄』甲午(1894) 5월 10일자 : "全祿斗碎顧傷股"; 「兩湖電記」, 『동학농민전쟁사료대계』(6)(서울 : 여강출판사, 1994), p. 121 : "全祿斗則爲我銃所傷左股不用"
63　본서 335~336쪽의 「전봉준 체포보고서」 참조.
64　『駐韓日本公使館記錄』(6), pp. 90~91, 포상 공적 내용.

이 폐결핵으로 죽었고 딸도 해수(咳嗽)를 앓았다는 외손녀 강금례(姜今禮)의 증언 등으로 미루어볼 때, 그도 어떤 지병을 앓고 있었으며 아마도 결핵이었을 가능성이 많다.

그러는 사이에 시간은 흘러 10월(陰) 초순이 되었다. 한성에서 벌어지고 있는 일본군의 의도는 더욱 노골화되고 김개남의 성화는 빗발치듯 했다. 당시에 전봉준은 3차 항일전이 썩 마음에 내키지 않았던 듯하다. 일본군의 대궐 침범 소식을 들은 그가 무언가 이제 결심할 때가 됐다고 생각하고 8월에 김개남이 웅거하고 있는 남원에 사람을 보내어 지지의 뜻을 전달했다.

> 지금의 시세를 살펴보건대 왜와 청나라가 싸우고 있으나 어느 쪽이 승리하더라도 그다음에는 반드시 우리를 겨눌 것이다. 우리가 숫자는 많으나 오합지중이어서 쉽게 달아날 것이므로 이로써는 뜻을 이룰 수가 없으니, 각기 해산한다는 명분으로 고을로 돌아가 천천히 사태가 변하는 것을 관망하느니만 못하다.[65]

이에 대해 김개남은 "군중은 일단 헤어지면 다시 모으기 어렵다."고 말하며 동의하지 않았다. 손화중도 "우리가 군대를 일으킨 지 반년에 한 도가 호응하였다고는 해도, 양반들 가운데 영향력이 있는 자들이 따르지 않고, 부호들이 따르지 않고, 선비들이 따르지 않으니, 우리를 추종하여 접장이라 부르는 자들은 어리석고 천하며 남을 해치거나 훔치기를 즐기는 무리라. 인심의 향배를 살펴보건대 일이 성사되기는 어려우니 사방으로

---

65 황현(저), 김종일(역), 『梧下記聞』(서울 : 역사비평사, 1994), pp. 227~228 : "琫準聞開南長據南原 自全州馳赴之謂開南曰 觀今時勢 倭淸連兵 一處勝則 必移兵先我 吾屬雖衆 烏合易奔 終不可以此得志 不如托歸化散之諸縣 徐觀其變 開南以大衆一散 難可復合不聽"

흩어져 목숨을 도모하자." 하였으나 김개남은 역시 듣지 않았다.[66]

아직 몸이 성찮은 터지만 전봉준은 우선 김개남에게 사람을 보내 삼례(參禮)에서 수뇌들이 회동하자고 전달했다. 김개남은 이에 동의했다. 10월 7일에 전봉준은 부하 서너 명을 데리고 평사리를 떠났다. 그가 수뇌들이 회동하는 장소로 삼례를 선택한 데는 깊은 뜻이 있었다. 우선 이곳이 백제 이래 교통의 요지로 주막이 많고 도로가 사방으로 뚫려 있어 만나기가 편리했기 때문이다. 지난 임진왜란 때에도 의병을 모집하는 중심지가 된 적이 있었다.[67]

그러나 이것은 전봉준이 법정에서 진술한 부분적이고도 표면적인 이유에 지나지 않으며, 그 배후에는 1892년에 동학도들이 최초의 종교 집회라 할 수 있는 신원운동을 전개한 곳이 바로 삼례이므로 이 장소를 택함으로써 역사적 감회를 상기시켜 동학도들을 최대한 동원해보고자 하는 의도가 깔려 있었다.

전봉준이 원평에서 하루를 자고 삼례에 도착한 것은 평사리를 떠난 지 이틀이 지난 10월 9일이었다.[68] 김개남은 이미 와 있었으며, 진안 접주 문계팔(文季八)·전영동(全永東)·이종태(李宗泰), 금구 접주 조준구(趙駿九), 전주 접주 최대봉(崔大奉)·송일두(宋日斗), 정읍의 손여옥(孫汝玉), 부안의 김석윤(金錫允)·김여중(金汝中)·최경선·송희옥(宋喜玉)·손화중이 도착했다.

---

66 황현(저), 김종일(역), 『梧下記聞』, pp. 227~228 : "孫化中繼至曰 吾等起事半載 雖曰一道享應 而士族有聲者不從 擁貨者不從 能文之士不從 所與呼接長者則 愚賊榮禍喜剽竊之徒耳 而驗人心之向背 事必不濟 不如散之四方 以圖苟全 開南亦不聽"

67 「全琫準供草 四招」: 問 特於參禮議是事者乎 /供 全州府中之外 邸幕稍多者 莫如參禮故耳 / 問 參禮戶數爲幾何 /供 百餘戶 / 問 汝之所居近處 必不無百餘戶之村庄 而特會於此何也 /供 此地道路四通 兼以驛村故耳; 貫井正之, 「全羅道 義兵에 대하여」, 『전통 시대의 민중운동』(上)(서울 : 풀빛, 1981), p. 179.

68 「全琫準供草 四招」: 問 至參禮之前 或無都會地乎 /供 至院坪經宿一夜 直至參禮

3차 기포 집결지인 삼례 전평 (촬영 : 1993. 12. 1.)

전주·진안·흥덕·무장·고창 등 기타 원근 각 지방의 백성들에게 격문을 전달하거나, 사람을 파견해서 유세하여 전라우도에서 모병한 숫자가 거의 4천여 명에 이르렀다.[69] 더욱 놀라운 사실은 이들이 회동한다는 소식을 듣고 대원군의 밀사인 박완남(朴完南)이 은밀히 참석했다는 사실이다.[70] 이미 삼례의 분위기는 험악해 있었다.

회의는 가을걷이가 끝난 전평(田平) 들에서 주먹밥에 소금으로 식사를 하며[71] 11일까지 이틀 동안 계속되었다. 회의의 내용은 주전(主戰)이냐 화전(和戰)이냐를 결정하는 것이었다. 양쪽의 격론은 심각했다. 특히 김개남의 주전론과 전봉준의 화평론은 피차 양보할 수 없는 것처럼 보였다. 그러나 이미 4천 명의 병사들이 주변에 모여들었다는 사실은 논의의

---

69 「동학당사건에 관한 會審 顚末 具報」(1895. 9. 2.), 『駐韓日本公使館記錄』(8), p. 50; 「全琫準供草 四招」: 問 其時參禮 所謂義兵之會者 爲幾何 /供 四千餘名
70 菊池謙讓, 『近代朝鮮史』(下), p. 231.
71 柳煥容(1916년생, 全北 完州郡 參禮邑 參禮里 910)의 증언.

분위기를 주전론 쪽으로 몰고 갔다.

결국 주전파가 승리를 거두자 그들은 진공 목표를 토의했다. 그리고 진공해야 할 제일의 목표가 공주여야 한다는 데 합의를 보았다. 이리하여 기쿠치 겐조(菊池謙讓)의 이른바 "조선의 십자군 전쟁"[72]의 막이 올랐다. 혁명군은 삼례를 출발하며 다음과 같은 군가를 불렀다고 전한다.

가보세 가보세
을미적 을미적
병신 되면 못 가리[73]

3. 북진

일본 정부는 군대 파견을 결정하고 1894년 11월 10일 동학당을 진압하는 데 후비보병 독립 제19대대를 파견하기로 했다. 후비보병은 현역 3년, 예비역 4년을 거치고 후비 병역(兵役) 5년의 의무를 지고 있는 부대로 풍부한 경험을 가지고 있어 농민군 상대의 산악전이나 수색전에 아주 적당한 병력이었다. 이들의 주력 화기는 미제 슈나이더(Snider)였다.[74]

이 제19대대는 본디 야마구치(山口)현 히코시마(彦島)의 수비대로서 이노우에 가오루(井上馨) 공사가 대본영에 요청한 전신 요청에 따라 11월 초순 아시카와마루(安治川丸)·야마토마루(大和丸)·사케다마루(酒田

---

72 菊池謙讓, 『近代朝鮮史』(下), p. 232.
73 황토현의 甲午東學革命記念塔의 背面 碑銘. 갑오세(甲午歲)에 결판을 내야지 을미적거리다가 을미년(乙未年)이 지나면 병신(丙申 : 病身)이 되고 만다는 뜻이다. 張道斌, 『甲午東學亂과 全琫準』(서울 : 德興書林, 1926), p. 66; 車相瓚, 「東學黨 首領 全琫準(2) : 그의 生涯와 活動」, 『朝光』(2/6), 1936년 6월호), p. 246.
74 具良根, 『갑오농민전쟁원인론』, pp. 423~424.

丸)에 분승하여 조선으로 출항했는데, 이들은 전적으로 농민군을 토벌하고자 파견한 부대였다. 이들은 당시 인천병참사령관 포병 중좌 이토 스게요시(伊東祐義)의 전략에 따라 그의 예하 후비보병 제18대대 제1중대, 후비보병 제6연대 제6중대, 제10연대 제4중대와 협력하여 주로 3남 지방에 투입되었다.

대동강 이북에서는 후비보병 제6연대 제4·6·7·8중대가 그 임무를 담당하였다. 진압 지역도 아닌 이곳에 미리 병력을 배치한 것은 이미 그때 일본이 청일전쟁을 준비하고 있었음을 뜻한다. 이들은 11월 3~4일에 걸쳐 시모노세키(下關)를 출발하였다.[75] 제19대대가 인천에 도착하자 용산에서 잠시 점검을 마친 다음 이노우에 가오루 공사와 이토 스게요시 남부 병참감은 상의를 거친 뒤 곧 이들을 전장에 투입했다. 그들은 세 방향으로 나뉘어 11월 12일 아침 용산을 출발, 인천에 도착하여 다시 배편으로 아산을 거쳐 공주로 향하도록 되어 있었다.[76]

출발 당시 이들은 길을 동로·중로·서로의 세 방향으로 나누어 진군했다. 동로는 병참 노선, 중로는 청주 가도, 서로는 공주 가도이다. 본디 이 군대는 3개 중대로 편성된 1개 대대이므로 1로에 1개 중대씩의 병력이 배치되었다. 제1중대(松本正保 대위)는 동로, 제2중대(森尾雅一 대위)는 서로, 제3중대(石黑光正 대위)는 중로로 각각 진군하였다. 교도대(敎導隊)는 먼저 출발하여 중로로 가는 분진대의 진군을 양지현(陽智縣)에서 기다리게 했다. 이 부대에는 감독으로 제18대대의 장교 2명과 하사 이하 약간 명을 배속시켰다.[77]

삼로분진(三路分進) 중대 가운데 공주 전선에 투입하기로 되어 있는

---

75 「공주전투 상황」, 『駐韓日本公使館記錄』(3), p. 387.
76 「大院君의 동학당 선동에 관한 건」, 『駐韓日本公使館記錄』(5), p. 84.
77 南少四郎, 「東學黨征討略記」, 『駐韓日本公使館記錄』(6), p. 26.

서로분진(西路分進) 중대의 숙박 일정 예정표를 보면, 제1일 흑천(黑川), 제2일 수원, 제3일 진위(振威), 제4일 안성도(安城渡), 제5일 천안, 제6일 휴식, 제7일 대평(大坪), 제8일 공주, 제9일 노성(魯城), 제10일 여산(礪山), 제11일 삼례, 제12일 전주, 제13일 태인, 제14일 천원(川原), 제15일 장성, 제16일 휴식, 제17일 담양, 제18일 가왕리(柯王里), 제19일 남원, 제20일 운봉(雲峰), 제21일 함양, 제22일 안의(安義), 제23일 거창, 제24일 체재, 제25일 권빈(勸賓), 제26일 고령(高靈), 제27일 성주, 제28일 부상(扶桑), 제29일 낙동(洛東)으로 되어 있다.[78] 이 일정으로 미루어 보면, 일본군은 농민군을 진압하고자 반도의 남단에까지 진격할 계획을 하고 있었으니 계획의 방대함을 알 수 있다.

이때 일본군에게 내린 훈령을 살펴보면 당시 일본군 지휘부의 의중을 더 정확히 이해할 수 있다.

(1) 각 부대는 이미 출정했거나 혹은 향후 출정할 의병과 협력하여 동학도 토벌에 종사하되 화근을 박멸하여 다시 일어나는 후환을 남기지 말 것.
(2) 수괴로 인정되는 자는 결박하여 한성 공사관으로 보내고 그 뇌동자 중 귀순자는 관대히 용서하고 가혹한 조치를 피할 것.
(3) 중앙정부의 유력자 집안과 유력한 지방관과 동학도와의 왕복 문서는 대단히 주의하여 취급할 것.
(4) 이번 동학당의 진압을 위하여 전후(前後) 파견한 조선병의 진퇴 여부는 오로지 일본 군대의 지휘에 따르고 일본 군율을 따라야 한다는 사실을 그들에게 통지하였으니 일본 사병은 이에 따라 그들을 지휘할 것.[79]

그렇다면 당시 일본군과 관군의 규모는 어느 정도였을까? 우선 일본

---

78 『駐韓日本公使館記錄』(1), p. 155.
79 『東京朝日新聞』, 明治 27년(1894) 11월 20일자; 구양근, 『갑오농민전쟁원인론』, p. 451 참조.

의 주력부대인 제19대대의 규모를 보면, 대대본부에는 대대장인 미나미 고시로(南小四郎) 소좌[80]를 비롯하여 부관 고이에 도붕(鯉江登文), 실전 하사 4명, 비전투원 하사 42명; 제1중대는 중대장 대위 마쓰모토 마사야츠(松本正保), 실전 하사 8명, 비전투원 하사 8명, 실전 상등병 15명, 비전투원 상등병 19명, 실전 병졸 64명, 비전투원 병졸 81명; 제2중대는 중대장 대위 모리오 마사가츠(森尾雅一), 실전 하사 16명, 실전 상등병 13명, 비전투원 상등병 1명, 실전 병졸 139명, 비전투원 병졸 2명; 제3중대는 중대장 대위 이시쿠로 미츠마사(石黑光正), 실전 하사 15명, 비전투원 하사 1명, 실전 상등병 36명, 비전투원 상등병 1명, 실전 병졸 147명, 비전투원 병졸 1명; 합계 위관 장교 13명, 하사 84명, 상등병 85명,

---

80 제19대대의 대대장인 미나미 고시로(南小四郎)는 군인으로서 매우 유능한 인물이었던 것으로 보인다. 그는 농민군의 토벌이 끝난 다음 조선의 개혁과 관련하여 일본 정부에 다음과 같은 의견서를 제출했는데 그 내용은 한국인들에게 아픈 충고가 될 뿐만 아니라 그의 유능함을 가늠할 수 있게 해준다.
  (1) 인민의 계급에 따라 특권을 주는 폐해는 조속히 제거해버리지 않으면 안 된다. 역과 촌락의 인민들이 거의 인간으로 취급받지 못하고 있는 것, 이방이 관명을 사칭하고 관청의 문서를 변조하여 조세를 물리는 것 및 인민에게 관리가 될 수 있는 권리가 없는 것 등은 불합리한 누습이다. (2) 현(縣)의 수효가 매우 과다하다. 경제적이지 못한 것 같으니 오히려 병합하는 것이 득책일 것이다. (3) 무엇 때문인지 모르겠으나 관아의 문이 너무 많은 것 같다. 하나는 평민이 드나드는 문, 하나는 귀족이 드나드는 문, 하나는 관리가 통행하기 위한 문과 같은 것들이다. 그리고 이들 문은 모두 파손되어 있고 수리를 하지 않았다. 외견상으로도 매우 보기 흉하다. (4) 지방관의 사무실을 고치지 않으면 안 된다. 공무를 집행하는 한편 손님이 왔을 때 음식을 내놓는 것은 물론 잠자는 것도 여기서 하고 먹는 것도 여기서 한다는 것은 공사를 혼동시키는 것이다. (5) 도로 수리에 제일 먼저 착수하기 바란다. 현재 국가 경제 형편상 이것이 허락되지 않는다면, 토지소유자들에게 그들 분수에 맞게 분담시키는 것도 좋을 것이다. 지방에는 큰 부자가 적지 않다. (6) 어린이를 교육해야 한다. 모든 사람이 할 일 없이 빈둥빈둥 놀고 게으른 풍조는 이로부터 생겨났으니, 국민성을 개량하려면 학교 제도를 제정하는 것이 급선무이다. (7) 호적법을 시행해야 한다. 호적법이 없기 때문에 범죄자를 체포할 방도가 없다. 또한 노력 동원할 수 있는 인민의 수를 예측할 수가 없다. 군사상 매우 불편함을 느꼈다. (8) 묘지 제도를 개정해야 한다. 묘지는 한국 사람이 가장 소중히 여기는 것이기 때문에 부잣집 묘지의 경우 몇십 리에 걸치는 것도 있다. 이런 것은 매우 불합리한 일이다.(「東學黨征討略記」,『駐韓日本公使館記錄』(6), p. 59)

병졸 434명; 총계 616명(실전 156명, 비전투원 460명)이었다.[81]

한편 조선군의 규모를 살펴보면, 친군 경리청 703명, 경리청 280명, 친군 장위영(壯衛營) 850명, 친군 통위영 401명, 교도대 328명, 순무영(巡撫營) 108명, 도합 2,536명이었으나,[82] 장비와 군기(軍紀) 그리고 전투 경험에서는 일본군이 주력부대를 이루고 있었으므로 이들은 일본군의 지휘를 받도록 되어 있었다.[83]

삼례집회의 분위기가 위험스럽게 확산되자 조선 조정은 통위영병 대장 이규태(李圭泰)를 지휘관으로 삼고 죽산부사(竹山府使) 이두황(李斗璜)을 우선봉으로 삼아 진격하도록 하는 한편, 경리청 영관(經理廳領官) 성하영(成夏泳)과 대관(隊官) 백낙완(白樂浣)·조병완(曺秉完)에게 본청병(本廳兵) 2소대 280명을 영솔하고 남쪽으로 내려가게 하니 갑오년 9월 14일(양력 10월 12일)이었다.[84]

일본군 주력부대인 제19대대의 진로를 보면, 중로는 본부중대와 3중대가 용인·죽산·진천·목천·청주·문의·회덕·옥천·영동·금산·진산·연산·노성·은진·진안을 거쳐 2중대와 금산에서 합류(12월 16일)했고, 동로는 1중대가 이천·장호원·음성·괴산을 거쳐 강원도로 향하여(11월 23일) 문경(12월 14일), 상주·김천·거창·함양·운봉을 지나 남원(12월 27~29일)에 도착하여 2중대와 남원에서 합류(12월 30일)했다.

서로는 2중대가 맡아서 진위(11월 14일), 양성·평택(15일), 직산·아산(16일), 천안·아산(17일), 천안·신창(18일), 천안·예산(19일), 덕평·면

---

81 「동학당 정토 공로자에 대한 논공 건의 건 : 제19대대 공적 상신 내역」(1895.5.13.), 『駐韓日本公使館記錄』(6), pp. 73~91.
82 「各陣將卒成冊」, 『東學亂記錄』(下), pp. 627~650; 白樂浣(記), 신복룡(校注), 「南征錄」, 『韓國學報』(74)(서울 : 일지사, 1994), p. 175.
83 南小四郞, 「南小四郞의 東學黨征討策戰 실시 보고」(1895.2.10.), 『駐韓日本公使館記錄』(6), p. 27.
84 白樂浣(記), 신복룡(校注), 「南征錄」, p. 175.

농민군이 본영(本營)을 차린 논산군 연산읍 관동리 황성재 (촬영 金亨勳, 1995. 11. 11.)

천(21일), 공주·덕산(21일), 공주·홍주(11월 22일~12월 4일), 공주·대흥·유구·부강(10일), 논산(11일), 용수막·진잠(12일), 공주·연산(13일), 은진·금산(14~17일), 삼례·익산·무주(18~19일), 전주·무주·금구·태인·정읍·장성(20~25일), 고부(26일), 임실(27일)을 거쳐 남원에서 3개 중대가 합류하여(28~29일) 순창·무장·곡성·구례·담양·광주(12월 31일~1월 4일), 나주·함평·무안·장흥·광양·목포·순창·강진·군천·해남(1월 5일~2월 5일)으로까지 내려갔다.[85]

한편 농민군의 북진이 결정되자 전봉준은 10월 12일(음력 9월 14일) 4시경에 삼례역에서 농민군 800여 명을 이끌고 전주성 안으로 들어가 군기고를 습격하여 총 251자루, 창 11자루, 환도(環刀) 442자루와 철환(鐵丸) 및 각종 물품을 탈취했다. 더욱이 7월경 총제영진(摠制營鎭)에서 남

---

85 「南少四郞의 東學黨征討策戰 실시 보고」(1895.2.10.),『駐韓日本公使館記錄』(6), p. 60), pp. 64~68.

영(南營)의 병정들이 해금(解禁)할 때 놓아두었던 화포 74문, 탄환 9,773발, 탄자(彈子) 4만1천234개, 환도 300자루[86]를 탈취했다.

이어서 농민군은 회룡총(回龍銃 : 에피르) 400정, 탄환 4만발, 회선포(回旋砲 : 개틀링) 1문, 극로포(極老砲 : 크루프) 1문, 개화포(開火砲 : 구식 대포) 1문,[87] 후장총[元込銃]인 레밍톤 80정을 탈취하여[88] 무기는 비교적 많은 편이었고 질서도 정연했다. 일부는 왕궁면(王宮面)의 대밭에서 꺾은 대나무로 죽창을 만들어 무장했다.[89] 삼례를 출발한 농민군은 다시 은진·노성 두 곳을 침입하여 무기를 약탈하고[90] 농민군에 가담한 임실현감 민충식(閔忠植)의 도움을 받아 노성 부근까지 쉽게 진출할 수 있었다.[91]

10월 16일 논산에 이른 전봉준 부대는 연산읍 관동리(連山邑 官洞里) 뒷산 황성재[黃城峴]를 본영으로 삼고 전열을 가다듬었다.[92] 전봉준은 우선 김개남에게 합류를 요청했다.[93] 당시 김개남은 남원에 있었는데 오랫동안 머무를 요량으로 관청과 성을 보수하고 교룡산성(蛟龍山城)을 증축했는데[94] 점괘에 "남원에서 49일 동안 머물라 했다."면서 그 49일을 채

---

86 『駐韓日本公使館記錄』(1), p. 129.
87 「東學黨關係 探問調査」(1894.11.11), 『駐韓日本公使館記錄』(1), p. 161.
88 南少四郞, 「南少四郞의 東學黨征討策戰 실시 보고」(1895.2.10.), 『駐韓日本公使館記錄』(6), p. 28.
89 柳煥容(1916년 생, 전북 완주군 삼례읍 삼례리 910)의 증언.
90 『駐韓日本公使館記錄』(1), p. 164.
91 「任實縣監 閔忠植의 호송 도중 도망한 건과 그 罪狀書」(1894.12.28), 『駐韓日本公使館記錄』(1), pp. 196~197; 「동학당과 결탁한 임실 현감 민충식의 호송 중 도주 사실 통보 및 요청」, 『駐韓日本公使館記錄』(6), pp. 1~2.
92 都基鴻(1925년생, 대전시 중구 牧洞 3-103)의 증언. 도기홍은 당시 논산 유생으로 관군과 농민군 사이에 무분별한 보복전이 전개될 때 이를 중재한 都相廈(1873~1944)의 손자이다. 도상하의 기록은 『조선환여승람』(朝鮮寰輿勝覽)(공주 : 보문사, 1933)의 「논산편」(p. 15)에 보인다. 일반적으로 이 당시 농민군의 본영이 小土山에 있었다고 기록되어 있는데(菊池謙讓, 『近代朝鮮史』(下), pp. 244~246), 小土山이라 함은 고유 지명이 아니라 작은 토산이라는 보통명사일 뿐이다. 金泰桐(논산군청 문화공보실)의 증언.
93 「公山剿匪記 : 牛金峙之事」, 『官報』개국 503년 11월 29일자 : "有人自恩津來言 賊兵復聚論山 招集餘黨 並乞援於入去完山之金介南 合力再擧"
94 『梧下記聞』, pp. 262~263.

우기 위해 출발을 미루다가 8월 25일 이후 꼭 49일이 되는 10월 14일에 화산당(花山堂) 접주 이문경(李文卿)에게 남원을 지키게 하고 자신은 전주로 출진했다. 이동할 때 총을 든 무리가 8천 명이었고 짐을 진 행렬이 100리까지 이어졌다.[95] 김개남은 10월 24일에 금산을 완전히 점령하여 청주로 가는 길을 열었다.[96] 그는 진잠·회덕·신탄진을 경유하여 13일에 청주를 공격했다.[97]

당시 논산 본영에 모인 농민군의 규모는 어느 정도였을까? 당초 삼례에서 집회가 있던 당시에 4천 명이었던 것이 북상을 할 무렵에는 2만 명으로 증가했다.[98] 그 뒤 농민군은 더욱 증가하여 본영이 설치된 논산에 집결한 농민군은 전주 최대봉(崔大鳳)과 강수한(姜守漢)의 병력이 5천 명, 고창 임천서(林天瑞)와 임형로(林亨老)의 병력이 5천 명, 태인 최경선의 병력이 7천 명, 남원 김개남의 병력이 1만 명, 금구 김봉득(金鳳得)의 병력이 5천 명, 함열 유한필(劉漢弼)의 병력이 2천 명, 무장 송경찬(宋敬贊)·송문수(宋文洙)·강경중(姜敬重)의 병력이 7천 명, 영광 오시영(吳時泳)과 오하영(吳夏泳) 형제의 병력이 8천 명, 정읍 손여옥(孫如玉)과 차치구(車致九)의 병력이 5천 명, 김제 김봉년(金奉年)의 병력이 4천 명, 고부 정일서(鄭一瑞)와 김도삼(金道三)의 병력이 6천 명, 삼례 송희옥(宋憙玉)의 병력이 5천 명, 순창 오동호(吳東昊)의 병력이 1,500명, 원평 송태섭(宋泰燮)의 병력이 7천 명, 장흥 이방언(李邦彦)의 병력이 5천 명, 해남 김병태(金炳泰)의 병력이 3천 명, 무안 배규인(裵奎仁)의 병력이 2천 명, 장성(長城) 기우선(奇宇善)의 병력이 1천 명, 나주 오권선(吳勸善)의 병력이 3천 명, 함평 이○○의 병력이 1천 명, 흥덕 고영숙(高永叔)의 병력이

---

95 『梧下記聞』, p. 268.
96 『駐韓日本公使館記錄』(6), p. 42.
97 「巡撫先鋒陣謄錄」(11월 15일자), 『東學亂記錄』(上), pp. 503~504.
98 菊池謙讓, 『近代朝鮮史』(下), p. 245.

2천 명, 순천 박낙양(朴洛陽)의 병력이 5천 명, 흥양 유희도(劉希道)의 병력이 3천 명, 보성 문장형(文章衡)의 병력이 3천 명, 광주 박성동(朴成東)의 병력이 4천 명, 임실 이용거(李龍擧)와 이병용(李炳用)의 병력이 3천 명, 담양 김중화(金重華)의 병력이 3천 명, 합계 11만7,500명이었다.[99]

22만7천 명이었다는 기록[100]도 있으나 이는 과장된 듯하다. 아마 혁명기 전국의 총동원 병력을 의미한 것이 아닌가 여겨진다. 전봉준의 말을 빌리면, 공주 접전 때 자신의 부대는 4천 명이었고 전군은 1만여 명 정도였다고 하며,[101] 관군 측에서는 4만으로 산출하고 있다.[102]

전봉준의 생애를 탐구하면서 주목해야 할 점은 그가 불만에 찬 개혁론자임이 틀림없지만, 투사적인 인물이라고 볼 수는 없다는 사실이다. 이 점에서 그는 김개남과 다르다. 이것은 몸과 목숨을 지키고자(安身立命) 풍수도참에 몰두한 그의 인간성이라든가 그가 백면서생이었다고 하는 생활상으로도 알 수 있다. 그는 인명의 살생에 흔쾌히 앞장설 수 있는 인물이 아니었다.

전봉준이 나중에 그토록 격렬한 투사가 된 것은 사태가 진전되면서 어쩔 수 없이 그에 맞춰간 것일 뿐이다. 그렇기 때문에 사세(事勢)가 이미 일촉즉발의 험악한 지경에 이르렀음에도 관군과 평화적인 방법으로 문제를 해결해보고자 하는 바람을 버리지 않았다. 그리하여 그는 북상길에 논산에 이르러 충청감사 박제순(朴齊純)에게 다음과 같은 글을 보냈다.

---

99 오지영, 『동학사』(서울 : 영창서관, 1940), pp. 134~135.
100 양진석, 「충청지역 농민전쟁의 전개 양상」, 『백제문화(23)』(공주 : 공주대 백제문화연구소, 1994), p. 25.
101 「全琫準供草 初招」: 問 招募時 但自願者糾集耶 或勒驅耶 /供 矣身本來率四千名 則自願者 而其外各處通文辭意 則若不應此擧者 不忠無道 / 問 至公州時 幾許名乎 /供 萬餘名
102 「巡撫使呈報牒」(10월 25일자), 『東學亂記錄』(下), p. 10.

양호창의 영수(兩湖倡義領首) 전봉준은 백번 절하고 호서순상 합하(湖西巡相閤下)께 글을 올립니다.

하늘과 땅 사이[覆載間]에 사람은 강기(綱紀)가 있어 만물의 영장[靈]이라 일컬은 것이니 그를 식언(食言)하고 마음을 속이는 자는 인류로서 논할 수 없나이다. 항차 나라에 어려움과 근심이 있는데 어찌 감히 밖으로 훈계하고 안으로 타일러[外飭內誘] 천하 백일하에 목숨을 가지고 숨 쉴 수 있으리까? 일본 침략자들이 험담을 만들고 군대를 움직여 우리 군부(君父)를 핍박하고 우리 민중을 근심케 하니 어찌 말을 참을 수 있으리까? 옛날 임진란의 화(禍)에 오랑캐가 능침(凌寢)하여 대궐과 궐묘(闕墓)를 불태우고 군친(君親)을 보복케 하고 백성을 죽이었으니 백성들 모두가 분하게 여겨 천추에 잊을 수 없는 한(恨)이라.

초야에 있는 필부, 몽매한 어린이까지 아직도 답답한 울분을 감추지 못하고 있으니 항차 각하는 대대로 벼슬한 공신[世祿忠勳]으로 평민[小夫]보다 몇 배나 더하지 않겠습니까? 오늘날의 조정대신은 망령되이 생명의 안전만을 도모하여 위로는 군부를 협박하고 아래로는 백성을 속여 일본[東夷]에게 연장(連腸)하여 남민(南民)에게 원(怨)을 이루고, 친병(親兵)을 망령되이 움직여 선왕의 백성[赤子]을 해치고자 하니 참으로 어떤 뜻이며 무엇을 하려고 하는 것입니까?

내가 하고자 하는 것은 그것이 극히 어렵다는 것을 알고 있으나 일편단심 영문에 죽음을 각오하고 천하에 신하된 몸[人臣]으로 두 마음을 품은 무리를 없애[掃除] 선왕조 오백 년 키우고 가르친[遺育] 은혜에 보답코자 하니 원컨대 각하는 크게 반성하여 의(義)로써 같이 죽으면 천만다행일까 하나이다.

갑오 10월 16일
논산에서 삼가 드림[103]

103 「宣諭榜文並東徒上書所志謄書」,『東學亂記錄』(下), pp. 383~384:
　　兩湖倡義領首全琫準 謹百拜上書于湖西巡相閤下 覆載之間 人有綱紀 稱以萬物之靈 其食言詐心者 不可以人類論之 況玆國有艱憂 豈敢以外飭內誘 容息於天日下一瞬之命哉 日寇搆釁動兵 逼我君父 擾我民黎 寧忍說乎 在昔壬辰之禍 夷凌寢,焚闕廟 辱君親 戮黎庶 臣民之共憤 而千古未忘之恨也 在於草野 匹夫昧童 上鬱悒不瑕 而況閤下世祿忠勳 尤倍於

그러나 이러한 제의는 처음부터 무의미한 것이었다. 민족주의라고 하는 거대한 이상에서 볼 때 농민혁명군과 중앙관리는 그 지향하는 바가 같을 것 같지만, 실상에서는 위정자들이 민중의 개혁 의지를 외면하는 것은 동서를 막론하고 상례로 되어 있기 때문이다.

조정은 농민군이 강성한 것에 놀라 장졸들을 각처에 파송했는데, 후원령관 안성군수 구상조(具相祖), 홍운섭(洪運燮)과 대관 윤영성(尹泳成)·이상덕(李相德)이 본대병을 영솔하고 내려가 경리청 영관 성하영과 합진하여 청주군에 주둔했다. 이때 공주 관찰사 박제순이 본부의 위급함을 걱정하면서 청주 군대에 여러 번 청원하고 백낙완도 급히 보고하니, 이에 영관 경리청 성하영이 출발하여 10월 20일에 공주부에 이르고 백낙완의 분로병(分路兵) 50명이 와서 합진했다.[104]

전봉준이 북상할 무렵, 이들과는 별도로 북접군도 남하하는 관군에 항전하고 있었다. 이들과 관군의 최초의 접전은 10월 22일부터 27일까지 세성산(細城山)에서 이루어졌다. 세성산은 목천 남쪽에 솟아오른 해발 220미터의 농성(農城)으로, 북서쪽은 높이 솟아 있고 동남쪽은 울창한 숲으로 연결되어 있다.

세성산에 북접의 김복용(金福用)이 웅거해 있을 때, 공주의 관군 내부에서는 "목천 세성산의 역적들은 뱃속에 든 우환"[木川細城之賊 爲腹心之憂]이라 하여 목천을 먼저 공격해야 한다는 주장과 "만약 공주성이 함락되면 호서의 모든 고을이 우리의 땅이 아니다."[若錦營一憂 則湖西全省 便非我有也]라 하여 공주를 먼저 공격해야 한다는 주장이 나왔으나, 결국

平民小夫哉 目今朝廷大臣 妄生苟全之心 上脅君父 下罔黎民 連腸於東夷 致怨於南民 妄動親兵 欲害先王之赤子 誠何意哉 竟欲何爲 今生之所爲 固知其極難 然一片丹心 營死不易 掃除天下之爲人臣而懷二心者 以謝先王朝五百年遺育之恩 伏願閣下猛省 同死以義 千萬幸甚甲午 十月 十六日 在論山 謹呈

104　白樂浣(記), 신복룡(校注), 「南征錄」, pp. 182~183.

천원군 성남면 화성리 공달원. 뒤에 보이는 산이 세성산이다.

그 주력을 공주에 포진하고 죽산부사 이두황의 우선봉군이 일본군과 함께 목천을 선공하기로 결정했다.[105]

이곳 세성산의 동학삼로(東學三老)[106]라 일컫는 김화성(金化成)·김용희(金鏞熙)·김성지(金成之)가 이끄는 농민군은 산 위에 방비 요새를 세우고 산성의 높은 암벽 사이에 막사를 세웠는데, 공격하기가 매우 어렵고 견고했다. 산성의 농민군은 투지가 왕성했고 깃발은 수풀처럼 세워졌으며 함성은 산골짜기를 울렸다. 그들이 부대를 편제하여 용감하게 전투에 종사하는 광경은 매우 장렬했다.

---

105 김의환, 「동학군전적지답사기」(8), 『新人間』 324(1975년 2월)(서울 : 천도교중앙총부, 신인간사), p. 52; 「兩湖右先鋒日記」(10월 21일자), 『東學亂記錄』(上), pp. 287~290; 「公山剿匪記 : 利仁之役」, 『官報』(개국 503년 11월 27일자), pp. 419~421 : "或言 木川細成之賊爲腹心之憂 不如先伐木川 或言 各處匪類 雖甚猖獗 而當以湖南之全琫準爲巨擘 其衆爲屢萬 且有洋砲·洋槍 曾經攻陷全州城者也."
106 「巡撫先鋒陣謄錄」(10월 27일자), 『東學亂記錄』(上), p. 437.

이 산성에 주둔한 농민군 가운데는 동학교도가 많았는데, 그들은 관군이 쏜 총탄을 동학의 주문으로 저지할 수 있다고 생각했다. 또 포탄이 몸에 맞아도 죽지 않으며, 칼에 맞아 상처를 입어도 피가 흐르지 않으며, 자신들의 신앙은 귀신과도 같아서 탄환이 비 오듯 쏟아져도 두려워하지 않으리라고 생각했다.[107]

이때 관군 두 부대가 동남쪽에서 포격하면서 소나무 숲에서 돌격해 왔다. 동북쪽의 산맥을 넘어 돌격한 관군은 청주 방면에서 원조하고자 온 주력부대로, 그 가운데 일본군 한 부대가 선두에 서서 공격했다. 산성 기슭에 도달한 일본 군대는 곧바로 돌격하여 동남쪽 깊은 계곡을 지나 산성 가까이 매진했다. 산성의 농민군은 대부분 칼을 가지고 맞서 싸우려고 몸을 드러내놓고 관군을 기다렸다. 일본군의 총격은 농민군을 무력하게 만들었다.

피가 흘러 사방에 흩어지고 시체가 쌓여 있는 엄청난 광경을 보자, 상처도 입지 않고 죽지도 않는다는 것을 믿고 있던 농민군은 공포를 느끼면서 북쪽으로 흩어져 도망가기 시작했다. 이때 동남쪽에서 진격한 관군은 농민군을 추격하여 마치 토끼 사냥을 하듯 살해했다. 주문을 외우고 있던 동학교도들은 마치 사형 집행을 당하듯이 살해되었다. 시체가 산더미 같아 그 뒤 이곳 주민은 이 산을 시성산(屍城山)이라고 부른다.[108]

다행히 위급함을 벗어나 북쪽 암벽으로 도망한 사람들도 암벽 아래에 숨어 있던 부대의 공격을 받아 무참히 살해되었다. 이 싸움에서 북접군의 맹장인 김복용, 중군 김영우(金永祐), 화포대장 원전옥(元全玉)이 생포되어 총살을 당했고 많은 군기를 빼앗겼다. 이 패전은 농민군에게 치명적인 손실을 주었다.

107　菊池謙讓,『近代朝鮮史』(下), p. 239.
108　『天原實錄』,(천안 : 천원군 문화공보실, 1982), p. 26, pp. 159~160.

이 싸움에서 관군은 조총 140점, 나팔 2개, 창 288자루, 거마철(拒馬鐵) 32건, 징 5좌(座), 긴 화살 3천300개, 청나라제 탄환 36궤(櫃) 2만6천500발, 크고 작은 깃발 30개, 백미 266석, 쌀[正粗] 367섬, 콩 12섬, 보리 8섬, 소금 3섬, 구리화로[銅爐口] 3좌, 철환 36만6천 발, 북 3개, 삽[小] 5자루, 삽[大] 5자루, 소철로(小鐵爐) 1좌, 월도(月刀) 1자루, 곡괭이 1자루, 철촉롱(鐵燭籠) 2쌍, 잡색대소기(雜色大召旗) 30폭, 마름쇠 철질려(鐵蒺藜) 1천500개, 화살촉[箭鏃] 2천 개, 일삽(日鍤) 1개를 노획했다. 시체는 370구(具)를 헤아렸고, 포로 17명, 기타 중·경상자는 400명이 넘었다.[109]

당시의 전투 상황에 대해서 이곳 주민인 황윤섭(黃允燮)과 황명현(黃銘鉉)은 다음과 같은 증언을 남겼다.

> 이곳 세성산 마을 호수가 지금은 40호밖에 안 되나 갑오년에는 70호였다. 당시 관군과 일본군의 방화 살육이 심했는데 마침 주민 가운데 안동 김씨가 있어서 서울에 연락하여 절반은 살아남을 수 있었다. ……
> 세성산이 함락되기 전에 이 부근 농민군들은 일인들을 잡아다가 산성 중턱에 있는 향나무에 매달아놓고 처단하였는데 그 나무가 지금까지 살아 있다.[110]

이 세성산의 승리로 관군의 기세는 크게 높아진 것과는 달리, 농민군 가운데는 달아나는 사람이 많아 커다란 동요가 생겼고 경기도와 충청북도의 여러 고을은 싸우지도 않고 흩어지는 상황이 되었다. 충청남도의 바닷가에서도 농민군의 대진(大陣)이었던 홍주를 10월 25일에 군관 이

---

109 菊池謙讓, 『近代朝鮮史』(下), p. 240, pp. 289~290; 『承政院日記』 1894년 11월 5일 자에 따르면 22일 하루에 62명이 포살되었다.
110 김의환, 「동학군전적지답사기」(8), pp. 56~57.

승우(李勝宇)가 탈환했다.[111]

세성산 싸움 이후 관군의 진용이 날이 갈수록 갖추어졌지만, 농민군의 규모는 점차 줄어들었고 사기도 퇴색하였으며 군기와 군량도 부족하게 되었다. 이두황은 세성산에서 3일 동안 머문 뒤, 300명을 잔류시키고, 26일 공주의 급보를 받자 이곳을 출발하여 봉암동(鳳巖洞)을 거쳐 27일 공주에 입성했는데 병력은 850명이었다.[112]

이제 전봉준은 북진을 재촉하지 않을 수 없었다. 그가 첫 번째 목표로 삼은 것은 공주였다. "월성산의 가을 정취가 드높고 웅진의 달이 밝은"[月城秋興 熊津明月] 공주는 백제의 고도(古都)로 유서가 깊을 뿐 아니라 산으로 막히고 북쪽에는 금강이 있어 서해로 흐르고, 남쪽에는 큰 길이 있어 수륙의 모든 면에서 군사요충지[兵陣之地]였기 때문에 여기에 웅거하고 고수한다면 일본군이 쉽사리 쳐들어오지 못하리라고 생각했다.[113] 전봉준이 공주 점령에 몰두했던 이유 가운데 하나는 공주가 십승지지인 때문으로 그가 풍수지리설에 탐닉했던 것과도 무관하지 않다.[114]

공주의 중요성에 관해서는 일본군도 같은 생각을 하고 있었다. 당시 관군과 일본군은 공주가 농민군을 저지하는 최후의 보루라고 생각하고 있었는데 그 이유는 이노우에 가오루(井上馨) 공사의 다음과 같은 전략보고서에 잘 나타나 있다.

> 공주(公州)는 충청도의 도부(都府)로서 한 도의 중요한 위치를 차지하는 곳이므로, 만일 이곳이 적의 수중에 떨어지면 한 도가 몽땅 무너질 것

---

111 菊池謙讓, 『近代朝鮮史』(下), p. 241.
112 「兩湖右先鋒日記」(10월 28일자), 『東學亂記錄』(上), p. 298.
113 「全琫準供草 初招」: 問 其後更行何事乎 /供 其後思量 則公州監營 阻山帶水 地理形勝 故雄據此地 爲固守之謀 則日兵必 不能容易擊拔 故入公州
114 『鄭鑑錄』에 따르면, 公州는 십승지지의 하나로서 "公主維鳩麻谷之間 周會百里 可免殺戮"이라 했다.(「南格庵山水十勝保吉之地篇·鑑訣篇」)

입니다. 동학당의 형세를 보면,…… 그들을 강원도나 함경도 방면으로 도망치게 한다면 후환이 적지 않을 것으로 생각됩니다. …… 이번에 신속히 동학당을 진압하여 조선 정부의 내환(內患)을 제거하는 것이 내외적으로 대단히 시급한 일이라 생각됩니다.

따라서 우리 정토군의 세력, 특히 동북 방면의 세력을 보강하여 적도(賊徒)가 강원·함경 양도로 도주하는 것을 예방하고 아울러 토멸(討滅)의 성과를 빨리 거두고자 이곳 수비대 중에서 1개 중대를 더 동쪽길로 파견하고 적도를 서남 방면으로 쫓아버려 끝에 가서는 서쪽 길의 우리 군대와 함께 포위·공격하여 한꺼번에 이를 소탕[剿滅]하고자 합니다.[115]

당시 북상하고 있던 전봉준은 공주 진공을 결행할 때 뒤에 남아 전주를 지키던 김개남에게 긴급히 구원을 요청했으나 응답이 없었으며, 광주 방면에서 활동하던 손화중에게도 사람을 보내 도와줄 것을 부탁했으나 즉각적인 응원이 없었다. 전봉준은 연산을 출발하여 공주를 향해 노성으로 진군했다. 공주는 북서쪽에 금강이 흐르고 있기 때문에 동남쪽에서 들어가는 길밖에 없었다.

노성에서 공주로 들어가는 길은 우측으로 경천(敬天)에서 판치(板峙)를 넘어 효포(孝浦 : 계룡면 新基里 샛터)와 능치를 경유하는 길과 좌측으로 이인을 거쳐 우금고개로 들어가는 길이 있다. 농민군은 노성에서 2대로 나누어 한 부대는 판치, 효포, 능치를 거쳐 공주의 동쪽을 공격하고 다른 한 부대는 노성에서 이인으로 진출하여 우금고개 쪽에서 공주의 남쪽을 공격하기로 했다.

이때 공주 일대에 집결해 있던 관군의 숫자를 보면, 선봉장 이규태가 이끄는 경리청·순무영·통위영·장위영·좌선봉진 등 3,209명[116]에 일본

---

115 「井上特命全權公使 報告」(1894. 11. 14.), 『駐韓日本公使館記錄』(1), pp. 164~165.
116 「各陣將卒成冊」, 『東學亂記錄』(下), pp. 647~653.

공주군 계룡면 경천점(敬天店)(촬영 : 1995. 11. 10.). 뒤에 보이는 산이 계룡산이다.

군이 배속되어 있어 당초보다 증강되었다. 이 가운데 핵심적인 병력은 일본 사관이 훈련시킨 교도중대였다. 일본군 보병 모리오 마사가츠(森尾雅一) 대위, 시라키 세이타로(白木誠太郎) 중위와 미야모토 다케타로(宮本竹太郎) 소위가 이들을 직접 지휘했다.

이 중대에는 일본 하사관 약간 명과 한국인 통역 두 명이 배속되어 있었다. 공주가 중요한 만큼 조선군에게는 모젤 400정과 탄약 4만 발을 대여하였으나, 이 탄약으로는 여전히 부족하여 다시 탄약 3만 발 정도를 더 제공했다. 강화병(江華兵)은 슈나이더와 레밍턴을 섞어 썼으며 진남병(鎭南兵)이 갖고 있던 것은 모두 슈나이더였다.

중군은 이기동(李基東)이 인솔하고 통위영은 오창성(吳昌成)이 통솔하여 금학동에 진을 쳤고, 구상조는 웅기에 주둔하였으며, 장용진은 통위영 일부를 이끌고 봉화대에 있었다. 공주영의 주력은 중군 이기동이 지휘하여 주봉에 배치했다. 성하영과 백낙완은 이미 10월 초6일 공주에 도착하여 견준봉(犬蹲峰 : 개돌백이)에 진을 치고 방위를 더욱 삼엄하게

효개(孝開)에서 바라본 봉화대(오른쪽)와 능치(왼쪽)(촬영 : 1995. 11. 11.)

했다.[117] 경리청병은 공주 동남쪽의 봉황산 효포봉과 연미봉에 배치되고 이인과 판치에는 경리청병과 통위영병이 배치되었으며, 공주 영내에서는 스즈키 아키라(鈴木彰)가 신병을 훈련시키고 있었다.

이규태는 통위영병을 거느리고 10월 24일 공주에 도착했다. 서로분진중대(西路分進中隊)의 모리오 마사가츠 대위는 우금고개를 수비했다. 중앙에서 특별히 파견된 우선봉군 약 1천 명은 이두황의 지휘를 받아 천안·목천·청주에서 천천히 남하했고, 공주전투 전날에는 대부분이 전선에 투입되었다.

공주성 안에는 당시 일본군 외에 총위영병 1개 대대, 장위영병 1개 대대, 경리청병 1개 대대가 있었으므로 모리오 마사가츠 대위가 이들을 통솔하여 돌진해 나올 계획이었다. 이처럼 배치된 부대들은 공주성이 여러 겹 포위되었을 때는 사수하라는 명령을 지켰지만, 농민군의 세력이 수그러지는 징후가 보이자, 성안에서 나와 격퇴하자는 의견이 생겨, 곧 의결

---

117 백낙완(記), 신복룡(校注), 「南征錄」, p. 177.

하여 담당 부서를 결정했다.[118]

농민군이 공주성으로 진격하기 시작한 것은 10월 22일이었다. 전봉준이 이끄는 주력부대는 경천에 집결했다가 판치를 넘어 남쪽으로 10리에 있는 효포로 진출했다. 능치를 넘어 공주를 점령하려던 전봉준과 이를 방어하는 성하영이 대치하여 10월 24일부터 접전이 시작되었다.

대치한 지 하루가 지나 25일 아침 홍운섭의 증원 부대가 도착하자 관군은 3로로 나누어 농민군을 공격했다. 경리청 대관 조병완은 북에서 농민군의 우측을 공격하고 참령관 구상조와 일본군 30명은 남쪽에서 좌측을 공격하고 성하영은 정면에서 진격하여 3면 공세를 전개하며 반나절 동안 격전을 벌였으나 승부가 나지 않았다.

효포와 납다리[蠟橋]에 둔진하고 있던 선봉장 이규태는 통위영병 2개 소대를 이끌고 10월 25일 아침부터 공격을 시작했는데 대관 신창희(申昌熙)와 오창성이 분발하여 몸을 돌보지 않고 진격하여 농민군을 포살했다.[119] 안성군수 홍운섭이 경리청 대관 윤영성과 함께 세 길로 진격하자 전봉준은 가마를 타고 깃발을 휘날리며 나팔을 불며 나왔다. 이에 관군이 일시에 진격하여 70명을 사살하고 2명을 사로잡았으며 대포와 군기를 노획했다. 경리청의 병정들이 농민군의 허술함을 틈타 엄습했다.

두 번의 싸움에 관군은 엽전 3천 냥, 나무 10동, 소 2마리, 말 11필, 소가죽 10장, 호피 1장, 문서 2궤짝, 회선포 2좌, 클루프 2좌, 대기포 5좌, 불랑기 4좌와 그 밖에 기치와 조총·환도(環刀)를 노획했다.[120] 해질 무렵 농민군은 건너편 시야산(時野山 : 계룡면 샛터)으로 퇴각했다. 해가

---

118 南少四郎, 「南少四郎의 東學黨征討策戰 실시 보고」(1895.2.10.), 『駐韓日本公使館記錄』(6), p. 39.
119 「公山剿匪記」, 『관보』 개국 504년 11월 28일자; 『承政院日記』 1894년 11월 3일자.
120 「영관 안성군수 洪運燮 첩보」, 『高宗實錄』 1894년 11월 3일자; 백낙완(記), 신복룡(校注), 「南征錄」, p. 184.

이인 취병산(촬영 : 1995. 11. 10.)

저물어 관군도 피곤하여 더 이상 진격하지 못하고 회군하였으며 농민군은 이날 경천으로 퇴각했다.[121]

10월 23일, 후원령관(後援領官) 안성군수 구상조가 병졸을 이끌고 공주의 효포를 지키고 있었는데 전봉준 부대와는 별도로 공주의 농민군이 옥천의 농민군과 함께 한다리[大橋] 방향에서 진격해 들어왔다. 관군은 은밀히 그 배후로 돌아가 숲속에 있는 농민군을 선공하니 사망자가 20여 명이요, 포로가 6명이었다. 마침 날이 저물어 공주에 유진하면서 포로 6명을 효수하여 백성들에게 경고했다.[122]

한편 이인으로 진출한 농민군은 23일 경리청 영관 성하영과 경리청 대관 윤영성이 거느린 관군과 일본군 100명과 접전을 벌였다. 이인은 남에서 북으로 공주를 통하는 정면의 요충지이다. 관군에 쫓겨 산상으로

---

121 『承政院日記』 1894년 11월 16일;『高宗實錄』 갑오(1894) 11월 3일;「巡撫先鋒陣謄錄」,『駐韓日本公使館記錄』(3), p. 28; 백낙완(記), 신복룡(校注),「南征錄」, pp. 182~184.
122 「公山剿匪記」,『官報』 개국 504년 11월 28일자;『承政院日記』, 1894년 11월 3일.

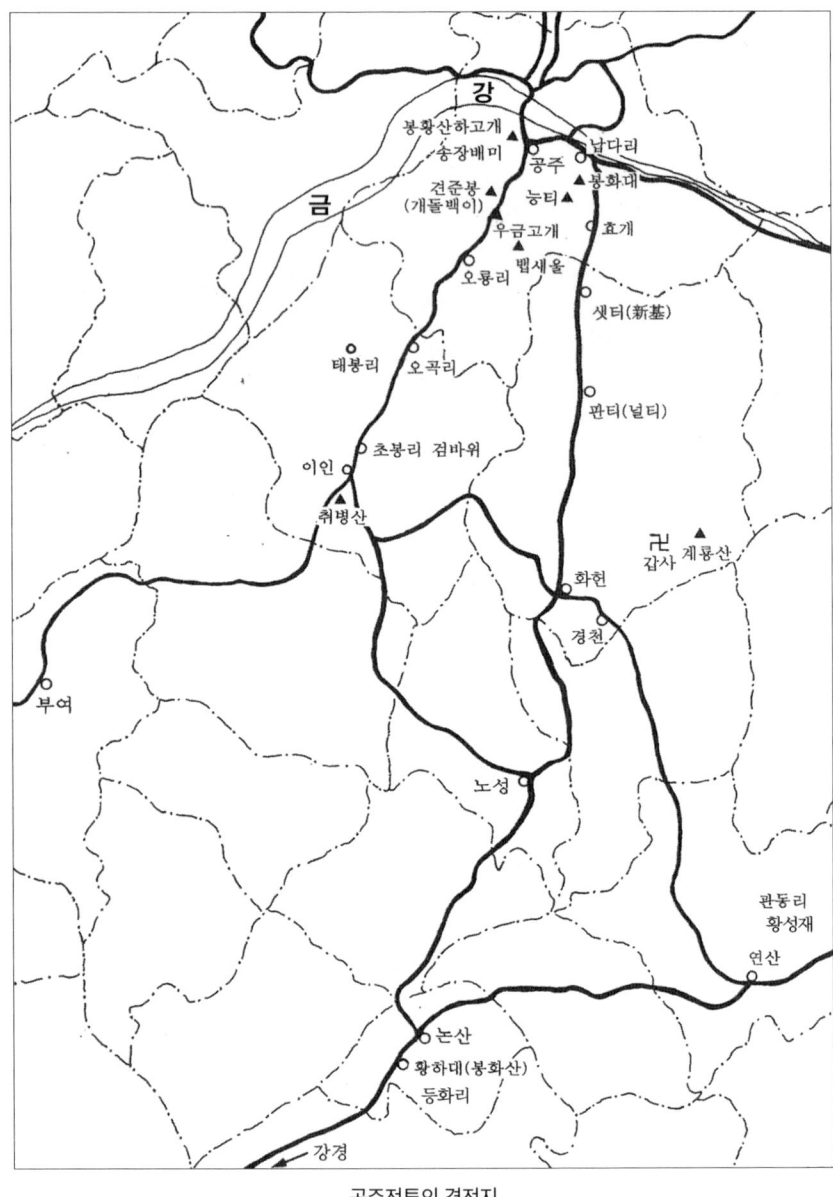

공주전투의 격전지

후퇴한 농민군은 회선포를 쏘아 관군과 일본군을 퇴각시켰다.[123] 세성산

---

123 「巡撫先鋒陣騰錄」, 『東學亂記錄』(下), p. 27.

에서 패배한 농민군이 합류한 것이 이들에게 큰 힘이 되었다.

우선봉군의 부대장으로 파견된 경리청 영관 성하영은 이곳에서 정병 500명과 잡역병 1천 명을 거느리고 수비하고 있었다. 성하영의 군대는 산의 남쪽을 둘러싸고 진격했다. 일본군은 북쪽에서 산을 오르며 나무에 몸을 은신하고 관군과 상응했다. 양호도순무영의 참모관 구완희가 먼저 남월촌(南月村)에 주둔한 농민군을 향하여 북쪽으로 쳐들어가자 농민군은 취병산(翠屛山)[124]으로 올라 가고 관병은 이인으로 들어가 웅거했다.[125]

이인 전투는 유생(儒生)을 중심으로 하는 민군(民軍)의 역할이 컸다는 점에서 특이한 양상을 보여주고 있다. 당초 농민군이 연산에 집결했다는 소식을 들은 공주의 유생들은 이들이 중국 전한(前漢)의 장각(張角)과 다름없는 반란군이라고 생각했다. 특히 이인 일대의 유생들은 이곳의 토반(土班)인 탄천 박씨(灘川朴氏)들의 인력과 물량을 지원받아, 양재목(梁在穆 : 1831~1911)의 지휘 아래 탄천 송학리(松鶴里)에 본부를 두고 400명의 민군을 조직하여 취병산에서 싸웠다. 뒤에서는 민군의 반격을 받고 앞에서는 관군의 반격을 받은 농민군은 검바위에서 패배하고 경천으로 퇴각했다.[126]

4. 우금고개에서

효포에서 능치를 넘어 공주성으로 진격하려다가 패배한 전봉준의 주

---

124 갑오전쟁 이후 이 산은 취병산(聚兵山)이라고도 불린다.
125 「公山剿匪記 : 利仁之役」, 『官報』 개국 503년 11월 27일자.
126 梁基德(民軍 지휘자 梁在穆의 손자 : 1919년생, 공주 이인면 이인리)의 증언 ; 『南原梁氏九拙庵公派譜』(癸卯譜, 1963); 『梁氏大同譜龍城君篇 九拙庵公派譜』(己未譜, 1979); 梁基德·朴九植, 「甲午東學亂에 대한 世論」, *mimeo*.

우금고개와 개돌백이[犬蹲峰]. 정면의 산봉우리가 개돌백이이며 우측의 협로가 우금고개다.(촬영 : 1995. 11. 10.)

력부대는, 산간 협로를 타고 서쪽으로 넘어가 공주영 남쪽의 우금고개를 공격하기로 했다. 11월 8일 전봉준은 병력을 이끌고 우금고개로 진격해 갔다. 농민군들은 동서남 삼면을 둘렀고 머리와 꼬리가 동서로 30리에 닿아 있었다. 우금고개에는 관·민군과 일본군이 둔진하고 있었다. 견준봉(犬蹲峰)[127]에는 경리청 대관 백낙완이, 우금고개 오른쪽의 뱁새울에는 일본군 모리오 마사가츠가, 전방에는 경리청 영관 성하영이, 주봉에는 이기동의 감영군이, 금학동에는 오창성의 통위영병이, 그리고 감영 뒤편

---

127 견준봉(犬蹲峰 : 개돌백이)이 어디였는지에 대해서는 학계나 향토인들의 의견이 일치되지 않고 있다. 내가 조사한 바에 따르면, 견준봉은 우금고개의 정상을 가리키는 것이었다. 양기덕(1919년생, 공주군 이인면 이인리)의 증언에 따르면, 견준봉은 우금고개 남쪽 3킬로미터 산자락이라고 하나 사실과 다르다. 「동학농민전쟁 100주년기념 우금티순국영령초예술제 팸플릿」(공주 : 동학농민전쟁100주년기념사업회, 1994, p. 5)과 「숨 쉬는 우금티동학농민전쟁전적지 안내」(공주 : 동학농민전쟁100주년기념사업회, 1994), p. 15), 그리고 「우금티동학농민전쟁 100주년기념 사업계획 및 현황」(공주 : 동학농민전쟁100주년기념사업회, 1994, p. 44)에 수록된 지도에도 견준봉은 우금고개의 정상으로 표시되어 있다.(犬蹲峰[개돌백이]의 내력과 전설에 대해서는 이 책 부록 「답사기」, pp. 469~471를 참조)

농민군을 집단 매장한 웅진동(熊津洞) 송장배미. 맞은편 협곡이 하고개이다.(촬영 : 1995. 11. 10.)

봉황산에는 민병이 배치되어 있었다.

성하영의 병력이 단독으로 농민군을 방어하기 어렵게 되자, 모리오 마사가츠의 부대가 견준봉과 뱁새울 사이의 우금고개 능선에서 기관총 사격을 했다. 기관총 사격을 받은 농민군이 산을 넘으려 하면 일본군이 능선에서 사격했다. 이렇게 40~50차례의 공방을 마치니 농민군의 시체가 산을 뒤덮었다. 관군은 일본군 사이에서 사격했다. 농민군은 건너편 언덕으로 후퇴하며 저항했으나 결국 진지를 버리고 퇴각했다. 관군이 함성을 지르며 추격하여 대포, 군기와 기치 60여 자루를 노획하고 경리영병 모리오 마사가츠와 경리청 병력 50명이 10여 리를 추격했다.[128]

공주의 전투는 11월 8일(양력 12월 4일) 오후 4시, 판치의 경계를 맡고 있던 경리영병 810명이 우세한 농민군의 공격을 받고 점차 공주로 퇴각하면서부터 격화되었다. 통위영병 250명은 월성산(月城山)에 가서 요지

---

128 「公山剿匪記」, 『官報』 개국 503년 11월 29일자.

를 점령하여 농민군을 막게 했으며 경리영병 280명에게는 향봉(香峰) 부근에서 월성산과 연락을 취하면서 농민군을 막게 했다.

이인에 있던 경리영병 280명은 우금고개로 퇴각하여 이곳을 점령하고 있던 모리오 마사가츠의 제2중대와 합류했다. 공주에서의 첫날 접전에서 일본군은 농민군 37명을 사살하고 화승총 5자루, 창 50자루, 납총알 약 2관, 칼 2자루, 활 1개, 화살 50개, 깃발 50폭, 화포 2문, 소 2마리, 말 2필을 노획하고 탄약 2천 발을 소비했다.[129]

이후 일본 군관 모리오 마사가츠가 이끄는 조·일연합군은 네 차례의 공격과 40~50차례의 접전에서 농민군을 격멸했다. 토벌군은 농민군의 시체를 웅진동 늪지대에 집단으로 버렸는데, 이후부터 이 늪을 '송장배미'라고 부른다.[130] 우금고개에서 전개된 이레 동안의 전투는 농민전쟁의 마지막 불꽃이었다. 1차와 2차 공격을 마친 뒤 병사를 점검하니 7천 명이 전사하거나 탈주하고 3천 명만이 남아 있었다. 이와 같은 참화에도 불구하고 다시 3차와 4차의 공격을 하고 나니 남은 군사는 500명으로 줄었다.[131]

전봉준은 일단 금구로 가서 다시 병사를 모아 공격할 작정으로 공주성에서 물러났다. 그러나 병사를 다시 불러 모은다는 전봉준의 계획은 뜻대로 되지 않았다. 이미 기율이 해이해졌기 때문이다.[132] 동학 부적을 달면 일본군의 총알도 막을 수 있고 적의 총구에서 물이 쏟아진다는 말

---

129 「大尉 森尾雅一의 공주 부근 전투 詳報」(1894년 12월 4~5일), 『駐韓日本公使館記錄』 (1), pp246~248.
130 李學周(1924년생, 公州市 熊津洞 24)의 증언.
131 「全琫準供草 初招」: 問 其後更行何事乎 /供 其後思量 則公州監營阻山帶河 地理形勝 故雄據此地 爲固守之謀 則日兵必 不能容易擊拔 故入公州 傳檄日兵 欲爲相持 日兵先已確據公州 事勢不可無接戰 故二次接戰後 萬餘名軍兵点考 則所餘者不過三千餘名 其後又二次接 戰後点皐 則不過五百餘名
132 「全琫準供草 初招」: 問 其後更行何事乎 /供 …… 故敗走之金溝 更爲招募 數爻稍增無紀律 更開戰極難矣

¹³³도 거짓말임이 드러났다.

전봉준은 문득 자신의 지나온 날과 지금의 처지를 생각해 보았다. 포악한 관리를 제거하고 백성을 편안케[除暴救民] 해 보겠다고 거병한 이래 지금까지 겪어온 고초를 생각해 보았고, 그 아픔과 고통의 보람도 없이 이제는 패주하는 몸이 된 자신의 처지를 생각해 보았다. 그것은 괴롭기 그지없는 상념들이었다.

그러나 그를 더욱 괴롭게 만든 것은 그의 본래의 뜻이 어디에 있었든지, 자신의 거사로 말미암아 조국이 동족상잔의 참화로 빠지고 있다는 사실이었다. 중앙의 권력자들이 자신의 뜻을 배척한 것은 그러려니 하지만, 경군과 감영의 무고한 생령(生靈)의 희생은 또 어찌할 것인가? 이에 전봉준은 붓을 들어 관군들에게 보내는 다음과 같은 글을 썼다.

고시(告示)

경군과 영병(京軍與營兵)이 교시민(敎示民)

다름이 아니라[無他]라, 일본과 됴션이 개국 이후로 비룩 인방(隣邦)이느 누디(累代) 적국이더니 성상의 인후(仁厚)ᄒ심을 힘입어 삼항(三港)을 허ᄀ(許開)ᄒ여 통상 이후 갑신 십월의 ᄉ흉(四凶)이 협격(挾敵)ᄒ야 군부(君父)의 위틱(危殆)ᄒ미 됴셕(朝夕)의 잇더니 종ᄉ(宗社)의 흥복(興復)으로 간당(奸黨)을 쇼멸(消滅)ᄒ고 금년 십월의 기화간당(開化奸黨)이 왜국을 쳐결(締結)ᄒ여 밤을 틈타 입경[乘夜入京]ᄒ야 군부를 핍박ᄒ고 국권을 쳔ᄌ(擅恣)ᄒ며 더욱이[又況] 방빅 슈령이 다 기화즁 쇼속으로 인민을 무휼(撫恤)ᄒ지 안이코 살륙을 죠하ᄒ며 싱녕(生靈)을 도탄ᄒ미 이졔 우리 동도가 의병을 드러 왜젹을 쇼멸ᄒ고 기화를 졔어ᄒ며 됴졍을 쳥평(淸平)ᄒ고 ᄉ직을 안보홀ᄉ 미양 의병 이르ᄂ 곳의 병정과 군교(軍校)가 의리를 싱각지 아니ᄒ고 나와 졉젼(接戰)ᄒ미 비록 승피(勝敗)ᄂ 업스ᄂ 인명이 피

---

133 朴寅浩,「甲午東學起兵實談」,『月刊中央』(1935년 2월호), p. 48.

츠의 샹ᄒᆞ니 엇지 불샹치 아니 ᄒᆞ리요.

 기실은 됴션기리 샹젼(相戰)ᄒᆞ쟈 ᄒᆞᄂᆞᆫ비 아니여늘 이토록[如是] 골육샹젼ᄒᆞ니 엇지 이닯지 아니리요. ᄯᅩᄒᆞᆫ 공쥬(公州) 한밧[大田]일로 논지ᄒᆞ여도 비록 츈간의 보원(報怨)ᄒᆞᆫ 것시라 ᄒᆞᄂᆞ 일이 춤혹ᄒᆞ며 후회 막급이며 방금 디군이 압경(壓京)의 팔방이 흉흉ᄒᆞᆫ디 편벽도이 샹젼만 ᄒᆞ면 가위 골육샹젼이라. 일변 싱각컨디 됴션 ᄉᆞ람기리야도 도(道)는 다르ᄂᆞ 쳑왜(斥倭)와 쳑화(斥和)ᄂᆞᆫ 기의(其義)가 일반이라. 두어 ᄌᆞ 글로 의혹을 푸러 알게 ᄒᆞ노니 각기 돌여 보고 츙군·우국지심(忠君憂國之心)이 잇거든 곳 의리로 도라오면 샹의ᄒᆞ야 쳑왜쳑화(斥倭斥和)[134]ᄒᆞ야 됴션으로 왜국이 되지 안이케 ᄒᆞ고 동심합녁ᄒᆞ야 디ᄉᆞ를 이루게 ᄒᆞ올시라.

갑오 십일월 십이월
동도창의쇼[135]

 그러나 전봉준의 외침에는 아무런 메아리도 없었다. 이제는 공수가 바뀌었다. 모리오 마사가츠가 이끄는 추격병은 전봉준을 매섭게 몰아쳤다. 우금고개에서 농민군이 패주하고 있다는 보고가 공주의 관군에 알려지자, 모든 군사가 논산을 향하여 진격하기 시작했고, 각처의 농민군은 그 패배를 알고 눈사태가 난 것처럼 논산·노성 방면으로 흩어졌다.

 소위 4만 명이라던 농민군이 600여 명에 지나지 않는 모리오 마사가츠의 부대에게 이토록 무참하게 패배한 것은, 무기의 열세를 감안한다 해도 불가사의한 일이다. 그러나 그것은 불운이 아니라 필연적인 귀결이었다. 우선 농민군은 전투 능력과 군율에서 일본군의 적수가 되지 못했다. 일본군의 주력부대는 충분한 실전 경험을 가진 정예부대인 것과는 달

---

134 이 방문이 실린 국사편찬위원회의 『東學亂記錄』(下)(p. 379)에는 斥倭斥華로 현토를 달았으나 여기에서의 척화란 斥和로 보는 것이 옳다.
135 「宣諭榜文並東徒上書所志謄書」, 『東學亂記錄』(下), pp. 379~380.

리 농민군은 그런 경험이 없었다. 당시의 중앙집권적 통치구조상 정규군은 항상 도성 일대에 주둔하고 있었고 지방에는 군사 조직조차 없었던 상황에서 하물며 농민군이 전투력이 없었던 것은 당연했다.

농민군은 지구력 면에서도 취약했다. 근대적 도시환경에서 노동자들은 기술·재정·급식의 모든 면에서 근대사회 구조에 깊이 종속되어 있다. 따라서 단기간이 아니면 이러한 종속을 벗어날 수 없으므로 노동자는 며칠 또는 몇 시간 이내에 전투의 승패를 결정지어야 한다.

그와는 달리 농민은 아직도 반(半)자연적인 환경 속에 살고 있다. 그들은 적어도 직접생산자이며 식량, 난방, 비상시를 대비하는 기본적인 기술 등에서는 어느 정도의 자급자족 능력을 가지고 있다. 특히 낙후된 지역에 살고 있어서 근대적 사상과 도시 생산품에 대한 의존도가 낮은 농민일수록 이런 경향은 더욱 짙다.

군사적 견지에서 볼 때 장기적 무장투쟁이 가장 유력한 지역이 이런 지역이다. 그러나 이것은 중국의 변방처럼 농민이 농촌사회에 정착하여 투쟁할 경우에 한하며, 그들의 행동반경이 확대되어 이동할 경우에는 투쟁 능력이 급속히 감소된다. 농민이 총을 들고 이동할 때 그들의 전근대적 삶은 부담만 될 뿐이다.[136] 이런 점에서 그들은 병참을 갖춘 일본군의 적수가 되지 못했다.

여기에 사태를 더욱 악화시킨 것은 농민군의 주력부대인 김개남 부대와 손화중 부대가 북진에 참여하지 않았다는 사실이다. 손화중 부대가 이인의 취병산을 공격했다는 기록[137]과 김개남 부대가 공주전투에 참전했다는 기록[138]이 있으나 이는 사실과 다르다. 손화중과 최경선은 일본군

---

136 Jean Chesneaux, *Peasant Revolts in China : 1840~1949*(London : W. W. Norton & Co., 1973), p. 156.
137 백낙완(記), 신복룡(校注), 「南征錄」, p. 185.
138 菊池謙讓, 『近代朝鮮史』(下), pp. 243~244; 오지영, 『동학사』, p. 147.

이 해안으로 상륙한다는 소문이 있어 광주(光州)를 지키고 있었기 때문에 북상에 참여하지 않았으며,[139] 김개남은 청주에 머무르고 있었다. 이들이 빠진 전봉준 부대는 농민군 가운데서도 가장 취약했으며, 전투 의지의 면에서도 다소는 낭만적이었다.

그뿐만 아니라 전봉준은 병법을 이해하는 전략가가 아니었다. 따라서 그가 공주를 결전장으로 선택한 것은 무모했다. 공주 일대는 방어하기에는 유리하지만 달리 공격하기에는 불리한 지리이다. 이런 처지에서 일본군·경군·민병 등은 우세한 무기에 유리한 위치를 차지하고 기다리고 있었고, 농민군은 지리적으로나 장비에서나 불리한 상태에서, 이미 저들이 지키고 있는 공주성을 공격해야 했다. 이런 상황에서 전봉준이 모든 역량을 공주에 투입한 것은 전략상의 오류였다.[140]

5. 혁명인가, 전쟁인가?

1894년 갑오농민혁명의 성격에 관해서는 몇 가지 쟁점이 제기되고 있다. 첫째, 1894년 정월에 전봉준이 군수 조병갑에 항거하여 민란을 일으킨 때부터 이른바 갑오농민혁명이 완전히 진압된 1895년 초까지의 일련의 사태는 그 성격에 따라서 시대 구분을 할 필요가 있는 것들이다.

우선 1894년 정월의 사건은 조선조 후기에 연면히 이어 내려온 민란의 복제 현상이었다. 이것이 곧 1차 봉기다. 이것이 군계(郡界)를 넘은 전

---

139 「全琫準 供草 初招」. 이에 관한 자세한 논의는 최현식, 「동학혁명의 향토사적 연구 : 갑오동학혁명에 있어서 손화중의 역할을 중심으로」, 『한국학논집』(10)(서울 : 한양대 한국학연구소, 1986), p. 390 참조.
140 박맹수, 「동학농민전쟁과 공주전투」, 『백제문화』(23)(공주 : 공주대 백제문화연구소, 1994), p. 68.

국 규모의 저항으로 확대된 것은 고부군청 습격 사건이 마무리될 무렵인 1894년 3월이었다. 곧 장흥부사 이용태가 뒤늦게 난을 평정한다는 이유로 미련스럽게 가담자를 폭압한 것이 계기가 되어 다시 봉기가 일어나게 되는데, 이것은 군계를 넘어섰을 뿐 아니라 이용태의 폭압에서 초점이 되었던 동학교도들이 대거 참여하게 되어 1차 봉기와는 다른 성격을 띠게 된다.

흔히 황토현전투로 불리는 3월 거병부터 6월의 전주화약까지의 기간을 2차 기포라고 할 수 있다. 3차 기포는 일본의 침략 야욕이 본격화되고 청일전쟁에서 일본의 승리가 임박하자 종전의 민란이나 2차 기포의 종교투쟁적 성격을 넘어서서 농민군이 민족주의 항쟁을 전개한 시기를 의미한다.

이상과 같은 과정으로 전개된 1894년의 세 번의 사건은 그 성격이 조금씩 다르다. 우선 1차 기포는 전적으로 민란이었다. 2차 기포는 민란이라는 주류에 종교투쟁이 강하게 혼재된 복합적인 사건이었다. 따라서 1차 기포의 궁극적 관심은 반부패·반봉건을 핵심으로 하는 민권운동이었고, 2차 기포는 보는 이에 따라서는 종교투쟁일 수도 있다. 10월에 전개된 3차 기포는 다소는 전쟁의 개념을 포함하는 민족주의 투쟁이었다.

이러한 시대 구분이 제대로 되지 못하자 그 파급 현상으로 오늘날에는 명칭에도 상당한 혼란이 일어나고 있다. 통시적으로 볼 때, 혁명이 일어났던 당시와 일제시대에는 동학란, 동학비도(東學匪徒) 등으로 명명되었고 1960년대 이후의 군사정부 시대에는 느닷없이 혁명의 칭호를 들었다.

그 뒤에는 동학운동이라고도 했다가 이제 진보 사학계에서 갑오농민전쟁이라 하여 엥겔스(F. Engels)의 사관까지 도입하고 있는 실정이다. 혁명 당시와 일제시대에 그것이 정당한 평가를 받을 수 없었던 사실에 관해서는 논의를 접어둔다고 하더라도, 해방 이후 반세기가 지난 오늘까지도 논의가 정리되지 않은 데에는 물론 냉전과 정치 지배 체제와의 함수관계가 작용하고 있었다.

이렇게 볼 때 갑오농민혁명에 관한 두 번째 쟁점은 그것이 혁명인가, 전쟁인가의 문제가 될 것이다. 우선 그것이 혁명으로 명명된 경위를 살펴보면, 이는 5·16군사정변 직후 여기에 정통성과 합법성을 부여하고자 당시 쿠데타 주역들과 일부 어용학자들이 쿠데타와 세칭 동학란에 '혁명'이라는 이름을 함께 붙여 동일시적 위광 효과를 누리고자 한 데서 비롯했다. 이런 점에서 본다면 동학란이 동학혁명이 된 경위는 결코 떳떳하거나 자랑스러운 것이 못 된다. 그러나 이때부터 "동학은 5·16군사정변과 함께 혁명"이라는 문교부의 방침이 확정되었고 모든 교재에 그렇게 표기되기 시작했다.

전쟁이라는 용어가 표면화되기 시작한 것은 1980년대, 이른바 "서울의 봄" 이후 진보적 학자들에 의해서였다. 이들의 주장은 북한 사학이 1894년의 일련의 사태를 "농민전쟁"이라고 부르는 것과 일치하고 있다는 점에서 미묘한 느낌을 주고 있다. 이러한 입장은 동학농민운동의 대일항쟁적 요소에 강한 의미를 부여하고 있다. 그러나 이 "전쟁"이라는 개념에는 다소 무리가 있다.

1894년의 사태를 주의 깊게 검토해볼 때, 1차 기포는 군계를 넘지 않는 평범한 민란이었고, 2차 기포 때는 반역의 오명을 쓰지 않기 위해 도계(道界)를 넘지 않았다. 또 3차 기포는 그 규모가 확대된 것은 사실이지만, 조선과 일본이라는 국제법상의 교전 단체가 무력으로 투쟁한 것은 아니며, 농민과 동학교도를 중심으로 하는 일부 피지배층이 반봉건투쟁을 전개하는 과정에서 봉건세력의 비호자인 일본과 충돌한 것일 뿐이다. 그뿐만 아니라 전투의 규모와 양상을 보더라도 어떻게 그것을 전쟁으로 규정할 수 있겠는가.

혁명군이 일본군과 실전에 돌입한 것은 1894년 11월 8일부터 20일까지이며, 일본이 청일전쟁을 유념하면서 농민군의 진압과는 무관한 대규모 군대를 파견한 것을 논외로 한다면, 혁명군과 실제로 교전한 일본군의 규모는 미나미 고시로와 모리오 마사가츠가 이끄는 대대 병력(617명)에 불과했다.

전쟁의 사전적 의미는 "주권 국가를 교전단체로 하여 상당한 기간에 상당한 병력이 치른 전투 행위"[141]이다. 이럴 경우 1894년의 일련의 사건은 전투였을 뿐, 전쟁이라고 보기는 어렵다. 곧 1894년의 사태에서 일본군과의 교전은 물론 그 자체로 중요한 의미를 갖는 것이기는 하지만 전체적인 맥락에서 볼 때 부분에 지나지 않는다.

또한 역사상 농민이 전쟁의 주력부대인 사례는 없다. 농민이 전쟁의 기간 단위가 될 수 없는 이유는 우선 그들이 경제적으로 전쟁에 필요한 전투 수단, 곧 무기를 마련할 수 없을 뿐만 아니라, 전쟁을 수행할 수 있는 전략개념도 갖추고 있지 못하기 때문이다. 적어도 전쟁이라는 측면에서 본다면, 농민은 그 사회 지배계급의 동원병이지 그 주체일 수는 없다. 또 그들은 국가를 위해 전쟁을 수행할 만큼 지적으로 성숙하지도 않았고, 그런 소명의식도 없다. 그들이 투쟁할 수 있는 한계는 기껏 민란의 규모일 뿐이다.

이런 점에서 볼 때 1894년의 일련의 무력 충돌을 전쟁이라는 개념으로 확대하는 데는 문제가 많으며, 엥겔스 이론의 정제되지 않은 적용이라고 할 수 있다. 따라서 이것을 종래대로 혁명으로 부르는 것이 온당하다는 것이 나의 입장이다. 물론 앞서 지적했듯이 그것이 5·16군사정변과 병렬되는 데서 오는 불쾌감이 없는 것은 아니다.

---

141 Quincy Wright, "The Study of War", *International Encyclopedia of the Social Sciences*(New York : Macmillan Co. & Free Press, 1979), Vol. 16, pp. 453ff.

그러나 5·16군사정변이 이미 "쿠데타"로 정의된 지금에 와서까지 그 불쾌한 사연에 집착하여 혁명이라는 용어를 기피할 필요는 없다. "혁명"일 수 없기 때문에 "전쟁"이라는 호칭이 걸맞다는 분석은 논리의 비약이다. 봉기의 혁명성에 관한 문제는 이제 전쟁인지 혁명인지를 택일해야 할 단계이다. 우리는 차라리 그 혁명이 "어떤 성격의 혁명이었는가?"를 고려해보는 것이 더 바람직하다.[142]

그런데 갑오농민혁명의 명칭에 관한 문제는 앞서 지적한 "전쟁"이냐 "혁명"이냐는 논의로 끝나는 것은 아니다. 곧 우리는 이 항쟁의 전개 과정에서 민란적 요소와 종교적 요소의 함수관계를 어떻게 해석할 것인가라는 질문에 봉착하게 된다. 나의 기본적인 입장은 1894년의 사태는 조선왕조 후기를 이어 내려온 민란의 요소가 주맥(主脈)이며 동학은 그 민란에 착색된 하나의 종속변수에 지나지 않는다는 것이다.

물론 동학은 교리의 측면에서 볼 때, 개벽이론과 같은 개혁적인 요소가 강렬하므로 외세에 항전할 수 있는 여지를 처음부터 가지고 있었다. 그러나 동학도가 혁명에 참여한 것은 교리 해석에 따른 것만은 아니며, 오히려 조병갑과 이용태의 폭압이 더 결정적인 계기가 되었음은 잘 알려진 사실이다. 또 그들이 혁명에 참여했다 해도 갑오농민혁명 전체에서 동학은 지류였으며 민란이 주류였다. 그러나 종래의 학설들은 이 혁명에서 동학의 "종교적 요소"를 지나치게 확대 해석했다.

중세 독일에서 일어난 뮌처(T. Müntzer : 1489~1525)의 난이 종교를 매개로 한 것이었는데도 근본적으로는 농민전쟁이었듯이, 농민은 반봉건투쟁을 전개할 때 "종교의 표피를 쓰고"(in religious guise)[143] 또는 "종

---

142 박종성, 「갑오농민봉기의 혁명성 연구」, 『갑오동학농민혁명의 쟁점』(서울 : 집문당, 1994), pp. 340~341.
143 Guenter Lewy, *Religion and Revolution*(New York : Oxford University Press, 1974), p. 119.

교의 기치 아래"(under religious flag)¹⁴⁴ 행동할 뿐이지 그 실질적인 내용이 종교적인 것은 아니다. 이와 마찬가지로 갑오농민혁명도 민란이 외연(外延)이요, 동학은 그 안에 내포되는 것일 뿐이다.

이와 관련하여 우리는 유영익(柳永益)의 주장을 주목할 필요가 있다. 그는 이렇게 주장한다.

> 1894년의 농민봉기를 진보적 성격의 사회혁명으로 규정하는 남북한의 통설은 한국 근대사를 이른바 구조주의적 관점에서 비교적 단순화하거나, 혹은 맑스(K. Marx)류의 유물사관의 역사발전론을 한국 역사에 도식적으로 무리하게 적용한 데서 비롯된 오설(誤說)이라고 나는 생각한다. 전봉준이 일으킨 1894년 3월의 봉기는 본질적으로 유교의 충군애민사상에 바탕하되 체제 내의 정권 교체를 겨냥하여 일으킨 무장 개혁 운동(armed reform movement)이었다고 보며, 1894년 10월의 봉기는 여름에 조국을 침범한 일본의 침략군을 몰아내기 위한 한국 근대사상 최초의 본격적 의병이 일으킨 항일전쟁이었다.¹⁴⁵

유영익의 이와 같은 입장은 전봉준이 대원군과 유교에 기초를 둔 보수주의적 개혁을 밀모했다는 사실에 그 논거를 두고 있다는 점에서 문제가 있지만, 갑오농민혁명에서 종교적 성격을 이해하는 데는 매우 가치 있는 지적이다. 다만 전봉준이 과연 정권 교체까지 염두에 두었는가에 관해서는 좀 더 고민해볼 필요가 있다.

이상의 논의를 종합해보건대, 1894년의 일련의 사건은 "농민혁명"이었다. 그리고 그 시대를 나타내고자 굳이 간지(干支)를 붙인다면 "갑오농민혁명"이 가장 사실에 가까운 명명이 될 것이다. "동학혁명"이라는 용

---

144 Ibid., p. 583.
145 유영익,「갑오농민봉기의 보수적 성격」,『갑오동학농민혁명의 쟁점』, p. 354.

어는 종교적 요소를 과장한 것이다. 바라다트(L. P. Baradat)의 주장처럼, 혁명이 "비교적 짧은 기간에 전개되는 정치적 개혁"[146]이라면 동학의 창도(1860)부터 갑오농민혁명(1894)까지 35년간을 혁명이라고 부를 수는 없는 것이며, 1894년의 사건에만 한정하여 사용해야 할 것이다. 물론 동학교단 측에서 동학혁명이라는 용어를 사용하는 것을 말릴 수는 없지만, 이러한 양보는 동학교단에 대한 인연과 연민 때문이지 엄격히 말하자면 갑오농민혁명이라고 불러야 할 것이다.

---

146 신복룡 외(역), 『현대정치사상』(서울 : 평민사, 1995), pp. 48~49; Leon P. Baradat, *Political Ideologies : Its Origins and Impact*(Englewood Cliffs : Prentice Hall, 1994), p. 17.

IX
떨어지는 별

1. 패주의 길

우금고개에서 패배한 농민군의 일부는 논산으로, 그리고 일부는 은율(銀栗) 방면으로 퇴각했다. 농민군은 논산의 대촌 황화대(大村黃華臺)로 후퇴하며 항전했다.[1] 황화대는 논산에서 은율 방향 서남쪽으로 1,200미터 떨어진 길가의 큰 들에 서 있는 야산으로, 남서북 3면은 경사가 완만하고, 동쪽은 산등성이가 서로 이어져 있어 공격과 수비 모두 불리한 지세이다.

일본군은 아카마츠(赤松) 소위가 인솔하던 제2소대를 논산으로 투입하는 한편, 이인에 있는 장위영병 1대대와 통위영병 200명을 합류시켰다. 이들은 11월 10일 오후 6시 용수막(龍水幕 : 공주 灘川)에 도착했다. 당시 농민군은 노성으로 퇴각하여 봉화산(烽火山) 정상을 방어하고 있었는데, 그 인원은 2,500명에서 3천 명쯤이었다. 일본군은 자정에 출발하여 산길로 전진하고, 장위영병은 3시에 출발하여 봉화대 오른쪽에서, 통위영병은 같은 시각에 출발, 왼쪽에서 합세해서 세 방향으로 공격하라는 명령이 내려졌다.

11월 11일 오전 2시에 일본군이 노성 봉화대로 전진했으나, 농민군은 이미 10일에 논산으로 퇴각하고 그림자도 보이지 않았다. 황화대 전투는 11월 14~15일 이틀에 걸쳐 전개되었다. 14일, 공주 남쪽 30리에 있는 용수막에서 모리오 마사가츠와 이규태(李圭泰)는 전략 회의를 가졌다. 그리고 이튿날인 15일에, 장용진의 통위영병과 이두황의 병력이 모리오 마사가츠의 일본군과 함께 세 길로 나누어 황화대에 결집해 있는 농민군을 협공했다.

---

1 「兩湖右先鋒日記」(1894.11.17), 『東學亂記錄』(上)(서울 : 국사편찬위원회, 1971), pp. 317~319.

대관 윤희영(尹喜永)과 김진풍(金振豊), 별기군 이겸래(李兼來)가 2개 소대 병력으로 서남쪽을 포위하고, 이두황이 대관 박영우(朴永祐)와 이규식(李圭植) 등 3개 소대를 이끌고 동북에서 올라가자, 농민군은 남쪽으로 도주했다. 또 다른 2개 소대가 윤희영과 김진풍의 지휘를 받아 진공했고, 박영우와 김광수(金光洙)는 3개 소대를 이끌고 정면 공격을 담당했다. 일본군은 농민군이 진치고 있는 곳에서 800미터까지 진출해 통위영병이 우측을, 니시오카 소헤이(西岡曹兵)가 이끄는 1소대가 정면과 좌측을 공격하도록 했다.

관군이 그 뒤를 쫓아 사격하니 1천여 명의 농민군이 이에 맞아 쓰러졌는데 추풍낙엽 같아 길에 버려진 총과 밭둑에 널려 있는 시체가 눈에 걸리고 발에 차였다.[2] 이 전투에서 농민군 20명이 전사했으며, 일본군은 활 20자루, 화살 200개와 깃발을 노획했으며, 탄약 453발을 소비했다.[3] 농민군은 레밍톤과 슈나이더를 약간 휴대하고 있었고 개중에는 검은 복장을 한 무리도 있었다.[4]

이때 강경 방면에서 1천여 명의 군사를 이끌고 온 여산 접주 최난선(崔蘭善)은 도중에 패퇴한 세력과 황화대에서 합류하여 추격해 오던 관군을 막고자 필사적으로 방어진지를 구축했다. 그는 우군의 패보를 듣고 구원하고자 곧바로 3천의 군병을 이끌고 공주 방면으로 진격했다.[5] 최난선은 이때 관군에게 체포되어 함열에서 효수된 뒤 그 가족에게 두개골이 전달되었다.[6]

---

2 「兩湖右先鋒日記」(1894.11.17), 『東學亂記錄』(上), pp. 317~319.
3 「論山戰鬪詳報 : 大尉 森尾雅一」(1894.12.11.), 『駐韓日本公使館記錄』(1)(서울 : 국사편찬위원회, 1986), pp. 253~254.
4 南小四郎의 [連山] 戰鬪詳報」, 『駐韓日本公使館記錄』(1), p. 252.
5 菊池謙讓·田內蘇山, 「近代朝鮮裏面史」, 『東學農民戰爭硏究資料集』(1)(서울 : 여강출판사, 1991), p. 152; 「兩湖右先鋒日記」(1894.11.17.), 『東學亂記錄』(上), pp. 317~319.
6 朴鍾烈(礪山 접주 崔蘭善의 외손자 : 1921년생, 全南 益山郡 礪山面 源水里 上陽 거주)의

논산벌에서 바라본 황화대(촬영 : 1995. 11. 10.)

11월 15일, 싸움을 시작한 지 2시간 만에 농민군은 황화대 남쪽에서 흩어져 달아났다. 오후 4시가 되자 농민군은 아주 무너져 전주 쪽으로 퇴각했다. 연산(連山)에 있는 본영은 공주에서의 대패를 알고 강경으로 도망하려다가, 황화대가 모두 관군의 손에 들어갔다는 것을 알고 다시 동북쪽으로 길을 잡아 노성 샛길에서 영광으로 도망했다.[7]

11월 16일이 되어 장위영병은 노성을 맡고, 통위영병은 경천을 맡고 일본군은 이인 가도를 경유하여 오후 9시 공주성으로 돌아갔다. 이두황이 이끄는 관군은 18일 노성으로 돌아왔다. 그는 11월 18에 노성을 출발하여 은진·강경·용안(龍安 : 익산)·웅포(熊浦 : 익산)·임피·황등(黃燈)·삼례를 거쳐 11월 25일에 전주에 입성했다. 교도대는 11월 24일에 전주에 이미 입성해 있었다. 이 무렵 이노우에 가오루 공사는 이토 스게요시(伊藤祐義) 병참사령관과 협의하여 수비대 가운데 1개 중대를 증파하

증언.
7 菊池謙讓, 『近代朝鮮史』(下)(서울 : 鷄鳴社, 1939), pp. 244~246.

여 농민군을 추격하게 했다.⁸ 미나미 고시로가 이끄는 일본군은 전주부 선화당(宣化堂)에 머물면서 군사를 통솔했다.⁹

이들이 전주에서 계획한 작전의 목적은 농민군이 경상도로 들어가는 것을 막고 점차 남서쪽으로 몰아가는 데 있었다. 곧 농민군을 3면에서 추격하여 마침내 나주 부근으로 모으는 것이었다. 따라서 동로분진대는 농민군이 경상도 경계에 있는 산속으로 들어가지 못하도록 처음부터 끝까지 산기슭을 따라 전진하고, 서로분진대는 반대쪽에서 이를 몰고, 본대는 앞의 두 분진대보다 행군을 늦추어 추격함으로써 농민군을 우수영(右水營) 경계로 한데 모을 방침으로 전진했다. 경상도는 산이 높아 군사작전이 어렵기 때문에 평야인 호남에서 농민군을 요격한다는 것이 그들의 전략이었다.¹⁰

전봉준은 수하에 거느리던 몇몇 패잔병만을 이끌고 11월 17일에 강경을 거쳐 금구의 원평(院坪)을 향해 나아갔다. 패주하면서 일본군의 추격을 받아 9명이 전사하고 9명이 부상했다.¹¹ 그들이 금구에 이른 것은 11월 23일이었다.¹² 교도대장 이진호(李軫鎬)가 350명의 병력을 이끌고 일본군과 함께 11월 25일 새벽에 금구를 출발하여 원평에 이르니 구미란 뒷산에 농민군이 "품"(品)자 모양을 이루고 천 보 거리에 포진하고 있었다. 이 산은 남쪽 능선이 가파르고 북쪽 경사가 완만하여 이쪽으로 공격하다 보니 구미란이 격전장이 되었다. 산상의 농민군은 구미란에서 올라오는 관군과 본군을 공격했다.

---

8 『駐韓日本公使館記錄』(1), p. 167.
9 『兩湖右先鋒日記』(1894.11.25), 『東學亂記錄』(上), pp. 323~325.
10 南少四郎, 「東學黨征討略記」(1895년 5월), 『駐韓日本公使館記錄』(6), p. 47.
11 「仁川兵站司令官 伊藤祐義 報告」(1894. 11. 22., 『駐韓日本公使館記錄』(1), p. 190.
12 전봉준이 퇴각하면서 전주에 들렸다는 기록(『駐韓日本公使館記錄』(1), p. 167)은 사실이 아니다.

원평의 무명 농민군 공동묘지(촬영 : 1993. 12. 5.)

이들은 아침 9시경부터 오후 4시경까지 전투를 계속했는데 포성이 천지를 진동하고 탄환이 비 오듯 했다. 농민군은 산 위에 있고 관군은 벌판에 포진해 있었는데 주위에서 함성을 지르고 화염이 덮여 원근을 분간하기 어려웠다. 이때 대관 최영학(崔永學)이 돌격대를 이끌고 산상으로 진격하여 농민군 37명을 사살하니 농민군이 모두 도주했다.

금구의 원평에 이르러 다시 의병을 모집하여, 그 숫자는 불었으나 기율이 없어 개전하기가 곤란했다.[13] 이 싸움에서 관군은 회룡총 10자루, 조총 60자루, 연환 가마니, 화약 5궤짝, 자포(子砲) 10좌, 도창(刀槍) 200자루, 쌀 500석, 돈 3천 냥, 포목 10동, 소 2마리, 말 11필, 소가죽 10장, 호피 1장, 문서 2궤짝을 노획했다.[14]

---

13 「全琫準供草 初招」: 問 其後更行何事乎 /供 ……故二次接戰後 萬餘名軍兵点考 則所餘者不過三千餘名 其後又二次接戰後点 皐則不過五百餘名 故敗走之金溝 更爲招募 數爻稍增無紀律 更開戰極難矣
14 「巡撫先鋒陣謄錄」(1894.11.26.), 『東學亂記錄』(上), pp. 553~555 : 『高宗實錄』甲午 (1894) 12월 초5일; 『官報』개국 503년 12월 5일.

미나미 고시로가 이끄는 19대대는 11월 26일 오후 2시에 전주를 출발하여 금구에 도착했는데 농민군은 막 태인으로 도주한 뒤였다. 일본군이 즉시 이를 추격하여 태인 입구에서 격전을 벌였다. 태인의 농민군은 수가 대단히 많았다. 본대는 전주에서 2~3일 머문 뒤, 일본군 2개 중대와 장위영병 1개 대대를 태인 쪽으로 파견했다. 이 부대를 인솔한 장교는 모리오 마사가츠 대위였다.[15]

11월 27일 이른 아침 일본군 스즈키 아키라(鈴木彰) 소위는 금구를 출발하여 10시경에 태인에 도착했다. 농민군은 성황산·한가산(閑伽山)·도이산(道伊山) 등 세 곳의 읍 주위에 진을 치고 있는데 그 숫자가 5~6천 명을 헤아렸다. 그들은 관군을 보자 함성을 지르며 천보총을 쏘아댔다. 관군은 조선 병사 230명과 일본군 60명이었다.

대관 윤희영은 관군 90명과 일본군 20명을 이끌고 서쪽에서, 대관 이규식은 관군 140명과 일병 20명을 이끌고 동쪽에서 진격해갔다. 관군이 논과 밭의 두둑에 의지하여 공격해가자, 농민군은 후퇴하여 건너편 성황산에 집결했다. 농민군이 큰 나팔을 불며 회룡총을 쏘니 탄환이 비 오듯 했다. 관군은 한가산과 도이산에서 내려와 다시 네 갈래로 나누어 성황산으로 돌격했고 포성이 천지에 진동했다.

이에 농민군이 감당하지 못하고 도망하자 관군은 20리까지 추격하여 40명 남짓을 사살하고 50명 남짓을 생포했다. 또 회룡총 15정, 조총 200여 정, 말 6필, 그리고 많은 탄약과 연환을 노획하고 오후 8시가 넘어 태인으로 돌아왔다.[16] 관군은 태인을 거쳐 11월 29일 정읍 중흥리(中興里)에서 숙영하고 일본군은 5리쯤 더 가서 입암 천원역(川原驛)에 주둔하였다.

---

15 南小四郎, 「南小四郎의 東學黨征討策戰 실시 보고」(1895.2.10.), 『駐韓日本公使館記錄』(6), p. 45.
16 「巡撫先鋒陣謄錄」(1894.11.26), 『東學亂記錄』(上), pp. 553~555; 『兩湖右先鋒日記』(11.29), 『東學亂記錄』(上), p. 327.

전봉준이 이틀을 묵은 입암산성(笠巖山城)(촬영 金永生, 1993)

전봉준과 그의 수하 병졸들은 장성 노령(蘆嶺) 밑에서 재기를 약속하고 헤어졌다.[17] 전봉준은 태인을 거쳐 노령 갈재[之峴]를 넘었다. 갈재는 본래 아흔아홉 구비의 험준한 고개로 옛날에는 새들이나 날아서 넘어갈 수 있다 하여 새재[鳥峙]라고 부르기도 했고, 갈지(之)자처럼 길이 굽이쳤기 때문에 갈지재라고 부르다가 갈재가 되었다.

이 험한 고개를 넘고 나니 이제 그를 따르는 무리는 아무도 없었다. 전봉준이 이토록 험준한 곳이라면 잠시나마 몸을 숨길 수 있다고 생각하고 그곳에서 가까운 장성의 입암산성(笠岩山城)에 이른 것은 1894년 11월 28일이었다. 그는 이곳에서 잠시 몸을 숨기기로 했다. 그러나 이틀이 지나자 그곳마저 노출되었다. 그리하여 그는 다시 도망을 하지 않을 수 없었다.

---

17 오지영, 『동학사』(서울 : 영창서관, 1940), p. 147.

전봉준이 마지막 밤을 지낸 청류암(촬영 : 1981. 11. 13.)

전봉준이 입암산성에 잠입했다는 보고를 들은 일본군은 병정을 보내어 수색했는데, 그 보고에 따르면 11월 29일 밤 산성별장(山城別將) 이종록(李鍾祿)과 함께 머문 뒤 12월 1일에 떠났으며 몇십 명에 지나지 않는 부하만 거느렸을 뿐 무기는 들지 않았다고 한다. 별장은 그 직책상 전봉준을 체포하거나 아니면 적어도 관가에 고발했어야 하는데도 차마 이 난세의 영웅을 체포할 수 없어 함께 지냈던 것이다. 그 뒤 별장 이종록은 불고지죄로 체포되었다.[18]

이제 전봉준에게는 부하도 없고 무기도 없었으며 차가운 겨울비만이

---

18 「日本士官函謄」, 『東學亂記錄』(下)(서울 : 국사편찬위원회, 1971), p. 437 : "去月(11月) 30日 本陣駐川原驛 聞全賊之避匿笠巖山城之報 卽發軍官及京兵・日兵 使之追捕是加尼 回告內 全賊知機逃走 只有該別將與鎭屬 故上聞事實 則全賊果於前夜來宿 而聞京軍行陣之奇 朝飯卽逃 而所謂該別將者 初不暗通於行陣所 乃與同食同宿 而至於迎送於城門之境 是爲置 事當卽刻捉來 施以按護不告之律施矣"

뼛속을 파고드는 듯 젖어 들었다. 물론 추격병은 멈추지 않았다. 그때 그의 머리에 떠오르는 곳이 있었다. 그곳은 다름 아니라 백양사(白羊寺)의 말사(末寺)인 청류암(淸流庵)이었다. 청류암은 장성군 북하면 가인리(北下面 佳麟里)에서 동쪽으로 5리쯤 되는 심산유곡에 자리 잡고 있었다.

　전봉준이 이곳을 선택한 이유는 이곳이 노령산맥이 끝나는 십승지지로서 몸을 숨길 만하다고 생각했기 때문이다.[19] 가인리에서 청류암에 이르는 계곡은 몹시도 가팔랐다. 전봉준이 청류암에 도착한 것은 12월 2일이었다. 청류암에는 서쪽에서 발원하여 동쪽으로 흐르는 남천수(南泉水)라는 샘이 있다. 그는 이곳에서 이틀 밤을 지내며 청류동 계곡의 절경을 기리고자 암벽에 새겨놓도록 "청류동"(淸流洞)이라는 글씨를 썼고, 남천수에는 "남천감로"(南泉甘露)라는 글씨를 썼다.[20]

　"남천감로!"(南泉甘露)

　"남천의 감로"라는 글은 그가 목말라 있었음을 의미한다. 아마도 그는 자유에 목말랐으리라. 그러나 그에게는 자유가 허락되지 않았다. 안주하

전봉준의 친필 암각(岩刻)인 "청류동"(淸流洞)(210×75cm) (촬영 : 1981. 11. 13.)

19　完山 스님(1956년생, 通度寺의 學僧, 俗名 洪南權)의 증언.
20　李衡玉(淸流庵의 신도 : 1894년생, 長城郡 北下面 佳麟里 거주)의 증언.

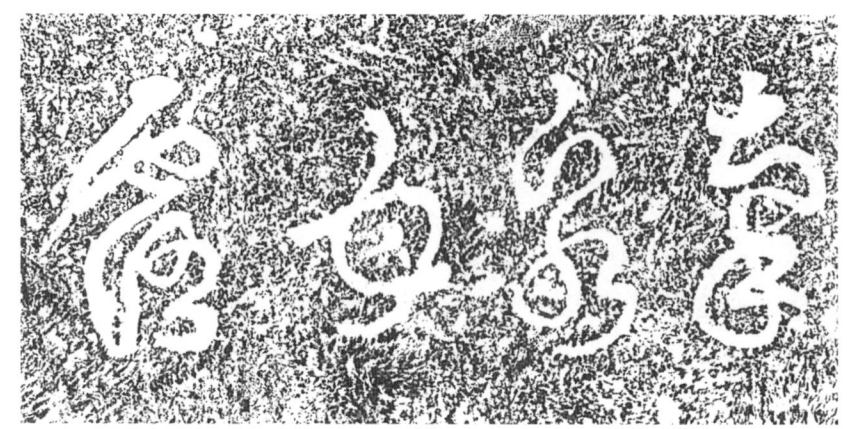
전봉준의 친필 암각인 "남천감로"(南泉甘露)의 탁본(53×17cm) (촬영 : 1981. 11. 13.)

고 싶어 했던 청류암에 그가 잠입했다는 것이 곧 발각되었기 때문이다. 전봉준은 다시 도주의 길을 떠나지 않을 수 없었다.[21]

위의 두 글씨가 전봉준의 것이라고 학계에 발표되자, 이는 사실과 다르다는 이의가 제기되었다. 우선 인병선(印炳善 : 짚·풀생활사박물관장)은 "이 글씨는 2만 대군을 잃은 장군으로서의 처절함이 보이지 않는다는 점에서 전봉준의 글씨가 아니다."[22]고 내게 말했다. 물론 나는 글씨를 보는 그의 높은 안목을 존경하지만 이 주장은 반론으로서는 너무 추상적이다.

두 번째로 유홍준은 "이것이 검증되지 않았다."는 이유를 들고 있다.[23] 그러나 그 검증은 누가 하는 것인가? 내가 그 검증이라는 것을 하면 안 되는가? 그리고 내가 검증한 것이 안 된다면, 미술사학자들이 해야 한다는 뜻인데 왜 그들은 아직까지 검증하지 않았는가? 그들이 검증하지 않은 게으름을 내가 책임져야 할 이유는 없다.

---

21 「日本土官函謄」, 『東學亂記錄』(下), pp. 437~438 : "且聞此賊[全琫準]逃匿於白揚[羊]寺 是如 有所傳報者 故又派軍官與京兵·日兵矣 回告內 此賊晦日避在該寺是可 初一日午前 得聞笠巖山城何許漢之通知 未及午飯 向即逃潭陽等地是如爲置"
22 印炳善(짚·풀생활사박물관장)의 증언.
23 유홍준, 『나의 문화유산답사기』(2)(서울 : 창작과비평사, 1994), p. 374.

세월이 흘러 나는 그 자료들을 독립기념관과 정읍의 동학혁명기념관에 기증했다. 그 무렵에 유홍준의 『나의 문화답사기』가 한창 낙양의 지가를 올리던 시절이었다. 그는 그 글에서 내가 발굴했다는 전봉준의 글씨들을 믿을 수 없는 것이라고 비난했다. 실물을 가보기나 하고 그런 말을 하는지 모르겠다. 그 뒤 독립기념관과 정읍의 동학혁명기념관 전시장에서 두 글씨가 사라졌다.

그 글씨를 믿을 수 없다고 말한 유홍준의 말을 믿을 수도 없지만 그토록 잘나가던 그의 말에 허둥대며 그 전시품을 떼어낸 관계자들의 심정을 이해하지 못하는 것은 아니나, 그것이 정말로 "가짜"였다면 그 물품들을 나에게 되돌려 주었어야 되지 않나? 나는 지금도 그 공무원들이 그것들을 폐기하지나 않았을까 못내 걱정스럽다.

2. 황금에 눈이 먼 사람들

비록 지난날에는 천군만마를 거느렸지만 이제 혈혈단신이 된 전봉준은 일신의 안전에 급급하지 않을 수 없었다. 그는 문득 대원군을 생각했다. 전봉준은 평민으로 변신하여 서울로 잠입한 다음 대원군을 만나 다시 한번 대세를 가름해보고 싶었을 것이다.[24] 그러나 지금으로서는 당장 일신을 숨기는 일이 더 다급했다. 그는 아직도 많은 군대를 장악하고 있는 김개남을 찾아가기로 결심했다.[25]

---

24 『駐韓日本公使館記錄』(8), p. 50;「全琫準供草 初招」: 問 其後更行何事乎 /供 …… 金溝解散後 矣身欲詳細京中裏許 欲爲上京
25 「先鋒陣日記」(1894년 12월 7일자),『東學亂記錄』(上), p. 253 : "今月初二日 彼漢慾與金開南相會 潛過於淳昌避老里是可喻 該里士人韓信賢(後除金川) 奮發義擧 與金永徹·鄭昌昱二人 暗率民丁 多般周旋 竝與隨從三漢 一時生擒"

순창군 쌍치면 금성리 피로리(촬영 金永生, 1993). 뒤에 보이는 산이 계룡산이다.

청류암에서 당시 김개남이 머무르고 있던 태인의 살내[山內]를 찾아가려면 곧바로 북상해야 한다. 그러나 그 길로 가다가는 남진하고 있는 일본군과 맞닥뜨릴 위험이 있으므로, 전봉준은 우선 동쪽에 있는 순창(淳昌)으로 비켜서 태인으로 가기로 했다. 상인 복장을 한 그는 청류암을 떠나 해 질 무렵 순창군 쌍치면(雙置面) 계룡산 밑 피로리(避老里)에 이르렀다.[26] 이날이 12월 4일이었다. 이곳에서 전봉준은 다행히도(?) 지난날의 부하였던 김경천(金敬天)을 만났다.

김경천은 본래 고부 덕천면 달천(德川面 達川) 사람[27]으로 전봉준의 부하로 있었으나[28] 농민군이 대패한 후로는 탈퇴하여 피로리에 숨어 살고 있었다. 그는 전봉준을 맞아 주막으로 안내한 뒤 저녁밥을 시켜주었다. 그러나 과거의 동지였던 두 사람의 생각은 각기 달랐다. 전봉준은 삶에 대한 한 가닥의 희망을 생각했지만, 전봉준에게 저녁을 시켜 주고 밖으로 나온

---

26 避老里는 少論이 老論을 피해 와서 정착하면서 생긴 이름이다. 「성지 순례 : 피로리」, 『大巡會報』 大巡 123년(癸酉, 1993) 7월 6일자.
27 장봉선, 「전봉준실기」, 『井邑郡誌』(정읍 : 이로재, 1936), pp. 387~388.
28 오지영, 『동학사』, p. 166.

김경천은 돈과 명예를 생각했다. 전봉준을 잡아 바치는 사람에게는 상금 1천 냥과 일등 군수직을 제수한다는 현상 공고가 뇌리를 떠나지 않았다.

김경천은 전봉준이 저녁을 먹고 있는 틈을 타서 과거 전주감영의 아전을 지낸 바 있는 한신현(韓信賢)에게 이 사실을 밀고했다. 밀고를 받은 한신현은 마을 사람인 김영철(金永徹)과 정창욱(丁昌昱) 등을 동원해 주막을 에워쌌다. 그제야 전봉준은 자신이 위기에 빠진 것을 알고 밖으로 나왔다.

사립문에는 이미 장정들이 막아서고 있었다. 그는 나뭇단을 타고 토담을 뛰어넘었다. 그가 땅 위에 내려서는 순간, 기다리고 있던 장정들이 몽둥이로 전봉준의 발목을 후려쳤다. 이리하여 한 시대를 질타하던 영웅도 황금에 눈이 먼 자신의 부하에게 잡힌 몸이 되었다.[29] 당시의 정황은 다음의 「전봉준체포보고서」(고려대학교 도서관 소장)에 잘 나타나 있다.

전봉준체포보고서

동비(東匪) 가운데 고부에 사는 전봉준은 본디 동학도 중에서도 먼저 난을 일으킨 괴수로서 그의 허다한 죄상은 일일이 거론하기 어려우나, 백성을 속이고 군사를 일으켜 조정에 항거하고, 각 고을을 쳐부수고 창고를 분탕하고, 여염을 침탈하고, 무기고를 부수어 호남·호서의 천리 간에 인적이 끊어진 지 오래니 이는 모두 이 악한의 소행이었습니다. 지난날 홍산(鴻山)의 역적 이몽학(李夢鶴)이 여섯 성을 함락한 것도 패역이라 했거늘 60개 성을 함락하고 몇만 명의 목숨을 도륙하고 3개 읍의 수령(守令)을 해친 것도 이 악한의 소행이었습니다.

그런즉 그 죄상을 밝혀보면 가히 한(漢)나라 때의 황건적에 비할 수 있고 명(明)나라의 비적(匪賊)보다 더 부황(浮荒)했습니다. 이들을 섬멸하고

---

29 『甲午軍功錄』(필사본) ; 장봉선, 「전봉준실기」, p. 387 ; 최현식, 『갑오동학혁명사』(전주 : 신아출판사, 1994), pp. 238~239 ; 오지영, 『동학사』, p. 166.

주륙(誅戮)하는 것은 조금도 늦출 수 없는 일이겠으나 다행히도 하늘이 도우사 이달 초이틀[sic] 밤에 이 악한이 김개남을 만나고자 순창 피로리에 숨어들었을 때 이 마을에 사는 사인(士人)인 한신현이 의기를 분발하여 김영철·정창욱 2인과 더불어 백성들을 거느리고 여러 방도로 주선하여 졸개 3명과 함께 일시에 사로잡았으니 이는 참으로 함정을 파서 맹호를 유인하는 것이며, 그물을 치고 사나운 새를 기다리는 것과 같다 하겠으나 어찌 성덕(聖德)의 미친 바 아님이 없으리오.

세 사람이 분발하여 의를 일으킴이 어찌 가상(嘉尙)치 않으리오. 권장하는 도리로 우선 ○○에게 1천 냥을 지급하고 동(同) 죄인 전봉준을 본도 순영(本道巡營)으로 압송하려는데 ○○○○○○○○○이 와서 말하기를 "우리들이 남하한 것은 전적으로 ○○○○○을 하기 위함이다. ○○司에서 추국(推鞫)함이 당연하다."하고 압송하고자 함에 막지 못했습니다. 죄인 전봉준을 일인(日人)에게 [넘겨주었기에] 이런 연유로 첩정합니다.

합행첩정복청조험시행(수지첩)정자(合行牒呈伏請照驗施行(須至牒)呈者

첩정(牒呈)
순무선봉(巡撫先鋒)께
개국(開國) 503년 12월 초5일
소모관(召募官) 임(林○○) 드림

제사(題辭) 부분(部分)

깊이 살펴서 일체를 보고하는 것이 마땅하나 성(姓)만 있을 뿐 이름과 도장이 없는 것은 어찌된 연유인가? ○○○○○역적 전봉준을 일본군이 압송해간 것은 사세(事勢)가 그럴 수밖에 없었다 하더라도 그를 쫓아다닌 세 사람은 즉시 방면하고 그 뒤 형세를 보고할 것이며, ○○○○○을 힘썼으므로 공납(公納)으로써 ○○○○할 것이며, 본진 역시 마땅히 ○○○○○할 것이다.

역적 전봉준은 아주 보잘것없는 궤괴(詭怪)한 인물에 지나지 않으며, 저 녹림(綠林)의 무리가 ○○○○○그 죄는 황건적이나 비적보다 오히려 더한즉 어찌 녹림과 비교할 수 있을 것인가? 천도가 크게 밝아 세 사람이 힘을 내어 의를 이룸이 어찌 가상치 않으리오. 마땅히 포상하여 이름을 드높이되 의례에 구애받지 말고 격려할지니라.

초7일 장성읍(長城邑)에서[30]

    필자가 고부 일대에서 자료를 수집하는 동안 만나본 고로(古老)와 향토지[31]에 따르면 전봉준은 복술(卜術)에 능통했다고 한다. 전봉준이 지난 날 공주성을 공격하기 며칠 앞서 대쪽으로 점괘를 보니 "계룡산의 경천을 경계하라."는 점괘가 나왔다는 것이다. 그는 이것이 충남 계룡산 남쪽에 있는 지명인 경천을 의미하는 것인 줄로만 알고 이곳의 공격을 주저

---

30 「全琫準逮捕報告書」(고려대학교 도서관 소장 : 湖南招募官牒報事
　東匪中古阜居全琫準 本以東徒中首倡之巨魁 許多罪狀雖難擧枚 詿衆爲兵 抗拒王師 打破州縣 焚蕩倉廩 慟掠閭里 搶奪武庫 兩湖千里之間 久絶人烟 都是此漢之所爲 昔鴻山賊李夢鶴陷六城猶云悖逆 此漢之陷六十餘城 幾萬生靈之屠戮 數三邑宰之遇害 亦是此漢之所爲 則究其罪狀 可比於漢之黃巾 猶浮於明之流賊 殲馘誅戮不容少緩 而何幸天神指路 今月初二日夜 彼漢欲與金開南相會 潛過於淳昌避老里是加喩 該里士人韓信賢奮發義擧 與金永徹 丁鄭昌昱二人暗率民丁 多般周旋幷與隨從三漢 一時生擒 眞所謂掘穽而誘猛虎 張網而待鷲鳥者也 何莫非聖德攸曁 而三民之奮發擧義 豈不嘉尙 其在勸奬之道 先自〇〇〇給一千兩 是白遣 同罪人全琫準 超格押上于本道巡營 〇〇〇〇〇〇 來言曰 吾儕之南下專爲 〇〇〇〇〇〇司推鞠當然是如 欲爲率去未能防塞 〇〇〇〇 罪人全琫準於日人是乎等以緣由牒報爲臥乎事 合行牒呈 伏請照驗施行須至牒呈者
牒呈
巡撫先鋒
開國五百三年 十二月 初 五日
召募官 林 牒報

　題辭 部分
　審愼之意更 卽一體查報之地宜當 姓名之初不懸錄 又無押圖如何之〇〇〇 全賊之押移日陣事勢固然 而隨漢三漢 卽爲出給後 形止馳報爲於 〇〇〇轉甘於本郡以〇〇〇拮据 故以某樣公納〇〇〇〇爲於 本陣亦當有常〇〇〇全賊直不過於歷詭怪之物 渠是綠林者〇〇〇 其罪則猶得浮於黃巾流賊 而渠何敢比擬於是 天道孔昭自底於三尺之下 三人之出力效義 奚但以嘉尙爲也 當轉報襃揚 不次激勵事
初七日 在長城邑

31 장봉선, 『전봉준실기』, pp. 387~388.

하다가 끝내는 공주성에 들어가는 시각이 늦어져 일본군과 관군이 먼저 점령하게 되었고, 이것이 결국 패인(敗因)이 되었다고 한다. 그러나 그가 뽑은 "계룡산의 경천을 조심하라."는 점괘는 지명인 경천이 아니라 바로 순창에 있는 계룡산 밑에 살고 있던 김경천을 의미하는 것이었음을 뒤늦게야 깨달았다고 촌로들은 주장하고 있다.[32]

전봉준을 잡는 데 공훈을 세운 한신현은 약속대로 상금 1천 냥과 황해도 금천(金川)의 군수직을 받았으며[33] 김영철은 300냥을, 그리고 정창욱은 200냥을 받았다. 그 밖에 전봉준을 체포하는 데 동원되었던 주민 9명에게는 각기 100냥을 상금으로 주었고 200냥은 피로리의 가난한 사람들에게 나누어주었다.[34] 그러나 김경천은 군수는커녕 아전 자리도 얻지 못한 채 떠돌아다니며 걸식하다가 이평면 어느 노상에서 굶어 죽은 것으로 전해지고 있다.[35]

전봉준이 체포되었다는 보고를 받은 일본 공사관은 "속히 그 감사에게 명령을 내려, 체포한 비도들을 우리 정토대에 넘겨 처리토록 할 것"[36]을 조선 정부에 요구했고 이에 따라 전봉준은 일본군 독립 제19대대장 미나미 고시로에게 인계되었다.[37] 미나미 고시로는 그를 체포한 즉시 심문을 시작했다. 전봉준은 봉기의 동기에 관해 이렇게 대답했다.

　　우리 위에서 우리를 사주한 사람은 결코 없다. 다만 작년 10월과 11월 사이에 민씨 집안[閔族]으로부터 이(李) 추사(樞使)가 소모사의 직을 띠고

32　金學燮(1905년생, 全北 扶安郡 白山面 龍溪里 거주)의 증언.
33　「先鋒陣日記」, 『東學亂記錄』(上), p. 253.
34　최현식, 『갑오동학혁명사』, p. 240.
35　장봉선, 『전봉준실기』, p. 388.
36　「백작 井上馨 頓, 보호 동도 괴수의 정토대 送交 및 참모·초모·별군의 소환 요청」(1895년 1월 7일), 『駐韓日本公使館記錄』(6), p. 3.
37　구양근, 『갑오농민전쟁원인론』(서울 : 아세아문화사, 1993), p. 413(『東京朝日新聞』 明治 28년 3월 5일자).

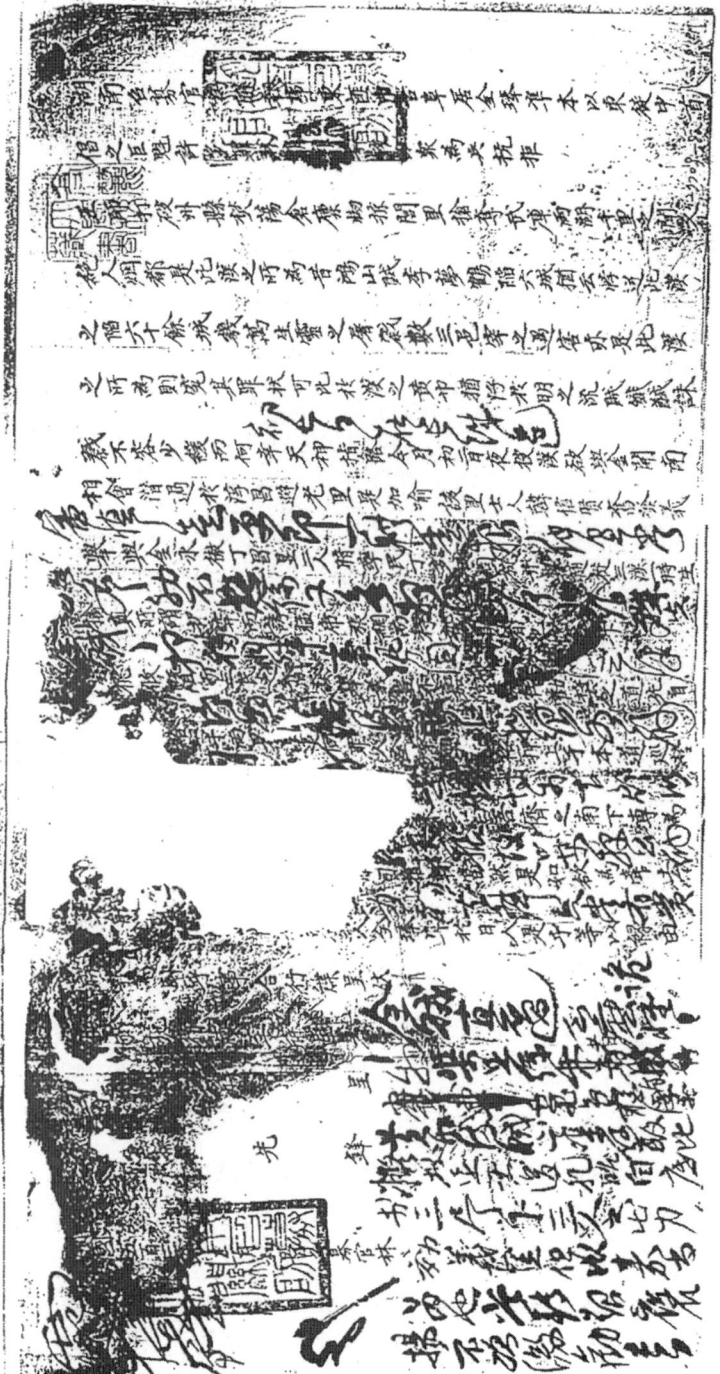

전봉준 체포 보고서

압송되는 전봉준

와서 우리에게 "정부에 간악한 무리가 있기 때문에 정치가 다스려지지 않는다. 그러므로 하루 속히 이를 제거하지 않으면 안 된다."고 말했다. 내가 원래 군대를 일으킨 것은 한성으로 올라가 정부의 간악한 적[奸賊]을 없애기 위해서인데 어찌 그들의 말을 기다리겠는가? 그런데 우리가 상경하기에 앞서 일본군이 많이 한성에 들어갔기 때문에 그 뜻을 이룰 수 없었다. 당시 민당(閔黨)에서 나온 소모사의 말에 따르면 민씨 집안이 현 정부로부터 쫓겨나 사방으로 흩어졌다[流離四散]고 하지만 일단 영지(令旨)를 발하면 어떠한 일도 하기 어렵지 않다고 말했다.[38]

---

38 강창일, 「갑오농민전쟁 자료 발굴 : 전봉준 회견기 및 취조 기록 : 동학당정토군 독립 제19대대장 南小四郎이 체포 당시 취조한 口供書」, 『사회와 사상』(1)(1988. 9.)(서울 : 한길사), p. 258.

미나미 고시로는 전봉준을 즉시 서울 공사관에 압송할 생각이었지만 체포될 때 입은 부상이 심하고 허약했을 뿐만 아니라, 전주까지 압송하는 날짜가 7~8일이나 걸려서 상처가 모두 곪아가고 정신도 쇠약해져 묻는 말에도 대답할 수 없는 지경이었으므로, 도중에 죽을까 염려되어 잠시 나주에 유치하여 최경선(崔慶善)과 함께 군의(軍醫) 다카하시 슌안(高橋春庵)의 치료를 받게 했다.[39]

전봉준이 체포되어 오자 나주 백성들은 최경선·손화중과 함께 저자에서 참형할 것을 요구했고[40] 그의 체포 소식을 들은 전라감사 이도재(李道宰)는 서찰을 보내 "귀군(貴軍)의 동학도에 대한 대우를 보니 전봉준을 죽이지 않으려는 것같이 보인다. 그 같은 대죄인을 죽이지 않는다면 천하의 큰 우환이 될 것이다. 원컨대 신속히 그를 한성으로 압송하기 바란다."고 했다.

이에 대해 미나미 고시로는 이렇게 대답했다.

전봉준의 압송에 관한 것은 이미 우리 공사로부터 명령이 있었고 귀국 정부의 의뢰도 있었다. 이에 대해 다른 사람의 입놀림[容喙]을 받을 필요는 없다. 그렇지만 지금 그의 부상이 크고 몸도 몹시 쇠약해져 즉시 그를 압송한다면 도중에 죽을 염려가 있다. 그러므로 잠시 치료해주고 있을 뿐, 그의 생사 여부는 본디 소관이 알 바 아니다.[41]

어쨌든 1894년 12월 9일(음력 11월 16일), 이승우(李勝宇)의 병사들이 전봉준을 전주감영으로 이감했다. 감사 이도재는 전봉준의 신병을 일본군에 넘겨주었고 이들이 전봉준을 한성으로 호송했는데 이때가 바로

---

39 「포상 공적 내용」, 『駐韓日本公使館記錄』(6), pp. 90~91.
40 『錦城正義錄』(나주 : 나주향토문화연구회, 1991), p. 79.
41 南小四郎, 「南少四郎의 東學黨征討策戰 실시 보고」(1895.2.10., 『駐韓日本公使館記錄』(6), pp. 52~53.

1894년 12월 18일이었다.[42] 전봉준이 한성에 송치되자 남은 무리가 감옥을 파괴하고 그를 탈옥시키려 할지도 모른다고 생각하여 일본 공사관 감방에 구금했다.[43] 전봉준이 생포되어 일본 공사관에 구금되었다는 소식이 온 성안에 퍼지자 그 귀하고 위대한 인물을 보려고 오는 무리가 한때는 일본 공사관 문 앞에 검은 산을 이루었다.[44]

이 무렵 김개남은 청주에서 패배한 뒤 고향인 태인의 산내면 느듸[四升里]에 사는 매부 서영기(徐英基)의 집에 은신해 있었다. 이때 이웃 종송리(種松里)의 임병찬(林炳瓚 : 1851~1916)[45]이 김종섭(金從燮)을 시켜 같은 마을 송두용(宋斗鏞)의 집으로 유인하여 김송현(金松鉉)·임병욱(林炳昱)·송도용(宋道鏞) 등이 전라관찰사 이도재에게 고발하게 했다. 이 정보를 들은 이도재는 11월 30일 신시(申時, 저녁 6시 무렵)에 강화 병방(江華兵房) 황헌주(黃憲周)를 시켜 전대관(前隊官), 박승규(朴承奎)에게 병정 18명과 포교 3인을 인솔케 하고 향도(嚮導)를 대동시켜 전진하게 했다.

그날 밤 진눈깨비를 무릅쓰고 80리 협로를 달려서 산내면 종송리에 이른 관군은 김개남과 그 무리 3명을 잡아 초2일 유시(酉時, 저녁 8시 무렵)경에 전라감영으로 압송해 왔다.[46] 임병찬은 옥구 사람으로 과거에 낙

42　菊池謙讓,『近代朝鮮史』(下), p. 245.
43　菊池謙讓, 위의 책, p. 246.
44　강창일,「갑오농민전쟁 자료 발굴 : 전봉준 회견기 및 취조 기록」, p. 258(『東京朝日新聞』, 1895. 3. 5.)
45　임병찬(林秉瓚 : 1851~1916) : 본관은 평택(平澤). 자는 중옥(中玉), 호는 돈헌(遯軒). 전라북도 옥구 출신이다. 1888년 호남에 대흉년이 들자 사재를 털어 구휼(救恤)한 공로로 절충장군첨지중추부사 겸 오위장(折衝將軍僉知中樞府事兼五衛將)의 직첩을 받았고, 같은 해 낙안군수 겸 순천진관병마동첨절제사(樂安郡守兼順天鎭管兵馬同僉節制使)에 임명되었다. 그는 1906년 2월 최익현(崔益鉉)과 의병을 일으켜 일본군과 격전하다가 최익현과 함께 붙잡혀 대마도(對馬島)로 유배되었다가 1907년 귀국하였다. 한일합방 이후 다시 의병을 일으켜 독립의군부 전라남도 순무대장에 임명되었으나 1914년에 체포되어 옥중에서 세 번이나 자살을 기도하다가 실패하고 거문도로 유배되어 병사하였다.
46　「김개남의 체포에 관한 전라관찰사보고서」,『駐韓日本公使館記錄』(1), p. 197; 최현식,

안군수(樂安郡守)를 지낸 바 있는데, 이번 공으로 임실군수를 제수받았으나 나가지 않고 강화 병방 황헌주가 포상을 받았다. 그리고 그가 살던 마을은 이 일이 있은 뒤 종송리(種松里)에서 종성리(宗聖里)로 이름이 바뀌었다.[47] 전라감사가 임병찬에게 쌀 스무 석을 보냈으나 "전곡에 뜻이 있었으면 어찌 벼슬을 사양했으리오." 하고 이도 역시 받지 않았다.[48]

김개남의 신병을 인도받은 이도재는 도주하지 못하도록 그의 손톱과 발톱에 죽침을 박았다.[49] 더욱이 김개남을 한성으로 압송하여 적절한 처분을 기다리는 것이 옳은 일이었지만, 가까운 읍에 그의 잔당이 아직도 많이 남아 있고 특히 남원부사가 김개남에게 살해된 것을 원통하게 생각하여 그를 참형하고자 기회를 엿보고 있었다.[50]

이를 걱정한 이도재는 압송하는 도중 빼앗길 염려가 있어 12월 초3일 군인과 민간인을 전주 서교장(西敎場)에 모이게 하여 그의 머리를 잘라 군중에게 보여 경각심을 일으켰다. 관군은 김개남의 수급(首級)은 서둘러 순무영으로 보냈으며 나머지 3명은 죄의 경중을 감안하여 처리했다.[51]

김개남이 중도에 살해되자 그를 신문하여 정보를 얻고자 했던 일본은 조선 정부에 힐문했다.[52] 이에 김윤식(金允植)이 해명하고 전라감사 이도재를 2등 감봉하는 것으로 사태를 매듭지었다.[53] 김개남의 머리는 서울

『신편 정주·정읍인물지』, 정읍 : 정읍문화원, p. 261;『承政院日記』1894년 12월 6일자;「총리대신 상주」,『承政院日記』1894년 12월 16일자.
47 임병찬의 前歷과 마을의 개명에 관해서는 「遯軒問答記」,『독립운동사자료집(2) : 의병항쟁사자료집』(서울 : 독립운동사편찬위원회, 1984), p. 110 참조.
48 최현식,『신편 정주·정읍인물지』, p. 260, pp. 273~274.
49 金煥鈺(金開南의 손자 : 1919년생, 全北 井邑郡 山外面 東谷里)의 증언.
50 南小四郎,「南小四郎의 東學黨征討策戰 실시 보고」(1895.2.10.),『駐韓日本公使館記錄』(6), p. 49.
51 「김개남 독단 처형사건의 詰問과 소환 처분 요구에 대한 해명 및 양해 요청」(1894년 12월 13일),『駐韓日本公使館記錄』(6), pp. 8~9. 김환옥은 김개남이 전주 종석산(鍾石山) 초록바위에서 처형되었다고 증언했다.
52 「참수 경위에 대한 회시 요청」,『駐韓日本公使館記錄』(6), p. 2.
53 「김개남 독단처형 사건의 詰問과 소환 처분 요구에 대한 해명 및 양해 요청」(1894년

로 이송되어 12월 25일부터 3일간 서소문 밖에 효수되었다.[54]

손화중은 11월 25일의 원평 전투와 27일의 태인 전투에서 패배한 뒤 광주 쪽에서 올라와 고창 선비 이봉우(李鳳宇)의 재각(齋閣)에 숨어 있다가 아들을 생포한 관군이 "네가 항복하지 않으면 너의 아들을 처형하겠다."고 위협하자, 재실지기에게 "그대가 나를 체포한 것으로 하면 상금도 타고 벼슬도 얻을 것이니 나를 잡아 관가에 고발하라."고 했다. 이리하여 그는 1895년 1월 태인 수성군(守成軍)에 체포되어 서울로 압송되었다. 이봉우는 그 공으로 황해도 증산(甑山) 군수에 제수되었으나 곧 쫓겨났다.[55]

나주에 머물고 있던 최경선은 전봉준이 원평에서 패배한 뒤, 일본군이 영광 해안으로 상륙한다는 소문을 듣고 광주로 퇴각, 동복(同福)의 벽성(碧城)에 은신해 있다가 12월 1일 관군에게 체포되어 서울로 압송되었다.[56] 김덕명은 원평 전투에서 패배한 뒤 금산면 장흥리 절골에 숨어 있다가 1895년 정월 초하루에 주민의 밀고로 체포되어 수성군에 인계되었다.[57]

손병희와 손천민(孫天民) 등이 인솔하고 있던 호서군은 장성에서 담양, 순창 경계를 넘어 임실 산곡 사이에서 해월을 만났다. 이들은 겨우 1천 명 남짓한 군사를 거느리고 진안·장수·무주를 거쳐 호서 지계(地界)까지 헤쳐 들어가는 동안 곳곳마다 관병·민병 등을 만나 위험을 겪고 끝

  12월 13일), 『駐韓日本公使館記錄』(6), pp. 8~9.
54 『高宗實錄』 1894년 12월 25일자.
55 손홍렬(손화중의 손자)의 증언. 역사문제연구소(편), 『다시 피는 녹두꽃』(서울 : 역사비평사, 1994), p. 140; 『承政院日記』 1894년 12월 18일자; 박맹수, 「사료로 읽는 동학농민혁명(9) : 금석문에 나타난 동학농민혁명(中)」, 『문화저널』(58)(1993. 3.)(전주 : 전북문화저널사), p. 28.
56 최현식, 『신편 정주·정읍인물지』, pp. 262~263.
57 「龍溪 金公 行狀」, 『彦陽金氏族譜』(辛酉譜, 1981), pp. 545~553; 金昞壹(김덕명의 손자 : 1921년생(서울시 麻浦區 上岩洞 705)의 증언.

내 충청도 황간·영동 등지에서 해산했다.[58] 전봉준 등의 지도부가 농민군에 있을 때는 그래도 동학도 가운데 다소의 양민과 의사(義士)를 찾아볼 수 있었으나, 그들이 떠나자 양민·의사들 역시 모두 흩어져 떠나갔다. 아울러 그 세력도 급격히 쇠락해졌다.[59]

3. 공판과 처형

일본 공사관에 구금된 전봉준에 대한 공식적인 신문은 이듬해인 1895년 2월 9일부터 공사관에서 시작되었다. 그때까지도 다리가 완치되지 않은 전봉준은 들것에 실려 드나들었다. 그는 평리원 검사(評理院檢事)들의 신문을 받을 때 조금도 비굴함이 없이 당당했다. 2차 신문은 2월 11일에, 3차 신문은 3월 10일에 있었다. 3차 신문 후반부터 일본 영사(領事) 우치다 사다츠지(內田定槌)가 직접 물었고 주로 대원군과의 관계를 추궁했다.

전봉준이 부상한 다리를 공사관에서 치료받는 동안 일본의 뜻있는 인사들이 그를 찾아와 위로하며 일본 변호사에게 변호를 의뢰하도록 권고했으나 이런 말로 거절했다.

> 너희들은 나의 원수요 나는 너희들의 원수이니 너희들은 마땅히 나를 죽일 뿐이라. 여러 말 할 바 없다.…… 내가 구차한 삶을 위해 살길을 구하는 것은 본의가 아니다. …… 이제 와 어찌 그런 비열한 마음을 가질 수

---

58 오지영, 『동학사』, p. 148.
59 南小四郞, 「南小四郞의 東學黨征討策戰 실시 보고」(1895.2.10.), 『駐韓日本公使館記錄』(6), p. 54.

있겠는가. 나는 죽음을 기다린 지 오래다.⁶⁰

그는 옥중에서 다음과 같은 「유시」(遺詩)를 남겼다.

때를 만나서는 천지(天地)가 모두 힘을 합치더니
운(運)이 다하매 영웅도 스스로 도모할 길이 없구나
백성을 사랑하고 의(義)를 세움에 나 또한 잘못이 없건만
나라를 위한 붉은 마음을 그 누가 알랴!⁶¹
時來天地皆同力 運去英雄不自謀
愛人正義我無失 愛國丹心誰有知

20일 동안의 신문이 지나고 다시 20일이 지난 3월 29일 일본 공사관에서 전봉준에 대한 최종 판결이 있었다. 서기가 일어나 그에 대한 다음과 같은 판결문을 읽었다.

제37호 판결선언서

전라도 태인 산외면 동곡리 거주
농업·평민
피고 전봉준 나이 41세

우기자(右記者) 전봉준에 대하야 형사피고사건을 심문하여본즉 피고는

---

60 『天道敎會史草稿』(서울 : 천도교청년교리강연부, 1920)[번각본 : 『東學史料資料集』(1) (서울 : 아세아문화사, 1979), p. 471; 강창일, 「갑오농민전쟁 자료 발굴 : 전봉준 회견기 및 취조 기록」, p. 363(『東京朝日新聞』, 1985.3.12.)

61 『天安全氏族譜三宰公派丙午譜』[1966년 刊, 全昌南(천안전씨 종친, 全北 井邑郡 永元面 隱仙里) 소장]. 장봉선의 「전봉준실기」(p. 387)에는 "爲國丹忱誰有識"이라는 마지막 구절만 전해지고 있다.

동학당이라 칭하고 비도(匪徒)의 거괴(巨魁)로 접주라 부르고 개국 501년(1892) 정월에 전라도 고부군수 조병갑(趙秉甲)이가 처음 도임(到任)하여 자못 학정을 행하매 그 지방인 등이 질고(疾苦)를 견디지 못하고 이듬해 11~2월 무렵에 군수를 향하여 그 가정(苛政)을 고쳐달라 하고 애간(哀懇)했더니 비단 소원을 이루지 못할 뿐더러 도루혀 다 잡히고 옥에 갇히고 그 후에도 수삼 차 청원했건만 즉시 물리치고 호발(毫髮, 털끝)도 효험이 없는 고로 인민 등이 매우 분하게 여겨 수십 명이 모듸어 장차 거사하려 할 때,

피고도 마침 그 무리 중에 들어 드디어 중인(衆人)이 밀어 접주(接主)로 삼아 작년 3월 상순에 그 무리를 영솔(領率)하여 고부 외촌(外村) 창고를 헐고 전곡을 빼앗아 진수(盡數, 모두)히 인민을 배급하고 일·이처에 작경(作梗, 못된 행실을 저지름)한 뒤 한 번 해산했으나 그 뒤 안핵사(按覈使) 이용태(李容泰)가 고부로 들어와서 먼저 작경한 것은 다 동학당의 소위(所爲)라 하고 동학 수도하는 무리를 잡아 살육을 지나치므로 이에 피고가 다시 그 무리를 규합하여 모병하되 만일 불응자는 불충불의(不忠不義)된 사람이니 반드시 벌을 주리라 하고 다른 사람을 협박하여 그 무리 4천여 명을 얻어 가지고 각기 소유한 흉기를 가지고 양식은 그 지방 부민(富民)에게 징봉(徵捧)하여,

같은 해 4월 상순분에 피고가 친히 그 도를 영솔하여 전라도 무장(茂長)에서 일어나 고부·태인·원평·금구 등처를 갈 새, 전라감영 포군(砲軍) 1만여 명이 동도(東徒)를 치러 온다는 말을 듣고 한번 고부로 물러갔다가 하루 밤낮을 접전한 뒤 영문포군(營門砲軍)을 무찌르고 전진하여 정읍·흥덕·고창·무장·영광·함평을 지나 장성에 이르러 경군 7백여 명을 만나 또 격파하고 주야겸행(晝夜兼行, 밤낮으로)으로 행진하여 4월 26에서 7일께 관군보다 먼저 전주성을 들어가니 그때 전라감사는 이미 도망하여 간 곳을 모르거늘 그 익일에 다다라 초토사 홍재희(洪在羲)가 군사를 다리고 성하(城下)에 박도(迫到)하여 성밖에서 거포(巨砲)를 놓고 공격하기로 피고가 그 도로 더불어 응전하여 자못 관군을 괴롭게 하니라.

이에 초토사가 격문을 지어 성중으로 던지고 피고 등의 소원을 들어줄

터이니 속히 해산하라 효칙(曉飭)했는데 피고 등이 곧,

一. 전운소를 혁파할 것[轉運所革破事]
一. 국결을 더 이상 보태지 말 것[國結不爲加事]
一. 보부상들이 저지르는 폐단을 엄금할 것[禁斷褓負商人作弊事]
一. 도내의 환곡은 전임 감사가 이미 거두어 갔으므로 백성들에게 다시 걷지 말 것[道內還錢舊伯旣爲捧去 則不得再徵於民間事]
一. 대동미를 상납하기 전에는 각 포구에서 암매상들이 쌀을 거래하지 못하도록 할 것[大同上納前 各浦口潛商貿米禁斷事]
一. 동네에서 걷는 포세는 매 가구마다 봄가을에 두 냥으로 정할 것[洞布錢 每戶春秋二兩式定錢事]
一. 탐관오리들을 모두 몰아낼 것[貪官汚吏 幷罷黜事]
一. 임금의 총명을 가리고 관직을 팔고 국권을 농락하는 무리를 모두 몰아낼 것[壅蔽上聰 賣官賣爵 操弄國權人 一幷逐出事]
一. 벼슬을 지내고 있는 사람이 부득이 이곳에 묘를 쓸 경우에라도 논을 사들이지 말 것[爲官長者不得入葬於該境內 且不爲買畓事]
一. 밭세는 지난날과 같이 할 것[田稅依前事]
一. 민간인을 잡역에 동원하는 일을 줄일 것[烟戶雜役減省事]
一. 포구의 어염세를 개혁할 것[浦口魚鹽稅革罷事]
一. 보세를 걷지 말고 왕실의 논을 없앨 것[洑稅及宮畓勿施事]
一. 방백 수령들이 부임하여 백성의 산지에 강제로 묘를 쓰는 일이 없도록 할 것[各邑倅下來 民人山地勒標偸葬 勿施事]

등 27조목을 내어 가지고 상주(上奏)하기로 청했더니 초토사가 즉시 승낙한 고로 피고는 동년 초 5, 6일께 쾌히 그 무리를 해산하여 각기 취업하게 하고 또 그 시에 피고는 최경선 이하 20여 명을 데리고 전주부터 금구·김제·태인·장성·담양·순창·옥과·창평(昌平)·순천·남원·운봉(雲峰) 등 각처를 열력 유세(遊說)하여 7월 하순에 태인 제 집으로 귀거하니라.

그 뒤 피고는 일본 군대가 대궐로 들어갔다는 말을 듣고 필시 일본이

아국(我國)을 합병코자 하는 뜻인 줄 알고 일본군을 쳐 물리치고 그 거류민을 국외로 구축할 마음으로 다시 기병(起兵)을 도모하여 전주 근처의 삼례역이 토지 광활하고 전라도 요충지지(要衝之地)이기로 동년 9월분에 태인을 발정(發程, 출발)하여 원평을 지나 삼례역에 이르러 그곳을 기병의 대도소(大都所)로 삼고 진안 사는 동학 접주 문계팔(文季八), 전영동(全永東), 이종태(李宗泰), 금구(金溝) 사는 접주 조준구(趙駿九), 전주 사는 접주 최대봉(崔大奉)·송일두(宋日斗), 정읍 사는 손여옥(孫汝玉), 부안 사는 김석원(金錫元)·김여중(金汝中)·최경선·송희옥(宋喜玉) 등과 동모(同謀)하여,

지난해 3월 이후 피고와 동사(同事)한 비도거괴(匪徒巨魁) 손화중(孫化中) 이하 전주·진안·흥덕·무장·고창 등처 원근 각 지방 인민더러 혹 격문을 돌리며 혹 전인(傳人)하여 유세하고 전라우도에서 군사를 모으기를 4천여 명이 되매 처처(處處) 관아(官衙)에 들어가 군기(軍器)를 강탈하고 또 각 지방 부민(富民)한테 전곡을 징봉(徵捧)하여 삼례역을 떠나가면서 도당을 모집하고 은진(恩津)·논산(論山)을 지나 당류(黨類) 만여 명을 거느리고 동년 10월 26일쯤 충청도 공주에 다다랐더니 일본군이 먼저 [공]주성에 웅거(雄據)하여 있기에 전후 2차 접전하여 보았건만 두 번 다 대패했는지라.

그러나 피고는 더 일본군을 치려 했더니 본군이 공주에 있어 움직이지 않고 그간의 피고 포중(包中)이 점점 도산(逃散)하여 수습치 못하게 되었기로 부득이 한번 고향으로 돌아가 다시 모병하여 전라도에서 본군을 막으려 했더니 응모자가 없는 탓으로 동모(同謀, 공모) 서너 인과 의논하고 각기 변복하여 가만히 한성으로 들어가 정탐코자 하여 피고는 상인(商人) 만토를 하고 단신으로 상경 차 태인을 떠나 전라도 순창을 지날 때 민병한테 잡힌 것이니라.

우(右)에 기록한 사실은 피고와 및 그 동모자 손화중·최경선 등이 자복(自服)한 공초(供草), 압수한 증거 문적(文籍)이 분명한지라. 그 소위(所爲)는 『대전회통』(大典會通) 「형전」(刑典) 중의 "군복을 입고 기마를 탄 채 관문에서 변란을 일으킨 자는 지체 없이 목을 벤다."[服騎馬作變官門者不

IX. 떨어지는 별 | 349

待時斬]는 율(律)에 비추어 처죄(處罪)한 것이니라. 우(右)의 이유로서 피고 전봉준을 사형에 처하노라.

개국 504년(1895) 3월 29일
법무아문권설재판소선(法務衙門權設裁判所宣)
법무아문대신(法務衙門大臣) 서광범(徐光範)
협판(協辦) 이재정(李在正)
참의(參議) 장박(張博)
주사(主事) 김기조(金基肇)
오용묵(吳容黙)
한성 주재 일본제국 영사 우치다 사다츠지(內田定槌)[62]

판결의 내용인즉 "군복을 입고 말을 탄 채 관문에서 변을 일으킨 자는 『대전회통』에 따라 지체 없이 참형에 처한다."는 것이다. 이날 전봉준 이외 판결을 받은 사람의 내용은 다음과 같다.

전봉준 · 최경선 · 손화중 · 성두한 · 김덕명 : 사형
민라호(閔邏鎬) · 안창항(安昶恒) · 김순영(金順永) : 장(杖) 100, 도(徒) 3년
허엽(許爗) : 유(流) 15년
김계보(金桂甫) : 장(杖) 80
권풍식(權豊植) : 장(杖) 100
장경현(張景賢) : 장(杖) 80
백낙중(白樂仲) · 박봉양(朴鳳陽) · 유제관(柳濟寬) : 장(杖) 60
김명중(金明中) · 한정수(韓廷洙) · 김여중(金汝中) · 이영오(李永五) · 한달중(韓達中) · 한영화(韓永化) · 김영엽(金永爗) · 이봉준(李鳳俊) · 이선도(李善道) · 이동번(李東番) · 김성오(金成五) · 김보원(金寶源) · 유원규(柳遠奎) · 김방서(金邦瑞) · 고순택(高順宅) · 이홍구(李洪九) · 연순달(延淳達) · 연신

---

62 『東學關聯判決文集 : 정부기록보존소영인자료』(1), 총무처 정부기록보존소, 1994, pp. 29~31.

第三十五号

　　判決宣告書原本
全羅道泰仁郡山內面東谷
　被告　　　　　崔永昌　年四十　手紳술
　　　　　　　　　　　　　年三十七

右記者는 殺人事件을 審問
名譽의 所謂農民軍을 稱하는 被告事件을 審
開國五百三年三月에 被告 全羅道泰仁山內面谷居農
民 金琫準이 倡主가 되여 擾亂을 致하야 同道各郡部內로
리가되 作擾을 하고 또 曰 全羅監營官兵을 抗敵하니

第三十六号

　　判決宣告書
全羅道井邑居農業辛氏被告孫化中
　　　　　　　　　　　　　年三十五

右記者는 孫化中을 對하야 刑事被告事件을 審問을 開
被告는 農業者로 이것 悔하는 狀에 問國五百三
年三月以後 諸黨을 募하야 全羅道各郡都邑으로 거느
攪을 抗敵하여 井邑集結하고 그六에서 全羅監營崔軍

第三十七号

　　判決宣告書原本
全羅道泰仁山內面東谷居農業被告全琫準
　　　　　　　　　　　　　年四十一

右記者는 全琫準의 殺害하여 州事被告事件을 審問
하여 본즉 被告는 本業者이 稱하고 匪徒의 魁로 擁하
야 開國五百三年三月에 全羅道各郡部에 攪乱方人民을 向
하야 討者를 전의 지지고 못 亦 建政을 府하야 守
令에게 收貪을 다못 하고 몆가지의 新章을 向하

진(延申辰)·이동식(李東植)·내석겸(乃錫兼)·박태길(朴泰吉)·이방언(李邦彦)·김문달(金文達)·김기연(金基然)·박인학(朴仁學)·김부만(金富萬)·문재삼(文在三)·문인상(文因祥)·나보여(羅保汝)·최동명(崔東明)·이병휘(李秉輝)·윤신병(尹申炳)·현흥택(玄興澤) : 무죄방면

신정엽(申禎燁)·김창규(金昌奎)·김영진(金榮鎭)·손해창(孫海昌)·홍낙관(洪樂寬)·김치선(金致先)·조명운(趙明云)·임재수(林載洙) : 장(杖) 100, 유(流) 3천 리(里)

송연섭(宋延燮)·이용호(李容鎬) : 미결 중 대사령(大赦令)에 따라 방면[63]

판결이 끝나자 그날로 왕의 재가를 얻어[64] 3월 30일 새벽 2시[65]에 무악재 아래서 전봉준·손화중·최경선·성두한·김덕명 등의 교수형이 집행되었다. 유생들은 이들에게 교수형을 쓰고 참형을 쓰지 않았다 해서 한스러워 했다.[66] 단두대에 선 전봉준에게 법관이 가족에게 전할 유언을 물었다. 그는 "나는 다른 할 말은 없다. 나를 죽일진대 종로 네거리에서 목을 베고 오고 가는 사람들에게 내 피를 뿌려주기 바란다."고 대답했다.[67] 그는 처형되기 전에 형리에게 다음과 같은 「절명시」(絶命詩)를 남겼다.

기자가 세운 예의의 나라 삼천리에
남방의 송(宋)을 망친 진회(秦檜)[68]와 같은 사람이 있고
명나라의 풍속이 오백년을 이어 왔건만

---

63 「東學黨被告事件關係人處分表, 被告人名」(1895. 9. 2.,『駐韓日本公使館記錄』(8), pp. 52~53.
64 「법부대신 서광범 奏」,『高宗實錄』甲午(1894) 3월 29일자.
65 이종학, 「전봉준은 교수형으로 처형되었다」,『세계일보』(1994. 3. 20.)
66 황현,『동학란』(서울 : 을유문화사, 1985), p. 234; 오지영,『동학사』, p. 159.
67 오지영,『동학사』, pp. 160~161.
68 진회(秦檜 : 1090~1155) : 남송 초기의 정치가. 남침을 거듭하는 금군(金軍)에 대처하여 금과 중국을 남북으로 나누어 영유하기로 합의하였으며, 금나라에 대하여 신하의 예를 취하고, 세폐(歲幣)를 바쳤다. 24년간 재상직을 지낸 유능한 관리였으나 정권 유지를 위해 사옥(邪獄)을 일으켜 반대파를 억압해 비난을 받았다.

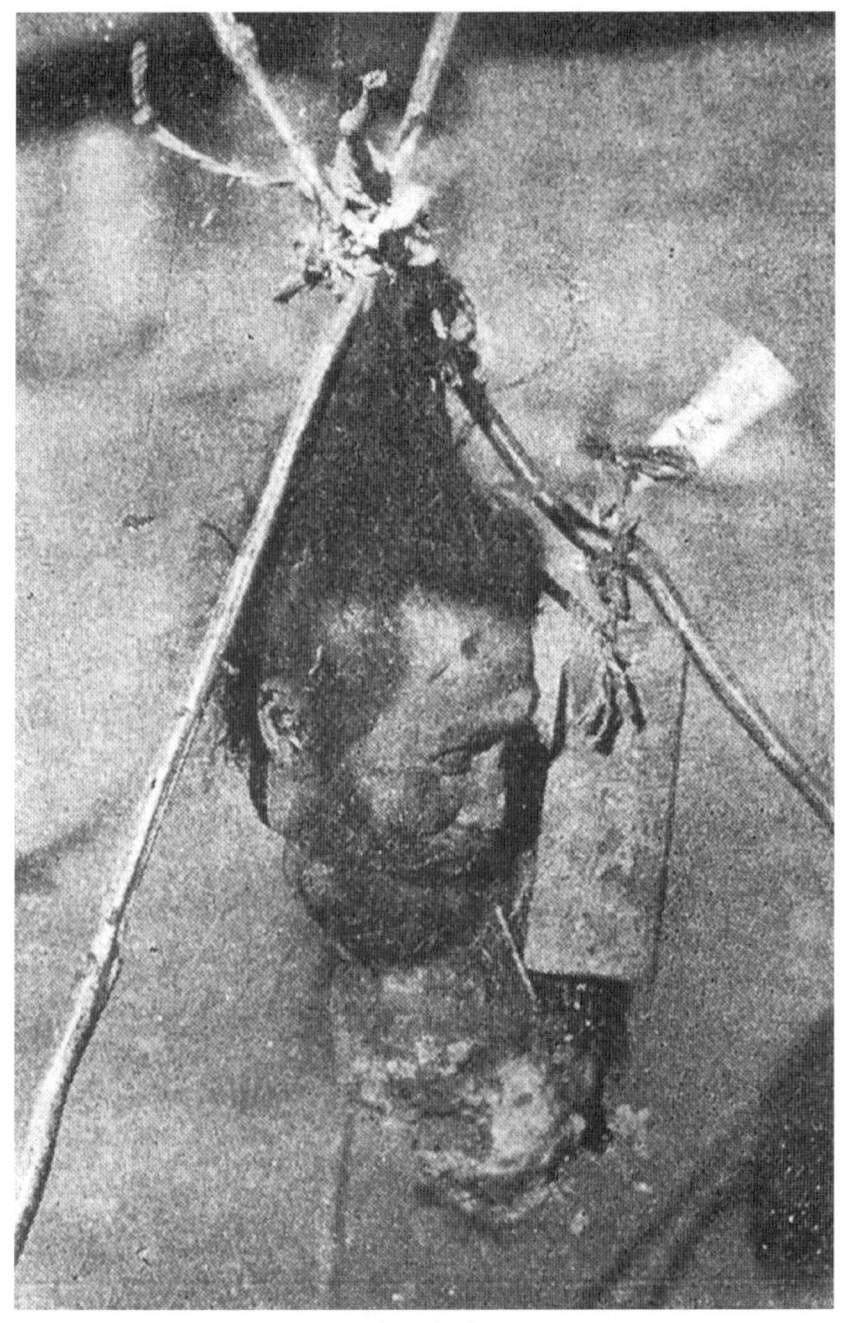
전봉준의 최후

동해(東海)의 노중련(魯仲連)[69] 같은 선비가 없구나.[70]

箕封禮義三千里 誤國南方人有檜
明制衣冠五百年 却兵東海士無連

이 전봉준 효수 사진은 『병합기념조선사진첩』(倂合記念朝鮮寫眞帖)[71]에 수록된 것이다. 이 사진이 전봉준의 사진이라고 학계에 발표된 후, 이의를 제기한 사람들이 있어 이에 관한 상당한 논의가 있었다.

첫째, 인병선(印炳善)은 이 사진이 김개남이라고 주장하고 있다. 그 이유는 효수의 이름표를 확대해 보면 김개남이라는 글자가 보인다는 것이다.[72]

둘째, 이 사진은 김개남이거나 최재호(崔在浩) 또는 안교선(安敎善) 가운데 하나라는 이종학(李鍾學)의 주장이다. 그의 주장에 따르면, 당시 효수가 잔인하다는 외국 영사의 지적에 따라 효수하지 않고 교수형에 처했다는 것이다.[73]

셋째로는 이 사진은 전봉준의 사진이 아니라고만 할 뿐 그 논거를 제시하지 않은 유홍준의 주장[74]이 있다.

우선 이름표를 확대해 보면 "金開南"이라는 글자가 보인다는 인병선의 주장에 따라서 나는 최첨단 광학장비를 동원해 이를 확대해 보았는데, 성이 "金"인지 "全"인지는 육안으로 확인되지만 그 이름은 보이지 않

69　노중련(魯仲連 : BC 305?~BC 245) : 전국시대 제(齊)나라의 높은 절의(節義)를 가진 은사(隱士). 그는 무도(無道)한 진(秦)나라가 천하를 차지한다면 "나는 동해로 걸어 들어가 죽겠다.[連有踏東海而死耳]고 맹세하여 그 절의를 높인 바 있다.
70　車相瓚, 「동학당 수령 전봉준(2) : 그의 생애와 활동」, 『朝光(2/6)』, 1936년 6월호, p. 245.
71　『倂合記念朝鮮寫眞帖』(서울 : 新半島社; 東京 : 元元堂書房, 1910), 페이지 없음.
72　印炳善, 「100주년기념 동학농민전쟁민속전 팜플렛」(서울 : 짚·풀생활사박물관, 1994), p. 60.
73　李鍾學, 「전봉준은 교수형으로 처형되었다」, 『세계일보』, 1994년 3월 20일자.
74　유홍준, 『나의 문화유산답사기』(2), p. 374.

병합기념조선사진첩. 왼쪽부터 이용구, 효수된 전봉준, 최시형, 옥중의 최시형, 최제우

앉다.

둘째로, 그 당시에 효수가 실시되지 않았다는 이종학의 주장인데 이는 사실과 다르다. 고종이 "대죄를 지은 무리를 능지처참하는 법을 이제로부터 폐지한다. 법부(法部)의 행형(行刑)은 교형(絞刑)으로 하고 군율에 의한 행형은 총살로 집행한다."는 왕명을 발표한 것은 사실이다.[75] 그러나 국란기인 당시, 왕명과 동시에 이것이 실행되지는 않았다. 1894년의 일련의 소용돌이 속에서 농민군을 효수한 사례는 얼마든지 있었다. 예컨대 이두황이 접주 4인을 효수했고, 안성군수 홍운섭(洪運燮)이 접주 3인을 효수했으며,[76] 접주 20명을 무더기 효수한 일도 있고,[77] 영호(嶺湖) 대접주인 금강의 김인배(金仁培)와 영호 수접주인 순천 사람 유하덕(劉夏德)도 효수되었다. 광양현 봉하(鳳圼) 접주 박흥서(朴興西) 등 대략 40명 남짓이 총살되었다는 기록[78]도 있다.

---

75 『高宗實錄』, 甲午(1894) 12월 25일자.
76 『承政院日記』 1894년 10월 16일자.
77 『承政院日記』 1894년 10월 20일자.
78 「일함 筑波의 운항 및 전남 지역에서의 활동 보고」 n.d., 『駐韓日本公使館記錄』(6), p. 7.

또 "지난 10월 23일 후원령관 안성군수 구상조가 병졸을 이끌고 공주의 효포를 지키고 있었는데, 비도 전봉준이 옥천의 비도와 대교(大橋)에서 만났다고 한다. …… 포로가 6명이었다. 마침 일기가 저물어 공주에 유진하여 포로 6명을 효수, 경중(驚衆)했다."는 기록[79]도 있다. 여산 접주 최난선도 효수되었고,[80] 김개남도 효수되어 서대문에 전시되었다. 전봉준을 효수해서는 안 된다면 김개남도 효수되지 않았어야 한다. 전봉준은 교형을 받은 것이 사실이다. 그러나 그는 그 뒤에 효수되었다. 이 사진 자체가 "당시에 효수는 없었다."는 주장의 반론이 된다.

내가 앞의 사진이 전봉준이라고 주장하는 논거는 다음과 같다. 우선 위의 사진에서 보는 바와 같이 이 사진첩에는 동학교단과 갑오농민혁명을 주도한 다섯 사람이 나란히 게재되어 있는데 왼쪽부터 일진회장(一進會長) 겸 시천교장(侍天敎長) 이용구(李容九), 전봉준의 효수 사진, 동학당 수령 최시형(崔時亨), 옥중의 최시형, 동학당 원조(元祖) 최복술(崔福述 : 崔濟愚)의 순서로 되어 있다.

그런데 오직 두 번째 사진만이 "동학당 수령의 효수"라고만 되어 있을 뿐 이름이 없다. 위 사진의 배열로 미루어볼 때 이 자리는 김개남이 전봉준을 제치고 게재될 자리가 아니다. 당시 전봉준을 제치고 김개남을 동학당 수령이라고 지칭했을 리가 없다. 효수 사진과 최시형에게 똑같이 "동학당 수령"이라는 칭호를 썼다는 점에서 두 사람은 동일인이요, 따라서 효수 사진은 최시형이라는 일부의 주장이 있으나 이는 사실과 다르다. 왜냐하면 최시형은 심한 대머리인 데 반해 효수 사진은 머리숱이 많기 때문이다.

전봉준의 효수 사진(1, 이 책 353쪽)과 호송 당시에 촬영한 사진(2. 이 책

---

79 「공주 효포전투 : 영관 안성군수 洪運燮 첩보」, 『高宗實錄』 1894년 11월 3일자.
80 朴鍾烈(최난선의 외손자 : 全北 益山郡 礪山面 源水里 上陽)의 증언.

340쪽), 그리고 김개남의 사진(3. 이 책 100쪽)을 비교한 조용진(趙鏞珍 : 서울교대 교수, 한국얼굴학회장)은 이 사진이 전봉준이며 김개남과는 전혀 다른 인물이라고 증언해주었다. 그는 그 논거로,

첫째, (1)과 (2)는 발제선(髮際線 : 이마와 모발의 경계선)이 같은 호남 해변형의 얼굴로 가로가 넓고 세로가 좁은 얼굴인데, 이와는 달리, (3)은 세로가 길고 가로가 좁은 전북 내륙형이라는 점,
둘째, (1)과 (2)는 눈썹 끝과 측면의 발제선이 넓은 것과는 달리 (3)은 좁다는 점,
셋째, (1)과 (2)는 전두 융기(前頭隆起 : 이마에 돌출한 좌우의 두 부위)가 넓은 데 견주어 (3)은 좁다는 점,
넷째, (1)과 (2)는 안와상연부(眼窩上緣部 : 눈썹이 붙은 자리)가 동일하게 발달한 데 견주어 (3)은 그것이 빈약하다는 점,
다섯째, 눈매가 (1)과 (2)는 둥근 데 견주어 (3)은 가는 형이라는 점,
여섯째, 코 모양이 (1)과 (2)는 오른쪽으로 비뚤어지고 콧방울이 뚜렷한 데 견주어 (3)은 반듯하면서도 콧방울이 빈약하다는 점,
일곱째, 이륜(耳輪 : 귓바퀴)의 모양이 (1)과 (2)는 남방형인 데 견주어 (3)은 내륙형이라는 점

등을 들었다.[81]

전봉준에 대한 형 집행의 책임을 맡았던 강모(姜某)라는 사람은 전봉준의 최후의 모습을 다음과 같이 묘사하고 있다.

나는 전봉준의 처음 잡혀오던 날로부터 끝내 사형[乃終刑]을 받던 날까지 그의 전후 행동을 잘 살펴보았다. 그는 과연 보기 전 풍문으로 듣듯 말보다 훨씬 소수(消瘦, 여위어)워 보이는 감이 있었다. 그는 외모부터 천인

---

81 趙鏞珍(서울교육대 미술과 교수, 한국얼굴학회 회장)의 증언.

만인(千人萬人)의 특(特)으로 뛰어난 인물이었다. 그는 청수(淸秀)한 얼굴과 정채(精彩) 있는 미목(眉目)으로 엄정(嚴正)한 기상과 강장(剛壯)한 심지(心志)는 세상을 한번 놀랠 만한 대위인(大偉人)·대영걸(大英傑)로 되었다. 과연 그는 평지돌출로 일어서서 조선의 민족운동을 대규모적으로 한 자이니 죽을 때까지라도 뜻을 굴(屈)치 아니하고 본심 그대로 태연히 간 자이다.[82]

그 밖의 사람들은 11월 2일부터 재판에 회부되어 175일에 걸쳐 법정에 출석하기를 전후 31회, 피고인을 취조한 것이 61명이었다. 압수 증빙 서류를 검열한 것이 1,456통에 미쳤으며, 1895년 4월 25일에 비로소 그 심리를 끝냈다.[83] 이들은 정식 재판을 받았다는 점에서 그나마 행운이었다. 지방에서 관군이나 유생토벌대에 잡힌 농민군들은 사형(私刑)을 겪었다.

즉결처분을 받은 사람도 해남 부근에서 250명, 강진 부근에서 320명, 장흥 부근에서 300명, 나주 부근에서 230명, 기타 함평·무안·영암·광주·능주·담양·순창·운봉·장성·영광·무장 각지에서도 모두 30명에서 50명 정도씩 집단으로 처형[총살]되었다.[84] 일부 지방에서는 지방 수령이나 형리에게 뇌물을 주고 풀려난 경우도 있었는데 그 액면은 300냥에서 400냥 정도였다.[85]

전봉준이 죽자 호남 일대에는 다음과 같은 동요가 울려 퍼져 그의 넋

82　오지영,『동학사』, p. 160.
83　「동학당 사건에 대한 會審 顚末 具報」(1895. 9. 2),『駐韓日本公使館記錄』(8), p. 47.
84　「일함 筑波의 운항 및 전남 지역에서의 활동 보고」,『駐韓日本公使館記錄』(6), p. 7; 같은 글, p. 62.
85　「화순의 농민군 접주 韓達文이 어머니에게 보낸 편지」(필사본, 전남대 李相寔 교수 소장);「金洛鳳履歷」(필사본),『전라문화논총』(7) 부록(전주 : 전북대 전라문화연구소, 1994), p. 274, 282;「한우회·한병만(한달문의 손자)의 증언」,『다시 피는 녹두꽃』, 역사문제연구소(편), p. 167.

을 위로했다.

> 녹두야 녹두야 전녹두야
> 그 많은 군사 엇다 두고
> 쑥대밭에 낮잠 자냐.[86]

지방에 따라서는 다음과 같은 동요를 부르는 곳도 있었다.

> 새야 새야 팔왕(八王[전])새야
> 네 무엇하러 나왔느냐
> 솔잎 댓잎이 푸릇푸릇
> 하절(夏節)인가 했더니
> 백설이 펄펄 흣날리더니
> 저 건너 청송녹죽(青松綠竹)이
> 날 속인다[87]
> 새야 새야 녹두새야
> 웃녁 새야 아래녁 새야
> 전주 고부 녹두새야
> 함박 쪽박 열 나무 딱딱 후여

> 새야 새야 녹두새야
> 녹두밭에 앉지 마라
> 녹두꽃이 떨어지면
> 청포 장수 울고 간다[88]

---

86 姜金禮(全琫準의 外孫女 : 1905~1983, 全北 井邑郡 山外面 東谷里 원동골 居住)의 증언.
87 장도빈, 『갑오동학란과 전봉준』(서울 : 덕흥서림, 1926), pp. 65~66.
88 오지영, 『동학사』, p. 164 참조. 이 동요는 동학혁명 당시에 유행되던 것으로, 이에 관해서는 崔勝範의 「파랑새謠에 관한 私見」, 『한국사상(7)』(서울 : 일신사, 1964)이 있으며, 車相瓚의 「동학당 수령 전봉준(2) : 그의 생애와 활동」, 『朝光』(2/6), 1936년 6월호),

동요나 요언(謠言) 또는 참언(讖言)은 영원한 신비 속에 묻히는 것이요, 그 뜻 또한 지극히 은유적인 것이기 때문에 이에 관해 설명하는 것은 무의미하며, 듣는 이에 따라 그 뜻이 각기 다를 수도 있을 것이다. 다만 추정할 수 있는 것은 "八王"이라 함은 全琫準을 의미하는 것이요, "綠豆"도 키가 작은 全琫準의 별명이었으며, "綠豆꽃이 떨어진다" 함은 전봉준이 패망한다는 뜻이었고, "淸泡 장수 울고 간다"함은 靑袍(淸國軍)가 슬퍼한다는 뜻으로 볼 수 있다.

　이렇게 해서 난세의 한 영웅은 그 일생을 마쳤다. 아울러 "임진왜란에 버금가는 난리"[89]도 끝났다. 우리는 여기에서 "시대가 영웅을 만드는가, 아니면 영웅이 시대를 만드는가?" 하는 처음의 질문으로 돌아가 볼 필요가 있다.

　이상에서 살펴본 전봉준의 생애를 종합해보면, 우리는 시대가 전봉준이라는 영웅을 만들어낸 것이라고 말할 수 있다. 바꾸어 말해서 설령 전봉준이라고 하는 한 자연인이 없었다 해도 1890년대라는 시대와 역사는 또 다른 전봉준을 필요로 하고 있었다. 이런 점에서 본다면 그는 한 시대의 제물(祭物)인 셈이다. 그렇다고 해서 그의 역사적 의미가 감소되는 것은 아니다. 다만 그의 삶과 죽음이 불행했는가, 아니면 행복했는가, 혹은 영예로웠는가 하는 것은 독자들이 선택할 문제이다.

4. 유족(遺族)

　전봉준이 죽은 다음 그 유족들은 어찌되었을까? 위대하면서도 신비에

---

p. 246에도 이와 대동소이한 동요가 수록되어 있다.
89　朴成壽(주해), 『渚上日月』(上)(서울 : 서울신문사, 1993), p. 223 : 1894년 11월 11일자.

싸인 인물들에게는 후손으로 자처하고 나서는 인물이 많게 마련이다. 러시아의 니콜라이 2세(Nicholai II) 황제에게 견줄 바는 못 되지만 전봉준의 경우에도 후손으로 자처하고 나서는 인물들이 많았다.

나는 전봉준에 대한 자료도 수집하고 그 후손들도 만나볼 겸 고부·태인 일대를 답사한 끝에, 1981년 1월 16일에 그의 외손녀인 강금례(姜金禮 : 1905~1983) 노파를 만났다. 그는 당시 정읍군 산외면 동곡리(山外面 東谷里) 원동골에 살고 있었다. 그의 제적등본(除籍謄本)에 따르면, 그의 본적은 정읍군 산외면 동곡리 630번지이며, 아버지는 강장언(姜長彦), 어머니는 김씨(?)로서 전 호주는 오빠(남동생?) 강성진(姜成振)으로 되어 있다.

강금례는 1921년에 박영주(朴榮柱)와 결혼했으며, 1983년에 동곡리 122번지에서 사망했다.[90] 내가 그를 만날 당시(1981) 심한 해수병과 노환으로 언행이 자유롭지 못했지만, 그의 증언과 이웃에 살고 있는 김개남의 종손녀인 김씨 노파(당시 80세)의 증언을 들어본 결과 나는 강금례 노파가 전봉준의 외손녀임을 확인할 수 있었다.

전봉준이 1차 신문을 받을 당시 가족 관계에 관하여 "본인을 포함하여 6명"이라고 대답한 것과 그에게 2남 2녀와 후실부인 이씨가 있었다는 강금례 노파의 증언이 일치한다. 전봉준은 2차 기포에 앞서 평사리에 살면서 이곳 오씨(吳氏) 문중의 한 과수댁인 이씨를 후실로 맞았다.[91] 이러한 사실은 얼마 전 전씨 문중에서 그에게 전만길(全萬吉)을 입양시키기 이전까지 그 후실의 전남편 소생인 오씨 집안에서 전봉준의 제사를 받들었다는 사실[92]로도 확인될 수가 있다.

---

90 姜金禮의 除籍謄本.
91 전봉준의 후실이 李씨였다는 사실은 1930년대에 이곳을 답사한 菊池謙讓의 『近代朝鮮史』(下), p. 229에도 나타나고 있다.
92 金氏女(金開南의 종손녀 : 1902년생, 정읍군 산외면 동곡리 원동골 거주)의 증언.

그런데 여기에 한 가지 미스터리가 있다. 전봉준의 두 딸 가운데 차녀라는 옥련(玉連)의 성이 전씨가 아닌 김씨로 되어 있다는 사실이다.[93] 김옥련이 전봉준의 차녀라는 사실을 발표한 사람은 전영래(全榮來 : 전 전라북도 박물관장, 원광대 교수)였다. 그는 향토지와 답사를 통해 이를 확인했는데, 김옥련과 함께 조소리를 찾아갔을 때 그의 기억이 정확했다는 것이다.[94]

김옥련의 제적등본에 따르면, 그의 본적은 전라북도 진안군 부귀면 신정리(鎭安郡 富貴面 新亭里) 49번지로 1880년에 아버지 김춘서(金春西)와 어머니 강성녀(姜姓女)의 장녀(sic)로 태어나 이영찬(李永贊 : 1868~1933)과 결혼하여 5남 4녀를 두었다.[95] 1970년 1월 5일에 전북 진안군 부귀면 신정리에서 당년 92세로 작고한 그는 자신이 전봉준의 친딸인데도 후손이 멸족된다는 소문이 두려워 구십 평생을 성을 숨기며 살았다는 것이다.

김옥련은 갑오년에 전봉준의 거사가 실패로 돌아가자 삼족(三族)을 죽인다는 소문에 겁을 먹고 15살의 어린 나이에 집을 나섰다는 것이다. 그는 김제 금산사에 들어가 몸을 피했다가[96] 다시 진안군 마이산(馬耳山) 석탑사(石塔寺) 입구에 있는 금당사(金塘寺)에 들어가 성을 김씨로 바꾸고 7년 동안이나 과부로 행세하며 살았다.[97] 그 뒤 그는 23세 때 주막집 주인의 소개로 이영찬(李永贊)과 결혼해 살면서도 후환이 두려워 아버지의 이름을 입 밖에도 내지 않았다고 한다.[98]

---

93 필자가 그의 묘소(全羅北道 鎭安郡 富貴面 新亭里 49番地 李熺鍾의 농장)를 찾아갔을 때, 그의 묘비명에는 이름이 金玉禮로 되어 있었다.
94 全榮來(前전라북도 박물관장, 원광대 교수), 「공증인이란 꼬리표의 해명」, 『여성동아』 1968년 10월호, p. 175.
95 金玉連의 除籍謄本.
96 최현식(전북문화재전문위원, 정읍문화원장)의 증언.
97 金玉連의 손부(李熺鍾의 처 : 全羅北道 鎭安郡 富貴面 新亭里 49番地)의 증언.
98 全榮來, 「공증인이란 꼬리표의 해명」, pp. 173~174; 동학사상연구소(편), 『동학혁명』,(서울 : 동학사상연구소, 1979), p. 87.

전봉준의 딸 김옥련(왼쪽)과 외손녀 강금례(오른쪽)(촬영 : 1981. 1. 16.)

김옥련은 90세에 이르기까지 전북 진안군 부귀면 신정리 샛터마을에 살았다. 그는 1968년 6월 하순 전주에 사는 손자 이희종(李熺鍾)의 집에 다니러 왔다가 중학교 1학년에 다니는 증손자가 읽는 『전봉준전』(소년소녀세계전기전집 12 : 한국편 2, 삼화출판사)의 사진을 보고는 "이분이 나의 아버지다."고 말하고는 통곡했다.[99] 그는 1970년 1월 5일 세상을 떠났는데 임종할 때 아들인 이주석(李周錫)과 장손인 이희종을 불러 "어떠한 일이 있더라도 녹두장군의 유해를 찾아 정읍군 덕천면에 있는 녹두장군 기념탑에 모시고 관리인에게 논 다섯 두락을 사주어 묘소를 잘 지키게 하라."는 유언을 남겼다고 한다.[100]

그런데 김옥련은 자신만이 전봉준의 "유일한" 혈육이요, 그밖에 자손

99　全榮來, 「공증인이란 꼬리표의 해명」, pp. 173~174.
100　『동아일보』 1971년 1월 7일자.

들이 없다고 말함으로써¹⁰¹ 전봉준의 공초나 강금례 노파의 말과는 엇갈리고 있다. 나는 강노파의 말을 믿고 싶다. 그런데 김옥련 노파의 사진과 강노파의 얼굴을 비교해보면 기이하리만큼 닮았다는 데 놀라움을 금할 수 없다.

전봉준과 김옥련, 그리고 강금례의 사진을 감정한 조용진의 증언에 따르면, 첫째, 김옥련과 강금례는 근친이다. 다만 강금례의 모친은 전북 내륙지방 출신으로 외탁을 했는데 김옥련은 친탁을 했다. 둘째, 강금례와 김옥련은 전봉준의 지친(至親)이다. 이들은 상안부(上顔部 : 이마), 비골부(鼻骨部 : 콧대), 콧방울, 광대뼈가 아주 닮았다는 점이 그 근거이다.¹⁰²

그렇다면 김옥련이 "나만이 전봉준 장군의 유일한 혈육"이라고 말한 것은 다른 형제들은 모두 일찍 죽고 자신만이 "살아남았다."는 의미는 아닐까 하는 추정이 가능하다. 강 노파의 말에 따르면 외할아버지(전봉준)는 전쟁에 나가면서 작은딸과 두 아들을 시집간 장녀인 고부댁(古阜宅 : 고부에서 시집왔기 때문에 그렇게 불렀음)에게 맡겼다고 한다. 당시 고부댁(강노파의 생모)은 김개남이 살고 있던 정읍군 산외면 동곡리 지금실[知琴谷]의 강씨 문중에 출가해 살고 있었다. 이 사실은 고부댁의 아들 강건기를 기억하는 지금실 촌로들의 증언¹⁰³과도 일치한다.

그런데 이들 4남매는 모두 "피병[肺病]에 걸려 있었다."고 강노파는 말한다. 결국 고부댁은 1930년경까지 살아 있었으나 해수병으로 죽었으며, 이모(전봉준의 차녀)는 아버지가 처형된 뒤 가출하여 행방을 모르고, 큰외삼촌[전용규]과 작은외삼촌[전용현]은 영양실조에다가 폐결핵까지 겹쳐 10세 전후에 모두 요절했다고 한다.¹⁰⁴ 여기에서 행방불명이 되었다

---

101 『동아일보』 1971년 1월 7일자.
102 趙鏞珍(서울교육대 미술과 교수, 한국얼굴학회 회장)의 증언.
103 이진영, 「김개남과 동학농민전쟁」, 『한국현대사연구』(2)(서울 : 한울, 1995), p. 69.
104 전봉준의 아들 이름은 구전과 일부 기록(全榮來, 「공증인이란 꼬리표의 해명」, pp.

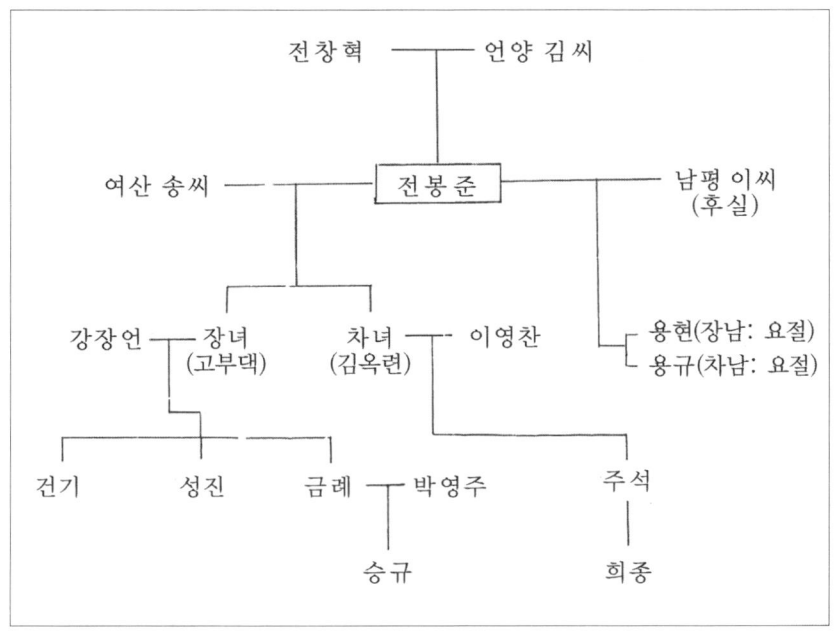

전봉준의 가계도

는 "이모"는 자신이 15세에 가출했다는 김옥련의 말과 일치하며 이런 점에서 보더라도 자신만이 전봉준의 유일한 혈육이라는 김옥련의 유언은 그의 착오로 보인다.

현재(1981) 전봉준의 제사를 받들고 있는 전만길(全萬吉)은 천안 전씨(天安全氏) 문중에서 입양한 양손(養孫)이다. 전만길은 전봉준의 숙부인 전용호(全容鎬)의 증손이라는 문중의 설명[105]과, 전봉준이 송암공파(松菴

173~174)에는 '용현'과 '용규'로 되어 있고 이들의 항렬이 '用'이었다고 한다[李鏞善(경향신문 기자), 「누가 녹두장군의 후예인가?」, 『여성동아』 1968년 9월호, p. 129. 『天安全氏丙戌譜』(1886)에는 丙戌(1886)생 東一로 되어 있다. 그런데 그의 아들이 2명이었음에도 불구하고 東一만이 족보에 등재되었다는 점과 그의 사촌 형인 泰鎬의 "자손이 없어 東吉(출생연도 불명)을 入養했다."는 족보의 기록으로 미루어볼 때 東吉이 전봉준의 장자로서 泰鎬에게 입양되었으리라고 추정하는 주장이 있다[송정수, 「전봉준 장군 家系에 관한 검토」, 『호남사회연구』(2)(전주 : 호남사회연구회, 1995), p. 263. 용현·용규는 東吉·東一과 동일인이라는 것이 지금의 통설이다. 족보의 이름과 집안에서 부르는 이름이 다른 것은 당시로서 흔히 있는 일이었다.

105　全榮來, 「공증인이란 꼬리표의 해명」, p. 176

公派)인데도 삼재공파(三宰公派)로 여겨지던 시절에 천안 전씨 삼재공파보(三宰公派譜 : 癸巳, 1953)의 작성 책임자였던 전귀몽(全貴夢)이 자기 파에서 입양했다는 설[106]이 있다. 강금례 노파의 말과 일부의 문헌[107]을 종합하면 전봉준의 가계는 아래와 같다.

이들 유족 가운데 이희종만이 농장을 경영하여 다소 유족(裕足)한 생활을 하고 있고 외증손인 박승규(朴升圭 : 1986년 사망)나 전만길의 생활은 그리 넉넉지 못하다. 그렇다고 해서 정부로부터 어떤 부조가 있는 것도 아니며 행사(甲午東學紀念祭) 때나 구색을 맞추느라고 마다하는 것을 억지로 끌고 나가 식장에 앉혀놓은 다음 식이 끝나면 "니미 육실하게 밥그릇 한 벌만 줘서 보낸다."[108] 위의 높은 어른들이 동학난이 어쩌구 하며 입만 뻥끗하면 자가용을 탄 서울의 부티 나는 명사들이 "첩을 데리고 와서" 자기 마누라가 전봉준의 자손이라고 우겨대며 가짜 행세 그만하라고 윽박지른다고 한다. 그런 일로 칼부림이 날 뻔했던 경우가 한두 번이 아니었다고 한다.[109]

전봉준은 늘그막을 명당인 평사리에서 살고자 했다. 그것은 자신의 부귀영화를 바라서가 아니라 자신은 비운 속에 살다 가지만 후손들만이라도 그 불행을 맛보지 않게 하려는 애련한 마음에서였으리라. 그러나 그 후손들은 자기들의 자랑스러운 조상을 위해 비석 하나 세워주기는커녕 시체가 어디에 묻혀 있는지조차 모른다는 사실을 몹시 괴로워하며 살아가고 있다. 가끔 연구합네 하는 도시의 서생들이 카메라를 들이대고 사진이나 몇 장 찍어 가는 이외에는 찾아주는 이조차 없이 차가운 방에 누워 그의 어머니나 외삼촌이 그랬던 것처럼 해수병으로 쿨룩거리며 죽

---

106 이기화, 「전봉준은 高敞 堂村 태생」, 『향토사료』(12~13)(고창 : 고창문화원, 1993), mimeo.
107 『天安全氏族譜丙戌譜』; 이기화, 위의 글, p. 75; 최현식, 『갑오동학혁명사』, p. 216.
108 姜金禮의 증언.
109 朴升圭의 증언. 이에 관한 비학술적 여담은 이 책 부록 「답사기」(pp. 421~423) 참조.

음의 날만 기다리고 있다.

　지사(志士)들의 후손치고 호의호식하는 사람이 몇이나 있을까마는 전봉준의 후손들은 비참하게 살아가고 있다. 그가 거병했을 때 그의 자식들이 독립유공자 후손의 연금이라도 받기를 원했을까만, 1981년에 내가 강금례 노파를 찾아갔을 때 싸늘한 방에 누워 있는 한 선각자의 후손을 바라보면서 나는 치밀어 오르는 죄책감에 사뭇 괴롭기만 했다. 그들은 과연 누구를 위해서, 그리고 무엇을 위해서 그러한 운명의 주인공이 되었을까를 숙연히 생각해 본다.

전봉준 공초(供草)

1. 초초(初招 : 1895년 2월 9일)

問 : 爾始[姓]名爲誰
　　이름은 무엇인가?
供 : 全琫準
　　전봉준이다.
問 : 年幾何
　　나이는 몇 살인가?
供 : 四十一歲
　　마흔한 살이다.
問 : 居在何邑
　　어디에 사는가?
供 : 泰仁 山外面 東谷
　　태인군 산외면 동곡리에 산다.
問 : 所業何事
　　직업은 무엇인가?
供 : 以士爲業
　　선비로 업을 삼고 있다.
問 : 今日法衙官員 日本領事會同審判 公正決處矣 一一直告
　　오늘은 법무아문의 관원과 일본 영사가 자리를 함께해서 심판하여 공정히 처결할 것이니 하나하나를 바른 대로 대답하라.
供 : 當一一直告
　　모름지기 하나하나를 바른 대로 대답하겠다.
問 : 俄旣明諭 東學事 非徒一身相關 卽國家大關 雖有關係於何許高等 勿隱諱直告
　　이미 밝혔듯이 동학은 일신에 상관되는 문제가 아니라 국가와도 크게 관계가 있으니 비록 높은 직위와 관계가 있을지라도 숨기지 말고 바르게 대답하라.
供 : 當依所敎爲之 當初出於本心之事 與他人無關係

마땅히 시키는 대로 하겠으나 애당초부터 이 문제는 나의 본심에서 우러나온 것이지 다른 사람과는 관계가 없다.

問 : 汝是全羅道東學魁首云 果然耶

너는 전라도 동학의 괴수였다는데 과연 그런가?

供 : 初以倡義起包 無東學魁首之稱

애당초 의를 들어 거병한 것이지 동학의 괴수라 칭한 바가 없다.

問 : 汝於何地 召集人衆乎

너는 어디에서 군중을 모았는가?

供 : 於全州, 論山地招集矣

전주와 논산에서 군중을 모았다.

問 : 昨年三月 於古阜等地 都聚民衆云 有何事緣而然乎

작년 3월에 고부 등지에서 민중을 모았는데 무슨 사연이 있어서 그리했는가?

供 : 其時古阜倅 額外苛斂幾萬兩 故民心寃恨 而有此擧

그 무렵 고부군수가 정해진 이외에 가렴한 것이 수만 냥이었으므로 민심이 원한에 맺혀 거병했다.

問 : 雖曰貪官汚吏 告色必有然後事 詳言之

설령 탐관오리라 할지라도 명목이 있었을 터인데 자세히 말해 보라.

供 : 今不可盡言其細目 而略告其槩 一,築洑民洑下 以勒政傳令民間 上畓則一斗落收二斗稅 下畓則一斗落收一斗稅 都合租七百餘石 陳荒地許其百姓耕食 自官家給文券 不爲徵稅云 及其秋收時 勒收事 一,勒奪富民錢葉二萬餘兩 一,其父曾經泰仁倅 故爲其父建造碑閣云 勒斂錢千餘兩 一,大同米民間徵收以精白米十六斗式準價收斂 上納則貿麤米利條沒食事 此外許多條件不能盡爲記得

지금 그 자세한 것은 다 말할 수 없으나 대략을 말하면, 첫째 민보가 이미 있었는데 그 밑에 다시 보를 쌓고 권력을 남용하여 민간에게 명령을 내려 좋은 논 한 마지기에는 쌀 2말을, 나쁜 논 한 마지기에는 쌀 1말을 거두어 모두 700석을 착복했고, 백성들에게 황무지를 개간하여 경작토록 하고 관가로부터 땅문서를 주어 징세하지 않겠다고 말하고서는 급기야 추수기가 되자 강제로 세금을 거두어들였고, 둘째 부자들에게 2만 냥을 넘게 수탈했고, 셋째 그 아버지가 일찍이 태인군수를 지낸 바 있으니 그 아버지의 비각을 세운다 하여 1천여 냥을 수탈했으며, 넷째 백성들로부터 대동미를 징수할 때 정백미 16말을 값대로 징수하고서 정부에 바칠 때는 나쁜 쌀로 바꾸어냄으로써 이득을 취한 것이요, 이외의 허다한 조목들은 모두 기록하기가 어렵다.

問 : 今所告中之二萬餘兩勒奪錢 行以何名目乎
  지금 말한 가운데 2만 냥을 수탈했다고 하는데 그 명목은 무엇이었는가?
供 : 以不孝, 不睦, 淫行及雜技等事 構成罪目而行矣
  부모에게 불효하고, 동기간에 화목하지 못하고, 간음하고, 도박한 사실 등을 죄목으로 씌워 수탈했다.
問 : 此等事行於一處乎 且行於各處乎
  이런 일이 한 곳에서만 있었나, 아니면 여러 곳이었나?
供 : 此等事非止一處 爲數十處
  이런 일이 있은 곳은 한 군데가 아니요, 수십 곳이 된다.
問 : 至爲數十處 其中或有知名者耶
  그런 곳이 수십 처라면 그 가운데 혹 이름을 아는 무리가 있는가?
供 : 今不可記得姓名
  지금은 그 이름을 기억할 수 없다.
問 : 此外古阜倅 行何等事耶
  이 외에 고부군수가 어떤 일을 했는가?
供 : 今所陳事件 皆民間貪虐事 而築洑時 勒斫他山數百年邱木 築洑役之民丁 不給一錢勒役矣
  지금 말한 것이 모두 백성을 수탈한 일이나, 보를 쌓을 때 남의 산에 있는 수백 년 묵은 거목을 베어 썼고, 보를 쌓는 데 동원된 백성들에게 한 푼의 품삯도 주지 않고 강제로 부역을 시켰다.
問 : 古阜倅姓名誰
  고부군수의 이름은 무엇인가?
供 : 趙秉甲
  조병갑이다.
問 : 此等貪虐事 但止於古阜倅耶 抑或無吏屬輩作奸耶
  이런 탐학이 고부군수뿐이었나, 아니면 아전배들이 농간을 부린 일은 없었는가?
供 : 古阜倅獨行矣
  고부군수 혼자서 한 일이다.
問 : 汝居生泰仁地 何故起鬧古阜乎
  너는 태인에서 살았으면서 고부에서 난을 일으킨 이유는 무엇인가?
供 : 居生泰仁 移寓古阜爲數年矣
  태인에서 살았지만, 고부로 이사한 지 몇 년 된다.

問 : 然則古阜有任[汝]字乎
　　그렇다면 고부에는 너의 집이 있는가?

供 : 入於燒灰中矣
　　난리에 불타고 말았다.

問 : 汝於其時 無勒徵被害耶
　　너는 그 무렵에 수탈의 피해를 본 일이 없는가?

供 : 無有矣
　　없다.

問 : 一境人民 皆被勒斂之害 汝獨無有者何故
　　그 일대 백성들이 모두 수탈의 피해를 겪었는데 어찌 너만 홀로 피해가 없었는가?

供 : 以學究爲業 所謂田畓 只不過三斗落之故
　　나는 선비의 몸으로 전답이라고는 3마지기에 지나지 않기 때문이었다.

問 : 汝之家屬幾名
　　식구는 몇 명인가?

供 : 家屬分六名
　　모두 6명이다.

問 : 一境人民皆被勒斂害 汝獨無有者 誠甚訝惑
　　일대의 백성들이 모두 수탈의 피해를 겪었는데 너만 홀로 피해를 겪지 않았다는 사실은 지극히 의심스러운 일이다.

供 : 矣身朝飯夕粥而已 何有勒斂之物
　　나는 아침 밥, 저녁 죽으로 사는 터에 어찌 수탈당할 것이 있겠는가?

問 : 古阜倅到任 何年何月
　　고부군수가 도임한 것은 몇 년, 몇 월인가?

供 : 再昨年至·臘兩月間矣
　　재작년 동지·섣달 중이었다.

問 : 到任的在何月
　　도임하여 몇 달이나 있었는가?

供 : 雖未詳 居年則爲一周年矣
　　자세히는 알 수 없으나 1년이 된다.

問 : 自到任之初 卽時行虐政乎
　　도임한 처음부터 학정을 했는가?

供 : 自初行之

처음부터 그랬다.

問 : 虐政自初行之 則何故不爲卽時起鬧乎
처음부터 학정을 했다면 그 즉시 난을 일으키지 않은 이유가 무엇인가?

供 : 一境人民 忍之又忍 終末不得已行之
그 일대의 백성들이 참다 못해서 끝내 부득이 난을 일으켰다.

問 : 汝無被害 何故起鬧
너는 피해가 없으면서 어찌하여 난을 일으켰는가?

供 : 爲一身之害而起包 豈何可爲男子之事 衆民寃歎 故欲爲民除害
일신의 피해를 모면하려고 난을 일으키는 것을 어찌 남아의 할 일이라 하겠는가? 백성들의 원한이 맺혀 있었기 때문에 백성들을 위하여 학정을 없애고자 했을 뿐이다.

問 : 起包時 汝何以主謀乎
난을 일으킬 때 어째서 네가 주모자가 되었는가?

供 : 衆民皆推矣身 使爲主謀 故依民言
백성들이 모두 나를 추대하여 주모자로 삼았기 때문에 백성들의 말을 따랐을 뿐이다.

問 : 衆民以汝爲主謀之時 至汝家乎
백성들이 너를 주모자로 뽑을 때 너의 집을 찾아왔던가?

供 : 衆民數千名 都聚矣家近處 故自然爲之之事
백성들 몇천 명이 내 집 근처에 모였기 때문에 자연히 그렇게 되었다.

問 : 數千名衆民 何故推汝爲主謀乎
몇천 명의 백성들이 어찌하여 너를 주모자로 추대했는가?

供 : 衆民雖曰數千名 皆是愚蠢農民 矣身則文字粗解之緣故
백성들이 비록 몇천 명이었다고는 하나 대개가 어리석은 농민들이었고, 나는 다소나마 글을 이해할 수 있었기 때문이었다.

問 : 汝住接古阜時 不行教東學乎
너는 고부에 살 때 동학을 가르친 바가 없는가?

供 : 矣身訓導如干童蒙 無東學行教之事
나는 훈장이어서 어린아이들과는 관계했으나 동학을 가르친 바는 없다.

問 : 古阜地無東學乎
고부에는 동학이 없는가?

供 : 東學亦有

역시 있다.

問 : 古阜起包時 東學多乎 寃民多乎
고부에서 거병할 당시 동학교도가 많았는가, 원민이 많았는가?

供 : 起包時寃民.東學雖合 東學少 而寃民多
거병할 당시에 동학교도와 원민이 비록 함께 어울렸다고는 하나 동학교도는 적었고 원민이 많았다.

問 : 起包後行何事乎
거병한 뒤에 어떤 일을 했는가?

供 : 起包後陳荒勒徵稅還推 而官築洑毀破矣
거병한 뒤 황무지 개간 때 수탈한 세금을 백성들에게 되돌려주고 관청에서 쌓은 보를 헐어버렸다.

問 : 其時何時
그때가 언제인가?

供 : 昨年三月初
작년 3월 초이다.

問 : 其後行何事乎
그 뒤 어떤 일을 했는가?

供 : 其後散落
그 뒤 헤어졌다.

問 : 散落後 因何事更起包乎
헤어진 뒤 무슨 이유로 또 거병했는가?

供 : 其後長興府使李容泰 以按覈使來本邑 起包人民 通稱以東學 列名捕捉燒灰其家舍 無當者 則捕其妻子 而行殺戮 故更爲起包
그 뒤 장흥부사 이용태가 안핵사로 고부에 부임하여 거병했던 백성들을 모두 동학도로 몰아 이름을 적어 잡아들이고 그 집을 불태웠으며 당사자가 없으면 그의 처자를 잡다가 살육했기 때문에 재차 난을 일으켰다.

問 : 然則汝自初一次呈狀于官庭乎
그렇다면 너는 애당초 한 번이라도 관청에 소장을 올린 적이 있는가?

供 : 初次四十餘名等訴 而被捉囚 兩次等訴 六十餘名當驅逐矣
처음에는 40여 명이 소장을 올렸다가 잡혀 들어갔고, 두 번째로 소장을 올렸다가 60여 명이 쫓겨났다.

問 : 等訴何時

소장을 올렸을 때는 언제인가?

供 : 初次再昨年十一月 再次同年十二月

　첫 번째는 재작년 11월이었고 두 번째는 그해 12월이었다.

問 : 再次起包 由按覈使 而汝爲主謀乎

　재차 거병한 것이 안핵사 때문이었는데도 네가 주모했는가?

供 : 然矣

　그렇다.

問 : 再次起包後 行何等事乎

　재차 거병한 뒤 어떤 일을 했는가?

供 : 營軍萬餘名 欲屠戮古阜人民 故不得已接戰矣

　전주영의 군사 1만여 명이 고부 백성을 도륙하고자 했으므로 어쩔 수 없이 싸웠다.

問 : 何處接戰

　어디에서 싸웠는가?

供 : 於古阜之接戰矣

　고부에서 싸웠다.

問 : 軍器·軍糧 自何處區劃乎

　무기와 양곡은 어디에서 마련했는가?

供 : 軍器·軍糧 皆民間措辦矣

　무기와 양곡은 모두 민간에서 마련했다.

問 : 古阜軍器庫軍物 汝不爲奪取耶

　고부 무기고의 군장비는 모두 네가 탈취하지 않았느냐?

供 : 其時則無奪取

　그때는 탈취하지 않았다.

問 : 其時亦汝爲主謀也

　그때도 역시 네가 주모했느냐?

供 : 然矣

　그렇다.

問 : 其後則長在古阜耶

　그 뒤 오래도록 고부에서 머물렀는가?

供 : 前往長城矣

　그에 앞서 장성으로 갔다.

問 : 於長城爲接戰乎

장성에서도 전투가 있었는가?

供 : 與京軍爲接戰矣

경군과 전투가 있었다.

問 : 與京軍接戰 孰勝孰敗

경군과의 전투에서 어느 쪽이 이기고 어느 쪽이 졌는가?

供 : 我軍取食時 京軍爲大砲射擊 故我軍死者四·五十名 我軍一齊追逐 京軍敗走 取來大砲二座 如干彈丸矣

아군이 식사할 때 경군이 대포를 쏘았으므로 아군에서 사상자 40~50명이 발생했으나 아군이 일제히 추격하자 경군은 도주했고 대포 2문과 탄환을 노획했다.

問 : 其時兩軍數各幾何

그때 양측의 수는 어느 정도였는가?

供 : 京軍七百 我軍則四千餘名

경군이 700명이요, 아군은 4천여 명이었다.

問 : 其時長城所行事 一一直告

그때 장성에서 한 바를 일일이 말해보라.

供 : 京軍敗走後 我軍倍道 先京軍入全州守城矣

경군이 패주한 뒤 아군은 걸음을 두 배로 빨리하여 경군보다 먼저 전주에 입성해 지켰다.

問 : 其時監司無乎

그때 전라감사는 없었는가?

供 : 監司見我軍來而逃走

전라감사는 우리 군대가 오는 것을 보고 도주했다.

問 : 守城後行何事乎

성을 지키면서 무엇을 했는가?

供 : 其後京軍隨後至完山 留陣龍頭峴 向城中以大砲攻擊 毁傷慶基殿 故以此緣由許及京軍矣 自京營中 作曉諭文 謂以從汝所願 故感激解散

그 뒤 경군이 뒤따라와 완산에 이르러 용머리재에 진을 치고 성을 향하여 대포를 쏘아 경기전을 파괴했으므로, 이로 말미암아 경군의 입성을 허락했더니 경군의 병영에서 효유문을 지어 너의 소원대로 따르겠다 말하므로 감격하여 해산했다.

問 : 其後行何事

그 뒤에는 무엇을 했는가?

供 : 其後則各歸其家力農 其餘不亘之徒 有剽掠民間

그 뒤 각기 집으로 돌아가 농사에 힘썼으며 나머지 따르지 않는 무리가 민가를 약탈한 일도 있다.

問 : 不亘之徒剽掠軍 與汝無關係

따르지 않은 무리인 약탈자들은 너와 관계가 없는가?

供 : 無關係

관계가 없다.

問 : 其後更無所行事

그 뒤 다시 한 일은 없는가?

供 : 昨年十月分 矣身則起包全州 孫化中則起包光州

작년 10월에 나는 전주에서 군사를 일으켰고 손화중은 광주에서 군사를 일으켰다.

問 : 更起包何故

다시 군대를 일으킨 이유는 무엇인가?

供 : 其後聞則貴國稱以開化 自初無一言半辭 傳布民間 且無檄書 率兵入都城 夜半擊破王宮 驚動主上云 故草野士民等 忠君愛國之心 不勝慷慨 糾合義旅 與日人接戰 欲一次請問此事實

그 뒤 듣자니 일본이 개화라 칭하면서 당초 일언반구의 말도 없이 백성들에게 이를 전파했고, 또 격서도 없이 군대를 도성에 끌어들여 밤중에 왕궁을 격파하여 왕을 놀라게 했다 하므로 초야에 묻힌 사민 등 충군애국의 마음을 가진 사람들이 분함을 견디지 못하여 규합해서 일본군과 접전하여 1차로 그 사실을 물어보고자 했다.

問 : 其後更行何事乎

그 뒤에 다시 무엇을 했는가?

供 : 其後思量 則公州監營阻山帶河 地理形勝 故雄據此地 爲固守之謀 則日兵必不能容易擊拔 故入公州 傳檄日兵 欲爲相持 日兵先已確據公州 事勢不可無接戰 故二次接戰後 萬餘名軍兵點考 則所餘者不過三千餘名 其後又二次接戰後点皐 則不過五百餘名 故敗走之金溝 更爲招募 數爻稍增無紀律 更開戰極難矣 然日兵隨後 故二次接戰矣[後] 敗走各其解散 金溝解散後 矣身欲詳細知京中裏許 欲爲上京 於淳昌地爲民兵彼執

그 뒤 생각해본즉 공주감영은 산이 막히고 물이 둘러 있어 지리적 조건이 좋으므로 여기에 웅거하여 고수를 도모한다면 일본군이 쉽사리 쳐들어오지 못할 것이므로 공주에 입성하여 일본군에게 격문을 전하고 서로 버티고자 했으나, 일본군이 먼저 공주성을 점거했으므로 사태가 피할 수 없어 접전했다. 2차 접전 뒤에 1만여 명의 군대를 점검해보니 나머지는 불과 3천여 명이었다. 그 뒤 2차 접전을 치르고 다시 점검해보니 나머지는 500명이 있으므로 금구로 패주하여 다시 모병했으나 수효는 증가하되 기율이 없어 다시 싸우기가 극히 어려웠다. 더구나 일본군이 추적하므로 2차 접전 후에는 패주하여 각기 해산했다. 금구에서 해산한 뒤 나는 한양의 내막을 자세히 알고자 상경하려 했으나 순창에서 민병들에게 잡혔다.

問 : 入全州時 招募軍士 全羅一道人民都聚乎
전주에 들어가 군사를 모았을 때 전라도민들만 모였는가?

供 : 各道人民稍多
각도 백성들이 조금 많았다.

問 : 向公州時 亦各道人民稍多乎
공주로 진군할 때도 각도 백성들이 좀 많았는가?

供 : 其時亦然
그때도 그러했다.

問 : 再次招募時 以何方策糾合乎
재차 군대를 모을 적에 어떤 방법으로 규합했는가?

供 : 招募時 以忠義之士 同倡義之意揭榜矣
군대를 모을 적에 충의의 선비로서 창의의 뜻을 함께하자는 방문을 내걸었다.

問 : 招募時 但自願者糾集耶 或勒驅耶
군대를 모을 적에 자원하는 사람만 뽑았는가 아니면 강제로 모아들였는가?

供 : 矣身本來率四千名 則自願者 而其外各處通文辭意 則若不應此擧者 不忠無道
내가 본래 거느렸던 4천 명은 자원자이나 그 외 각처에는 통문으로 뜻을 전하여 이번 거사에 불응하는 자는 불충무도라 했다.

問 : 昨年三月起包古阜 而向全州之間 經幾邑而接戰幾次乎
작년 3월 고부에서 군대를 일으켜 전주로 향하는 동안 어떤 읍을 거쳤고 몇 차례의 전투를 치렀는가?

供 : 所經邑則由茂長古阜,經泰仁金溝 而欲達全州 聞營兵萬餘名下來之言 往扶安還至古阜 與營軍接戰
무장·고부와 태인·금구를 거쳐 전주에 들어가려 했으나 듣자니 영병 1만여 명이 내려온다기에 부안으로 갔고 고부로 돌아와 영군과 접전했다.

問 : 其後則向何
그 뒤 어느 곳으로 향했는가?

供 : 自井邑經高敞.茂長.咸平.抵長城 與京軍接戰
정읍을 떠나 고창·무장·함평을 거쳐 장성에 이르러 경군과 접전했다.

問 : 入全州何時 解散何時
　　전주에 들어간 것은 언제이며 언제 해산했는가?
供 : 昨年四月二十六·七日間入全州 五月初五·六日間解散
　　작년 4월 26~27일간에 전주에 입성하여 5월 초 5~6일 사이에 해산했다.
問 : 再次起包時 始於何處耶
　　재차 군대를 일으켰을 때는 어디에서부터 시작했는가?
供 : 始於全州
　　전주에서부터 시작했다.
問 : 再次起包時 招募則幾許名乎
　　재차 군대를 일으켰을 때 몇 명이나 모였는가?
供 : 四千餘名
　　4천 명이었다.
問 : 至公州時 幾許名乎
　　공주에 이르렀을 때 군사는 몇 명이었는가?
供 : 萬餘名
　　1만여 명이었다.
問 : 公州接戰何時
　　공주에서 접전한 것은 언제인가?
供 : 去年十月二十三·四日間
　　지난해 10월 23~24일 양일간이었다.
問 : 當初古阜起包時 則同謀者皆誰耶
　　애당초 고부에서 거병할 때 함께 모의한 자는 모두 누구인가?
供 : 孫化中·崔慶善某某人
　　손화중·최경선과 몇 사람이 있었다.
問 : 此外更無他人乎
　　그밖에 다른 사람은 없는가?
供 : 此三人外許多人 不可勝數
　　이 세 사람 이외에 허다한 사람이 있었으나 수를 헤아릴 수가 없었다.
問 : 四千名糾合時 不止此三人矣 詳言其人
　　4천 명이 모였을 때는 이 세 사람뿐이 아니었을 터인즉 상세한 이름을 대라.
供 : 此外瑣屑之人 何足言乎
　　이 외에 사소한 무리야 족히 말할 것이 되겠는가?

問 : 昨年十月起包之時 無同謀者乎
작년 10월의 거병 때는 공모자가 없었는가?

供 : 此外只孫汝玉 趙駿九等而已
그밖에 손여옥 · 조준구 등이 있었다.

問 : 孫化中 · 崔慶善 其時無相關乎
그 당시 손화중 · 최경선과는 관계가 없었는가?

供 : 此二人光州事緊急 未及來也
이 두 사람은 광주의 일이 다급하여 미처 오지 못했다.

問 : 孫 · 崔兩人 在光州行何事乎
손화중과 최경선은 광주에서 무엇을 했는가?

供 : 此二人 卽時向公州 聞日兵來自海路 使之海防 故但固守光州
이 두 사람은 즉시 공주로 향했으며 일본군이 바다로 쳐들어온다는 말을 듣고 바다를 지켜 광주를 고수하도록 했다.

2. 재초(再招 : 1985년 2월 11일)

問 : 汝昨年三月起包之意 以爲民除害爲意 果然耶
네가 작년 3월에 거병한 뜻은 백성을 위하여 해악을 제거하는 데 있었다니 과연 그런가?

供 : 果然乎(矣)
그렇다.

問 : 然則居內職者與宰外任之官員 皆貪虐耶
그렇다면 내직에 있는 자와 외직의 관원들이 모두 탐학했는가?

供 : 居內職者以賣官鬻爵爲事 勿論內外皆貪虐耶
내직에 있는 자는 매관매직을 일삼으니 내외를 막론하고 모두가 탐학한 것이다.

問 : 然則 欲除全羅一道貪虐之官吏而起包耶 欲八道一體爲之之意向耶
그렇다면 전라도 일대의 탐학한 관리를 제거하기 위하여 거병한 것인가, 아니면 8도 전체를 제거하려는 뜻이었는가?

供 : 除全羅一道貪虐 屛逐內職之賣爵權臣 八道自然爲一體矣
전라도 일대의 탐학한 무리를 몰아내고 아울러 내직의 매관매직자를 몰아내면 8도가 자연히 하나가 될 것이다.

問 : 全羅監司以下 各邑守宰皆貪官耶
전라감사 이하 각 읍의 수령들이 모두 탐학했는가?

供 : 十居八九
십중팔구는 그렇다.

問 : 指自何事而謂貪虐也
어떤 일을 가리켜 탐학이라 하는가?

供 : 各邑守宰以上納 或苛斂結卜 橫徵戶役 有稍饒之民 空然構罪 勒奪錢財 橫侵田庄 非一非再
각 읍의 수령들은 상납을 칭하여 혹은 토지세를 빌미로 가렴하고 호역(戶役)을 횡령하고, 다소 잘사는 사람에게는 공연히 죄를 씌워 재산을 빼앗고 논밭을 침해하는 일이 하나둘이 아니었다.

問 : 內職賣官者誰
내직으로서 매관매직을 한 자는 누구인가?

供 : 惠堂閔泳駿閔泳煥高永根等是也
혜당 민영준과 민영환과 고영근 등이다.

問 : 止於此等人耶
이들뿐인가?

供 : 此外亦許多 不可盡記得
이 외에도 역시 많으나 모두 기억할 수 없다.

問 : 此等人之爲賣官 何以分明知耶
이들이 매관매직한 것을 어찌 그리 분명하게 아는가?

供 : 一世喧藉 無人不知
세상 사람이 모두 떠드는 터이니 모르는 사람이 없다.

問 : 汝以何計策 欲除貪官也
너는 어떤 계책으로써 탐관들을 제거하려 했는가?

供 : 非有別計策 本心切於安民 見貪虐則不勝憤懣 而行此事
별도로 계책이 있었던 것은 아니며, 본심이 백성을 편안하게 하는 일에 간절했으므로 관리의 탐학을 보고는 분함을 이기지 못하여 일을 한 것이다.

問 : 然則不爲呈訴稱冤耶
그렇다면 소장을 올려 원통함을 말하지 않았는가?

供 : 呈營邑不知幾次
감영과 군청에 소장을 올린 것이 부지기수다.

問 : 呈營呈邑 汝親行之乎
   감영과 군청에는 네가 친히 소장을 올렸는가?
供 : 每次所志 則矣身製作 而呈則使寃民爲之
   매번 뜻한 바를 내가 짓고 원민들이 올리게 했다.
問 : 然則於廟堂 亦爲訴寃乎
   그렇다면 조정에도 원통함을 상소한 적이 있는가?
供 : 呈訴無路 洪啓勳(薰)大將全州留陣時 呈此緣由
   조정에 상소할 길이 없어 홍계훈 대장이 전주에 진을 치고 있을 때 그 연유를 써서 올렸다.
問 : 其時守宰皆是貪虐 雖爲呈訴 豈有聽訴
   그 당시 수령들이 모두 썩었는데 설령 소장을 올렸다 해도 어찌 들어주겠는가?
供 : 雖然 呼訴無處 不得已呈訴其處
   비록 그렇다고는 하나 호소할 길이 없어 부득이 그에게 소장을 올렸다.
問 : 呈營呈邑 何時乎
   감영과 군청에 소장을 올린 것이 언제인가?
供 : 昨年正二三月間
   작년 정월과 2~3월 사이였다.
問 : 正月以前則不爲呈訴耶
   정월 이전에는 소장을 올리지 않았는가?
供 : 正月以前 古阜一邑民狀而已 不爲大端呈訴
   정월 이전의 고부에는 백성들의 상소(上訴)뿐이고 특별한 소장은 올리지 않았다.
問 : 屢次呈營呈邑 而終始(是)不爲聽施也 故起包耶
   감영과 군청에 누차 소장을 올렸으나 끝내 들어주지 않으므로 거병했느냐?
供 : 然矣
   그렇다.
問 : 汝於古阜倅 被害不多 緣何意見而行此擧耶
   너는 고부군수로부터 피해를 겪은 바가 많지 않았는데 무슨 뜻으로 거병했는가?
供 : 世事日非 故慨然欲一番濟世意見
   세상살이가 날로 잘못되어가므로 개연히 한번 세상을 건져볼 뜻이 있었다.
問 : 汝之同謀孫化中崔慶善等 皆酷好東學者耶
   너와 공모한 손화중·최경선 등은 모두가 동학을 대단히 좋아했는가?
供 : 然矣

그렇다.

問 : 所謂東學何主意何道學乎
　　소위 동학이란 어떤 주의이며 어떤 도학인가?
供 : 守心以忠孝爲本 欲輔國安民耶
　　마음을 지켜 충효를 근본으로 삼음으로써 보국안민코자 하는 것이다.
問 : 汝酷好東學者耶
　　너 역시 동학을 몹시 좋아했는가?
供 : 東學是守心敬天之道 故酷好
　　동학은 마음을 지키고 하늘을 공경하는 도이므로 나도 몹시 좋아한다.
問 : 東學始自何時
　　동학은 언제부터 시작되었는가?
供 : 東學之時 始於三十年前
　　동학이 시작된 것은 30년 전의 일이다.
問 : 始於何人乎
　　누가 시작했는가?
供 : 始於慶州居崔濟愚矣
　　경주에 사는 최제우이다.
問 : 至今亦全羅道內 尊崇東學者多乎
　　지금 역시 전라도에는 동학을 믿는 사람들이 많은가?
供 : 經亂之後 死亡相繼 至今太減
　　난리를 겪은 후로는 사망자가 속출하여 지금은 많이 줄었다.
問 : 汝起包時所率 皆是東學也
　　네가 거병할 당시 거느린 무리는 모두가 동학교도인가?
供 : 所謂接主皆是東學 其餘率下 稱以忠孝之士居多
　　소위 접주는 모두가 동학교도이지만 기타 밑에 거느린 무리는 충의지사라고 말하는 무리가 많았다.
問 : 接主司何名色
　　접주사란 어떤 명색인가?
供 : 領率之稱
　　영솔을 가리키는 것이다.
問 : 然則起包時 軍器·軍糧措辦者耶
　　그렇다면 접주란 거병할 당시에 군기와 군량미를 마련하는 사람인가?

供 : 凡於事皆爲指揮者也
　　매사에서 모든 것을 지휘하는 사람이다.

問 : 接主接司 自本來有耶
　　접주와 접사는 본래부터 있었는가?

供 : 旣往固有 而起包時或有創設
　　이미 있었던 것이지만 거병할 당시에 창설한 것도 있다.

問 : 東學中領率名色 接主接司而已乎
　　동학 중에서 영솔을 하는 명색은 접주와 접사뿐인가?

供 : 接主接司之外 有敎長敎授執綱都執大正中正等六種矣
　　접주·접사 이외에도 교장·교수·집강·도집·대정·중정 등 여섯 종류가 있다.

問 : 所謂接主者 平居時行何事乎
　　소위 접주라는 사람은 평상시에 무엇을 하는가?

供 : 別無以行之事
　　별로 하는 일이 없다.

問 : 所謂法軒何職責
　　소위 법헌이란 어떤 직책인가?

供 : 非職責 而乃長老別號
　　직책이 아니라 장로의 별칭이다.

問 : 以上六種之稱行何事乎
　　이상의 여섯 가지 직책은 무엇을 하는가?

供 : 敎長敎授則敎導愚民者 都執則有風力 明紀綱 知境界 執綱則明是非 執紀綱, 大正則持公平 謹厚員 中正能直言剛直云矣
　　교장과 교수는 어리석은 무리를 가르치며, 도집은 풍력이 있고 기강이 밝아야 하고 경계를 알아야 하며, 집강은 시비에 밝아 기강을 바로잡고, 대정은 공평한 마음을 가지고 삼가 교도를 도우며, 중정은 능히 직언을 할 수 있고 강직해야 한다고 한다.

問 : 接主·接司則同職責乎
　　접주와 접사는 같은 직책인가?

供 : 接司聽行接主指揮者也
　　접사는 접주가 지휘하는 것을 듣고 행하는 사람이다.

問 : 以上許多名色 誰差出乎
　　이상의 허다한 명색은 누가 차출하는가?

供 : 自法軒視敎徒多少 第次差出矣
　　법헌이 교도의 적고 많음을 보아 차례로 차출한다.

問 : 東學中有南接北接云 依何以區別南北乎
　　동학 중에는 남접과 북접이 있다던데 남·북접을 어떻게 구별하는가?

供 : 湖以南稱以南接 湖中稱以北接矣
　　호남을 남접이라 하고 호중을 북접이라 한다.

問 : 昨年起包時 於以上各種名色等 指揮何事件乎
　　작년에 거병할 때 이상의 각종 명목 가운데 무엇을 지휘했는가?

供 : 行以各其職掌矣
　　각기 맡은 바를 행했다.

問 : 各其職掌 皆聽行汝之指揮乎
　　각기 맡은 바는 너의 지휘를 듣고 행했는가?

供 : 矣身皆爲指揮乎
　　내가 모두 지휘했다.

問 : 修心敬天之道 何以稱東學乎
　　마음을 닦고 하늘을 공경하는 도를 어찌하여 동학이라 하는가?

供 : 吾道出於東 故稱以東學 自初本意 則始作之人 分明知得 矣身則隨他人之稱而稱耳
　　우리의 도는 동에서 생겼기에 동학이라 칭한다. 애당초 본의는 시작한 사람들이나 분명히 알 일이지만 나는 남들이 그렇게 부르는 것을 따라서 그렇게 불렀다.

問 : 投入東學能免怪疾云 然乎
　　동학에 들어가면 능히 병을 면할 수 있다는데 과연 그런가?

供 : 東學書中云 三年怪疾在前 敬天守心 可免云矣
　　『동학경전』에서 말하기를 3년 질병이 앞으로 있으니 하늘을 공경하고 마음을 지키는 자만이 이를 면할 수 있다고 한다.

問 : 東學八道皆傳布耶
　　동학은 8도에 모두 퍼졌는가?

供 : 五道則盡行敎矣 西北三道則不知矣
　　5개 도에는 도를 모두 행했으나 서북 3도는 모르겠다.

問 : 學東學則免病之外 無他利益乎
　　동학을 공부하면 병을 면하는 외에 다른 이익은 없는가?

供 : 無他利益
　　다른 이익이 없다.

問 : 昨年三月起包時 除貪官後 且有何注意耶
작년 3월 거병할 때 탐관오리를 제거한 다음에는 어떤 일을 하려고 생각했는가?

供 : 無他注意
별다른 뜻이 없었다.

問 : 昨年有呈節目於洪大將云 果然耶
작년에 홍계훈에게 절목을 올린 적이 있다는데 과연 그런가?

供 : 然矣
그렇다.

問 : 呈節目之後 有餘貪官之徵驗耶
절목을 올린 후에 탐관오리를 제거하는 징조가 보였는가?

供 : 無別徵驗
별 징조가 없었다.

問 : 然則洪大將 豈非罔民耶
그렇다면 홍계훈이 어찌 백성을 속인 것이 아닌가?

供 : 然矣
그렇다.

問 : 然則百姓何更無稱寃耶
그렇다면 백성들은 왜 다시 억울함을 호소하지 않았는가?

供 : 其後洪大將在京 更何稱寃
그 뒤 홍계훈은 서울에 있었으니 어찌 다시 억울함을 호소할 수 있었겠는가?

問 : 再次起包 因日兵犯闕之故再擧云 再擧之後 於日兵欲行何擧措耶
재차 거병한 것은 일본군이 대궐을 침범한 탓이라고 말했는데, 재차 기병한 후에는 일본군에 대하여 어떤 일을 하려 했는가?

供 : 欲詰問犯闕緣由
대궐을 침범한 연유를 따지려 했다.

問 : 然則日兵與各國人留住京城者 欲盡驅逐耶
그렇다면 일본군과 한성에 있는 각 외국인을 모두 몰아내고자 했는가?

供 : 不然 各國人但通商而已日人 則率兵留陣京城 故疑訝侵掠我國境土也
그렇지는 않다. 각 외국인은 단지 통상만을 할 뿐이지만 일본인들은 한성에 군대를 머물게 했으므로 우리의 영토를 침략하려는 것으로 의심했다.

問 : 知李健永稱名人乎
이건영이란 인물을 아는가?

供 : 暫時逢着矣
　　잠시 만난 적이 있다.
問 : 逢着時 有何言乎
　　만났을 때 무슨 말을 했는가?
供 : 稱以召募使 故矣身言召募使 則當設召募營於何處 與我無相關矣 乃前往錦山
　　그는 자기가 소모사라고 말하기에 소모사라면 당연히 어느 곳에 소모영을 설치하라고 내가 말한 적은 있지만 나와는 상관이 없다. 그는 일을 하기에 앞서 금산으로 떠났다.
問 : 何處逢着
　　그를 어느 곳에서 만났는가?
供 : 於參禮驛逢着
　　삼례역에서 만났다.
問 : 其時李健永云來何處云耶
　　이건영을 만났을 때 그는 어디에서 왔다고 말하던가?
供 : 來自京城云
　　한성에서 왔다고 말했다.
問 : 誰遣云耶
　　누가 그를 보냈다고 말하던가?
供 : 自政府遣云 追後三四日聞之 則假稱召募使 故有拿命云矣
　　정부로부터 파견되었다고 말했는데 그 뒤 사나흘이 지나 들어보니 가짜 소모사라 하기에 잡아들이도록 명령했다.
問 : 召募使有何據文蹟耶
　　소모사라고 믿을 만한 문서가 있던가?
供 : 未見可據文蹟矣
　　그러한 문서는 본 적이 없다.
問 : 其時汝之徒黨幾名
　　그 무렵에 네가 거느리고 있던 무리는 얼마나 되었나?
供 : 數千名矣
　　몇천 명이었다.
問 : 其外稱以召募使 無勸以起包之人也
　　그 외에 소모사라 칭하면서 거병을 권한 사람은 없는가?
供 : 無如此人

그런 사람은 없었다.

問 : 知宋廷燮乎

　　　송정섭이란 인물을 아는가?

供 : 但聞忠淸道召募使之所聞矣

　　　그가 충청도 소모사라는 소문만 들었을 뿐이다.

問 : 再次起包時議及崔法軒乎

　　　재차 거병할 때 최시형과 상의했는가?

供 : 無議及矣

　　　상의하지 않았다.

問 : 崔法軒是東魁 糾合徒黨何不議及耶

　　　최시형은 동학의 괴수인데 동학교도를 모집하면서 어찌 의논이 없었는가?

供 : 忠義各其本心 何必議及法軒後行此事乎

　　　충의는 각자의 본심에서 우러나오는 것인데 하필이면 최시형과 의논한 후에 거병할 이유가 있는가?

問 : 昨年八月 汝在何處

　　　작년 8월에 너는 어디에 있었는가?

供 : 在泰仁矣家

　　　태인에 있는 내 집에 있었다.

問 : 其餘徒黨 則在何處乎

　　　그 나머지 무리는 어디에 있었는가?

供 : 在各其本家

　　　각자 집으로 돌아갔다.

問 : 忠淸道天安地方 有汝徒黨

　　　충청도 천안 지방에도 너의 무리가 있었는가?

供 : 其處則無徒黨矣

　　　그곳에는 나의 무리가 없다.

3. 3초(三招 : 1895년 2월 19일)

問 : 汝日前所告 不知宋喜玉 喜玉二字是名耶號耶

　　　네가 일전에 답변할 때 송희옥을 모른다고 했는데 희옥은 그의 이름인가 아니면

호인가?

供 : 喜玉是名也 漆瑞是字也

희옥은 이름이며 자는 칠서이다.

問 : 與宋喜玉於參禮驛 旣與之同謀 則其名字 焉得不詳乎

네가 이미 삼례역에서 송희옥과 더불어 모의한 바 있은즉 어찌 그 이름을 자세히 모르는가?

供 : 宋喜玉本是虛妄之類 忽往忽來 實所未詳

송희옥은 본디 허망한 사람으로 왕래를 종잡을 수가 없으므로 실제로 자세히는 모른다.

問 : 宋喜玉則聞是全羅一道都執綱 且聞與有係戚誼 而今聞所告 則專事粧撰 不直實告者有涉可疑 而況汝之罪輕重 不在於宋喜玉之粧撰 喜玉之罪案 亦不在於汝暗護 而一向抵賴 是誠何心

듣건대 송희옥은 전라도의 도집강이요, 또한 너와는 친척간이라던데 이제 대답하는 것을 들은즉 오로지 허물을 감추려고 숨기고 바르게 대답하지 않는 것으로 의심스러우며 항차 너의 죄의 경중 송희옥을 감싸는 데 있지 아니하고 송희옥의 죄상이 네가 덮어준다고 될 일이 아닌즉, 오로지 신뢰할 수 있는 대답을 해야 하는데 너의 생각은 어떠한가?

供 : 俄(我)告之如是者 宋也本是浮荒之類也 向日領事館捧供時 領事出示一書 乃喜玉之筆也 其書稱以雲峴邊相通 故私自黙量 則渠之僞造此言 似可借力於時局 而做此不近之說 實非男子之事 亦是冒瀆尊嚴 空惹時議 故暫此粧撰

나의 대답은 이러하다. 송희옥은 본디 부황한 무리로서 지난번 일본 공사관의 물음에 대답할 때 영사가 글 한 편을 내어 보이는데 그것이 송희옥의 글씨였다. 그 글은 대원군과 상통한 것으로 되어 있으므로 내가 깊이 생각해본즉 그가 이 말을 꾸며 시국의 힘을 빌리려 한 것으로 보이며, 이와 같은 거짓을 꾸미는 것은 실로 남자가 할 일이 아니요, 그뿐만 아니라 존엄을 모독하고 공연히 시국의 물의를 일으키는 것이므로 잠시 그를 덮어준 것이다.

問 : 男子之說 數百言其實 然若有一言之詐 則百言皆詐矣 以此推之 則昨稱所不知.所不行者 豈非皆詐耶

남자의 말은 백 마디가 맞더라도 만약 한 마디라도 거짓이 있으면 백 마디가 다 속인 것이다. 이로 미루어보건대 어제 모른다고 한 것이라든가 하지 않았다고 한 것이 어찌 모두 거짓이 아니겠는가?

供 : 以心神之昏迷 果有所錯誤

마음이 혼미하여 과연 잘못된 바가 있었다.

問 : 宋喜玉甲午九月書 有云昨暮又有二員 祕密下來 而詳考顚末 則果壓於開化邊 先護曉維後有祕奇云 此是送誰之書 亦是汝所不知之事乎 向日汝之所告 昨年十月再起事 日人之率兵入闕也 不知利害之所在 故爲我臣民者 不敢一刻安心 乃有此擧云 則焉大院位之從後祕寄 不亦暗合於汝之再起乎

송희옥이 작년 9월에 쓴 글에 따르면 어제 저녁에 두 사람이 비밀리에 내려와 그 전말을 자세히 살펴보니 과연 개화파에서 먼저 효유문을 따르면 뒷날 비밀리에 소식이 있으리라 했는데, 이는 누가 보낸 편지이기에 너는 역시 모른다고 하는가? 지난번 너의 대답에서 작년 10월 재차 거병한 것은 일본군이 군대를 이끌고 입궐한 것이라 이해의 소재를 알지 못하는 고로 우리 백성을 위하는 자는 일각을 안심할 수 없어 거병했다고 했은즉, 이는 대원군으로부터 비밀 소식이 뒤에 있었음을 알려주는 것인데, 그러고도 너의 재차 거병과 암암리에 합의한 것이 아니라 하겠는가?

供 : 這間雖或有此等輩之來往 素不知其面 則重大事件 何以議及乎 是故跡涉殊常者 一不接面

그간에 비록 이러한 무리의 왕래가 있었다고 해도 본래 그 얼굴을 알지 못하는데 그토록 중요한 사건을 그런 사람과 어찌 의논하겠는가? 그러므로 행적이 수상한 사람은 하나도 만나지 않았다.

問 : 南原府使李用憲 長興府使朴憲陽被害 此皆誰之所行乎

남원부사 이용헌과 장흥부사 박헌양이 입은 피해는 누구의 소행인가?

供 : 李用憲是金開男之所爲 而朴憲陽不知被害於何人

이용헌의 피해는 김개남이 한 일이고 박헌양의 피해는 누구의 소행인지 모르겠다.

問 : 恩津居金元植之被害 是誰之所爲乎

은진에 사는 김원식이 입은 피해는 누구의 소행인가?

供 : 公州東魁李裕相之所爲 而無關於矣身矣

공주의 동학 괴수인 이유상이 한 일이요, 나와는 관계가 없는 일이다.

問 : 昨年再起包時 自廟堂曉諭文 汝不見乎

작년에 재차 거병할 때 너는 조정에서 보낸 효유문을 보지 못했는가?

供 : 大院位曉諭文則得見 廟堂曉諭文則不見

대원군의 효유문은 보았지만 조정의 효유문은 보지 못했다.

問 : 雖不見廟堂曉諭文字 而旣見大院位曉諭文 則時事可知 而不計事機之如何 擅自動民

無端惹鬧 陷民於水火者 是豈臣民可爲之事乎

비록 조정의 효유문을 보지 못했다고 하나 대원군의 효유문을 보았다면 세태를 알았을 터인데 일의 때가 어떠한지를 계산하지 아니하고 함부로 백성을 움직여 무단히 민란을 일으켜 백성을 재난에 빠지게 했으니 이 어찌 신하된 무리가 할 일인가?

供 : 不詳裡許 而擅自動民 果是做錯

상세한 내막을 모르고 함부로 백성을 움직였으니 과연 이는 잘못된 일이었다.

3초의 1 : 일본 영사의 신문

問 : 宋喜玉書中之 所謂雲邊祕奇之虛實 汝何以的知乎

송희옥의 글 가운데 소위 대원군의 글이 거짓이었다는 것을 너는 어떻게 알았는가?

供 : 宋也素是浮浪 故推以言之 且使雲邊或有此等事 則宜有先通於矣身 而不宜先及於宋

송희옥은 본디 부랑자이므로 이를 미루어 그렇게 말한 것이며 또 설령 대원군이 이런 일이 있다면 마땅히 나에게 통지할 것이지 송희옥에게 먼저 의논했을 리가 없다.

問 : 宋之於汝 手下乎 手上乎

송희옥은 너에게 손아래인가 위인가?

供 : 別無上下之可稱 而便是齊等之人

별로 상하를 따질 것이 없고 같은 등급이라고 보는 것이 편하다.

問 : 宋則再起時不汝於議乎

송희옥은 재차 거병 때 너와 의논하지 않았는가?

供 : 矣身起包時 雖或參席 而初可左可右之說

내가 거병할 당시 비록 참석은 했지만 처음에는 좌가 옳다 우가 옳다 하여 말의 갈피를 잡을 수가 없었다.

問 : 宋之是事 若無可左可右之說 則假稱雲邊祕奇 寄書他人者 是何故也

송희옥의 일 가운데 만약 좌가 옳으니 우가 옳으니 하는 말이 없었다면 가짜라고 하는 그 대원군의 글을 다른 사람에게 보인 이유는 무엇인가?

供 : 宋之寄書 或人初起一包 雖難逆料 而於矣身之事 則傍觀耳

송희옥의 편지는 어떤 사람이 처음 한 포로 시작했으며, 비록 거슬러 올라가 생각하기도 어려우나 나의 일에는 방관했다.

問 : 宋與汝旣非同包 則彼此所行之事 必有不相知及之端

송희옥과 너는 같은 포가 아닌, 곧 피차간에 하는 일에는 서로 알지 못하는 바가 반드시 있었을 것이다.

供 : 然矣

그렇다.

問 : 然則宋之假稱祕奇 汝焉能明知乎

그렇다면 송희옥의 거짓 편지에 대하여 너는 어찌 능히 잘 알고 있었는가?

供 : 宋則初無留京之事 亦非著名之人 故自量言之

송은 애당초 한성에서 머문 적이 없을 뿐만 아니라 그리 이름난 사람도 아닌지라 스스로 생각하여 그렇게 말했다.

問 : 合觀前後所供 則宋之於汝 素是相親者 而向云不知者 亦一可疑也

네가 말한 전후 사정을 합하여 보면 송희옥은 본디 너와 친한 자이나 줄곧 모른다고 말하니 이 또한 의심스러운 일이다.

供 : 向者貴舘捧供時 出示之書 似涉浮浪 亦所不知者 故若對以觀知者 則必問其書之來歷 而難於卞惑 故暫此瞞告耳

지난번 일본 공사관에서 답변할 때 내보인 글은 부랑에 관한 것 같아 역시 모르는 바이므로 만약 그 글을 읽어본 자로 대한다면 반드시 그 글의 내력을 물을 것이라, 그렇게 되면 의혹을 벗어나기가 어려운즉 잠시 그렇게 거짓말로 대답했다.

問 : 然則問之利於汝者答之 問之害於汝者 以不知爲答可乎

그렇다면 너에게 유리한 것을 물으면 대답하고 너에게 불리한 것을 물으면 모른다고 대답하는 것이 옳은 일인가?

供 : 不以利害爲心 而特緣難於卞惑而然矣

이해를 따지는 마음에서 그런 것은 아니나 특별히 의심을 벗어나기 어려운 것은 그랬다.

問 : 全羅道內人之反覆無常 曾所得聞 而今汝告亦襲是套 然質問旣久 情狀自露 雖一言半辭 必不得瞞告矣

전라도 사람의 반복이 무상하다는 것은 일찍이 들은 바 있으나 이제 네가 고하는 것은 역시 그러한 투를 벗어나지 못하고 있다. 그러나 질문이 오래되면 정상은 스스로 밝혀지는 법이니 비록 일언반구라도 절대로 거짓말을 하지 말라.

供 : 宋喜玉一事 雖係瞞告 而其餘則初無片言之飾詐

송희옥의 문제는 비록 속여서 말했다 하더라도 그 밖의 문제는 애당초부터 한마디도 거짓이 없다.
問 : 今此裁判 係是兩國審判 必無一毫稍偏之聽理 然敢做不近理之說 擬欲瞞過一時 則懲
　　貪黜奸之說 皆無可信者耳
　　이번 재판은 양국이 관계된 심판이므로 추호라도 편파적인 신문이 없을 것이다.
　　그러나 감히 이치에 맞지 않게 말하여 한때를 넘기려고 속인즉 탐관오리를 응징
　　하여 몰아낸다던 처음의 말도 모두 믿을 것이 못 된다.
供 : 數朔被執 病又蟄身 不無一言之所失也
　　여러 달 동안 갇혀 있었고 또 병에 걸린 몸이라 한마디쯤 실수한 것이 없지 않다.
問 : 宋之於汝 無戚分乎
　　송희옥과 너는 인척 관계가 없는가?
供 : 妻族七寸也
　　처가로 7촌이다.
問 : 起包時 始見何處乎
　　거병할 때는 어디에서 처음 보았는가?
供 : 雖始見於參禮 而實無同包之事
　　비록 삼례에서 처음 보았으나 실제로 같은 포에서 일한 적은 없다.
問 : 始見之時 有何所議之事乎
　　처음 만났을 때 무슨 일을 상의했는가?
供 : 始見時 謂以此是可行之事 汝亦追後起包上去云矣
　　처음 만났을 때는 지금 무엇을 행할 것인가를 말하고 나 역시 추후에 거병하여 올
　　라가겠다고 말했다.
問 : 其時何時
　　그것이 언제인가?
供 : 昨年十月再起時 而日則未詳
　　작년 10월 거병 때이나 날짜는 자세히 알 수 없다.
問 : 汝之再起是爲何事
　　너의 재차 거병은 무엇을 위함이었는가?
供 : 前者所告已悉矣
　　이에 대해서는 이미 앞서 다 말했다.
問 : 汝與宋參禮相見時 無或稱托雲峴之說乎
　　너와 송희옥이 삼례에서 만났을 적에 혹시 대원군의 말이라고 칭탁하던 것이 없
　　었는가?

供 : 宋稱以向有自雲邊下來 二月謂以從速上來似好爲敎云 故矣身問有書字乎 答無 矣身責
以不見文字 而橫竪之說 實根荒唐 且不必言雲峴宮之爲敎 而事之當行者 我自當之云矣
송희옥이 대원군에게서 내려왔다고 말하면서 2월에 서둘러 북상하는 것이 좋을
것 같다고 말하더라고 하기에 내가 무슨 문빙이라도 있느냐고 물었더니 없다고
대답했다. 나는 문빙을 보이지 않는 것을 책망했더니 대답이 횡설수설하여 실로
황당무계했으며 나는 모름지기 대원군이 시키는 일이 아니라 할지라도 마땅히 해
야 할 일이라면 당연히 하겠노라고 대답했다.

問 : 參禮起包之衆爲幾何
삼례에서 거병할 때 군중의 수는 얼마였는가?

供 : 四千餘名
4천여 명이었다.

問 : 其後接戰何日乎
그 뒤 전투가 벌어진 것은 언제인가?

供 : 自參禮趙(起)發後二十餘日 爲始接戰矣
삼례에서 거병한 뒤 20여 일이 지나서 처음으로 접전했다.

問 : 宋之言自雲峴宮下來之二人 姓名爲誰
송희옥이 말하기를 대원군으로부터 두 사람이 내려왔다고 했는데 그들의 이름은
무엇인가?

供 : 其時則得聞知之矣 今則難記
그때 들었을 때는 알았지만 지금은 기억할 수 없다.

問 : 二人姓名雖俱不得聞 而於姓於名間 終無可記乎
두 사람의 성명을 비록 똑똑히 듣지 못했다고 하더라도 성이나 이름이라도 기억
할 수 없는가?

供 : 其姓則似是朴.鄭而未詳耳
성은 박가와 정가였던 것 같으나 자세히 모르겠다.

問 : 朴鄭則不是朴東鎭鄭寅德否
박가와 정가라면 박동진과 정인덕이 아니던가?

供 : 朴東鎭是分明 而鄭則未詳
박동진은 분명하나 정가는 자세히 알 수 없다.

問 : 朴鄭之見宋也 謂有何言
박동진과 정인덕은 송희옥을 만나 무슨 말을 했는가?

供 : 宋稱雲峴宮 亦是待汝之上來

송희옥이 말하기를 대원군은 역시 네가 북상하기를 기다린다고 했다.

問 : 宋喜玉今在何處

송희옥은 지금 어디에 있는가?

供 : 今番上來時聞之 而死於高山民兵云 而未詳

이번에 올라오면서 듣건대 고산에서 민병에게 맞아 죽었다 하나 자세히 알 수 없다.

問 : 雲峴宮曉諭文 於何得見

대원군의 효유문은 어떻게 얻어 보았는가?

供 : 九月在泰仁本第時 接率一人謄艸來示

9월 태인의 본가에 있을 때 한 접솔이 베껴 보여 주었다.

問 : 其時方將起包乎

그때도 바로 거병할 때였나?

供 : 其時在家治病 而無意於起包

그때는 집에서 병으로 요양 중이었으므로 거병할 뜻이 없었다.

問 : 其道內無東徒之滋擾乎

그 무렵 전라도에는 동학도의 소요가 없었는가?

供 : 其時則金開男等 作擾於列邑

그 무렵 김개남 등이 여러 고을에서 소요를 일으키고 있었다.

問 : 列邑則何邑

여러 고을은 어디를 말하는가?

供 : 淳昌龍潭錦山長水南原等 而其餘則未詳

순창·용담·금산·장수·남원 등이며 그 밖에는 자세히 알 수 없다.

問 : 大院君曉諭文 只有一次之見乎

대원군의 효유문은 단지 한 번만 보았는가?

供 : 然矣

그렇다.

問 : 曉諭文措以何辭

효유문에는 어떤 문구가 있었는가?

供 : 汝等之今此起鬧 實有守宰之貪虐 衆民之冤屈 從今以後 官之貪虐必懲之 民之冤屈者 必伸之矣 各歸安業爲可 而如或不遵 則當治之以王章云矣

"너희들의 이번 소요는 실로 수령들의 탐학과 백성들의 원통함에 연유한 것이므로 앞으로는 관리의 탐학을 반드시 다스리고 백성의 억울함을 반드시 풀어줄 것이니 각기 집으로 돌아가 평안히 생업에 종사하는 것이 옳을 것이나 혹시라도 이를 준수하지 않으면 마땅히 왕명으로 다스리리라." 했다.

問 : 曉諭文有印蹟乎

효유문에는 도장이 찍혀 있던가?

供 : 矣身所見 係是謄草 故無之 而其到官原本 則有之云 而揭付於坊曲

내가 본 것은 베낀 것이므로 도장은 없었으나 관청에 도착한 원본에는 도장이 있다고 들었고 이를 방방곡곡에 붙였다.

問 : 揭付坊曲則是誰之爲也

방곡에 붙인 일은 누가 했나?

供 : 自官爲之云矣

관청에서 나온 사람들이 했다고 들었다.

問 : 曉諭文誰爲持往

효유문은 누가 가져갔는가?

供 : 帶主事之啣者持往云

주사의 직함을 띤 사람이 가지고 갔다고 들었다.

問 : 其時曉諭文 汝視之爲眞乎 爲假乎

그때 본 효유문은 네가 보기에 진짜든가 가짜든가?

供 : 旣是自官揭付 則焉有視之以假乎

이미 관가에서 붙였은즉 어찌 가짜로 보겠는가?

問 : 汝旣視之以眞 則胡爲再起乎

너는 이미 그것이 진짜인 줄 알았으면서도 어찌해서 다시 거병했는가?

供 : 欲詳貴國之裡許而然

일본의 속셈을 상세히 알아보고자 함이었다.

問 : 旣詳裡許後 將行何事計也

이미 상세히 내막을 안 뒤 장차 무엇을 하려고 계획했는가?

供 : 欲行輔國安民之計也

국가를 보위하고 백성을 편안케 하고자 했다.

問 : 汝之再起 不信大院君之曉諭文乎

네가 다시 거병한 것은 대원군의 효유문을 믿지 못한 탓인가?

供 : 前次廟堂之曉諭文 不止一二 而終無實施 下情難於上達 上澤難於下究 故期欲一次抵京 詳陳民意

지난날 조정의 효유문이 한두 번이 아니었지만 실시된 바가 없어 백성의 뜻을 위에 알릴 길이 없고 위의 은택을 살피기가 어려워 일차 상경하여 백성의 뜻을 자세히 진정하고자 했다.

問 : 旣見曉諭文 而敢事再起 不是所失乎
이미 효유문을 보고도 감히 재차 거병한 것은 실수가 아닌가?

供 : 不爲目親覩耳親聞 則難可深信 故乃再事再起 豈有所失乎
친히 눈으로 보고 귀로 듣기 전에는 깊이 믿기 어려운 탓으로 재차 거병했는데 어찌 실수라 하겠는가?

問 : 俄之所告謂 以所失者何事也
앞서 말한 실수라 함은 무엇인가?

供 : 俄之稱所失者 是指不詳時事之裡許 而不謂曉諭文見不見
앞서 실수라 한 것은 시류를 자세히 알지 못했음을 의미하는 것이지 효유문을 보았다거나 못 보았음을 의미하는 것이 아니다.

問 : 汝之再起 以大院君曉諭文 視爲開化邊之所壓 而兼有雲峴宮 故待汝等之上來 而乃行此事乎
네가 재차 거병한 것은 대원군의 효유문이 개화파의 압력에 의한 것으로 보고 아울러 대원군이 너의 북진을 기다린다고 생각하고 한 일이 아닌가?

供 : 曉諭文之爲開化邊壓不壓 實所不計 而至於再起事 出於矣等本心 且雖有大院君之曉諭文字 不可深信 故力圖再起
대원군의 효유문이 개화파로부터 압력을 받았는지 받지 않았는지는 내가 생각한 바 없고, 재차 거병한 것은 나의 본심에서 우러나온 것이며, 또 설령 대원군의 효유문이 있었다고 해도 깊이 믿기 어려웠으므로 재차 거병을 도모하게 되었다.

問 : 日兵之犯闕 聞於何時
일본군이 대궐을 침범했다는 말은 언제 들었는가?

供 : 聞於七八月間
7~8월간에 들었다.

問 : 聞於何人
누구에게서 들었는가?

供 : 聽聞狼藉 故自然知之
소문이 낭자하여 자연히 알게 되었다.

問 : 旣曰倡義 則聞宜卽行 何待十月
이미 의를 일으킨다고 했으면 소식을 들은 즉시 거병했어야지 왜 10월까지 기다렸는가?

供 : 適有矣病 且許多人衆 不能一時齊動 兼之新穀未登 自然至十月矣

때마침 몸이 아팠고 허다한 군중을 한꺼번에 움직일 수 없었을 뿐만 아니라 아울러 추수가 끝나지 않아 자연 10월에 이르렀다.

問 : 大院君之有涉於東學事 世所共知 且大院君今無威權 則汝罪之輕重 只在此場 不在大院君 而汝之終不直招 有似乎深望大院君之暗護者 是果何意
대원군이 동학과 관련이 있는 것은 세상이 다 아는 일이요, 또 지금 대원군이 권세가 없은즉 네 죄의 경중은 여기에서 결정되는 것이지 대원군에 있는 것이 아닌데 너는 끝내 바른대로 말하지 않고 대원군이 두둔해줄 것만을 깊이 기다리고 있는 것 같은데 이는 과연 무슨 뜻인가?

供 : 大院君有涉他東學 雖曰百十輩 而至於矣身 則初無所涉
대원군이 다른 동학과 관련된 것이 비록 몇백 명이라 하더라도 나와는 애당초 관계가 없는 일이다.

問 : 大院君與東學 有所相關 世所共知 而汝獨不聞乎
대원군이 동학과 관계했다는 것은 세상이 다 아는 일인데 어찌 너만 못 들었다고 하는가?

供 : 實所未聞
정말로 듣지 못했다.

問 : 大院君與東學相關 初無一事之所聞者乎
대원군이 동학과 관련이 있다는 말을 처음부터 하나도 듣지 못했는가?

供 : 然矣 而在我者猶不諱 況他人乎
그렇다. 내 것도 거리낌이 없는데 항차 남의 것을 숨길 리가 있겠는가?

問 : 宋喜玉之與大院君 有所相關 汝亦知之乎
송희옥이 대원군과 관계있는 것을 너도 알고 있었는가?

供 : 宋喜玉必無相關矣
송희옥과 대원군은 전혀 관계가 없다.

問 : 汝何以知其無相關乎
그들이 관계가 없다는 것을 너는 어떻게 아는가?

供 : 宋喜玉之於大院君有所證票 則實所未詳 然自詳則必無相關
송희옥과 대원군의 관계에 증거가 있다는 것도 실로 확실치 않으니 스스로 생각해보아도 그들 사이에 관계가 없다.

4. 4초(四招 : 1895년 3월 7일. 일본 영사의 신문)

問 : 汝之名號非一再 是幾何
너의 이름은 한둘이 아니니 도대체 몇 개나 되는가?

供 : 全琫準一而已
전봉준이라는 이름 하나뿐이다.

問 : 全明淑是誰之姓名耶
전명숙은 누구의 이름인가?

供 : 矣身之字也
나의 자(字)이다.

問 : 全彔豆誰也
전녹두는 누구인가?

供 : 時人之指名 非矣身之所定名字也
세상 사람들이 지은 이름이지 내가 지은 이름은 아니다.

問 : 汝有別號乎
그 밖에도 별호가 있는가?

供 : 無也
없다.

問 : 此外亦無別號 及小字之稱號乎
그 밖에 어떤 별호나 몇 글자로 된 칭호가 있는가?

供 : 無也
없다.

問 : 汝之每寄書於人也 以名塡之乎 以字塡之乎
네가 매번 사람들에게 글을 써 보낼 때는 이름을 쓰는가, 자를 쓰는가?

供 : 以名塡之
이름을 쓴다.

問 : 汝於昨年十月再起之日字卽何日
네가 작년 10월에 재차 거병한 날짜는 언제인가?

供 : 似是十月十二日間而未詳
10월 12일인 것 같으나 자세하지 않다.

問 : 參禮再起之前 汝在何處
삼례에서 재차 거병하기 전에는 어디에 있었는가?

供 : 在矣家

　내 집에 있었다.

問 : 汝於全州招討兵接戰解散之後 汝向何處

　너는 전주에서 초토병과 접전하고 해산한 뒤 어디로 갔는가?

供 : 行遍十餘邑 勸以歸化 卽歸矣家

　여남은 고을을 거치면서 집으로 돌아가도록 권하고 나도 집으로 돌아갔다.

問 : 自全州解散在何日

　전주에서 해산한 것은 언제인가?

供 : 五月初七八日間

　5월 초7~8일 사이다.

問 : 自全州解散時 初到邑卽何邑

　전주에서 해산한 뒤 제일 먼저 도착한 곳은 어디인가?

供 : 始自金溝 至金堤泰仁等地

　금구를 거쳐 김제·태인 등지로 갔다.

問 : 初到金溝 在何日

　애당초 금구에 도착한 것은 언제인가?

供 : 金溝境則暫經過路 而五月初八九日間到金堤 初十日間到泰仁

　금구는 잠시 지나는 길에 들렀고 5월 초 8~9일 사이에 김제에 이르렀다가 초10일에 태인에 도착했다.

問 : 到泰仁後所經者 皆何邑也

　태인에 도착한 뒤 거친 고을은 모두 어디인가?

供 : 長城潭陽淳昌玉果南原昌平順天雲峰 所經後 卽入矣家

　장성·담양·순창·옥과·남원·창평·순천·운봉을 거쳐 곧 집으로 돌아갔다.

問 : 歸家在何月何日

　집에 들어간 것은 몇 월 며칠인가?

供 : 七晦八初間

　7월 그믐이거나 8월 초였다.

問 : 遍行列邑之時 汝獨行乎 有同行者乎

　각 고을을 돌아다닐 때 너 혼자 다녔는가, 일행이 있었는가?

供 : 騎率兵有二十餘人

　기병 20여 명을 거느리고 다녔다.

問 : 其時崔慶善同行乎

그때 최경선도 함께 다녔는가?

供 : 然矣

　　그렇다.

問 : 孫化中亦同行乎

　　손화중도 함께 다녔는가?

供 : 孫則不同行

　　그는 함께 다니지 않았다.

問 : 自全州解散時 孫化中向何處

　　전주에서 해산한 뒤 손화중은 어디로 갔는가?

供 : 其時孫則遍行右道列邑 勸以歸化

　　그 무렵 손화중은 우도의 여러 고을을 돌아다니면서 귀화를 권유했다.

問 : 孫之自全州解散 與汝同日乎

　　손화중이 전주에서 해산한 것은 너와 같은 날짜였나?

供 : 然矣

　　그렇다.

問 : 自全州解散 汝不見孫乎

　　전주에서 해산한 뒤 너는 손화중을 보지 못했는가?

供 : 四五朔間不相遇

　　4~5개월 동안 만나지 못했다.

問 : 四五朔後 逢於何處

　　4~5개월이 지난 뒤 어디에서 만났는가?

供 : 八晦間 帶有巡相之令 前往羅州 勸解民堡之之歸路至長城地 始相見

　　8월 그믐에 순상의 명령을 지니고 먼저 나주로 내려가 민병의 보루를 해산할 것을 권한 뒤 돌아오는 길에 장성에 이르러 처음 만났다.

問 : 孫之逢着後 有所向議者乎

　　손화중을 만나서 앞으로 어찌하자고 상의했는가?

供 : 其時矣身謂 以方自巡相 別有所屬事 偕到營門爲好之意議及

　　그때 나는 순상으로부터 별도로 부탁받은 바가 있으니 같이 전라감영에 가는 것이 좋겠다는 것을 의논했다.

問 : 然則孫答以何事乎

　　그랬더니 손화중은 뭐라고 대답하던가?

供 : 稱以方在病中 不能偕往 待治廖後 追至云耳

지금 몸이 아파 함께 갈 수 없으니 병이 나은 후에 뒤따라가겠노라고 말했다.

問 : 此外無他所議者乎

그 밖에 상의한 일은 없는가?

供 : 然矣

그렇다.

問 : 日兵之犯闕 聞於何處何時

일본군이 대궐을 침범했다는 소식은 언제 어디에서 들었는가?

供 : 七月間始聞於南原地

7월 중 남원에서 들었다.

問 : 然則行遍列邑歸化之時 得聞此說乎

그렇다면 여러 고을을 돌아다니며 귀화를 권하던 차에 들었단 말인가?

供 : 係是途聽途說

이는 노상에서 오고 가는 말을 들은 것이다.

問 : 得此說後 起衆擊日之事 始議於何地

이 말을 듣고 군중을 모아 일본군을 격파하는 일을 상의한 곳은 어디인가?

供 : 參禮驛

삼례역이다.

問 : 特於參禮議是事者乎

특히 삼례에서 이 일을 논의했단 말인가?

供 : 全州府中之外 邸幕稍多者 莫如參禮故耳

전주부 부근에 있으면서 주막이 다소 많은 곳으로는 삼례만 한 곳이 없기 때문이었다.

問 : 至參禮之前 或無都會地乎

삼례에서 만나기에 앞서 혹시 달리 회합한 곳이 없는가?

供 : 至院坪經宿一夜 直至參禮

원평에서 하룻밤을 지내고 곧 삼례에 도착했다.

問 : 自家時發在何日

집에서 출발한 것은 언제인가?

供 : 十月初旬間

10월 초순이었다.

問 : 汝向參禮時 同行自誰耶

네가 삼례로 갈 때 함께 간 사람은 누구인가?

供 : 無同行者
　　동행은 없었다.
問 : 行路之中 亦無相遇同行者乎
　　가는 도중에 만난 사람도 없는가?
供 : 無也
　　없다.
供 : 其時崔慶善非同行乎
　　그때 최경선이 동행하지 않았는가?
供 : 崔則追後來到
　　최경선은 그 뒤에 도착했다.
問 : 至參禮會於誰家也
　　삼례에서는 누구의 집에서 모였는가?
供 : 是邸幕耳
　　주막집에서 모였다.
問 : 參禮地素有熟親之家乎
　　삼례에는 본디 아는 집이 있었는가?
供 : 初無熟親者耳
　　본래 아는 사람은 없었다.
問 : 參禮戶數爲幾何
　　삼례의 호구 수는 얼마나 되나?
供 : 百餘戶
　　100여 호가 된다.
問 : 汝之所居近處 必不無百餘戶之村庄 而特會於此何也
　　네가 사는 근처에도 반드시 100여 호가 되는 마을이 없지 않았을 터인데 특히 삼례에서 만난 것은 무슨 이유인가?
供 : 此地道路四通 兼以驛村故耳
　　이곳은 길이 사방으로 트이고 아울러 역촌이기 때문이었다.
問 : 崔至參禮後 同留幾日
　　최경선이 삼례에 도착한 뒤 며칠이나 함께 묵었는가?
供 : 五六日同留後 直向光羅等地
　　5~6일간 머물다가 곧장 광주·나주로 떠났다.
問 : 因何向光羅等地

왜 광주·나주로 떠났나?

供 : 以起包事

거병하고자 함이었다.

問 : 崔之光羅行 是汝所使乎

최경선이 광주·나주로 간 것은 네가 시킨 일인가?

供 : 不是矣身所使 而只緣渠之於光羅 曾多親知 易於起包耳

내가 시킨 일은 아니며, 그가 광주와 나주에 인연이 있고 예로부터 친지가 많아 거병이 쉬웠기 때문이었다.

問 : 其時參禮都會時 東徒之最著名者 誰也

그 무렵 삼례에서 만났을 적에 동학도로서 이름 있는 자는 누구였나?

供 : 金溝趙鎭九 全州宋一斗 崔大奉幾人 是所謂最著名者 而其餘許多者 今難悉記

금구의 조진구, 전주의 송일두·최대봉 등 몇 사람이 소위 가장 이름 있는 사람이었으나 그 밖에 허다한 사람을 지금은 기억할 수 없다.

問 : 其時參禮所謂義兵之會者 爲幾何

그 무렵 삼례에서 모인 소위 의병들은 몇 명이었나?

供 : 四千餘名

4천여 명이었다.

問 : 帶是衆始向何處

군중들을 데리고 어디로 갔나?

供 : 始向恩津論山

은진·논산으로 향했다.

問 : 抵論山何日

논산에 도착한 것은 언제인가?

供 : 今不可詳知

지금으로서는 자세히 알지 못하겠다.

問 : 豈無略記之理乎

어찌 간단히 기억해둔 것도 없는가?

供 : 假量十晦間

10월 그믐쯤인 것 같다.

問 : 至論山行何事

논산에 이르러 어떻게 했나?

供 : 至論山後 亦有廣募之事

논산에 이르러서도 널리 사람을 모았다.

問 : 自是處更向何處

그곳에서 다시 어디로 갔나?

供 : 直向公州

곧바로 공주로 갔다.

問 : 抵公州何日

공주에 도착한 것은 언제인가?

供 似是至月初六七日間 而未詳耳

11월 6~7일인 것 같으나 자세히 모르겠다.

問 : 至公州後行何事

공주에 이르러서는 어떻게 했나?

供 : 未至公州而接戰 竟爲敗北耳

공주에 이르기도 전에 접전하여 끝내 패하고 말았다.

問 : 汝之每寄書於人也 必以親書乎 抑或代書乎

네가 매번 남에게 글을 보낼 때 몸소 썼는가, 아니면 남을 시켰는가?

供 : 或親書或代書

몸소 쓰기도 하고 남을 시켜서 쓰기도 했다.

問 : 或代書時 必塡以汝之圖書乎

혹 대서할 때도 반드시 너의 도장을 찍었는가?

供 : 皮封則多塡以圖書 而或多不用是例

겉봉에는 도장을 찍을 때가 많았지만 찍지 않을 때도 많았다.

問 : 汝在參禮時 汝之寄書於人者甚多 而此皆親書乎 抑代書乎

네가 삼례에 머물 때 남에게 글을 보낸 것이 많은데 이들은 친히 쓴 것인가 아니면 대서한 것인가?

供 : 皆以通文寄之 而不以私簡 唯有孫化中處寄書耳

대개는 통문으로 부치고 개인적인 편지는 하지 않았으나 오직 손화중에게만은 편지를 쓴 일이 있다.

問 : 初無一字私簡之寄於人乎

처음에는 개인적인 편지를 한 자도 보낸 적이 없는가?

供 : 若見其簡則可知 而今未詳耳

만약 그 편지를 지금 보면 알겠으나 지금으로서는 자세히 생각나지 않는다.

問 : (領事出簡示之曰) 此是汝之親書乎 代書乎

[영사가 편지를 내보이면서] 이것은 너의 친필인가 아니면 대서인가?

供 : 代書

　　대서이다.

問 : 使誰代書乎

　　누구를 시켜 썼는가?

供 : 似是接主之筆 而今未詳其人

　　접주의 필적인 것 같으나 지금으로서는 자세히 모르겠다.

問 : 汝曾使崔慶善代書之事乎

　　너는 일찍이 최경선을 시켜 대서한 일이 있는가?

供 : 崔非能書者

　　최경선은 글씨에 능한 사람이 아니다.

問 : 此札自參禮出者乎

　　이 편지는 삼례에서 쓴 것인가?

供 : 然矣

　　그렇다.

問 : 此札月日 明是九月十八日 則焉得出於十月參禮之會乎

　　이 편지가 나온 것은 분명히 9월 18일인데 10월의 삼례에서 나왔다고 말할 수 있는가?

供 : 前供以十月者 似是九月也

　　전에 10월이라고 말한 것은 9월이 맞는 것 같다.

問 : (領事又出示一簡曰) 此則親書乎 代書乎

　　[영사가 또 다른 편지를 내보이면서] 이것은 너의 친필인가 아니면 대서인가?

供 : 此亦代也

　　그것도 또한 대서이다.

問 : 其札亦代誰書之乎

　　이 편지는 누가 대서한 것인가?

供 : 此亦使接主書之 而今難記其人

　　그것도 접주를 시켜서 쓴 것인데 지금으로서는 그 이름을 기억하기 어렵다.

問 : 汝於今日所供 必須一一直告 然後案可速結 如惑多端瞞告 則不但事涉支離 而亦有害多於汝身矣

　　너는 오늘의 진술을 모름지기 바르게 대답하라. 그런 뒤에야 판결이 조속히 날 것이다. 만약 거짓이 많다면 일이 지리할 뿐만 아니라 너에게도 피해가 많으리라.

供 : 月日則果難詳記 而其餘凡干 焉得一毫瞞告乎
　　날짜는 과연 상세히 기억하기 어려우나 그 밖의 관련된 모든 것에 어찌 추호도 거짓이 있겠는가?
問 : 代書時必有所定之人 何可不知乎
　　대서를 하자면 반드시 정해진 사람이 있었을 터인데 어찌 모른다 하는가?
供 : 其時矣身素筆拙 故每使人代書 而本無定人
　　그 무렵 나는 본디 졸필인지라 번번이 대서했지만 특별히 정해놓은 사람은 없다.
問 : 此兩札 皆汝之所使乎
　　이 두 개의 편지는 모두 네가 시켜 쓴 것인가?
供 : 然矣
　　그렇다.
問 : 在參禮糾合之事 皆出於汝乎
　　삼례에 사람을 모이게 한 것은 모두 네가 한 일인가?
供 : 然矣
　　그렇다.
問 : 然則凡係起包 都是汝之所主者乎
　　그렇다면 무릇 거병의 문제는 모두 네가 주도한 것인가?
供 : 然矣
　　그렇다.
問 : (領事又出示一簡曰) 此亦汝之所使者乎
　　[영사가 또 다른 편지를 내어 보이면서] 이것도 역시 네가 시켜서 쓴 것인가?
供 : 然矣
　　그렇다.
問 : (領事又出示一簡曰) 此亦汝所使者乎
　　[영사가 또 다른 편지를 내어 보이면서] 이것도 역시 네가 시켜서 쓴 것인가?
供 : 然矣
　　그렇다.
問 : 前日所供 汝於金開男 初無相關云 而今見此簡 則間多相關者 何也
　　전날 진술할 때 너는 김개남과 애당초부터 상관이 없다고 말했는데 이제 이 편지를 본즉 두 사람 사이에는 관계가 깊은 것 같은데 어찌 된 셈인가?
供 : 金則矣身勸以合力王事 終不聽施 故始有所相議者 而終則絶不相關
　　김개남은 내가 국가 대사에 합력할 것을 권고하자 끝내 듣지 않으므로 처음에 상의했으나 끝내는 관계를 끊고 상관하지 않았다.

問 : (領事出小片一錄示之曰) 此兩紙之筆法 是一人之筆 而前書則供以汝爲 今書則何謂 不知也

[영사가 작은 종이쪽지를 내어 보이면서] 이 두 편지의 필적은 한 사람의 것인데 앞의 것은 네가 한 일이라 대답하고 이번 것은 왜 모른다고 대답하는가?

供 : 今此之書 非矣身所爲

이번 글은 내가 한 일이 아니다.

問 : 俄云 參禮事皆出於汝 而今此錄片之示 非出於汝云者 實涉糢糊

앞서 말하기를 삼례의 일은 모두 네가 한 일이라 하면서도 지금 이 쪽지를 보고 너의 소행이 아니라 하니 참으로 그 대답이 모호하다.

供 : 錄片中徐鶴云者是徐丙鶴也 而鶴與矣身絶不往來 故爲非矣身之所使也

쪽지 중 서학이라는 사람은 서병학을 의미하는데 서병학과 나의 관계는 끊겨 왕래가 없으므로 그것이 나의 소행이 아니라고 대답했다.

問 : 東往(徒)中差出接主是誰之爲

동학 교도 중 접주를 차출하는 것은 누구인가?

供 : 皆出於崔法軒

모두 최시형이 한다.

問 : 汝之爲接主 亦崔之差出乎

네가 접주가 된 것도 최시형이 차출한 것인가?

供 : 然矣

그렇다.

問 : 東學接主皆出於崔乎

동학 접주는 모두 최시형이 차출하는가?

供 : 然矣

그렇다.

問 : 湖南.湖西一切同然乎

호남과 호서가 모두 마찬가지인가?

供 : 然矣

그렇다.

問 : 至如都執執綱之任 亦皆崔之差出乎

도집이나 집강을 임명하는 일도 역시 최시형이 하는가?

供 : 雖多出於崔 而或有接主等所差者

비록 최시형이 차출하는 경우가 많다고 하나 접주 등이 차출한 사람도 있다.

5. 5초(五招: 1895년 3월 10일, 일본 영사의 신문)

問 : 今日亦如前査實矣 無隱直招也
　　오늘도 여전히 사실을 알아볼 터인즉 숨김없이 대답하라.

供 : 知悉矣
　　알겠다.

問 : 在參禮時昨年九月 別無代書之人 而自接主中替書 果然耶
　　작년 9월 삼례에 있을 때 대서인이 따로 없어 접주 중에서 바꿔가며 썼다고 한 것이 사실인가?

供 : 別無代書人 而自接中 遞爲寫之矣 始令林五男寫之 而以其無識置之 又令金東燮暫爲代書也
　　대서인이 별도로 없어서 접주 중에서 돌아가며 썼다. 처음에는 임오남을 시켜 쓰게 했으나 그가 무식한 사람이어서 다시 김동섭이 잠시 대서하게 했다.

問 : 代書人惟[唯]金東燮林五男二人而已否
　　대서인은 오직 김동섭과 임오남뿐이었는가?

供 : 接主中文季八崔大鳳趙鎭九或爲代書 而不過之幾次札而止也
　　접주 중에서 문계팔·최대봉·조진구가 간혹 대서했으나 겨우 몇 차례만 쓰고 그쳤다.

問 : 汝與崔慶善 相親爲幾年
　　최경선과 네가 사귄 지는 몇 년이나 되나?

供 : 以同鄕相親 爲五六年矣
　　고향에서 서로 사귄 지 5~6년이 된다.

問 : 崔曾於汝 有相師之分否
　　최경선은 일찍이 너와 가르침의 관계가 있었는가?

供 : 只以親舊相從 無師授之分也
　　나는 단지 친구로 대했을 뿐 가르침을 받은 바는 없었다.

問 : 汝之所招 似有不實處 空延拖裁判 且無有害於汝矣 何故如此
　　너를 문초하는 중 사실과 다른 곳이 있는 듯한데 공연히 재판을 끌며 또한 너에게 해가 되는 것도 아닐 터인데 왜 그러는가?

供 : 別無欺情者 而日前以宋喜玉事 暫次隱之 旋又明言也
별로 정상을 속인 것은 없고 일전에 송희옥의 일만은 잠시 숨겼으나 다시 분명히 말했다.

問 : (出示一紙曰) 以此爲非汝之親筆者 非欺情而何
[영사가 종이를 내어 보이면서] 이것이 너의 친필이 아니라고 하니 정상을 속인 것이 아닌가?

供 : 旣供事吾事 書吾書而獨云筆非吾筆 有何益於矣身而欺之也 果非自筆也
이미 내가 한 일은 말했다. 글은 나의 글이나 쓴 것은 내가 아니라고 말한 것뿐이다. 나에게 무슨 유익한 점이 있다고 속이겠는가? 과연 그것은 나의 필적이 아니다.

問 : 崔慶善之供 以此爲汝筆 而汝云非也 豈非欺情乎
최경선의 답변에 따르면 이는 너의 필적이라고 하는데, 너는 아니라 하니 어찌 정상을 속인 것이 아닌가?

供 : 更問於崔則可也 且使之習字 則體畫可辨也
최경선에게 다시 물어보는 것이 옳다. 그리고 내가 글자를 써보도록 하면 필체를 알아볼 수 있을 것이다.

問 : 日前訊汝時 汝云在參禮時 無書記名色 今云有書記名色者何也
일전에 너를 신문할 때 너는 삼례에 있을 적에 서기라는 명색이 없다고 말하더니 이제는 서기가 있다고 말하니 어찌 된 셈인가?

供 : 向日大略言之也 今細詳問之 故其時暫爲代書者 稱爲書記云也
앞서는 대략 말했던 것이고 지금 자세히 묻는 것을 들어보니 그때 잠시 대서하던 사람을 서기라고 불렀다.

전봉준 유적지 답사기

1. 1차 답사

1981년 1월 14일(水)

어제로 전남대학교에서 열린 전국대학신문 주간협의회도 모두 끝났다. 아침 식사를 마치자 각 대학 주간 교수들은 귀향 채비를 서둘렀지만, 나의 여정은 지금부터 시작된다 생각하니 마음이 설레기도 한다.

엊저녁 일이다. 내 숙소는 광주관광호텔 4층에 있었는데 엘리베이터의 버튼을 잘못 눌러 5층에서 내렸다. 다시 타고 내려가기도 뭣해서 걸어 내려올 요량으로 엘리베이터를 나서는데 누군가 "교수님!" 하고 손을 잡는다. 놀라 바라보니 연전의 졸업생인 서재경(徐在京) 군이었다. "인생이 어디선가 다시 만나지 않으랴."[人生何處不相逢]라더니 이렇게 만날 줄이야.

그날 밤 서 군은 무등산에 올라가 광주 시내를 내려다보며 그간의 이런저런 얘기를 들려주었다. 이미 저녁을 먹은 터였지만 그는 시계(市界)를 넘어가 전남에서 제일 유명하다는 담양 불갈비로 포식까지 시켜주었다.

14일 아침이 되어 출발 준비를 하는데 서 군이 다시 찾아왔다. 나는 그의 안내로 정읍행 직행버스를 탔다. 그는 정읍행 직행버스표에 곶감 한 접을 안기며 나를 환송해주었다.

11시가 되어 정읍에 내려 나는 우선 최현식(崔玄植) 선생(전북문화재전문위원)에게 전화를 걸었다. 그는 어느 다방을 정해주며 만나자고 했다. 정읍의 거리는 몹시도 비좁았다. 더구나 올해에 몇십 년 만에 처음으로 내린 폭설이 얼어붙어 착암기로 거리의 얼음을 깨는 모습을 볼 수 있었다. 나는 울퉁불퉁한 얼음길을 비척거리며 걸었다. 그때 어느 시커먼 청년이 내 앞에 와서 머리를 굽실하며 내 손을 덥석 잡는다.

깜짝 놀라 바라보니 연전에 졸업한 이종권(李種權) 군이었다. 길도 모르는 객지에서 제자를 만나니 반갑기 짝이 없다. 알고 보니 그는 읍내에서 20리쯤 떨어진 북면(北面)에 살고 있는데 서른네 살에 맞선을 보러 다방엘 들어가다가 나를 보고서는 신붓감이 기다리는 다방에 갈 시간도 없이 쫓아왔다는 것이다. 나는 그에게 최현식 선생과 만날 다방을 가르쳐 준 다음 어서 가서 맞선을 보라고 했다.

약속된 다방에서 잠시 기다리니 최 선생이 들어오며 반갑게 맞아주었다. 정읍에 내려온 목적을 말하고 도움을 요청했다. 이런 곳에 내려오면 가장 어려운 것이 차편이다. 시내버스를 이용할 거리가 아니어서 어차피 대절 택시를 얻어야 하는데, 앞으로 내가 가야 할 곳이 모두 폭설로 길이 막혔다는 것이다. 최 선생이 내는 점심을 먹고 다방에서 기다리니 맞선을 보고 온 이 군이 곧 도착했다. 신붓감이 어떻더냐고 물어보았더니 마음에 들지 않는단다. 내 말을 들은 이 군은 자기가 길을 안내하겠노라고 나섰다. 그리하여 맞선보러 나온 신사와 회의에 참석하러 온 나는 격에도 어울리지 않는 모습으로 시골 답사의 길을 떠났다. 최 선생은 초행인 우리를 위하여 답사할 곳의 순서와 약도, 그리고 만나야 할 사람들의 이름을 소상하게 적어주었다.

우리는 우선 가장 가까운 거리인 황톳재[井邑郡 德川面 下鶴里]를 찾아갔다. 일반 서적에는 모두 황토현이라고 기록되어 있지만 이곳 사람들은 한결같이 황톳재라고 부르고 있었다. 40센티미터가 넘는 눈에 덮인 황톳재에는 지난날 격전의 흔적이라곤 찾아볼 수도 없이 살을 에는 듯한 눈바람만이 세차게 불고 있었다. 황톳재는 재[峴]라기보다는 해발 35.5미터의 밋밋한 구릉이었다. 눈발 사이로 보이는 흙이 유난히 누런 것을 보고 이곳의 이름이 황톳재인 연유를 알 수 있었다. 이곳은 덕천(德川) 사거리에서 고부를 가자면 어쩔 수 없이 거쳐야 하는 요충지라는 점에서, 세칭 황토현전투가 불가피했음 또한 짐작할 수 있었다.

멀리 두승산(斗升山)이 우리를 압도하듯이 내려다보고 있고 고부로 빠지는 샛길이 아스라이 펼쳐져 있었다. 사진을 찍으려니 기술도 시원치 않은 데다가 시간이 역광(逆光)이요 눈빛마저 반사되어 고역이 말이 아니었다. 코트로 커튼을 쳐 역광을 막으면서 눈 위에 드러누워 촬영에 겨우 성공했으나 훗날 보니 역시 마음에 들지 않았다.

이 군과 나는 터덜터덜 걸어서 덕천 사거리까지 나왔다. 이제는 택시를 탈 수도 없으니 시골 완행버스를 기다릴 수밖에 없었다. 기다리는 것까지는 좋으나 해가 넘어가면 사진을 찍을 수 없다는 것이 안타까웠다. 우리는 한 시간쯤 기다려 버스를 타고 전봉준이 최초로 민중을 집결시켰다는 이평면(梨坪面) 말목장터[馬項市場]로 갔다. 그가 약속 지점으로 정했던 감나무는 잎이 떨어진 채 앙상한 것도 스산했지만, 천연기념물이라고 할 수 있는 이 고목의 주위가 너무 허술하게 관리되고 있는 것이 마음에 걸렸다.

그다음으로 우리가 갈 곳은 3킬로미터 떨어진 만석보(萬石洑)였다. 걸어갈 수도 있으나 그러다 보면 사진을 찍을 수가 없었다. 그렇다고 해서 택시가 있는 것도 아니었다. 하는 수 없이 면장을 찾아가 자전거라도 한 대 빌릴 수 없을까 부탁했다. 후덕하게 생긴 이평면장이 알아보자며 찾아간 곳은 푸줏간이었다. 이곳에 자가용이라고는 푸줏간의 고기 배달 용달차밖에는 없다는 것이다. 그러나 이곳의 유지인 푸줏간 주인은 바쁘다며 거절했다. 면장이 이리저리 쫓아다니는데 신태인으로 가는 택시 한 대가 왔다. 안에는 벌써 3명이 타고 있었다. 우리는 면장 직권으로 정원 초과를 했다. 면장이 운전수 창문을 열더니 돈 천 원을 내밀면서 소리쳤다.

"귀한 손님이니 잘 모셔다 드려!"

택시로 10분쯤 가서 만석보[井邑郡 梨坪面 下松里]에 이르니 벌써 석양에 가까워지고 날씨마저 찌푸려져 카메라 노출을 맞추기가 여간 어렵지 않았다. 동진강(東津江)을 타고 내려오는 만경평야(萬頃平野)의 눈바람은 무섭게도 나의 손등을 조였다. 그때 전봉준은 언 손을 비비며 이 보를 헐어 제치면서 무엇을 생각했을까?

눈이 내린다.
눈 내리는 김제 만경
내리는 눈을 맞으며 그대 만나러
봉준이보다 낮게 엎드린 산 하나
길을 트며 넘는다.
……
드러누워 이 세상 눈을 다 받는 김제 만경이여
  - 김용택의 「눈 내리는 김제 만경」에서

사진 촬영이 끝남과 동시에 겨울의 짧은 해는 서쪽으로 꼴깍 넘어갔다. 그제야 우리는 자신이 넋 나간 사람처럼 강을 바라보고 있다는 사실을 알았다. 그리고 곧 돌아가야 한다는 생각이 들었다. 이제는 합승 택시마저도 없다. 유리알 같은 빙판을 걸어 이평면 삼거리에 이르니 날은 이미 어두워졌다. 잘 곳이라고는 면사무소 숙직실밖에는 없다고 한다. 그나마도 오늘은 사람이 많아 함께 잘 형편이 못 되었다. 할 수 없이 정읍으로 들어가는 막차를 기다리며 삼거리 돌담 밑에 쭈그리고 앉아 1시간을 기다리니 막차가 왔다. 정읍에 들어오니 밤 8시였다.

이 군이 안내하는 어느 골목 안의 대중식당에 들어가 저녁을 먹었다. 겉은 허름했지만, 전라도 음식의 진수를 알 수 있을 만큼 깔끔하고 맛깔

스러운 식당이었다. 이렇게 풍요로운 고장에서 90년 전 왜 그토록 처참한 민란이 일어났을까?

나는 문득 비빔밥을 생각했다. 전라도, 특히 전주의 특식이라면 비빔밥을 친다. 언제인가 문화공보부에서 전주의 비빔밥을 지방문화재로 지정한다는 말을 듣고 씁쓸히 웃은 적이 있다. 지금이야 온갖 양념을 다 넣지만, 비빔밥이란 문전옥답(門前沃畓)의 양미(良米)를 모두 수탈당한 백성들이 반찬 없는 보리밥을 먹으려고 밭으로 설설 기어가는 푸성귀에 고추장과 된장을 비벼 넣고 눈물을 섞어가면서 먹던 음식이다. 국 한 그릇 떠 놓을 형편만 되어도 밥을 비비지는 않는다. 그러니 전주비빔밥은 명물이 아니라 한(恨)의 음식이다.

저녁을 먹고 서울여관에 들었다. 추위에 떨던 우리에게는 냉기만 서린 비닐 장판이 더욱 써늘하게 느껴졌다. 잠시 밖에 나갔다 오겠다던 이 군이 10시가 되도록 들어오지 않는다. 11시가 되어 우리는 양말을 신은 채로 잠자리에 들었다. 아침이 되어 카운터에 숙박비를 계산하려니 엊저녁에 이 군이 이미 지불했다는 것이다. 그가 저녁 늦게까지 들어오지 않은 것은 돈을 구하러 다닌 것이었음을 그제야 알아차렸다.

1월 15일(木)

우리는 아침을 먹고 다시 길을 나섰다. 이번에는 전봉준이 살던 옛집[井邑郡 梨坪面 鳥巢里]을 찾아가야 한다. 버스 정류장에서 40분을 떨며 기다렸지만 차는 오질 않는다. 빙판 위의 바람은 살을 에는 듯하다. 그때 택시 한 대가 우리 앞에 와서 서더니 이 군에게 손짓하며 무조건 타란다. 알고 보니 그 기사는 이 군의 외사촌 동생이란다. 사람이 죽으라는 법은 없구나, 하는 생각이 들었다. 덕천 사거리와 말목장터를 거쳐 조소리에 이르렀다.

전봉준의 옛집은 무척 쇠락해 있었고 마당 모퉁이에 "지방문화재 19호"라는 퇴색한 화강암 석주만이 초라하게 서 있었다. 사진을 찍자니 마당이 좁아 전경을 담을 수가 없었다. 이 군의 어깨를 짚고 이웃집 담 위로 올라가 가까스로 사진을 찍을 수 있었다.

조소리를 돌아본 다음 우리는 부안군(扶安郡) 백산(白山 : 해발 47.7m)의 격전지를 찾아갔다. 파출소를 찾아가 이곳의 구전(口傳)을 들려줄 만한 사람이 없느냐고 물으니 파출소 순경은 백산정육점의 사랑채로 우리를 안내해 주었다. 내가 어렸을 적, 아버지의 팔에 안겨 훌쩍거리며 심청이와 심 봉사가 이별하는 얘기를 듣던 그 사랑채가 그대로 남아 있었다. 그때의 목침이며 찌그러진 재떨이 ……. 나는 문득 우수에 찬 향수를 느끼며 아버지를 회상했다.

나는 그곳 사랑에서 여러 노인 가운데 특히 김학섭(金學燮) 옹에게서 귀중한 구전을 많이 들었다. 노인들은 살판난 것처럼 한마디씩 하는데, 어느 말은 갈피를 잡을 수가 없고 어느 대목은 귀가 번쩍 뜨이기도 했다. 그들은 전두환(全斗煥) 대통령의 고향이 합천(陜川)이 아니라 이곳이라며 섭섭하다면서 그 형이 어렸을 적의 모습이 생각난다는 말도 했다.

파출소 순경의 안내로 눈이 덮인 백산 정상에 올라 그 한 많은 동진강과 만경평야를 한눈에 바라보았다. 놀랍게도 그 당시 농민군들이 쌓았다는 토성이 남아 있었는데, 워낙 눈이 많아 사진을 찍을 수 없어 유감이었다. 백산을 떠나 1시경에 우리는 부안군 영원면(永元面)에 들러 울면에 소주 몇 잔으로 허기를 채웠다.

우리가 이제 찾아가는 곳은 전봉준의 족보를 소장하고 있는 전창남(全昌南 : 扶安郡 永元面 隱仙里) 씨 댁이다. 은선리에 이르러 사랑에 찾아가 물었더니 "전 씨 어른 댁"을 친절히 가르쳐주었다. 그의 집 앞에 "은선재"(隱仙齋)라는 고래 등 같은 재실(齋室)이 있는 것으로 보나, 우리를 안내한 허름한 농부가 어른 앞에서 취하는 태도를 보나, 그의 세가(世家)를 가히 짐작할 수 있었다.

그런데 막상 전창남 씨를 만나 얘기를 하는데 이 군이 영 불편해하는 것이 이상했다. 나중에 물어보니 며칠 전에 그 댁 규수와 맞선을 보았는데 퇴짜를 맞았다는 것이었다. 전창남 씨는 네 차례나 드나들면서 30여 권의 족보를 들고 와 그 가운데 전봉준 편을 찾아 보여 주었다. 족보를 보니 우리가 흔히 알고 있는 그의 「유시」(遺詩) 가운데 "애인정의아무실"(愛人正義我無失)이 "애민정의아무실"(愛民正義我無失)로 되어 있었다. 그러나 벽지에 복사기가 없어 이 군에게 훗날 복사를 부탁하고 은선리를 떠났다.

우리의 다음 행선지는 고부군청이었다. 고부에 도착해 면장에게 길을 물었더니 매우 친절하고도 자상하게 우리를 안내해주었다. 동헌(東軒)은 이미 없어지고 그 자리에는 고부국민학교가 들어서 있었으며 향교만이 남아 있었다. 고부의 옛 장터는 들판으로 바뀌어 흔적조차 찾아볼 수 없었다.

면장에게 전봉준이 최초로 거사를 모의했다는 신중리(新中里) 대뫼마을[竹山]을 물었더니 자기가 그곳까지 안내하겠노라고 나섰다. 다방에 들러 면장이 사주는 인삼차를 마신 뒤 다시 차에 올랐다. 대뫼로 가는 길은 경운기나 겨우 다닐 수 있을 만큼 좁았고 눈까지 쌓여 있었다. 신중리까지는 겨우 갈 수 있었으나 거기에서 그만 차가 처박히고 말았다. 면장님이 타고 오신 차가 빠졌다니 동네 사람들이 몰려나왔다. 앞뒤에서 밀고 끌면서 가속 페달을 밟으니 차는 흙탕물을 튀기며 진흙탕에서 빠져나왔다.

"쓰ㅍ!"

뒤에서 밀다가 흙탕물을 뒤집어쓴 농부의 푸념이 걸쭉하다. 면장은 천 원을 주면서 대포나 한잔하라고 했다. 우리는 차를 그 자리에 세워둔 채 대뫼까지 걷기로 했다. 맞선 볼 때 멋을 내느라고 코트도 입지 않은 채 깡똥하니 따라오는 이 군의 모습이 더욱 추워 보였다.

신중리 입구 산등성이에는 혁명모의탑이 서 있었다. 날이 저물어 부랴부랴 사진부터 찍었다. 뒷면에는 사발통문(沙鉢通文)의 인적 사항이 적혀 있었다. 얼마 전에 들은 바에 따르면 사발통문이 발견된 뒤 그 소장자는 이것을 "영원히" 보존하려고 탑 밑에 묻어버렸다고 한다. 기가 막힌 일이다. 우리는 무릎까지 빠지는 눈길을 가로지르며 신중리로 돌아왔다. 우리가 돌아온 뒤를 바라보니 눈 위의 발자취가 점선처럼 남아 있다. 이곳에서 면장과 헤어졌다. 천 원의 민폐를 끼친 것이 마음에 걸렸다. 차 밀어준 수고비를 내가 냈어야 하는 건데 …….

5시에 정읍에 도착해 저녁을 먹고 다방엘 들어갔다. 나는 택시 대절료로 2만5천 원을 지불했다. 돈 이전에, 극진히 나를 대해준 그가 고맙고 미안했다. 가까운 서점에 들러 내가 쓴 책을 사서 서명하여 선물함으로써 마음의 정을 표시했다.

최현식 선생에게 전화했더니 이왕에 온 김에 갑오농민혁명 당시 요직에 있던 옹택규(邕宅奎)의 손자인 옹경원(邕京源 : 井州邑 光橋洞 172-2) 씨를 만나보라고 한다. 오지영(吳知泳)의 『동학사』에 그의 이름이 등장하는 것으로 보아 그를 만나보는 것이 유익하리라 생각하고 전화를 걸고 찾아갔다.

옛날에 정읍 경찰서장을 지냈다는 옹경원 씨는 재산도 꽤 있어 보였고 가문에 대한 긍지도 대단했다. 그는 전봉준의 생애에 관한 귀중한 구전을 들려주었다. 옹 씨와의 면담을 마치고 이 군의 친구가 주인인 온천여관에 들어 모처럼 따뜻한 하룻밤을 지냈다. 그날 밤 우리는 광주민주화운동 때 실전(實戰)에 배치되었던 한 청년을 만나 당시의 생생한 얘기를 들으면서 몸서리를 쳤다.

1월 16일(金)

이번 답사에서 남은 일은 전봉준의 외손녀를 만나보는 것이었다. 그는 정읍군 산외면 동곡리(井邑郡 山外面 東谷里) 원동골에 살고 있는데 교통이 여간 불편한 곳이 아니었다. 우리가 4천 원에 합승 택시를 타고 평사리에 도착한 것은 12시가 훨씬 넘어서였다. 그날은 마침 동곡리와 평사리의 장날이었다.

늙수그레한 장꾼에게 물으니 평사리와 개천 하나를 사이에 둔 건넌마을 동곡리에 가서 다시 물어보라고 한다. 우리가 노인정을 찾아가 물었더니, 마침 그곳에는 전봉준의 외증손인 박승규(朴升圭) 씨가 있었다. 그의 안내를 받아 전봉준의 유일한 지친(至親)인 강금례(姜金禮) 노파를 만날 수 있었다. 1905년생이니 당년 76세인 그는 이미 기동이 불편할 정도로 노쇠해 있었다.

원동골에 있는 전봉준의 옛집은 "잘 보존하기 위해" 새마을운동의 일환으로 양기와를 씌운 것이 인상적이었다. 강 노파는 그 옆집에 살고 있었다. 그의 아들 박 씨는 마을의 이장 일을 보고 있었다. 노환으로 거동이 불편한 노파는 실낱같은 눈으로 나를 바라보는데 경계의 빛이 역력하다. 사실을 알고 보니 지난 3공화국 시절에 대통령이 동학란에 대해서 입만 뻥긋하면(서울에서 자가용을 타고 내려온 패거리들이 자기들이 바로 전봉준의 진짜 자손이라고 주장하면서) 강 노파에게 사기 치지 말라고 윽박질렀다는 것이다. 칼부림이 날 뻔한 적도 한두 번이 아니었다고 한다.

1968년에 전봉준의 유족을 취재한 이용선(경향신문사 기자)의 기록(『여성동아』 1968년 9월호)에 따르면, 자유당 당시 정읍 을구 민의원 김 아무개가 동거 여인의 어머니인 전정임(全貞妊)이 전봉준의 딸이라며 전봉준의 초혼설단(招魂設壇)에 부부 동반(?)으로 참석하여 유족 행세를 한 적도 있다고 한다.(『국회사 : 제헌~6대 자료편』, 1971, p. 19를 보면, 당시 정읍 을구 민의원은 김택술(金宅述)이었다.)

소재지[井邑]에서 동학혁명기념제라도 열리는 날이면 군수가 시켜서 왔다면서 면서기들이 찾아와 읍내에 나가자고 성화가 빗발친단다. 군수에게 매 맞아 죽은 후손에게 군수가 사람을 보내다니 참으로 아이러니한 일이다. 산길 50리를 털털거리며 달려가 기념식에 참가한다는 것은 칠십 노파로서 견디기 어려운 일이다. 그렇다고 해서 애써 참석하면 대접이 융숭한 것도 아니다.

"읍내에서 오라고 그래서 가봤더니, 니미 육실하게 우두커니 앉혀놓구 즈찌리만 뭐라 카고는 밥그릇 하나 줘······. 밥그릇에 밥 담아 먹어보지 못한 눔 있남?"

할머니의 눈에는 원망의 빛이 역력했다. 나는 이웃집이 알아들을 만큼 큰 목소리로 손짓 발짓 해가며 그를 이해시키는 데 겨우 성공했다. 그제야 할머니는 안심하는 눈빛으로, 자신이 알고 있는 바를 들려 주었다.

"외삼촌[전봉준의 아들]이 둘 있었어. 큰삼춘이 용규고, 작은삼춘이 용현이었지라우. 둘 다 먹이도 시원치 않아 피병[폐결핵] 걸려가지구 누이[전봉준의 장녀이며 강 노파의 생모인 고부댁]가 사는 이곳에 와서 얻어먹고 지내다가 열 살 넘어 죽었다우."

강 노파의 생모인 '고부댁'도 해수병으로 죽었다. 지사의 후손들이 거의 그랬듯이 그 말로가 비참했다. 전봉준이 거병했을 때 그 자식들이 호의호식하기를 원하지는 않았겠지만 싸늘한 방바닥에 누워 죽음의 날만 기다리고 있는 한 노파의 황혼을 지켜보면서 나는 분노와 죄책감에 괴롭기만 했다.

젠장, 만주에서 밀정노릇하던 자식도 연금 타 먹고 있는데······. 그의 어머니, 그리고 외삼촌들이 그랬던 것처럼 해수병으로 몸져누운 강 노파는 숨을 몰아쉬며 어렸을 적에 동네 머슴아이들이 자기를 놀려대며 부르던 '파랑새 노래'도 들려주었다. 나는 가혹하게도 비실거리는 할머니를 마루에 데리고 나와 사진을 찍은 다음 그 집을 나왔다.

노파의 아들이 따라나섰다. 작은 체구에다 깡뚱한 잠바를 입고 있는 그의 모습을 바라보면서 나는 세상이 공평치도 못하구나, 하는 생각을 했다. 그는 나를 배웅하려고 평사리까지 걸어 나왔다. 우리는 마침 장에 마늘 몇 접을 팔러 나온 김개남 장군의 장손 김환옥(金煥鈺) 옹을 만났다. 음식점에 들어가 기계국수로 만든 울면에 막소주 한 병을 놓고 그들을 위로했다. 김개남 장군에 관한 유품이나 글이 남아 있느냐고 물었더니 그가 이렇게 대답했다.

"할아버지께서 읽던 책이 많았는데 갑오 난리를 치른 뒤 아버지께서 마당에 꺼내놓고 모두 태워버렸다우."

처연한 마음으로 바라보니 그들의 피부가 몹시 꺼칠했다. 피부가 꺼칠한 것은 비타민의 섭취가 결핍된 어촌이나 산간 지방에서 나타나는 현상이라는 의학 기사가 생각났다. 쇠고기 두 근을 사서 한 근씩 들려주었다. 버스를 타는 나에게 그들은 울면 대접을 사례했다. 모래사장에 내려앉는 기러기[平沙落雁]처럼 평화롭지 못한 그들의 마음과, 그들의 얼굴에 매듭처럼 응어리진 흔적을 읽을 수 있었다.

원동골에서 얻은 최대의 수확은 김개남(金開男)의 종손녀인 김 노파를 만났다는 사실이다. 당년 79세인 김 노파는 비상하리만큼 기억이 정확하여, 전봉준이 전주화약 이후 이곳에 머물던 당시의 구전이며, 그의 가족 관계의 이면을 소상하게 들려 주었다.

이곳에서 나는 이 군과 헤어져야 했다. 맞선 보러 나왔다가 나를 만나 혼담도 엉망이 된 그에게 미안함과 고마움을 잊을 수가 없다. 그는 전주행 완행버스가 멀리 떠날 때까지 벌판에 서서 손을 흔들어 주었다. 그 뒤 나는 그의 결혼식에서 주례를 맡아 줌으로써 작은 보답이나마 할 수 있었다.

평사리를 떠나 2시간쯤 걸려 5시에 전주에 도착했다. 혼자 있는 것이 싫은 나는 객수(客愁)를 느꼈다. 바둑집을 찾아가 저녁이 되기를 기다렸다. 객지엘 가면 나는 그곳의 고수들과 바둑을 두는 것이 취미이다. 8시에 기원에서 나와 유명한 전주 음식을 맛보았다. 서울 생각만 하고 곰탕을 시켰다가 너무 맵고 짜서 제대로 먹지도 못했다. 아리랑여관에 들어가 하룻밤을 지냈다.

1월 17일(土)

아침에 욕탕엘 들어가니 목구멍에서 피가 넘어온다. 그동안의 과로와 숱한 담배로 천식이 악화된 듯하다. 몸이 허약한 것이 서글펐지만, 내 인생 30대를 이렇게 몰두하며 살아갈 수 있는 일이 있다는 것이 오히려 감사하고 대견할 따름이다. 아침 식사를 한 다음 인근 ○○사단장 황인수(黃仁秀) 장군을 만나러 갔으나 토요일이라 서울 본가에 올라가고 없어 만나지 못했다.

전주 시내로 돌아와 시청 공보실을 찾아갔다. 담당관 신동기(申東起) 씨는 손수 풍남문(豊南門)과 전주감영(全州監營) 터로 안내해 주었고『전주시사』(全州市史)의 기록을 복사해 주었다. 전주에서 볼일이 끝나자 나는 대전행 고속버스를 타러 터미널로 갔다. 표가 매진되고 없었다. 그러나 놀랍게도 암표상은 버젓이 표를 흔들며 유객 행위를 하고 있었다.

"엠병할!"

속으로 욕을 퍼질러대면서도 어쩔 수 없이 1,150원짜리 대전행 표를 2천 원에 샀다. "사회 정의"니 "부조리 척결"이니 하는 거리의 플래카드

들이 머리를 스쳐 갔다.

　대전에 도착하여 점심을 먹고 다시 공주행 버스를 탔다. 고속터미널에서 공주행 터미널까지는 무척 멀었다. 전주에서 대전에 오는 시간보다도 더 걸리는 것 같았다. 내가 공주에 도착한 것은 3시가 넘어서였다. 중학생들을 잡고 우금치(牛禁峙)로 가는 길을 물었다. 그런데 놀랍게도 그들은 우금치를 모르고 있었다.

　"저쪽 산등성이에 우금고개라고는 있지만 우금치라는 데는 모르겠는데유……."

　아차! 고부 사람들이 황토현을 황톳재라고 부르듯이 이곳에서는 우금치를 우금고개로 부르는 것이 분명했다. 그 학생들을 앞세우고 우금고개에 도착하니 눈이 무릎 위까지 빠진다. 사진 촬영을 마치고 서둘러 터미널로 왔는데 마침 4시 30분 막차에 빈자리가 있었다.

　집에 돌아오니 1주일 만에 보는 막내 녀석이 조금은 커 보였다. 무척이나 재롱을 부리는 그에게 내가 애비로서 줄 수 있는 선물이라고는 휴게소에서 사 들고 온 천안 호두과자 한 봉지뿐이었다.

2. 2차 답사

1981년 10월 24일(土)

　한국정치학회가 주최하는 전주 지역 학술발표회가 오늘 끝났다. 나는 어제 전북대학교에서 「전봉준에 관한 기존 학설의 몇 가지 문제점」을 발표했다. 부족하기는 했지만 내 딴에는 열심히 했다. 나는 4시에 서울로 올라가는 일행과 헤어져 남쪽으로 내려갔다. 전봉준이 체포되기에 앞서 마지막 밤을 지냈다는 백양사(白羊寺)를 찾아가면 어떤 자료를 얻을 수 있지나 않을까 하는 가느다란 희망 때문이었다. 역사가는 현장에 가보아야 한다는 헤로도토스(Herodotus)의 경구를 나는 깊이 신봉한다. 정읍에 도착한 것은 5시가 넘어서였다. 이러다가는 오늘 중에 백양사를 촬영할 수 없으리라는 조바심이 나를 초조하게 만들었다.

정읍에서 백양사를 가려면 광주행 고속버스를 타고 사거리[백양역]에서 내려 다시 갈아타야 한다. 사거리에 내렸을 때는 이미 땅거미가 지고 있었다. 촬영은 이미 체념했지만, 이 관광철에 백양사에 들어가도 잠잘 곳이나 있을지 걱정이었다. 사거리에서 다시 40분을 기다린 다음 백양사 입구 약수리(藥水里)에 도착하니 6시 30분이었다. 늦가을 해는 이미 넘어가고 날은 어두웠다. 나는 그곳이 바로 백양사인 줄만 알았다. 어둠 속을 더듬어가면서 백양사가 얼마나 먼가를 물었더니, 시골 사람들에게 길을 물으면 늘 그렇듯이, "바로 요~기"란다. 나는 절 안의 어느 구석방에서라도 잘 요량으로 어두운 숲길을 조심조심 올라갔다.

그러나 곧 후회했다. 별빛 하나 비치지 않는 백양사 입구는 숲이 울창한 데다 가을비마저 내려 칠흑처럼 어둡고 몸에는 냉기가 스며들었다. 전봉준이 백양사를 찾아가던 날도 초겨울 비가 뼛속 깊이 스며들었다고 한다. 무서운 생각이 들어 개울물 소리를 따라 발끝으로 더듬어 올라가면서 나는 「시편」(詩篇) 23장 4절을 외웠다.

문득 맹인인 최용진 목사님의 얼굴이 떠올랐다. 9남매 가운데 4형제가 영양실조로 맹인이 되었다는 집안의 맏이로 태어난 최 목사님은 자기가 맹인이 되어 불쌍한 맹인들의 복지를 위해 살 수 있도록 해주신 은혜에 감사한다고 말했었다. 그는 40여 년 동안 앞을 보지 못했는데 나는 지금 40분을 보지 못해 괴로워하고 있는 것이다.

나 자신의 훗날을 생각해보았다. 나는 지금 100년 전의 한 영웅의 행적을 찾으려고 이 밤길에 가을비를 맞으며 가고 있는데, 내가 이 세상을 떠난 100년 뒤 과연 나의 행적을 찾아보려고 충청도 괴산(槐山)의 오지를 찾을 후학이 있을까?

> 무엇 때문일까
> 백 년 전에 죽은 그가 아니 죽고
> 내 안에 살아 있는 것은
> 내 가슴에 내 핏속에 살아 숨 쉬고
> 맥박처럼 뛰는 것은
> 그도 내 아버지의 아버지처럼
> 서너 마지기 논배미로 평생을 살았던
> 가난한 농부였기 때문일까
> 나와 같이 그 사람도 한때는
> 글줄이나 읽었던 서생이었기 때문일까
>
> — 김남주의 「녹두장군」에서

40분을 헤맨 끝에 가까스로 백양사에 이르렀다. 백제 무왕(武王) 때 세워졌다는 백양사는 밤에 보기에도 매우 우람했다. 이제 7시가 조금 넘었는데 산사는 유달리 밤이 깊었다. 스님 한 분을 만나 찾아온 연유를 말했더니 종무 스님을 만나라고 했다. 비대하게 생긴 종무 스님에게 전봉준에 관하여 물어보았더니 불행하게도 그는 아는 것이 아무것도 없었다. 허탈감을 누를 수가 없었다.

나는 젖은 옷과 땀으로 흥건한 내복에서 추위를 느꼈다. 내려갈 일이 아득했다. 내가 이곳에서 하룻밤을 지낼 수 있는가를 종무 스님에게 물어보았더니 내일 대법회가 있어 방이 없다고 한다. 그제야 나는 오늘 밤 이 절이 북적대는 이유를 알았다. 곁에서 보기에 안쓰러웠던지 상좌 중이 자기 방에서 같이 자면 된다고 말했으나, 종무 스님은 그 방도 찼다고 윽박질렀다.

내가 후레쉬 하나만 빌려주시면 내일 꼭 돌려드리겠다고 부탁했더니 그럴 것 없이 콜택시를 불러주겠다고 한다. 10분 후에 택시가 왔다. 자가용이었다. 약수리까지 1,500원을 내고 어느 여인숙에 들었다. 시간이 남아 가까운 교회에 들려 예배를 보고 다방에서 차를 마신 다음 여인숙으로 돌아왔다. 열기라고는 하나도 없이 싸늘한 콘크리트 바닥에 침대 하나만 덩그러니 놓여 있는 방에서 양말도 벗지 못한 채 새우잠을 잤다.

10월 25일(日)

아침에 일어나니 설사가 수돗물처럼 쏟아진다. 약국을 찾아갔더니 이곳의 지명인 약수리(藥水里)가 의미하듯이 물에 철분이 너무 많아 객지 사람들은 곧잘 배앓이를 한단다. 아침을 먹고 돌아서려니 허망한 생각이 들어서 발이 떨어지지 않는다. 그때 한 노인이 지나가기에 전봉준 얘기를 했더니 장성군청 뒤에 사는 변시연(邊時淵) 씨를 찾아가라고 한다. 그러자 곁에 있던 다른 노인은 멀리 장성까지 갈 것 없이 가인리(佳麟里)의 이형옥(李衡玉) 씨를 찾아가라고 귀띔해 준다.

엊저녁의 그 콜택시를 타고 가인리로 향했다. 가인리는 10여 가구의 작은 산간 마을이었다. 감이 유난히도 많이 열려 있고 낯선 사람이 들어오자 개 짖는 소리가 동네를 발칵 뒤집어 놓는다.

이형옥 옹!

그는 나의 전봉준 연구에 매우 중요한 자료를 제공해 주었다. 전주 태생으로 갑오농민혁명이 일어난 1894년에 태어났으니까 금년에 87세가 된다. 그는 15세에 출가하여 이곳에서 2킬로미터 떨어진 청류암(清流庵)에 들어와 석하(石霞)라는 법명(法名)을 받고 불교 공부를 했다고 한다. 그는 청류암에서 12년을 보낸 다음 일본으로 건너가 메이지(明治)대학에서 정치학을 공부하고 다시 이곳으로 돌아왔다.

이때부터 그는 불온분자(不穩分者)로 몰려 대전과 대구에서 4년 동안 옥살이를 한 뒤 장성 갑부들이 손을 써 출옥했다. 그는 다시 청류암으로 돌아왔고 이 무렵 송진우(宋鎭禹)를 스승으로 모실 수 있었던 일을 아름다운 추억으로 간직하고 있었다. 그는

이형옥 옹(1894년 생)

자신이 이갑성(李甲成)의 사촌동생이라고 했다. 정중하게 인사를 드렸더니 왜 왔느냐고 물었다. 연유를 말씀드리니 내 손을 꼭 잡으며 잘 왔노라고 했다. 그리고 전봉준에 관한 얘기를 시작했다.

이 옹은 전봉준이 체포되기 전날 묵고 간 곳은 백양사가 아니라 자기가 70년 동안 지켜온 청류암이라고 알려주었다. 그리고 그곳에는 전봉준의 암각(岩刻) 글씨가 있다는 것이었다. 귀가 번쩍 띄어 녹음기를 들이댔으나 테이프가 불량품이어서 작동되지 않았다. 위치를 물으니 당신이 직접 안내하겠노라고 했다.

고구마가 잔뜩 쌓여 있는 방을 나와 이 옹은 우산대로 만든 지팡이를 들고 나섰다. 나는 설레었다. 그러나 글씨가 있는 곳까지 안내하겠다던 이 옹의 뜻은 마음뿐이었다. 구십 노인이 2킬로미터의 가파른 산길을 오른다는 것은 처음부터 불가능한 일이었다. 이 옹은 50미터마다 쉬어 가자고 했다. 쉬는 틈에 나는 그분의 모습을 사진에 담고 싶었다. 사진을 찍겠다고 말씀을 드렸더니 이 옹이 추연히 말했다.

"영정(影幀)으로 쓸 수 있게 잘 좀 찍더라구이!"

나는 안달이 나서 견딜 수가 없었다. 결국 이 옹을 남겨두고 혼자서 다녀오기로 했다. 고리장[高麗葬]을 하고 떠나는 자식의 심정으로 고갯길을 올라갔다. 산은 매우 가파르고 여러 구비였다. 이 옹의 구전에 따르면 옛날 어느 장성군수가 청류동이 아름답다는 말을 듣고 가마를 타고 이곳을 오르다가, 화가 치민 가마꾼이 골짜기에 패대기치는 바람에 죽었다고 한다. 조정에 이 사실이 알려져 어사 윤응열(尹應烈)이 파견되어 사실을 알아보았더니 과연 그 군수가 몰염치했는지라, 그 뒤로는 방백 수령들도 이곳을 갈 때는 가마를 타지 못하도록 했다고 한다.

비지땀을 흘리며 20분쯤 오르니 깎아지른 듯한 절벽이 나왔다. 암벽을 살펴보니 "청류동"(淸流洞)이라는 암각 글씨가 보였다. 역사의 현장 앞에 망연히 서 있던 나는 얼마의 시간이 지난 뒤에야 사진을 찍기 시작했다. 발을 삐끗하면 절벽으로 떨어질 만큼 위험했다. 옆에 윤응열의 글씨도 보였다.

전봉준의 친필 암각 '淸流洞'의 탁본

촬영이 끝나고 1킬로미터쯤 올라가니 청류암이 나타났다. 사람을 찾으니 아무도 없다. 관음전(觀音殿) 마루에 앉아 십승지지라는 청류동 계곡을 내려다보니 단풍이 흐드러지게 너울거리고 있었다. 87년 전에 전봉준은 이곳에 앉아 무엇을 생각했을까? 절간 오른쪽으로 돌아가 약수를 들이켠 다음 암자를 내려왔다. 그제야 나는 산중에 남겨두고 온 이 옹이 걱정스러웠다.

나는 연신 "할아버지"를 부르며 뛰어 내려갔다. 낙엽이 수북한 비탈을 구르듯이 내려오며 할아버지를 부르니 산 아래서 "어~!" 하는 목소리가 들려왔다. 이 옹을 모시고 가인리로 돌아오니 11시였다. 이 옹은 며느리에게 점심을 준비하라고 했다. 그러나 나는 점심을 기다릴 만큼 한가하지 않았다. 내가 이 옹의 호의를 사양하며 방을 나오니 그는 다시 나의 손을 잡는다.

"이렇게 헤어질 수가 있는감? 이게 요기가 될 꺼여."

이 옹은 연시 한 광주리와 삶은 달걀 두 개를 내어놓는다. 막무가내로 권하는 이 옹의 호의를 뿌리칠 수 없어서 달걀 두 개와 연시 일곱 개를 먹고서야 자리에서 일어날 수 있었다. 그는 열다섯 살 난 손주를 시켜 나를 큰길까지 배웅해주도록 했다. 내가 동구를 벗어나 보이지 않을 때까지 그는 우산대 지팡이를 짚고 서서 돌아볼 적마다 손을 흔들고 있었다. 백양사 매점에 들러 나는 당신께서 좋아하신다는 꽁치 통조림 다섯 개를 사 손자에게 들려주었다.

이제 나는 전봉준이 체포되었다는 쌍치(雙置)로 가야 한다. 콜택시 운전사 심(沈) 씨에게 전화를 걸었다. 그러나 10분이 지나 나타난 그는 행락객이 많은 이 시간에는 백양사를 통과하여 쌍치로 넘어갈 수 없다고 말하면서, 혹시 지서장의 허락을 받으면 백양사를 관통하여 가는 것이 가능할는지도 모른다고 말한다.

내가 임검(臨檢)하고 있는 지서장을 찾아가 전후 사정을 말했더니 요령껏 빠져나가 보라고 한다. 11시에 백양사를 빠져나온 우리는 복흥(復興)을 지나 1시경에야 쌍치면 피로리(雙置面 避老里)에 이르렀다. 전봉준

전봉준이 체포된 순창군 쌍치면 피로리 주막거리. 뒤에 보이는 것이 계룡산이며 그때의 우물터가 1981년까지 남아 있었다.

은 김개남을 만나려고 태인의 살내[山內]로 가다가 이곳에 들러 피로리에서 잡혔다.

전봉준의 도주로를 추적하노라면 하나의 희한한 사실을 발견하게 된다. 그것은 다름 아니라 그 도주로가 남부군(南部軍) 이현상(李鉉相)의 그것과 일치하고 있다는 사실이다. 이현상이 활약하다가 잡힌 회문산(回文山)은 노령산맥의 줄기로 이곳에서 그리 멀지 않다.

강증산(姜甑山)도 이 산이 "다섯 신선이 둘러앉아 바둑을 두는 형국"[五仙圍碁形]이라 하여 천하대세가 모이는 곳이라고 생각했다.(『大巡典經』3:28) 전봉준이 잡힌 마을의 뒷산인 계룡산(鷄龍山)은 회문산의 줄기이다. 이것을 어떻게 설명할 수 있을까? 사람도 죽음의 위협을 만나 쫓길 때면 살길을 찾아가는 후각에서는 동물이나 마찬가지라는 생각이 들었다.

피로리의 주민들을 잡고 전봉준이 체포된 자리를 물으니 모른다고 한다. 가장 나이 많은 촌로를 찾아가서야 겨우 위치를 확인할 수 있었다. 그들의 눈과 말에는 이곳이 전봉준을 밀고한 마을이라는 것에 대한 수치심이 담겨 있었다. 전봉준이 그의 친구 김경천을 만나 함께 식사를 나누었다는 주막거리는 흔적조차 없었고 당시의 샘터만이 아직도 남아 있었다. 뒤에 보이는 것이 계룡산이며 그때의 우물터가 1981년까지 남아 있었다.

옛날의 주막거리가 그대로 남아 있다면 나도 그처럼 툇마루에 걸터앉아 주모가 따라주는 막걸리라도 한잔 마시고 싶었다. 막걸리 대신 샘물만 몇 모금 들이켠 뒤 돌아서야 했지만 ……. 툇마루에 앉아 바라보니 멀리 회문산 자락의 계룡산이 보인다. 공주 계룡산 밑 경천(敬天)을 지나다가 "계룡산 밑의 경천이 나쁘다."는 점괘가 바로 저 순창의 계룡산이었고, 경천점은 공주의 경천점이 아니라 지금 이 피로리에서 만난 김경천이라니, 이를 어찌 학문적으로 설명할 수 있을까?

정읍으로 가려고 다시 복흥으로 나오니 2시 반이었다. 운전기사 심 씨와 함께 육개장을 먹고, 차비로 2만5천 원을 주고 그와 헤어져 정읍행 완행버스를 탔다. 복흥과 정읍 사이에는 전봉준이 넘었다고 하는 아흔아홉 구비의 갈재[乫峙]가 있었다. 복흥에서 정읍까지 40분이면 간다던 매표소 아줌마의 말과는 달리 1차선의 고개를 넘는 데 2시간이 걸렸다.

나는 우선 정읍에서 제일 크다는 전파상에 들러 녹음테이프를 산 다음 최현식 선생에게 전화를 했다. 전화가 끝나자 옆에 있던 손님이 인사를 했다. 그분은 이곳 국민학교 교사인데 지난날 내가 KBS에서 방송한 『아침의 메아리』를 즐겨 들었노라고 말했다. 어렵던 방송 시절이 문득 떠올랐다.

식당과 숙소를 안내받은 다음 여느 때처럼 기원을 찾아갔다. 정읍의 바둑이 센 탓인지 아니면 내가 피로한 탓인지 내리 세 판을 지고서 신라 장호텔로 돌아왔다. 목욕을 하고 텔레비전을 보다가 피곤해 그대로 잠이 들었다. 잠결에 이상한 소리가 들려 깨보니 방영이 끝난 텔레비전이 윙 윙거리고 있었다.

10월 26일(月)

아침에 최현식 선생에게 전화했더니 여기에 온 김에 정읍의 최고령자로 갑오농민혁명을 직접 체험한 나홍균(羅鴻均 : 井邑郡 永元面 雲鶴里 164, 前 국회부의장 羅容均 씨의 伯氏) 옹을 만나보라고 권했다. 렌터카를 타고 그를 찾아갔다. 1886년생이니까 금년 수(壽)가 95세요, 갑오농민혁명 당시 여덟 살이었다는 계산이 나온다. 연세에 비해 건강해 보였고 다만 귀가 어두워 보청기를 끼고 있었다.

나홍균 선생은 선친인 나도진(羅燾珍)과 가깝게 지냈던 전봉준의 모습을 생생하게 기억하고 있었다. 이 책에서 전봉준의 모습을 묘사한 부분은 나 옹의 증언에 따른 것이다. 아마도 나 옹은 전봉준을 직접 목격한 마지막 생존자일 것이다. 사진을 찍으려 했으나 얼굴에 상처가 있다고 촬영을 사양했다. 1시간가량의 면담을 통해 역사의 산 증인의 얘기를 들을 수 있었던 것은 몹시 다행이었다. 그러나 그가 이미 천수에 이르렀고 후학들이 다시는 이런 분을 만나지 못한 채 전봉준을 연구하리라는 생각을 하니 안타까웠다.

12시에 나옹의 집을 나온 나는 이평면 하송리(下松里)를 찾아갔다. 이곳은 전봉준이 대나무를 베어 죽창을 만들어 쓴 곳이다. 대나무밭은 그때나 지금이나 울창했다. 나는 사진을 찍고 대나무 몇 가지를 꺾어 가지고 왔다. 역사의 무기가 되었던 이 대나무 잎을 표구라도 해서 기념으로 간직하고 싶었기 때문이다.

1시에 정읍에 와서 2시 차표를 샀다. 점심을 먹고 서울행 고속버스에 몸을 실었다. 오늘 저녁 야간 강의를 해야 한다. 터미널에 도착하여 부랴부랴 택시를 타고서야 가까스로 강의 시간에 도착할 수 있었다. 강단에 올라서니 몸은 젖은 솜처럼 무겁고, 다리는 휘청거린다. 강의를 하면서도 청류동 계곡이며 이 옹의 얼굴만이 자꾸 어른거린다.

3. 3차 답사

1981년 11월 13일(金)

오후 9시 30분에 정읍행 호남선 특급열차에 몸을 실었다. 이번 답사의 목적은 지난번 녹음기 고장으로 녹음하지 못한 이형옥 옹의 증언을 채록하고, 전봉준의 육필 암각인 청류동의 탁본을 뜨는 것이었다. 사학과에서 탁본에 남다른 경험과 재주를 가지고 있는 우재열·백인수·이철조·김재찬 군을 소개해주었다. 이들 가운데 우재열 군과 김재찬 군은 내 강의를 수강한 적이 있어 반가웠다. 호남선 열차는 무척이나 지루했다. 하기야 그 먼 곡창지대의 철도가 단선(單線)이라는 데서부터 문제가 있었다.

우리는 5시간의 여행 끝에 새벽 2시 30분에 정읍에 도착했다. 개찰구에서 파출소 순경이 팔뚝에 야간통행증 스탬프를 찍어주는 것이 인상적이었다. 우리는 여인숙에 들러 잠시 눈을 붙인 다음 6시 30분에 일어나 해장국으로 식사를 하고 곧 정읍으로 출발하여 지난번과 같은 코스로 가인리(佳麟里)에 도착했다. 이형옥 옹의 집 앞에 이르니 이 아침에 이상하게도 사람이 많았다.

"서울 신 박사 아닌가벼?"

이 옹은 북두갈고리 같은 손으로 나를 끌어 방으로 안내했다. 이번에

전봉준의 친필 암각 '南泉甘露'

다시 내려온 이유를 설명했더니 이 옹은 이렇게 빨리 다시 만나게 된 인연을 반가워했다.

"아침 요기는 했남?"

그는 우리의 끼니를 걱정했다. 아침을 먹었노라고 대답했지만,

"그래도 그럴 수 없어."

라며 며느리를 불러 상을 보아오도록 했다. 그런데 급히 들여온 상답지 않게 반찬이 풍성했다. 알고 보니 오늘 아침이 이 옹의 87세 생신이었다. 우리는 아무런 준비도 없이 빈말로나마 그의 생신을 축하했다.

우리가 탁본에 필요한 사다리와 양동이를 빌려 산으로 올라가려는데 이 옹의 말씀이 엉뚱했다.

"녹두장군의 글씨가 거기에만 있는 게 아니여!"

아니, 이건 또 무슨 말씀이신가? 다시 녹음기를 들이대고 상세하게 여쭈었더니 청류암 입구에 남천수(南泉水)라는 약수터가 있는데 그 물이 너무 좋아 전봉준이 그곳 바위에 글씨를 써놓고 갔다는 것이다.

내가 일행과 함께 청류암으로 올라가는데 이형옥 어른이 내 뒷꼭지를

향하여 이렇게 말씀하셨다.

"잠은 오른쪽 끝 방에서 주무시구려."

나는 그 방이 좀 더 깨끗하고 따뜻해서 하시는 말씀이려니 생각하고 별 뜻 없이 여기면서 그러겠노라고 대답하고 청류암으로 올라갔다.

우리는 서둘러야겠다고 생각했다. 사다리와 물통, 그리고 여러 가지 장비를 메고 가파른 산길을 오르면서 가마꾼들에게 패대기쳐 죽은 장성 군수며 윤응열 어사를 생각했다. 우리는 11시부터 "청류동" 탁본을 시작했다. 90킬로그램의 거한인 백인수 군의 솜씨는 참으로 탁월했다. 그러나 그 능숙한 솜씨에도 불구하고 두 장의 탁본을 뜨는 데 3시간이나 걸렸다. 날씨가 좋은 것이 다행이었다.

탁본이 끝나자 우리는 청류암으로 올라갔다. 거기에는 과연 지난번에 보지 못한 남천수라는 약수터가 있고 그 옆 바위에 '남천감로'(南泉甘露)라는 암각 글씨가 선명했다. 탁본을 뜨는 동안 일부는 점심을 지었다. 이 때부터 가랑비가 내리기 시작했으나 가까스로 탁본을 마칠 수 있었다.

이 두 글씨가 전봉준의 친필이라는 이형옥 옹의 증언을 믿을 수 있는 근거는, 첫째, 그가 단순한 촌부가 아니요, 일제 치하에 최고 학부를 다닌 선구적 지식인으로 그의 양식을 믿을 수 있다는 점이며, 둘째, 60년에 걸친 그와 청류암과의 연고 때문이다. 이번의 전봉준의 육필 암각의 발견은 적어도 다음과 같은 세 가지의 의미를 갖는 것으로 볼 수 있다.

첫째, 그의 필적을 통해 그의 지적 수준을 가늠할 수 있다는 사실이다. 전봉준의 학력이나 수준에 대해서는 이제까지 알려진 바가 없고, 다만 고부에서 서당의 접장으로 생업을 삼았다는 사실과 그가 쓴 격문으로 미루어 몰락한 유생 가문의 훈도(訓導)로 어느 정도의 학덕을 갖추었을 것이라는 추정이 전부였다. 그러나 신언서판(身言書判)을 중요시하던 전근대적 유교 사회에서 한 인간의 필적은 그의 학적 수준을 가늠하는 좋은 척도가 되고 있다. "청류동"이라는 해서체의 큰 글씨라든가 "남천감로"라는 초서로 미루어볼 때 그가 상당한 필력의 소유자임을 알 수가 있다.

둘째, 우리는 이것들을 통해 그가 도주하던 당시의 심정을 읽을 수 있다. 그가 노령산맥이 끊어지는 십승지지인 청류동을 찾아왔다는 것은 풍수도참설에 심취했음을 뜻한다. 급박한 도주의 상황에서도 글을 쓸 수 있었음은 그의 그릇[器局]을 보여주는 대목이기도 하다. 또한 우리는 "남천감로"라는 글귀 속에서 그의 마음을 읽을 수 있다. 서출동류(西出東流 : 서쪽에서 발원하여 동쪽으로 흐르는 물)의 명당인 남천의 감로 앞에 선 그는 정신적으로 지쳐 있었고 몸마저 병들어 있었다. 이런 상황에서 그가 남긴 "남천감로"라는 글귀는 전진(戰塵) 속에 지친 그의 자유와 평화에 대한 목마름과 갈구를 보여주고 있다.

셋째, 전봉준의 필적 발견은 우리의 문화유산을 발굴·보전할 수 있는 작은 계기가 될 수도 있다. 우리 민족에게는 역사적 유산이 없는 것이 아니라 그것을 보존하는 데 소홀했다는 비난을 면하기 어렵다. 이와 같은 사실은 우리 사학계의 높은 외국 사료 의존도에서도 잘 나타나고 있다. 이번 전봉준의 육필 발견이 우리 문화유산의 보전에 자그마한 계기라도 된다면 더 바랄 것이 없다.

우리가 청류암을 찾은

청류암에서 완산 스님 및 탁본팀과 함께

날, 우리에게는 오래도록 추억으로 남을 만남이 있었다. 그는 완산(完山)이라는 법명의 객승이었다. 그가 우리를 객방으로 안내해주자 그간의 피로에 지친 우리는 꼬꾸라지듯 깊은 잠에 빠졌다. 스님의 독경 소리에 잠이 깼다. 나는 비록 천주교 신자이지만 독경을 몹시 좋아한다. 그의 『반야심경』(般若心經)은 영혼을 씻어주는 듯했다. "절에 가면 중이 되고 싶다."는 옛말이 생각났다. 스님이 지핀 군불 덕분에 방이 몹시 따뜻했다.

부지런한 우재열 군은 벌써 나가 저녁을 짓고 있었다. 우리 일행은 암자의 식구인 완산 스님, 어느 군승(軍僧), 공부하러 온 서울 학생, 그리고 또 다른 한 객식구와 함께 저녁을 먹었다. 그러고는 양주를 마시면서 승방(僧房)을 문란하게 했다. 스님에게 술을 권했더니, "마실 줄 모르는 배는 아니지만……." 하면서 완곡히 거절했다.

저녁을 먹고 우리는 스님을 중심으로 세상 사는 얘기를 했다. 완산 스님은 속명이 홍남권(洪南權)으로 이제 나이 스물다섯이라 했다. 승적(僧籍)은 본디 양산 통도사(通度寺)이나 지금은 해제(解制 : 安居를 끝내고 雲遊에 들어감) 중이어서, 단식을 하다가 생긴 위장병도 고칠 겸 청류암을 찾아왔노라고 했다. 그는 여섯 살에 출가(?)하여 20년 동안 절에 몸을 담고 있지만 아직도 깨달음에 이르지 못한 것이 부끄럽단다.

나는 주로 효도에 관해 말했다. 지난날 공부합네 하고 고향에 버려두고 온 늙으신 아버지가 아사(餓死)나 다름없는 죽음을 맞이한 일이며 지금은 80객이 되신 노모에게 효도하지 못하는 괴로움을 털어놓았다. 완산 스님은 자기도 비록 출가했지만, 아직도 생모가 살아 계시는데 탈속(脫俗)한 자기로서는 효도를 못하니 그것이 하나의 죄요, 그 죄책감에 괴로워하면서 불심에 이르지 못하니 그것이 또한 괴롭다고 말하면서 다음과 같은 얘기를 들려 주었다.

완산이 양산 통도사에 있을 때 노승 한 분이 입적했다. 35세에 출가하여 70세에 입적한 그는 처자가 있었으나 그동안 아무도 그를 찾아오지 않았다. 그런데 다비식 때 한 중년 남자가 슬픈 표정을 지으며 먼발치에서 바라보고 있었다. 다비식을 마친 다음 절구에 뼈를 부수며 완산이 그에게 누구이기에 그토록 슬퍼하느냐고 물었더니, 자기가 그 노승의 아들이라고 대답했다. 측은하기도 하고 괘씸한 생각도 들어 왜 생전에 한 번도 찾아오지 않았느냐고 물었더니, 세속을 잊고 곱게 가시도록 사후에야 찾아왔노라고 대답하더라는 것이다.

완산은 그 얘기를 하면서 그 남자야말로 달인(達人)이라는 것을 문득 느꼈다고 한다. 얘기를 하는 동안 스님이 보여준 미소며 음전한 몸가짐을 잊을 수가 없다. 어쩌면 스물다섯의 나이에 저토록 깊은 경지에 이를 수 있을까? 그의 미소를 보면서 나는 낙산사(洛山寺)의 보살을 생각했다. 그리고 그 노승의 아들뿐 아니라 완산 또한 달인이라고 생각했다. 10시가 넘어 우리는 잠자리에 들었다. 산사의 밤은 우리를 조용히 잠재워주었다. 모처럼 맛보는 탈속이었다. 완산의 미소를 내려다보며 불을 껐다.

11월 15일(日)

7시에 일어나니 완산 스님과 우재열 군이 벌써 아침을 지어놓았다. 아침 식사를 마치고 햇살이 퍼지는 법당 앞에서 우리는 사진을 찍고 함께 백양사를 구경하기로 했다. 청류동 계곡을 내려오는데 굳이 사다리를 메고 내려오는 완산의 발걸음에서 나는 불심(佛心)을 읽을 수 있었다. 가인리에 이르러 사다리며 물동이를 돌려주고 돌아서려니 이튿날 다시 가인리로 내려와 이형옥 선생께 작별의 인사를 드리러 들어갔다.

글씨를 바라보시는 노인의 모습이 그리 감격적일 수가 없었다. 글씨를 다 보신 어른께서 나에게 물으셨다.

"내가 왜 어제 오른쪽 끝 방에서 자라고 말했는지 궁금하지 않수?"

내가 연유를 여쭈니 그분이 이렇게 대답하셨다.

"그 방이 바로 고하(古下) 송진우(宋鎭禹) 선생이 망국의 한을 품고 젊은 날에 구국의 방략을 고민하며 공부하시던 방이라우."

나는 깜짝 놀라며, 여쭈었다.

"일부 전기(傳記)에는 고하가 백양사에서 젊은 날에 공부한 적이 있다고 짧게 기록되어 있을 뿐입니다."

"청류암으로 올라가려니 어쩔 수 없이 백양사에 들리기야 했을 것이고 청류암이 백양사의 말사였으니 하기 쉬운 말로 백양사에서 공부했다고 말했겠지만, 고하가 백양사에서 공부한 적은 없고 바로 그 청류암이 청년 시절 그의 마음의 고향이었다우."

"그렇다면 그때가 어느 무렵이었습니까?"

"을사조약이 체결된 직후였으니까 아마 1906년 초가 아니었던가 생각되우. 그때 내 나이가 열세 살이었고 선생의 나이가 열일곱 살 무렵이었을 거요. 내가 시봉(侍奉)을 했다우."

이형옥 옹에게 작별 인사를 드리는데 그분은 차마 손을 뿌리치지 못하고 머뭇거린다.

백양사에 도착한 것은 9시 반이었다. 탁본을 유난히 좋아하는 백인수 군이 백양사 창건비(白羊寺刱建碑)를 몹시도 탐스럽게 바라보는 모습을 본 완산은 탁본을 뜨려면 주지 스님의 허락을 얻어야 한다고 귀띔해 준다. 일행은 주지를 찾아갔다. 주지 학능(學能) 스님은 의외로 젊은 교승(敎僧)이었다. 그는 본디 탁본은 허락되지 않지만 모처럼 먼 길에서 왔고, 또 탁본에 그토록 능하다니 허락해 준다며 대웅전 뒤뜰에 있는 추사(秋史)의 비문을 탁본하는 것도 허락해 주었다. 진눈깨비를 맞으며 탁본을 뜨는 일은 보통 어려운 일이 아니었다. 우리는 2시 반이 되어 가까스로 추사의 탁본을 뜨는 데 성공했다. 주지 스님께 이를 선물했더니 그는 답례로 점심과 작설차를 대접해 주었다.

서울로 돌아갈 길이 다급한 우리는 여기서 완산 스님과 헤어졌다. 비록 짧은 인연이었지만 잊을 수 없을 것 같았다. 헤어질 때 잡아본 그의 손길이 유난히도 따뜻하게 느껴졌다. 정읍에 도착하여 5시 20분 열차를 타고 상경했다. 서울에 도착하니 9시 반이었다. 일행과 헤어져 집에 돌아온 나는 밤이 이슥하도록 전봉준의 육필 탁본을 어루만지면서 잠을 이루지 못했다.

4. 한국사상연구회 참관기

1981년 11월 25일(水)

어제『동아일보』문화부의 임연철(林然哲) 기자의 전화를 받았다. 내용인즉 오늘 천도교와 한국사상연구회가 공동으로 전봉준은 동학교도가 아니었다는 나의 주장을 반박하는 학술회의를 개최하는데 알고 있느냐는 것이다. 나는 올 것이 왔다는 생각과 함께 주최 측에 대한 섭섭함을 금할 수가 없었다. 비록 지금은 주장하는 바가 다르다고 하더라도 지난날의 정의(情誼)로 보아 이런 자리가 마련된다면 적어도 나에게 알려주는 것이 도리일 것인데, 신문사를 통해 연락을 받고 보니 저들의 옹졸함에 놀라지 않을 수 없었다.

11월 25일 오후가 되어 나는 발표회가 개최되는 코리아나 호텔로 갔다. 나는 내 주장에 자신이 있었기 때문에 단병 진입(單兵進入)을 했다. 각목부대라도 나타나면 어쩌겠느냐고 제자들이 농담 반 걱정을 했지만 나는 그들의 양식을 그 정도로 의심하고 싶지는 않았다. 회의장은 학술회의라기보다는 차라리 디너쇼를 연상케 했다. 내 주장을 반박하고자 나온 사람은 동국대학교에서 국사를 가르친다는 김창수(金昌洙) 교수였다. 그의 주장에 귀를 기울였지만, 그의 논리는 국민학교도 못 나온 사람 같았다.

나는 천도교 측과 사회자인 고려대학교 신일철(申一澈) 교수에게 서면으로 발언을 신청했다. 그러나 대답은 의외였다. "밖에서 누가 무슨 말을 했다 해도 그 발언을 여기서 들어볼 가치는 없다."는 것이었다. 나는 어이가 없었다. 그가 "밖"이라 함은 『월간조선』 1981년 9월호에 실린 「실록 전봉준」을 의미하는 것이다. 나의 주장이 발단이 되어 마련된 자리에서 나의 주장을 들어볼 가치도 없다니 그게 명색이 대학교수라는 사람이 할 말인가?

나는 내 생애에 이렇게 무지막지한 학술회의와 사회자는 처음 보았다. 나는 천도교 측에 대해 치밀어 오르는 분노와 섭섭함을 금할 수 없었다. 천도교에서 그 자리를 주최하지 않았고 또 그 자리에 교령(敎領) 이영복(李永福) 씨가 임석하지 않았다면 얘기가 다르다. 내가 비록 천학비재(淺學菲才)이긴 하지만 한국의 동학 연구사에 일시(一匙)의 보탬이 되었다는 긍지를 가지고 있다. 그런데 이름하여 대학교수요, 시천주(侍天主)를 믿는다는 사람들이 어떻게 사람을 이렇게 대접하는 것인지?

나는 그들에게 정중하게 묻는다. 내 주장이 신일철의 말처럼 들어볼 가치가 없었다면, 어려운 교단 형편에 그것 말고도 할 일이 많은 천도교가, 그토록 많은 돈을 써가며 비싼 호텔에서 학술회의라는 이름으로 디너쇼를 가질 필요가 어디 있었는가? 자신 있게 말하건대 이 문제를 놓고 제대로 논쟁하고자 한다면 "객관성 있는 장소에서, 양식을 갖춘 사회자의 진행으로, 피차 공평한 발언 시간을 주어" 다시 만날 수 있다. 다만 자그마한 조건이 있다면 상대가 김창수나 신일철과는 달리 제대로 공부 좀 하고 최소한의 인격을 갖춘 사람이기를 바란다.

5. 4차 답사

1993년 12월 1일(水) 맑음

『전봉준의 생애와 사상』의 초판을 쓴 지도 어언 10여 년의 세월이 흘렀다. 겁 없던 젊은 시절 15년을 준비하여 책을 냈을 때 꽤 자신이 있었고, 학계와 교단의 거친 저항을 받으면서도 고집스럽게 버텼고, 무례하고도 천박한 도전을 받았을 때는 동학 연구를 절필(絶筆)할까 생각한 적도 있었다. 그러나 되돌아보니 그것은 모두 젊은 날의 혈기요 객기였을 뿐, 이제 와 학계와 종교계가 갑오농민혁명 100주년이라고 부산한 지금, 나는 그간에 수집한 자료를 통하여 나의 오류와 미흡한 부분을 보완해야 한다는 강한 의욕을 느끼지 않을 수 없다.

그리하여 그간 책상머리에서 문헌을 수집하던 작업에서 벗어나 향토사료를 수집하기 위해 현장을 답사도 하고 동학(同學)들을 만나보고 싶었다. 유홍준(兪弘濬)의 『나의 문화유산답사기』를 읽으면서 나의 답사기는 아직 멀었다는 자괴심(自愧心)이 나를 괴롭혔지만 먼 훗날 이 길을 갈 후학들을 위해서라도 글을 남겨야 한다는 생각에서 이 답사기를 쓴다.

역사학에서 현장감이 매우 중요하다는 것은 답사를 떠날 때마다 절감한다. 마침 강의도 종강한 터라 4박 5일을 작정하고 길을 나섰다. 운전이 탁월한 김부성(金富成) 군과 함께 승용차를 몰고 떠나니 완행버스를 타고 몇 시간씩 기다리던 지난날에 대한 감회가 새롭다. 역사학 연구 방법을 되돌아보면 주로 문헌에 의존하던 기간이 의외로 길었다. 이럴 경우에 역사학 자료는 돈 많은 사람들에게 유리했었다. 그러나 이제 역사학은 문헌 중심에서 벗어나, 가슴과 발과 눈으로 쓰는 시대가 되었다. 나는 이 점에 대해 다소의 자부심을 가지고 있다.

평일인데도 중부고속도로는 몹시 정체되고 있다. 부성이의 운전이 안정되어 마음이 든든하다. 중부 휴게소에 들러 간단히 점심을 때우고 다시 차를 몰아 논산에서 고속도로를 벗어난 다음 국도를 타고 연무대와 고분을 거쳐 여산(礪山)에 정차했다. 우선 면사무소를 찾아갔다. 자상하고 친절한 면장에게 갑오농민혁명에 관하여 알 만한 분을 소개해 달라고 부탁했더니 박종열(朴鍾烈 : 益山郡 礪山面 源水里 上陽) 씨와 송상규(宋祥圭) 씨를 소개해 주었다.

당년 73세(1921년생)인 박종열 씨는 면사무소에서 그리 멀지 않은 조용한 산골에 살고 있었다. 그는 자기의 외할아버지인 여산 접주 최난선(崔蘭善)이 갑오농민혁명 때 연산에서 패하고 관군에게 처형되어 잘린 머리만 집으로 배달되었다는 얘기를 어머니(1901년생)에게서 들었다며 묘에 비석 하나 세워 드리지 못하는 자신의 무능을 괴로운 심사로 술회했다.

순박하고 후덕하기만 한 박 노인과 헤어져 우리가 다시 찾은 이는 송상규(益山郡 金馬面 東故都里 樓洞) 씨였다. 전직 고등학교 교장선생님으로 향토 사학에 남다른 관심을 가진 분이라는 여산 면장의 말을 듣고 찾아왔으나 그는 백제사(百濟史)에 관심이 있을 뿐 동학에 관해서는 아는 바가 없다고 겸손히 말했다.

더 들을 얘기가 없음에도 나는 차마 그 집을 나설 수가 없었다. 내실에 놓여 있는 석촌(石邨) 윤용구(尹用求) 대감의 글씨가 너무도 명품이었기 때문이다. 그는 연전에 어느 몰락한 세도가에게 그 글씨를 샀다면서 열두 폭 병풍으로 된 또 다른 글씨를 보여주었다. 옷장 위에 쌓여 있는 글씨들은 곰팡이가 심하게 슬었고 싯귀의 표구 순서가 틀린 것이 여간 안쓰럽지 않았다.

금마를 떠나 삼례에 이르니 짧은 겨울 해는 저물고 땅거미가 지고 있었다. 서둘러 삼례읍 사무소를 찾아가 갑오농민혁명에 관해 아실 만한 고로(古老)를 소개해 달라고 부탁했더니 부읍장은 유환용(柳煥容 : 1916년생, 井州郡 參禮邑 參禮里 910) 옹을 소개해 주었다. 아들이 귀금정(貴金亭)이라는 큰 보석상을 경영하는 유 노인은 일생 동안 서예에 심취하며 유복한 삶을 살아온 분이었다. 그는 3차 기포 당시 삼례 취회가 있었던 전평(田平)의 위치를 소상히 가르쳐 주었다.

밤길에 전주에 이르니 야광이 휘황하다. 코어호텔에 숙소를 정하고 보니 숙박비가 턱없이 비싸다. 할 수 없이 안부를 핑계 삼아 전북대학교 유철종(劉哲鍾) 교수에게 전화를 걸어 사정을 말하자 즉시 호텔에 전화를 걸어 숙박비를 절반으로 깎아 주게 했다. 유 교수를 만날 때면 "어떻게 저렇게 폭넓은 인간관계를 맺으며 살 수 있을까?" 하는 의문이 절로 든다.

연전에 부부 동반으로 대마도(對馬島)를 여행했을 때 그 부인의 행복한 모습을 보면서 나는 "인생을 헛살았구나." 하는 생각이 들어 아내 보기가 미안했다. 그렇게 마당발로 살면서도 그가 전북대학교에서 가장 가정적인 사람이라는 주위의 말을 들을 때면 나는 그를 다시 보게 된다. 그렇게 사회적으로 활동하면서 또 어떻게 그렇게 가정적일 수 있느냐고 물으면 그의 대답은 간단하다.

"수신제가(修身齊家)도 못하면서 무슨 교수라냐!"

호텔 인근에서 추어탕을 먹고 시간도 남았기에 기원엘 갔다. 내리 세 판을 지고 나니 우리 학교에서는 내가 제일 강자인 줄로 알고 있는 부성이 보기가 민망했다.

12월 2일(木) 맑음

사우나를 마치고 커피숍엘 가니 전북대학교 박명규(朴明圭) 교수가 아침 식사를 대접하겠노라고 왔다. 그를 볼 때마다 선비라는 생각을 하게 된다. 그의 연구실에 들러 귀중한 자료를 여러 편 얻었다. 희귀한 자료를 혼자만 보는 우리의 학문 풍토에서 그는 많은 자료를 아낌없이 내게 주었다. 여기까지 온 김에 김재영(金在泳) 학장 방에도 들러 우아하게 커피를 들었다. 그는 전북도청에 전화를 걸어 경기전(慶基殿)에 있는 이성계(李成桂)의 초상화를 볼 수 있도록 주선해 주었다.

겨울비에 안개까지 낀 경기전의 아침 모습은 음울한 듯하면서도 고색창연했다. 창암(蒼巖) 이삼만(李三晩)이 썼다는 풍남문의 현판은 나의 발길을 멈추게 한다. 이곳을 올 때면 주변이 너무 협소하다는 생각이 든다. 예향인 이곳에 오면 나는 자신의 분수도 모르고 옛 글씨를 찾아 헤매는 버릇이 있다.

동진화랑에 들러 윤용구 대감의 "풍천대"(風泉臺)라 쓴 글씨 한 폭을 외상으로 샀다. "저 바람, 저 물난리 속에서 백성들은 어찌 지내고 있을까?"를 걱정하는 수령의 심정을 쓴 『시경』(詩經)의 "비풍비천"(匪風匪泉)에서 따온 싯귀가 역설적으로 문득 조병갑(趙秉甲)을 연상시켜 준다. 싫증이 나면 언제든지 가져와 환불하라고 주인이 말했다. 몇 년이 지나 집이 협소하여 전주에 내려가는 길에 들러 환불을 요구했더니 그 값에 판적이 없다며 환불을 거절했다.

차를 몰아 김제군 금산면 원평리(金山面 院坪里 학원마을)로 내려갔다. 이곳의 향토 사학을 이끄는 최순식(崔洵植 : 母岳鄕土文化硏究會長) 씨는 이곳에 남아 있는 전봉준의 흔적을 찾아 소상하게 안내해 주었다. 전봉준이 집강소를 차렸던 집(원평리 184번지)은 역사를 공부한답시고 찾아오는 사람이 너무 많아 이제는 팔려 해도 팔리지 않는 흉가(凶家)가 되었다고 한다.

전봉준이 소년 시절을 보냈다는 감곡면 계룡리(甘谷面 桂龍里) 황새마을은 명당이라고 하기에 손색이 없을 만큼 아늑했다. 마을 이름 자체가

금산사 입구의 증산법종교(甑山法宗敎)

이미 풍수적이어서 풍수에 관심이 많고 명당을 찾아 방황한 그들 부자의 심중을 읽을 수 있을 것 같다. 보천교(普天敎)의 조철제(趙哲濟)도 한때 이곳에서 살았다고 한다. 마을 입구에는 이순신(李舜臣) 장군이 심었다는 나무가 있고 전봉준도 어렸을 적에 그 나무 밑에서 놀았다고 한다. 전봉준이 송(宋) 씨에게서 공부했다는 봉남면 종정(鳳南面 從政) 마을은 무척이나 허허로웠다. 눈보라가 심해 사진을 찍을 수가 없었다.

최순식 선생은 전봉준의 사상 속에는 미륵신앙이 깊이 자리 잡고 있다고 말하면서 이를 이해하려면 한국 미륵신앙의 본산인 금산사(金山寺)를 봐야 한다고 권했다. 차 속에서 최 선생은 전봉준과 김덕명의 만남이며, 견훤(甄萱)에서 시작하여 정여립(鄭汝立)을 거쳐 강증산(姜甑山)으로 이어지는 미륵신앙의 맥을 들려주었다.

최 선생의 설명에 따르면, 산 너머 쌍용리 용암마을 뒷산에는 정여립의 조상 묘가 있었는데 이곳은 오공(蜈蚣)의 명당이었다 한다. 그러나 1589년 기축옥사(己丑獄事) 당시 조정에서 그들의 묘와 제비산에 있던 정여립의 집터를 파헤치고 숯불로 혈(穴)을 끊었는데 그 흔적이 지금까지 남아 있단다.

"정여립은 당화(黨禍)로 희생된 조선조의 위대한 정치사상가입니다. 그의 사상을 학술적으로 정리하는 일은 학자들이 해야 할 일이지요."

최 선생의 주장은 내가 들으라고 하는 말씀처럼 들렸다.

금산사로 가는 길목에 있는 제비산[金山面 淸道里 구릿골]에서 정여립과 강증산이 기도했다는 것은 우연의 일치가 아닌 것 같았다. 강증산의 따님인 강순임(姜舜任)이 살았다는 증산법종교(甑山法宗敎)의 모습은 차라리 기괴한 느낌을 주었다. 언제인가 꼭 한번 와보고 싶었던 천년 고찰(古刹) 금산사는 내게 남다른 감회를 주었다. 적막한 겨울 산사의 법당 앞에서 나는 견훤을 생각했다. 그리고 전봉준의 한(恨), 호남의 한은 박정희(朴正熙) 대통령의 개발 독재의 산물이 아니라 천년을 거슬러 오르는 기나긴 역사성을 갖는 것이라는 평소의 소신을 다시금 확인해 보았다.

금산사에서 최순식 선생과 헤어진 우리는 정읍으로 내려갔다. 원평에서 정읍에 이르는 국도는 참으로 수려했다. 이 아름다운 강산이 어쩌다가 그렇게 한이 쌓였을까? 도중에 편승한 어느 여자 집사님의 소개로 금호호텔에 투숙했다. 최현식 선생에게 전화를 드렸더니 반갑게 다방으로 나와주셨다. 원평의 최순식 선생의 안부를 전했더니 그는 그곳 동학군 무명전사의 공동묘지가 그토록 쇠락해가는 것을 안타까워했다. 나는 그 얘기를 듣고서야 동학군의 묘지가 있다는 사실을 알았다.

최현식 선생은 전봉준의 출생지와 가계에 관한 자신의 주장이 이기화(李起華) 씨에 의해 무너지는 것을 아프게 시인했다. 늦게 고창의 이기화 원장에게 전화를 했더니 "최현식 씨나 만나보지 나를 왜 찾아오느냐."고 마뜩찮게 대답하는 것을 듣고서야 전봉준이 정읍 태생이니 고창 태생이니 하는 다툼으로 말미암아 두 분 사이에 앙금이 남아 있음을 알 수 있었다.

저녁을 먹고 늦도록 정읍기원에서 바둑을 두었다. 호텔로 돌아온 나는 전주에서 산 석촌 윤용구 대감의 글씨를 벽에 붙여놓고 바라보느라 잠을 청할 수가 없었다. 부성이 녀석은 그게 희한하게만 느껴지는지 나와 글씨를 번갈아 바라보며 고개만 갸우뚱거리고 있었다.

12월 3일(金) 눈 많음

아침에 창을 여니 그야말로 백설이 만건곤(滿乾坤)하다. 경치야 좋지만 오늘 운전할 일이 아득하다. 오전에는 주로 고부·정읍 일대를 돌아보았다. 새삼 찾을 곳이 있어서가 아니라 사진도 다시 한 번 찍어보고 아울러 추억을 되돌아보고자 함이었다.

대대적인 중창 사업을 한 뒤 처음 와보는 황토현전적지(黃土峴戰蹟地)는 화려하기는 했지만 경주(慶州)를 갈 때면 느끼듯이 콘크리트 천지가 눈에 설었다. 조소리(鳥巢里) 옛집이며 말목장터의 감나무는 여전했지만, 감나무 옆에 콘크리트로 지은 정자는 너무나 작위적이었다. 만석보의 눈보라는 여전했고, 전봉준이 최초로 사람을 모은 예동(禮洞)은 그날의 격정과는 달리 매우 평화로워 보였다.

눈 덮인 국도를 따라 고창으로 가는 길은 평화롭기만 했다. 고창문화원장 이기화 씨는 베레모에 펜던트를 단 멋쟁이 노신사였다. 그는 입이 매우 귀상(貴相)이었다. 그가 정읍을 중심으로 갑오농민혁명을 서술하는 데 대해 역한 감정을 가지고 있던 터라, 나는 언행에 각별히 조심했다. 내가 걱정했던 것과는 달리 그는 의외로 친절하고 진지하게 나를 맞아주었다.

이기화 선생이 특히 강조하는 것은 2차 기포가 무장(茂長)에서 있었다는 점과 전봉준은 고창 태생이라는 것이었다. 그 근거로서 그는 1886년(丙戌)에 발행된 천안 전씨(天安全氏) 송암공파 대동보(松庵公派 大同譜)를 보여주었다. 이 족보대로라면 전봉준의 출생지는 고창이 맞는 것 같다. 나는 그가 태어났다는 당촌(堂村)마을을 보고 싶었다.

엊저녁 같았으면 말도 못 붙일 것 같았던 이 원장은 몸소 길을 안내하겠노라고 말했다. 고창군 덕정면 죽림리 당촌(德井面 竹林里 堂村)마을에 이르니 눈보라는 살을 에는 듯하다. 사진은 아예 엄두도 낼 수가 없었다. 이곳 사진은 부성이가 훗날 고향에 내려올 때 다시 찍기로 하고 돌아섰다.

이기화 씨를 고창에 내려드리고 우리는 선운사(禪雲寺)로 차를 몰았다. 입구에 있는 백파선사비(白坡禪師碑)는 그리 크지도 않게 겸손히 서 있었다. 추사(秋史)가 철판에 송곳을 내려찍듯이 썼다는 이 비는 추사의 작품 가운데서도 아마 최고의 걸작으로 남을 것 같다. 선운사 경내에 있는 원교(圓嶠) 이광사(李匡師)의 현판 "정와"(靜窩)는 참으로 청초했다.

나는 내가 소장하고 있는 이광사의 광초(狂草) 족자를 생각했다. 그것은 어찌나 흘려 썼는지 보는 이마다 해독이 다르다. 답답한 심정에 지난번 북경에 갔을 때 그

선운사 승방의 정와(靜窩). 이광사의 글씨

곳 유리창(琉璃廠)에서 일하는 서가(書家)들에게 물어보았으나 시원한 답을 들을 수가 없었다. 나는 지금까지도 그것을 해독하지 못한 채, 초서는 운필(運筆)의 조형미를 보는 것이지 그 뜻에 집착할 것은 아니라는 『국민일보』 손철주(孫哲柱) 기자의 평론을 위로로 삼는다.

사찰 경내로 들어서니 그 유명한 선운사의 동백 군락지(群落地)가 보였다.

선운사 골짜기로
선운사 동백꽃을 보러 갔더니
동백꽃은 아직 일러 피지 않했고
막걸리 집 여자의 육자배기 가락에
작년 것만 상기도 남았읍니다.
그것도 목이 쉬어 남았읍니다.

-서정주의 「선운사 동구」 중에서

 이곳 태생 미당(未堂) 서정주(徐廷柱)의 향토적 싯귀가 정말로 명불허전(名不虛傳)이었다. 그가 일제시대에 고절(孤節)했더라면 얼마나 훌륭했을까 하는 아쉬움을 지울 길이 없다. 근처에 있는 인촌(仁村) 김성수(金性洙)의 별장을 돌아보았다. 이 산속에 저 정도의 추사(秋史) 주련(柱聯)을 달 정도였다면 당대 울산 김씨[蔚金]의 가세를 알 만했다.
 여기까지 온 김에 나는 갑오농민혁명 당시 손화중(孫化中)이 비기(秘記)를 꺼냈다는 도솔암(兜率庵)의 마애석불(磨崖石佛)을 보고 싶었다. 뒷날 손화중의 손자 손홍렬(孫洪烈) 씨를 만났을 때 그는 그 석불의 배꼽에서 나온 보물 세 점을 할아버지가 그의 소실에게 전해주었다는 말을 할머니에게서 분명히 들었다고 말했다.
 그러나 그러한 비기의 문제는 영원히 신비에 싸여 있는 것이지 그것이 사실인지 아닌지의 여부는 그리 중요하지 않으며, 당시 사람들에게 미륵신앙이 어떻게 영향을 끼쳤는가를 아는 데 중요한 자료가 될 뿐이라는 것이 내 생각이다. 신비는 신비에 싸여 있어야 하며 무엇 무엇이라고 남김없이 설명될 때, 이미 그것은 비기로서의 의미를 잃는 것이다.
 도솔암이 그리 멀지 않다는 여행객의 말을 믿고 길을 나선 것이 실수였다. 시골길 "조~오~기"가 얼마나 멀다는 것을 모르는 바는 아니었지만, 왕복 8킬로미터였다는 것을 알았다면 애당초 해거름에 나서지 않았을 것이다. 풍광이 수려한 맛에 올라갈 때는 힘든 줄을 몰랐으나 마애석불 앞에 도착했을 때, 이미 짧은 겨울 해는 꼴깍 넘어갔다. 사진은 아예 엄두도 낼 수가 없었다.

겨울에는 답사를 다닐 것이 못 된다. 짧은 해, 눈길, 숙박 등 고생이 말이 아니기 때문이다. 다행히 귀한(?) 손님을 안내하려고 이곳을 찾은 고창군청 문화공보실의 김영춘(金永春) 씨를 만나 마애석불의 사진을 구할 수 없느냐고 물었더니 자기가 한 장 보내주겠노라고 약속했다. 그는 그 뒤 친절하게도 약속대로 그 사진을 보내주었다.

선운사로 돌아오니 9시가 넘었다. 엊저녁 정읍기원에서 바둑을 둔 사람이 소개해 준 조양식당을 찾아가 저녁을 먹었다. 호남의 식당에서 음식을 받고 보면, 이곳 주인들은 돈 벌 뜻이 없는지 어찌 그리 반찬이 풍성한지 알 수가 없다. 이토록 후덕한 동네에 왜 그리 한은 많은가?

식당 주인의 소개로 "산새도 호텔"에 투숙했다. 그 이름이 희한해서 뜻을 물었더니 "산새도 쉬어간다."는 뜻이라 한다. 그 이름이 참으로 아름답다. 나는 그 한글 이름을 들으며 내 자식들, 나리·나라·나래를 생각했다. 호텔 주인이 꽤 뜻깊은 사람이라는 생각이 들었다.(몇 년 뒤에 그곳이 그리워 다시 찾아갔더니 이름이 바뀌어 몹시 섭섭했다.)

12월 4일(土) 진눈깨비

창문을 여니 선운사 입구의 소나무들이 무거운 눈을 머리에 이고 있다. 눈은 여전히 내린다. 우리는 다시 선운사를 찾아갔다. 밝은 낮에 추사와 원교의 글씨를 한 번 더 보고 싶었기 때문이다. 눈보라 치는 산사의 비석이며 법당 앞에서, 추사나 원교보다는 왜 이리 유홍준이 생각나는지 모르겠다. 조양식당에서 아침을 먹고 부성이의 성화대로 인촌의 생가를 보러 길을 나섰다.

무장 객사 (출처 : http://m.citymap.co.kr)

　진눈깨비가 걷히고 퍼지는 햇살 아래 펼쳐진 국도를 달리는 기분이 이렇게 상쾌할 수가 없다. 아흔아홉 칸의 고래 등 같은 이 고가를 보면서 나는 평생을 소작농으로 한 많게 살다 간 아버지를 생각했다. 대궐 같은 저 집안에서는 얼마나 많은 수모가 있었을까? 돌아서는 발길에 어린 시절의 아린 기억들이 수없이 밟힌다. 나는 늙어 아담한 한옥 기와집에 살고 싶다는 소망에 왜 그렇게 집착했던가?
　흥덕(興德)에서는 잠시 햇살이 보여 시골길이 그토록 아름답더니 무장(茂長)에 이르니 하늘이 까맣게 진눈깨비가 쏟아진다. 진눈깨비 속의 무장현청은 그로테스크하다. 우리는 길을 서둘러야 했다.
　부성이란 놈은 또 전화통을 잡고 사설이 긴 것을 보니 어머니에게 집에 못 들르는 사연을 설명하는 것 같다. 이곳이 고향인 녀석에게 부모님을 찾아뵐 수 있는 짬도 주지 못하고 길을 재촉하려니 미안하기 짝이 없다. 아들이 선생님 모시고 온다는 전갈을 받은 그의 부모님은 지금쯤 부침개라도 하나 부쳐놓고 기다리고 있을 텐데 …… 하는 생각을 하니 더욱 그렇다.
　우리는 이제 소위 무장 기포가 있었다는 구수내[九水里] 당산(堂山)마을을 찾아가야 한다. 공음면(孔音面) 사무소에 들렀더니 일 보러 온 촌로들이 당산마을의 이정봉 씨 사랑채를 찾아가라고 일러준다. 구수리에 이르러 삽짝을 열고 들어서니 모두 빈집이다. 젊은이들이 모두 떠났다는 얘기를 실감할 수 있었다. 몇 집을 허탕 치고서 우체부를 만나 이정봉 씨의 집을 찾았다. 가게라기보다는 동네 사랑방이었다.

이곳에서 만난 최해상(崔海相 : 1919년생) 씨와 민준식(閔俊植 : 1931년생) 씨는 마을의 구전을 들려주었고, 무장 기포가 있었다는 들판으로 우리를 안내해 주었다. 눈보라 치는 당산벌에 선 나는 마음이 몹시 추워지는 것을 느꼈다. 노인들에게 대폿값 1만 원을 드리고 돌아섰다.

공음면 소재지에서 영광군 백수(靈光郡 白岫)의 원불교 영산대학(圓佛敎 靈山大學) 박맹수(朴孟洙) 교수에게 전화를 했다. 눈보라를 가르며 영광을 지나 영산 성지(靈山聖地)에 이르렀을 때는 2시가 지났다. 박중빈(朴重彬) 선생의 출생지인 이곳 길룡리(吉龍里)에 들어서니 향토색과 성지의 풍취가 참으로 아늑하다. 박 교수는 주말의 귀가도 미루고 나를 기다리고 있었다. 그는 끼니를 거른 우리를 구내식당으로 데리고 가 때 지난 점심을 챙겨 주었다.

검은 법복(法服)의 청신녀들이 비 내리는 처마 밑에서 친절히 우리를 맞아 주었다. 박교수는 특히 무장 기포에 관한 자료를 많이 보여 주었다. 나는 여기까지 온 김에 황룡촌(黃龍村)을 가보고 싶다고 말했다. 박 교수는 자신이 그곳까지 안내해 주겠노라고 나섰다. 초행길에 찾아가기도 어려우려니와 설명해 주는 사람이 없으면 놓치는 것이 많으리라고 그는 말했다. 나는 운전을 하면서도 박 교수의 중요한 증언을 놓치지 않기 위해 오른손으로 녹음기를 작동했다. 자료를 얻겠다는 욕심 때문에 손님을 불안하게 모신 무례가 오래도록 마음에 걸린다.

장성군 황룡면(長城郡 黃龍面)에 이르러 김인후(金麟厚)의 구거(舊居)

와 필암서원(筆巖書院)을 거쳐, 신촌(新村)의 관군이 진치고 있던 자리며 지휘자 이학승(李學承)의 전사지와 목장의 철조망 옆에 초라하게 서 있는 그의 순의비를 돌아봤다. 1975년에 김의환(金義煥) 교수가 이곳을 다녀간 답사기에 따르면, 해방 직후에 이 순의비가 넘어져 땅 위에 뒹굴자 그 후손들이 이를 부끄럽게 생각하고 땅에 묻어 둘 수가 없었다고 한다.

그러나 그 뒤 무슨 곡절이 있었던지 이제 그 초라한 모습이 철조망 위 매달리듯 서 있다. 진눈깨비 쏟아지는 저 아래에는 전봉준의 부대가 진치고 있었던 월평리가 아스라이 보였다. 월평리에 이르니 전봉준이 주둔하고 있던 그 자리에 마침 5일장이 열리고 있었다. 관군과 혁명군 사이를 가로지르고 있는 황룡천은 몹시 오염되어 문명의 찌듦은 이곳도 예외가 아님을 보여 주었다.

황룡촌전투는 소위 대나무로 만든 방탄차인 장태를 만들어 사용한 것으로 유명하다. 그 장태를 만든 접주 이춘영(李春榮)의 아들이 아직 90세의 노인으로 생존해 있다는 박 교수의 말을 듣고 안내를 부탁했다. 이 접주의 집에 이르니 그의 아들 이규익(李圭益 : 1898년생) 옹은 금년에 세상을 떠났고 그의 손자인 이찬종(李贊鍾 : 光州市 光山區 五龍洞 土末마을 : 1922년생) 씨가 우리를 맞이해 주었다. 세월이 흐를수록 증언을 해줄 분

월평 삼봉에 있는 이학승 순의비(李學承殉義碑)
(출처 : 문화재청 국가문화유산포털)

들은 사라지는구나 싶어 마음이 안타깝다. 그는 옆집에 사는 동생 이현종(李現鍾 : 1925년생, 天道教光山教區長) 씨를 불러 함께 구전을 들려 주었다. 장태에 관한 그들의 증언은 매우 소중했다.

토말마을[땅끝마을]을 나서니 이미 어둠이 짙다. 저녁을 먹을 곳도 없으려니와 박 교수가 이리로 가는 막차를 타려면 길을 서두를 수밖에 없다. 그러나 조급한 것은 마음 뿐, 차가 고장이 났다. 어둠 때문에 노상에 떨어진 장애물을 보지 못하고 달리다가 펑크가 난 것이다. 남을 도와주려다 사고를 당할 뻔한 박 교수에게 미안하기 짝이 없다. 아마 그의 신심(信心)이 우리를 덤으로 구해 주었으리라고 생각되었다.

여분의 타이어를 갈아끼우고 급히 달렸으나 정읍에 이르니 이미 이리행 막차를 탈 수 없다고 한다. 할 수 없이 매표하는 차를 타겠다는 그의 말대로 톨게이트에서 내려 주었다. 저녁도 굶고 이리까지 가려고 차를 기다리고 서 있는 박 교수를 바라보려니 미안하고 고맙기 짝이 없다. (이 개정판 원고를 쓸 무렵인 2018년 12월 중순에 나는 박맹수 교수가 원광대학교 총장에 임명되었다는 신문 보도를 보고 마음으로 축하했다.)

12월 5일(日) 맑음

식사를 마치고 우선 차를 수리하려고 정비소를 찾았다. 금세 개업한 듯한 정비소의 젊은 두 부부에게는 시골의 오염되지 않은 순박함이 그대로 남아 있었다. 엊저녁의 사고로 차는 예상보다 많이 상해 있었다. 정비공은 고장의 원인을 찾지 못했다. 나는 조바심에 화를 벌컥 내며 투덜거렸다.

"○○차 부속은 동네 물역가게에도 있다던데 그 작은 고장 하나 못 고쳐요?"

그랬더니 그 젊은 정비사 사장이 물끄러미 나를 올려다보며 이렇게 말했다.

"차도 사람처럼 없던 병이 새로 생겨요."

나는 너무 무안했다. 그를 바라보니 마치 부처처럼 보였다. 정비공은 나에게 오늘의 화두(話頭)를 들려준 것이다. 젊은이도 저렇듯 인생을 터득하는데 나는 나이를 헛먹었구나, 하는 생각이 들었다. 이렇게 나는 다시 인생의 교훈을 배웠다. 더 겸손하고 정중했어야 하는 건데 하는 후회가 머리를 떠나지 않는다.

청명한 겨울 날씨에 눈 덮인 산야를 바라보며 고속도로를 달리는 마음이 이토록 상쾌할 수가 없다. 우리는 동학군 무명용사의 공동묘지를 촬영하려고 김제 원평으로 들어섰다. 최순식 선생이 가르쳐준 학수대(鶴壽臺)를 찾아갔으나 아는 사람이 없다. 마침 길에서 만난 손영진(孫英振 : 1929년생, 김제군 금산면 원평리 학원마을) 씨에게 물었더니 친절히 현장을 안내해 준다.

학수대 남쪽 기슭의 밭두렁에 띄엄띄엄 잠들어 있는 묘지는 표석 하나 없이 폐비닐과 쑥대만이 덮여 있어 쓸쓸하기만 하다. 나 자신을 포함하여 이 시대에 갑오농민혁명을 아낀다는 사람들이 얼마나 무심했던가를 생각하니 송구한 마음에 발길이 떨어지지 않는다. 나는 삼배(三拜)를 올리고 돌아섰다.

올라오는 길에 삼례에 들려 전평을 촬영했다. 100년 전, 이 옥야(沃野)에서 나는 곡식을 두고 그 많은 백성이 왜 굶어야 했는가? 소금밥을 먹으며 2만 명을 거느리고 북진을 준비하던 전봉준은 이 벌판 위에서 무엇을 생각했을까?를 생각했다.

서울에 올라오니 이미 밤이 깊었다. 자동차의 거리계는 1천 킬로미터를 육박하고 있었다.

1994년 4월 17일(日) 흐림

　대학원생의 결혼식 주례가 있어 전주에 갈 일이 생겼다. 어디서 들었는지 오래전부터 아내가 마이산(馬耳山)을 가보고 싶다고 조르던 터에 이때다 싶어 내려간 김에 마이산도 보고, 오래전부터 만나보고 싶었던 전봉준의 둘째 딸 전옥례(全玉禮 : 호적의 이름은 金玉連으로 되어 있음) 여사의 후손을 만나보러 진안(鎭安)으로 차를 몰았다. 마침 김부성 군이 신랑의 친구인 터라 이번에도 그가 운전을 했다. 마이산의 경개도 신비로웠지만 탑사(塔寺)는 인간의 한계에 대한 외경(畏敬) 같은 것을 느끼게 해주었다.

　전북 진안군 부귀면 신정리(鎭安郡 富貴面 新亭里) 사기정골에 있는 희만농장에 들어서니 목장의 사슴이며 소 만한 개들이 집주인의 삶을 잘 보여 주었다. 연락도 없이 온 터라 주인인 이희종(李熺鍾) 씨는 출타 중이었고 아내와 아들만이 집을 지키고 있었다. 거실에 걸려 있는 석전(石田) 황욱(黃旭) 선생의 글씨며 이희종 씨와 해공(海公) 신익희(申翼熙) 선생이 함께 찍은 사진이 인상적이었다.

　그러니까 이희종 씨는 전봉준의 둘째 딸의 손자인 셈이다. 다행히 그의 아내는 지난날 자신이 모시던 시할머니의 모습을 소상히 기억하고 있었다. 그들이 혈육임을 알고 있는데도 전봉준의 장녀의 손자인 정읍 박승규 씨와는 서로 왕래가 없다는 것이 놀라웠다.

　집안에 전해오는 문적(文籍)은 하나도 없었지만, 농장 안에 모신 김옥련 여사의 묘소를 볼 수 있어 다행이었다. 열 자는 넘어 보이는 비석에는 유인천안전씨옥례여사지묘(儒人天安全氏玉禮女史之墓)라는 비문과 함께 최현식 선생이 찬(撰)한 비명이 적혀 있었다. 마이산이 멀리 내려다보이는 곳에 자리 잡은 김옥련 여사의 묘는 그 규모며 석물(石物)이 우람했다. 열다섯 살에 난리를 만나 70여 년 동안 변성명하고 숨어 살다가 세상 떠날 무렵에야 진실을 털어놓았다는 그의 일생이 한 편의 소설처럼 느껴질 뿐이다.

저녁이 되어 전주 근교의 화심온천에 투숙했다. 인근에 유명한 순두부집이 있다기에 찾아갔더니 두부공장의 창고를 개조하여 만든 식당에는 발 디딜 틈도 없다. 이제 먹고 살 만하니, 좋다는 음식 찾아다니는 것이 있는 사람들의 즐거움이 된 탓인지 이 외진 곳에 몰려든 자가용 행렬이 국도를 온통 막고 있었다. 더구나 친절이라고는 찾아볼 수 없고, 돈도 귀찮다는 듯이 툴툴거리는 종업원을 보면서 "전라도 인심이 본디 이런 것이 아닌데 ……." 하는 안타까움을 지울 수가 없다.

1994년 5월 10일(火) 맑음

오늘은 황토현전투 100주년이 되는 날이다. 동학 100주년 기념 학술회의 참석차 정읍에 내려와 내장산관광호텔에 묵으면서 최현식 선생의 주선으로 손화중의 후손을 만나볼 수 있었다. 최 선생의 사무실인 정읍문화원장실에서 만난 손화중의 장손 손홍철(孫洪哲 : 井州市 上坪洞 蔭城마을, 1919년생) 옹과 그의 아우인 손홍렬(孫洪烈 : 1935년생, 井州農協組合長) 씨는 선친인 손응수(孫應洙 : 1890년생)에게 들은 구전을 소상하게 들려 주었다.

특히 손홍렬 씨의 장대한 기골은 조부의 모습을 연상시켜 주기에 충분했다. 이들을 만나 선운사 석불의 배꼽 비결에 관한 얘기를 들을 수 있었던 것이 수확이었다. 석불 효험의 진위와 관계없이 그 사건이 있었던 것은 사실이었으며, 이것은 당시의 도참사상과 미륵신앙을 이해하는 데 중요한 자료가 될 것이다.

1995년 4월 2일(日)

전주에 주례가 있어 내려온 김에 시간이 남아 금산사를 다시 찾았다. 지난번 최순식 선생과 함께 왔을 때 미진한 점이 있었기에 다시 오려던 참이었는데 마침 이런 기회가 찾아왔다. 나는 일행인 강오식(姜午植) 씨와 허인(許仁) 씨가 사 온 즉석카메라를 들고 구릿골을 찾아갔다. 정여립이 역모를 꾸몄다는 제비산을 보고 싶었기 때문이다. 김제군 금산면 청도리(金山面 靑道里) 구릿골[銅谷]에 이르니 "구릿골약방"이 눈에 띄었다.

증산(甑山) 강일순(姜一淳)은 본디 한의사로 이곳에서 세상을 떠났는데 그가 살던 집이 그대로 보존되어 있어 몹시 반가웠다. 집을 들어서니 증산을 마지막까지 모셨던 최근봉(崔根峯 : ?~1960)의 아들 최동의(崔東儀 : 1960년생) 씨가 우리를 정중하게 맞이해 주었다. 첫눈에 범속(凡俗)하지 않은 그의 모습이 매우 인상적이었다. 나는 증산이 화천(化天 : 臨終)한 방에 들어가 그의 영정 앞에 재배를 올렸다. 교사(敎史)에는 그의 임종이 이렇게 기록되어 있다.

제비산과 구릿골

매양 구릿골 앞 큰 나무 밑에서 소풍하실 새 금산(金山) 안과 용화동(龍華洞)을 가리켜 가라사대,

천황과 지황과 인황의 세상이 끝난 뒤에
천하의 대세가 금산사로 돌아오리라
天皇地皇人皇後
天下之大金山寺
......
만국의 살길은 남조선에 있고
청풍명월의 금산사로다.
萬國活計南朝鮮
淸風明月金山寺
......
마땅히 조상의 근본은 태호(太昊)의 복희씨(伏羲氏)이거늘
어찌하여 많은 도인들은 석가여래만 찾는가?
應須祖宗太昊伏
何事道人多佛歌

를 외우시니라.
(『大巡典經』, pp. 158~159)

이날(1909년 6월 23일) 오후에 약방 마루 위에 누우셨다가 다시 뜰에 누우시고 또 사립문 밖에 누우셨다가 형렬(亨烈)에게 업혀 형렬의 집에 가서 누우셨다가 다시 약방으로 돌아오사 이렇게 네댓 번을 왕복하[신 뒤] …… 스무나흗날 신축(辛丑) 아침에 …… 화천하시니 …… 문득 비가 뿌리며 우레가 크게 나고 번개가 번쩍이더라.(『大巡典經』, pp. 413~415)

최동의 씨는 증산교의 성지인 "구릿골약방"을 지키면서 겪는 고충이며, 용화교(龍華敎) 등 각종 신흥종교와의 갈등[訟事]으로 말미암은 고충

을 토로했고, 정여립의 유허지(遺墟地)를 안내해 주었다.

최동의 씨와 헤어져 제비산과 강증산을 가매장했던 솔개봉을 먼발치에서 촬영하고자 큰길로 나왔다. 증산법종교도 다시 돌아보았다. 금평저수지(金坪貯水池) 물가에서 바라보니 솔개봉은 음혈(陰穴)의 자태가 역력하다. 강증산이 처음 묻혔다는 솔개봉 날맹이 밑의 장태날은 여지없이 클리토리스(clitoris)였고 금평저수지는 음수(陰水)였다.

나는 그 산세를 바라보며 정여립이 천하를 도모하고자 이곳에 온 이유며, 강증산을 비롯한 많은 사람이 이곳에서 미륵이 오기를 기다린 이유며, 용화교가 이곳에 터를 잡은 이유를 알 것 같았다. 호남인들이 이 "엄뫼"[母岳山]에서 찾으려 했던 것은 아마도 어머니의 품과 같은 체온이었을 거라는 생각이 든다. 모악산을 바라보며 최순식 선생의 말씀을 회상했다.

"우리는 정여립의 전설 속에서 자랐습니다."

6. 5차 답사

1995년 11월 10일(金) 흐림

15년 전, 휑하니 다녀온 뒤 쓴 공주전투 기록이 늘 마음에 걸려 언젠가 다시 다녀와야겠다고 생각하다가 이제 겨우 길을 떠나게 되었다. 믿을 수 없는 일기예보에는 태풍에 진눈깨비가 온다니 길 떠나는 마음이 편치 않다. 아침 일찍 정읍의 최현식 선생께 전화를 걸어 논산·공주 일대의 길을 물어보았다.

아침에 출근하여 행정 업무를 처리하고 나니 벌써 11시다. 마음만 바쁘다. 이번에는 백종인(白鍾仁) 군이 운전을 하기로 했다. 녀석이 평소 덜

덜거리는 형이어서 다소 불안하기는 했지만, 막상 운전대를 잡고 보니 꽤 진중했다. 중부고속도로에 들어서니 벌써 정체가 심하다. 1시가 되어서야 겨우 중부휴게소에 도착했다. 단순히 면담이 아니라 사진을 찍어야 하기 때문에 해가 짧은 겨울 답사는 늘 쫓기게 마련이다. 커피 한 잔에 통감자를 사 들고 허둥대며 휴게소를 떠나 서대전 나들목을 빠져 논산에 이르니 3시가 가까워지고 있었다.

초행길 답사에는 군청 문화공보실을 찾아가는 것이 상책이다. 논산군청 공보실에 들어가 온 사유를 말하니 김태동(金泰桐) 씨가 자세히 가르쳐준다. 논산에서 할 일은 황화대(黃華臺)를 촬영하고 3차 기포 당시 농민군의 대본영이었던 소토산(小土山)을 찾는 것이었다. 황화대의 위치는 알 수 있었으나 소토산은 고유 지명이 아니라 작은 토산을 의미하는 보통명사라는 것이 김태동 씨의 설명이었다. 그러면서 더 자세한 것을 알려면 대전에 들려 도기홍(都基鴻) 씨를 만나라며 연락처를 가르쳐 주었다.

공보실의 약도에도 불구하고 황화대를 찾기는 쉽지 않았다. 행정구역상으로는 논산읍 등화리(登華里)에 위치해 있는데 우리는 그것을 그냥 지나쳐버렸다. 할 수 없이 채운면(彩雲面)에서 차를 돌려 길도 물어볼 겸 "소문난 추어탕" 집에 들렀다. 음식도 깔끔하고 아마 어떤 사연으로 함께 사는 듯한 모녀의 모습이 인정스러웠다. 주인인 딸이 어머니를 놀리자

"노인네 희롱에는 집행유예 3년이여……."

하는 할머니의 모습이 훈훈하다. 차를 돌려 등화리에 들러 공사판의 촌로에게 황화대를 물으니 앞산을 가리킨다. 논산벌에 멀리 서 있는 황화대의 모습이 몹시 허허롭다. 어느 모로 보나 유혈의 격전지라고는 믿어지지 않을 만큼 평화스럽다.

촬영을 마치고 차를 몰아 공주로 향했다. 우리는 고향길 같은 신작로를 달려 노성(魯城)을 거쳐 화헌(華軒)에 이르러 경천 가는 길을 물었다.

멀리 계룡산 자락 밑에 저녁연기 피어오르는 마을이 경천일 거라고 생각하고 우선 원경을 촬영했다. 도중에 시골 아주머니를 동승시킨 덕분에 경천점(敬川店)을 쉽게 찾을 수 있었다.

지난날 북적거리던 경천장은 이미 없어졌고 폐비닐과 산업 쓰레기만 덮인 장거리 푸줏간에 들러 나이 많으신 어른을 찾았으나 여기는 그런 말을 해줄 분이 없다고 한다. 겨우 지나가는 촌로를 만나 지난날의 경천장에 대한 향수 어린 넋두리만 들었다. 벌써 몸이 몹시 피로하고 두통이 심하여 몸을 가눌 수가 없다. 약국에 들러 우황청심환을 사 먹고 가까스로 기운을 차려 경천을 떠났다.

이인(利仁)에 이르니 이미 날이 어두웠다. 면사무소에 들러 이곳에 온 사유를 말하고 나이 많으신 어른을 소개해 달랬더니 면서기 녀석은 들은 시늉도 하지 않는다. 참으로 무례하다. 곁에 있던 여직원이 보기가 민망했던지 파출소 뒤에 사는 양기덕(梁基德) 씨를 찾아가라며 자상하게 약도를 그려주었다.

양기덕 선생의 댁에 이른 우리는 우선 그 집의 규모에 놀랐다. 면 소재지의 집답지 않은 현대식 주택에 대지도 500평은 넘어 보였다. 마당에 커다란 난원(蘭園)이 두 채나 있었다. 문을 열고 들어서니 손님이 오기를 기다리듯 한복을 곱게 차려입은 양기덕 선생이 우리를 반갑게 맞이해 주었다. 곱게 늙으신 분이라는 인상을 받았다. 서실에 걸린 묵필(墨筆)이 그분의 학덕을 짐작하게 해 준다. 우리가 찾아온 연유를 말씀드렸더니 그분의 얼굴에 희색이 감돈다.

양기덕 선생은 젊어 한때 한독당(韓獨黨)에서 활동했고 선대로부터 유학을 배워 성균관대학에서 유학을 가르친 지식인이었다. 그러나 그는 "이(理)가 아닌 글자나 문장을 가르치는 것이 마음에 들지 않아" 대학을 떠나 사업을 하다가 고향을 지키려고 노후에 낙향하여 이곳에 살고 있다고 자신을 소개했다. 그러나 우리가 정작 놀란 것은 그 선대의 이야기였다. 그의 조부 양재목(梁在穆) 선생은 공주의 유명한 유림으로 동학 난리가 나자 이는 이 충절의 고장에 대한 모욕이라고 단정하고 탄천 박씨(灘川朴氏)들과 함께 의병을 모아 취병산(翠屛山)에서 농민군을 격파한 분이었다.

양기덕 선생은 그의 선대가 의병을 일으켜 농민군을 격파한 데 대해 대단한 긍지를 가지고 있었다. 그에게 전봉준은 장각(張角)이나 장도릉(張道陵)과 같은 인물이었다. 그는 농민군이 우금고개를 넘어온 적도 없는데, 이 충절의 고장에 국가를 누란(累卵)의 위기로 몰아넣은 반란군의 위령탑을 세운 것에 몹시 분개했다. 그러면서 이인면 초봉리(草鳳里)의 검바위[黑石] 전설을 들려주었다.

이야기인즉, 그의 조부와 탄천 박씨들이 농민군을 격파한 뒤 초봉리의 검바위에 그 사적을 새겨 넣었다는 것이다. 그런데 세월이 흘러 어

이인면 초봉리의 검바위

느 날 이 반란군이 혁명군으로 바뀌더니 누구 하면 알 만한 사람들이 그 검바위의 사적을 정(釘)으로 쪼아냈다. 양기덕 선생과 탄천 박씨들은 작년(1994)에 동학 100주년을 맞아 그 검바위의 정자나무 밑에 "유림의병정란사적비"(儒林義兵靖亂史蹟碑)를 다시 세웠다는 것이다.

3시간 동안 말씀을 들은 후, 저녁을 먹고 왔다고 거짓말을 했기 때문에 배가 고프

유림의병정란사적비(儒林義兵靖亂史蹟碑)

고 몸도 피곤하여 그만 물러가겠노라고 말씀을 드렸더니 내 집에 온 먼 곳 손님을 어떻게 여관에서 재울 수 있느냐고, 함께 자자는 양기덕 선생의 붙잡음이 간곡하다. 폐가 되는 것이 싫어 굳이 일어서니,

"늙은이 성의를 그렇게 뿌리치는 벱이 없는 기여."

하시며 막무가내이시다. 그제야 우리가 저녁을 굶었노라고 했더니 며느리를 시켜 새 밥을 지었다. 식사 뒤 다시 몇 시간 유학 강의를 들은 뒤 쓰러지듯이 잠자리에 들었다.

11월 11일(土) 맑음

어른들 들으실까 봐 송구스럽지만, 나이 들면 잠이 안 온다더니 새벽 3시에 잠이 깨었다. 잠도 오지 않을 것 같아 응접실에 나와 어제 있었던 일을 정리했다. 5시가 되니 양기덕 선생도 기침하며 응접실로 나오신다.

다시 조선유학사와 동학 얘기가 시작되었다. 양기덕 선생의 말에 따르면 아직 학계에서 논란이 많은 개돌백이[犬蹲峰]는 우금고개에서 남쪽으로 내려온 끝자락이라고 가르쳐주었다. 그는 다음에 책이 나올 때는 우금고개의 동학군 위령탑의 위치도 잘못되었고 반란군의 추모 사업도 잘못되었다는 것을 꼭 기록해달라고 부탁했다.

아침을 먹고 잠시 있으려니 대전실업전문대학의 김형훈(金亨勳) 교수가 찾아왔다. 우리는 양기덕 선생께 작별 인사를 드렸다. 그랬더니 양기덕 선생이 돈 5만 원을 쥐어 주신다. 하룻저녁 폐를 끼친 것도 염치없는데 그 돈을 받을 수가 없었다. 그랬더니 양기덕 선생 말씀이, 엊저녁 종인이에게 물어보니 어디서 연구비 타서 글 쓰는 것도 아니요, 자비로 이렇게 돌아다닌다던데 차비라도 보태고 싶은 당신의 호의를 거절하지 말라고 거듭 주머니에 넣어주신다. 나는 깊이 감사하며 그 돈을 받았다.

양기덕 선생의 댁을 나서 우리는 취병산을 돌아보고 차를 남쪽으로 몰아 노성에 있는 윤증(尹拯) 선생의 생가를 찾아갔다. 어제는 마음이 바빠 보지 못했지만, 일부러 다시 오기도 어려운데 여기까지 왔다가 고택(古宅)을 못 보고 가면 후회될 것 같아서였다. 햇살이 해맑게 내리쬐는 초겨울의 윤 씨 종가는 나에게 참으로 깊은 감동을 주었다. 인생을 달관한 듯한 종갓집 며느리[宗婦]의 안내로 이곳저곳을 돌아보았다. 특히 윤증이 고사(高士)들과 유학을 담론하던 사랑채는 건축사에 남을 만한 아름다움을 간직하고 있었다. 정원에서도 옛 선비의 풍취가 흐르고 있었다.

우리는 다시 공주로 차를 몰았다. 이인을 지나 1킬로미터 남짓 올라가니 엊저녁에 양기덕 선생에게서 들은 검바위가 나타났다. 지난날 유생들이 새겨 넣었다가 다시 쪼아냈다는 정란(靖亂) 기록도 역력했고 새로 세운 정란비도 웅장했다.

우금고개 못 미쳐서 우리는 오룡리(五龍里)와 오곡리(梧谷里)에 들어가 촌로를 만나보고 싶었으나 촌로는커녕 사람 흔적조차 찾아볼 수 없다. 젊은이들은 모두 서울로 떠났고 어른들은 일터로 나갔기 때문이다. 이농(離農)이 참으로 심각했다. 태봉리(胎封里)에 와서야 콩을 타작하는 한 노인을 담 너머로 만날 수 있었다. 김윤배(金崙培 : 1922년생, 公州市 胎封洞) 옹의 말에 따르면 개돌백이는 우금고개의 정상이라고 한다. 그에게 구전을 듣고 싶었으나 당신은 아는 것이 없고 공주 미나리꽝에 있는 노인정을 찾아가 손상철 옹을 만나보라고 한다.

우리는 공주로 들어가는 길에 우금고개의 동학혁명군 위령탑을 찾았다. 위령탑은 15년 전에 들렀을 때나 지금이나 여전히 초라했고, 무슨 뜻인지도 모를 첨성대처럼 생긴 토담 안에는 소주병에 빈 깡통만이 수북이 쌓여 있다. 여기는 동학군이 죽은 자리가 아니라는 양기덕 선생의 말이 다시 생각난다.

공주 시내로 들어오는 길에 우리는 웅진동(熊津洞) 금성여중(錦城女中) 옆의 송장배미에 들렸다. 혁명 당시 우금고개에서 죽은 농민군의 송장을 이곳 늪지대에 끌어 묻었다고 해서 송장배미라는 이름이 생겼다는 것이다. 이곳을 촬영하다가 이학주(李學周 : 1924년생, 公州市 熊津洞 12) 옹을 만났다. 장발에 긴 수염, 그리고 빵떡모자를 쓴 히피 노인의 모습이 기괴하다. 기록을 위해 성함과 주소를 물었더니,

"공주에 이학주라면 모르는 사람이 없어."

한다. 그분의 설명에 따르면, 이곳 논에 송장을 집단 매장했는데 일제시대에는 독사를 몰아낸다는 구실로 동제(洞祭) 형식으로 제사를 드렸으며, 20년 전까지도 그 제사는 계속되었다고 한다. 그러나 산업화 이후 제사도 끊어졌고 머지않아 4차선 도로가 뚫리면 그나마 없어진다고 안타까워했다. 그리고 더 자세한 것을 알려면 공주북중학교의 교사인 권인주 선생을 만나보라고 권했다.

하고개를 넘어 북중학교를 찾아갔으나 토요일이어서 권 교사는 이미 퇴근하고 만날 수가 없었다. 우리는 태봉리 김윤배 옹이 가르쳐준 미나리꽝의 노인정을 찾아가 손상철 씨를 찾았으나 늘 나오던 분이 오늘따라 낙상해서 집에 있다는 것이다. 우리는 그분의 거처를 물어 다시 오곡리로 찾아갔다. 그러나 오곡리로 들어간다는 것이 주미동(舟尾洞)으로 들어갔다.

우금고개의 동학혁명군 위령탑

우리는 마을 입구에서 한석숭(韓錫崇 : 1915년생, 公州市 舟尾里) 옹을 만났다. 태어나서 이제까지 주미동에서 살고 있다는 한 옹에게 개돌백이를 물으니 우금고개 정상의 봉우리가 곧 개돌백이라고 한다. 그는 지팡이를 짚고 동네 입구까지 내려와 개돌백이와 개바위의 전설을 들려주었다. 개돌백이의 뜻이며 내력을 물었더니 그 대답이 흥미롭다. 한 옹의 설명에 따르면, 이 개돌백이의 본래의 이름은 개ㅈ바위였다고 한다.

그러다가 그 이름이 상스럽다 하여 개죽바위→개죽백이로 변했고 그것이 일제시대 한자로 표기되면서 발음도 비슷하고 뜻도 비슷한 견준봉(犬蹲峰 : 걸터앉을 蹲)이 되었다는 것이다. 개돌백이는 개죽바위의 변음이며 이 산에 돌이 많은 것과 관련이 있다는 것이 한 옹의 설명이었다. 일대의 주민들은 개코바위라고 기억하고 있다. 이쯤 확인이 되었으면 충분하다 싶어 우리는 손상철 옹을 찾아가는 것을 포기했다. 자식들은 모

두 대처로 나가고
두 노인만 산다는
한 옹에게 지폐 한
장을 쥐여 드리고
주미동을 떠났다.

우리가 이제 찾아
가는 곳은 효개[孝浦
: 현지 주민들은 孝開

초토사 홍계훈이 쓴 "雞龍甲寺"의 현판

를 '소개'라고 읽음]이다. 공주 도심을 통과하여 효포에 이르니 어느덧 해가 뉘엿뉘엿 지고 있었다. 효포초등학교 교정에서 바라보니 공주 봉화대와 능티로 넘어가는 협곡이 완연히 보인다. 초겨울 해거름의 풍경 어디에도 지난날의 피어린 흔적을 찾아볼 수는 없었다.

이제 우리는 유성(儒城)으로 들어가야 한다. 나는 길목에 있는 갑사(甲寺)가 보고 싶었다. 고색창연한 이 절에 오면 늘 마음이 푸근하다. 갑오농민혁명 최후의 격전지인 이곳 공주에 관군의 진압 부대장인 초토사 홍계훈(洪啓薰 : 洪在義)이 쓴 "계룡갑사"(雞龍甲寺)라는 현판이 있다는 것이 역사의 아이러니를 보여준다.

차를 급히 몰아 우리는 대전국립묘지에 잠시 들렀다. 나는 독립유공자 묘역에 영면(永眠)한 나의 빙부(聘父 : 崔益煥)의 묘에 성묘를 했다. 이 나라 사회주의 1세대로 일제시대와 자유당 시대에 통산 14년을 감옥에서 보낸 장인을 나는 만난 적이 없다. 그러나 장모님을 통해 들은 그의 일생은 나에게 깊은 영향을 미쳤다. 당신의 아들이 명문대학에 합격하여 우쭐하니 자랑하며 등록금을 줍시라고 말씀드렸더니,

"이 나라에 너보다 더 똑똑하고도 공부 못하는 청년이 많은데, 어찌 네 등록금만 대줄 수 있느냐?"

면서 등록금을 대주지 않아 그의 동지들이 학비를 대주었다고 한다. 나도 자식을 키우지만 어떻게 그럴 수 있을까를 여러 번 생각해보았다.

유성에 들어오니 국제 관광지인 이곳 거리는 불야성을 이루고 있다. 우리는 원탕(?) 온천에 들러 간단히 몸을 씻었다. 은으로 만든 묵주반지가 변색하지 않는 것으로 보아 맹물을 끓인 것 같은데 굳이 원탕임을 강조하는 상혼이 놀랍다. 일행이 어느 식당에 들러 저녁을 먹는데 김형훈 교수의 부인이 찾아왔다. 만난 지가 20년이 지난 것 같다. 그가 저녁 식사 값을 지불했다.

주말의 유성에서 방을 잡기란 참으로 어려웠다. 김 교수 부부가 애를 써서 무궁화호텔의 구석방 하나를 겨우 얻을 수 있었다. 수도·전기·변기·텔레비전 등 그 어느 하나 고장 나지 않은 것이 없다. 이러고도 일본을 따라잡을 수 있을까? 아침에 깨어보니 김 교수 부인이 숙박비까지 모두 지불했다고 한다. 20년 전의 작은 고마움을 아직까지 잊지 않고 갚으려는 그의 마음씨가 고맙고 미안스럽다.

11월 12일(日) 맑음

아침 식사를 하고 논산군청 김태동 씨가 소개해 준 도기홍(都基鴻 : 1925년생, 대전시 중구 목동 3-103) 씨를 찾아갔다. 수인사를 나눌 틈도 없이 열변이 시작되는데, 후두암 재수술을 받은 분이라고 믿어지지 않는다. 논산 유생 도상하(都相廈 : 1873~1944) 선생의 손자인 도 옹은 가문에 대한 긍지와 갑오농민혁명에 대한 열정이 대단했다.

3차 기포 당시 논산대본영의 자리가 지금의 논산군 연산면 관동리(連山面 官洞里) 황성재[黃城峴]라는 것을 안 것이 이분을 만나 얻은 가장 큰 수확이었다. 그뿐만 아니라 이분이 가지고 있는 각종 향토 행사의 팸플릿에서 견준봉(犬蹲峰)이 우금고개의 정상인 것을 다시 확인할 수 있었던 것도 수확이었다. 도 옹의 집을 나와 김형훈 교수와 헤어졌다. 은사랍시고 내려와 꼬박 이틀 동안 폐만 끼치고 가는 것이 미안할 뿐이다.

이제 우리가 가야 할 마지막 답사지는 천안(天安) 세성산(細成山)이다. 고속도로에서 독립기념관으로 나와 휴게소에서 점심을 먹었다. 성남면(城南面) 면사무소에 들려 "동학란의 전적지를 답사하러 온 사람인데 알 만한 분을 소개해 달라."고 했더니 "여기는 동양난(東洋蘭)을 파는 곳이 없다."고 한다.

마침 공달원에 사는 직원이 있어 약도를 얻어 차를 몰았다. 세성산(천안군 성남면 화성리) 아래 공달원마을에 이르러 김의환 교수의 답사기에 나오는 황윤섭(黃允燮) 옹과 황명현(黃明鉉) 씨를 찾았으나 황윤섭 옹은 이미 세상을 떠났고 황명현 씨는 집안 결혼식에 가 만날 수가 없었다.

마침 황규동(黃圭東 : 1926년생) 씨를 만나 이곳의 구전과 향토 기록인 『천원실록』(天原實錄 : 천원군 공보실, 1982)을 얻어 볼 수 있었다. 종인이가 면사무소에 복사하러 간 동안 나는 먼발치 논두렁에서 세성산의 원경을 촬영했다. 시체가 산처럼 쌓여 이곳 주민들은 이 산을 시성산(屍城山)이라고 부른다는 향토 기록이 가슴을 찡하게 한다.

세성산 답사를 끝으로 이번 답사를 만족스럽게 마쳤다. 폭풍이 온다느니 눈이 온다느니 하던 일기예보와는 달리 날씨가 쾌청한 것이 행운이었다. 이제 우리는 다시 국도를 달렸다. 답사 여행을 하면서 가장 두려운 것은 국도에서 만나는 트럭, 레미콘, 탱크 롤리 등의 난폭한 질주이다. 나는 1985년에 대관령에서 반대 차선에서 중앙선을 침입한 고속버스를 피하려다가 중상을 입어 척추를 다치고 왼손이 불구가 된 뒤로는 차량 공포증으로 지금까지 괴로워하고 있다. 그때 그 버스는 그냥 도망쳤다.

금년 여름에 나는 국도로 장호원을 내려가다가 내 앞에 가던 탱크 롤리가 중앙선을 넘자 반대편에서 오던 승용차가 탱크 롤리를 피하려다가 논두렁으로 처박히는 모습을 목격했다. 그러고도 그냥 뺑소니를 치는 그 탱크 롤리가 너무 미워 나는 안성(安城) 관내의 사고지 파출소에 차량 번호를 고발했다. 그랬더니 사고를 접수하는 담당 경찰의 말이, 탱크 롤리는 앞번호와 뒷번호가 다르고 주인도 다른데 (나중에 확인해 보니 이 말은 사실이었다.) 내가 신고한 차 뒷번호만으로는 사고 운전수가 타고 있는 앞 차의 차적(車籍)을 알 수 없다는 것이다.

그뿐만 아니라 그 사고는 이미 민사 합의가 끝났으므로 뺑소니 접수를 할 수가 없으니 진정 고발하고 싶으면 교통경찰을 찾아가라고 했다. 얘기를 듣자 하니 그들은 이미 사건의 내용을 알고 있었다. 그런 법이 어디 있느냐고 따졌더니 그런 문제는 국회에 가서 법 만드는 사람들과 따지라며 전화를 끊었다.

이런 기막힐 일이 있는가? 그렇다면 도대체 탱크 롤리의 뒷번호판은 왜 있는가? 이 땅에 법과 정의는 진정 있는가? 마음만 먹으면 뒷번호 차적 조회로도 얼마든지 뺑소니차를 찾을 수 있을 텐데 ……. 아무리 민족운동사를 전공한다지만, 이런 나라를 조국으로 섬기며 사는 것이 나는 싫다.

정체된 중부고속도로를 지나 집에 오니 자정이 가까워지고 있었다. 무사하게, 그리고 흡족하게 답사를 마친 것에 감사할 뿐이다. 이번에 얻은 자료로 원고를 수정하면 긴 터널과 같던 『전봉준평전』도 탈고가 된다. 이제 내가 동학과 갑오농민혁명, 그리고 전봉준과 헤어질 날이 오고 있다. 내 청춘 30년이 여기에 담겨 있다.

몽테스키외(C. de Montesquieu)가 『법의 정신』(1748)을 쓰는 데 30년이 걸렸다는 글을 읽었을 때, 나는 정말 긴 세월이 걸렸다고 생각했다. 그러나 내가 막상 겪고 보니 한 권의 책을 쓰는 데 30년이라는 세월은 그리 넉넉한 시간이 아니었다. 그러나 대단한 글은 아니지만 내 젊은 날을 이렇게나마 몰두할 수 있었다는 점에서 나는 행운아다. 이제 나는 또 다른 무엇을 위해 다시 이 허약한 몸을 추슬러야만 한다.

이 글이 나오기까지 내가 만났던 모든 분들께 마음 깊이 감사를 드린다.

참고문헌

1. 교리·경전·교사(敎史)

『大巡典經』(김제 : 증산교회본부, 1975)
『東經大全』
오지영, 『동학사』(서울 : 영창서관, 1940)
『龍潭遺詞』
「원불교교사」, 『원불교전서』(이리 : 원불교중앙총부, 1978)
이돈화, 『천도교창건사』(서울 : 천도교중앙종리원, 1933)
「天道敎長興郡宗理院 : 沿革」, 『천도교회월보』 163호(1924. 4.)
천도교중앙총부(편), 『天道敎百年略史』(上)(서울 : 미래문화사, 1981)
『天道敎會史草稿』(서울 : 天道敎靑年敎理講演部, 1920)
『東學史料資料集』(1)(서울 : 아세아문화사, 1979 : 飜刻本)

2. 公刊 1차 자료(漢籍·외교문서·문집·畵集)

「各陣將卒成冊」, 『東學亂記錄』(下)(서울 : 국사편찬위원회, 1971)
「甲午實記」, 『東學亂記錄』(上)(서울 : 국사편찬위원회, 1971)
「甲午略歷」, 『東學亂記錄』(下)(서울 : 국사편찬위원회, 1971)
『高麗史』
「公山剿匪記」, 『官報』 개국 503년(1894) 11. 27~29.
국회도서관입법조사국(편), 『舊韓末條約彙纂』(상·중·하)(서울 : 국회도서관, 1964~1965)
「東徒問辨」, 『東學亂記錄』(上)(서울 : 국사편찬위원회, 1970)
『東學亂記錄』(上·下)(서울 : 국사편찬위원회, 1970)
『錦城正義錄』(나주 : 나주향토문화연구회, 1991)
南小四郞, 「東學黨征討略記」(1895. 5.), 『주한일본공사관기록』(6)(서울 : 국사편찬위원회, 1991)
『동학농민전쟁연구자료집』(1)(서울 : 여강출판사, 1991)
「동학의 변란과 전주」, 『동학농민전쟁연구자료집』(1)(서울 : 여강출판사, 1991)
『孟子』
『勉菴集』
『三國史記』 열전
「宣諭榜文並東徒上書所志謄書」, 『東學亂記錄』(下)(서울 : 국사편찬위원회, 1971)

『星湖先生文集』(30) 잡저
『續陰晴史』(上)(서울 : 국사편찬위원회, 1971)
「隨錄」,『東學農民戰爭史料大系』(5)(서울 : 여강출판사, 1994)
「巡撫使呈報牒」,『東學亂記錄』(下)(서울 : 국사편찬위원회, 1971)
「巡撫先鋒陣謄錄」,『東學亂記錄』(上)(서울 : 국사편찬위원회, 1971)
『承政院日記』
「兩湖右先鋒日記」,『東學亂記錄』(上)(서울 : 국사편찬위원회, 1971)
「兩湖電記」,『동학농민전쟁사료대계』(6)(서울 : 여강출판사, 1994)
「兩湖招討謄錄」,『東學亂記錄』(上)(서울 : 국사편찬위원회, 1971)
『燃藜室記述』(서울 : 민족문화추진회, 1982)
李晩采,『闢衛編』
「日本士官函謄」,『東學亂記錄』(下)(서울 : 국사편찬위원회, 1971)
『日省錄』
鄭喬,『大韓季年史』(上)(서울 : 국사편찬위원회, 1971)
정인보,「海鶴李公墓誌銘」,『海鶴遺書』(서울 : 국사편찬위원회, 1971)
『조선왕조실록』(선조·헌종·철종·고종·순조)
『駐韓日本公使館記錄』(1~11)(과천 : 국사편찬위원회, 1986~1991)
「重犯供草 : 李秉輝 初招」,『東學亂記錄』(下)(서울 : 국사편찬위원회, 1971)
「聚語」,『東學亂記錄』(上)(서울 : 국사편찬위원회, 1972)
「統理交涉通商事務衙門日記」『舊韓國外交關係附屬文書(5) : 統署日記(3)』(서울 : 고려대 아세아문제연구소, 1973)
『擇里志』
『海鶴遺書』(서울 : 국사편찬위원회, 1971)
황현(저), 김종일(역),『梧下記聞』(서울 : 역사비평사, 1994)
황현,『동학란』(서울 : 을유문화사, 1985)
황현,『梅泉野錄』(서울 : 국사편찬위원회, 1971)

森本藤吉(樽井藤吉),『大東合邦論』(東京, n.p., 1893)
杉市良平(편),『倂合紀念朝鮮寫眞帖』(서울 : 新半島社; 東京 : 元元堂, 1910)
衫村濬(지음), 한상일(옮김),「在韓苦心錄」,『서울에 남겨둔 꿈』(서울 : 건국대 출판부, 1993)
陸奧宗光,『蹇蹇錄』(東京 : 岩波書店, 1941)
伊藤博文,『祕書類纂朝鮮交涉資料』(東京 : 原書房, 1970)
『日本外交文書』(東京 : 日本國際連合協會, 1953)

『淸光緖朝中日交涉史料 : 中日戰爭文獻彙編』(2)(臺北 : 鼎文書局, 1971)

3. 인물지(일기·自傳·전기·인물지·호적·족보·재판기록·私撰 기록)

『甲午軍功錄』(필사본, 독립운동사연구소 소장)
姜金禮의 除籍謄本(전북 정읍군 산외면 동곡리 122)
강창일, 「전봉준 회견기 및 취조 기록」, 『사회와 사상』(1)(1988. 9.)(서울 : 한길사)
菊池謙讓·田內蘇山, 「동학당의 전란 : 옥중의 전봉준」, 『동학농민전쟁연구자료집』(1)(서울 : 여강출판사, 1991)
「동학농민전쟁(6) : 金開南篇」, 『전북일보』 1992년 7월 13일자
金九, 『白凡逸志』(서울 : 국사원, 1947)
김도태, 『서재필박사자서전』(서울 : 을유문화사, 1972)
「金洛鳳履歷」, 『전라문화논총』(7) 부록(전주 : 전북대 전라문화연구소, 1994)
金昞壹, 『彦陽金公 德明將軍 추모집』, 1989, mimeo.
金玉連의 除籍謄本(전라북도 진안군 부귀면 신정리 49)
김의환, 『전봉준전기』(서울 : 정음사, 1974)
金在洪(김덕명의 아들)의 제적등본(전라북도 김제군 금산면 삼봉리 288)
『南原梁氏九拙庵公派譜』(癸卯譜, 1963)
『南原梁氏大同譜龍城君篇九拙庵公派譜』(己未譜, 1979)
『道康金氏泰仁判官公派世譜』(丙午譜, 1846; 癸酉譜, 1933)
『東學關聯判決文集』(서울 : 총무처 정부기록보존소, 1994)
「동학농민전쟁(6) : 孫化仲篇」, 『전북일보』 1992년 7월 13일자
『東學黨征討人錄』(필사본, 천안 : 독립운동사연구소 소장)
『密陽孫氏世譜井邑篇』
박성수(주해), 『渚上日月』(上)(서울 : 서울신문사, 1993)
박철(지음), 『세스페데스』(서울 : 서강대학교 출판부, 1993)
白樂浣(記), 신복룡(校注), 「南征錄」, 『한국학보』(74)(서울 : 일지사, 1994)
「石南歷史小說 : 朴氏定基歷事」, 『한국학보』(71) 부록(서울 : 일지사, 1993)
『星州都氏大同譜』(戊辰譜, 1988)
「손병희에 대한 고등법원 신문 조서」(1919. 8. 21.), 이병헌(편), 『3·1運動祕史』(서울 : 삼일동지회, 1966)
송정수, 「전봉준 장군 家系에 관한 검토」, 『호남사회연구』(2)(전주 : 호남사회연구회, 1995)
신복룡, 「실록 전봉준」, 『월간조선』 1981년 9월호
신영복, 「모악산 이야기」, 『감옥으로부터의 사색』(서울 : 햇빛출판사, 1988)
『彦陽金氏族譜』(辛酉譜, 1981)
이기화, 「전봉준은 고창 당촌 태생」, 『향토 사료』(12~13)(고창 : 고창문화원, 1993)
이상백, 「동학란과 대원군」, 『역사학보』(17·18)(서울 : 역사학회, 1962)
이용선, 「누가 녹두장군의 후예인가?」, 『여성동아』 1968년 9월호

이이화, 『인물한국사』(서울 : 한길사, 1993)
장도빈, 『갑오동학란과 전봉준』(서울 : 덕흥서림, 1926)
장봉선, 「전봉준실기」, 『井邑郡誌』(정읍 : 이로재, 1936)
전영래, 「공증인이란 꼬리표의 해명」, 『여성동아』 1968년 10월호
차상찬(靑吾), 「근세사상의 동학당 수령 전봉준」(1), 『朝光』(2/5), 1936년 5월호
차상찬, 「동학당 수령 전봉준 : 그의 생애와 활동」(2), 『朝光』(2/6), 1936년 6월호
『天安全氏大同譜三宰公派譜』(丙午譜, 1966 : 全昌男 씨 소장)
『天安全氏世譜』[丙戌譜 : 全東根(전봉준의 사촌 全基煥의 증손)씨 소장]
『天安全氏世譜』(辛未譜, 1931)
최현식, 「신편 井州·井邑人物誌」(정읍 : 정읍문화원, 1990)

菊池謙讓, 『朝鮮最近外交史 : 大院君傳』(서울 : 日韓書房, 1910)
滝沢誠, 『武田範之とその時代』(東京 : 三嶺書房株式會社, 1986)
申福龍, 「實錄 全琫準」, 『アジア公論』(10/12, 11/1, 11/2)(ソウル & 東京 : 韓國國際文化協
  會, 1981년 12월호, 1982년 1~2월호)
黑龍俱樂部(편), 『國士內田良平傳』(東京 : 原書房, 1967)
黑龍俱樂部(편), 『東亞先覺志士記傳』(東京 : 原書房, 1966)

『科士達回憶錄』(John W. Foster, *Diplomatic Memoirs*, 1909), 『中日戰爭文獻彙編(7)』(臺
  北 : 鼎文書局, 1972)

4. 未公刊 典籍類·금석문·필사본

「蘭坡遺稿」
「大先生史蹟」(필사본, 丙午 : 1906), n.p.
「大院君曉諭文」, 규장각문서 121415
「沙鉢通文」
「儒林義兵靖亂事績碑」(충남 공주군 이인면 초봉리)
「李學承殉義碑」(전남 장성군 황룡면 신호리)
『林下遺稿』
「全羅北道 各郡 丙申條收租案(1896)」(필사본, 전북대학교 尹源鎬 교수 제공), 규장각문서
  LM352.12 전라북도.
「全琫準逮捕報告書」(고려대학교 도서관 소장)
「韓達文의 편지」(전남대학교 李相寔 교수 소장)

5. 단행본

구양근, 『갑오농민전쟁원인론』(서울 : 아세아문화사, 1993)
김상기, 『동학과 동학란』(서울 : 대성출판사, 1947)
『논산군지』(논산 : 논산군지편찬위원회, 1994)
『동학혁명』(서울 : 동학사상연구소, 1979)
동학혁명기념사업회(편), 『황토현에 부치는 노래』(서울 : 창작과비평사, 1993)
문정창, 『근세 일본의 조선침탈사』(서울 : 백문당, 1965)
박정동, 『侍天敎宗繹史』(서울 : 시천교본부, 1915)
신국주, 『근세조선외교사』(서울 : 탐구당, 1965)
신복룡, 『동학사상과 갑오농민혁명』(서울 : 선인, 2006)
신복룡, 『한국정치사』(서울 : 박영사, 2003)
신복룡, 『한국분단사연구』(서울 : 한울, 2006)
안도섭, 『황토현의 횃불』(서울 : 문광당, 1979)
요시카와 분타로(吉川文太郎), 『朝鮮諸宗敎』(한글판)(서울 : 조선흥문회, 1922)
이선근, 『한국독립운동사』(서울 : 상문원, 1956)
이선근, 『한국사 : 현대편』(서울 : 을유문화사, 1963)
『전라북도지』(3)(전주 : 전라북도편찬위원회, 1991)
『전주시사』(전주 : 전주시사편찬위원회, 1974)
李秉延, 『朝鮮寰輿勝覽』(공주 : 보문사, 1933)
『天原實錄』(천안 : 천원군문화공보실, 1982)
최현식, 『갑오동학혁명사』(전주 : 신아출판사, 1983)
최현식, 『전북고적』(전주 : 전북고적편찬회, n.p., 1960)
한상일, 『일본군국주의의 한 연구』(서울 : 까치, 1980)
한우근, 『이조 후기의 사회와 사상』(서울 : 을유문화사, 1961)
玄相允, 『조선유학사』(서울 : 민중서관, 1954)

菊池謙讓, 『近代朝鮮史』(下)(京城 : 鷄鳴社, 1939)
英修道, 『明治外交史』(東京 : 至文堂, 1976)
田保橋潔, 『近代日鮮關係の硏究』(京城 : 朝鮮總督府中樞院, 1940)
『朝鮮史』(6/4)(서울 : 朝鮮印刷株式會社, 1938)
淸藤幸七郎, 『天佑俠』(東京 : 新進社, 1903)
『玄洋社社史』(東京 : 玄洋社社史編纂會, 1917)

王紹坊, 『中國外交史 : 1840~1911』(中國 : 河南出版社, 1988)
劉彥原, 『中國外交史』(臺北 : 三民書國, 1978)
Almond, Gabriel A. & Powell, G. B., *Comparative Politics Today : A World*

View(New York : Harper Collins Pub., 1992)
Almond, Gabriel A. & Powell, G. B., *Comparative Politics*(Boston : Little, Brown & Co., 1978)
Benedict, Ruth, *The Chrysanthemum and the Sword : Patterns of Japanese Culture*(New York : New American Library, 1974)
Bishop, I. B., *Korea and Her Neighbors*(New York : Fleming H. Revell, 1897)
Carr, E. H., *What is History?*(London : Macmillan Co., 1961)
Chesneaux, Jean, *Peasant Revolts in China : 1840~1949*(London : W. W. Norton & Co., 1973)
Gurr, Ted R., *Why Men Rebel?*(Princeton : Princeton University Press, 1970)
Hayes, C. H., *The Historical Evolution of the Modern Nationalism*(New York : The Macmillan Co., 1955)
Jen Yu-wen, *The Taiping Revolutionary Movement*(Taipei : The Rainbow-Bridge Book Co., 1975)
John, Paul, *Psychology of Religion*(Nashville : Abingdon Press, n.d.)
Lee, Chong-Sik, *The Politics of Korean Nationalism*(Berkeley and Los Angeles : The University of California Press, 1963)
Lewy, Guenter, *Religion and Revolution*(New York : Oxford University Press, 1974)
Malozemoff, A., *Russian Far Eastern Policy : 1881~1904*(Berkeley and Los Angeles : University of California Press, 1958)
Mousnier, Roland, *Peasant Uprisings in 17th Century : France, Russia, and China*(London : Harper & Row, 1971)
Palmer, Spencer J.(ed.), *Korean-American Relations, 1887~1895 : Documents pertaining to the Far Eastern Diplomacy of the United States*, Vol. I(Berkeley and Los Angeles : The University of California Press, 1963)
Park, Il-Keun(ed.), *Anglo-American and Chinese Diplomatic Materials Relating to Korea : 1887~1897*(Pusan : Institute of Chinese Studies), Pusan National University, 1984)
Smith, Donald E., *Religion and Political Modernization*(Boston : Little, Brown and Co., 1970)
Thayer, P. W.(ed.), *Nationalism and Progress in Free Asia*(Baltimore : The Johns Hopkins Press, 1956)
Toynbee, A. J., *A Study of History, Vol. V*(London : Oxford University Press, 1973)
Weems, Benjamin B., *Reform, Rebellion and the Heavenly Way*(Tucson : The University of Arizona Press, 1964)

6. 논문

강창일, 「갑오농민전쟁 자료 발굴 : 전봉준 회견기 및 취조 기록」, 『사회와 사상』(1)(서울 : 한길사, 1988. 9.)
貫井正之, 「전라도 의병에 대하여」, 『전통시대의 민중운동』(上)(서울 : 풀빛, 1981)
김남윤, 「신라 미륵 신앙의 전개와 성격」, 『역사연구』(2)(서울 : 역사학연구소, 1993)
김용덕, 「동학군의 조직에 관하여」, 『한국사상(12) : 崔水雲研究』(서울 : 원곡문화사, 1974)
김양식, 「1·2차 전주화약과 집강소 운영」, 『역사연구』(2)(서울 : 역사학연구소, 1993)
김용섭, 「전봉준공초의 분석 : 동학란의 성격 一斑」, 『역사연구』(2)(서울 : 한국사학회, 1958)
김창수, 「전봉준과 동학혁명」, 한국사상발표회(1981년 11월 25일), mimeo.
목정배, 「한국 미륵사상의 역사성」, 『미륵사상의 본질과 전개』(한국사상사학회 국제학술회의 논문집)(이리 : 원광대, 1993)
梶山雄一, 「미륵사상의 본질」, 『미륵사상의 본질과 전개4』('93한국사상사학회 국제학술 회의 논문집)(이리 : 원광대학교, 1993)
박맹수, 「동학농민전쟁과 공주전투」, 『백제문화』(23)(공주 : 공주대학교 백제문화연구소, 1994)
박맹수, 「동학의 남·북접에 관한 비판적 검토」, 『한국학논집』(25)(서울 : 한양대학교한국학연구소, 1994)
박맹수, 「사료로 읽는 동학농민혁명(11) : 전라도 무장현의 동학농민군 전면 기포에 대하여」, 『문화저널』(60)(전주 : 전북문화저널사, 1993. 5.)
박맹수, 「사료로 읽는 동학농민혁명(9) : 금석문에 나타난 동학농민혁명(中)」, 『문화저널』(58)(전주 : 전북문화저널사, 1993. 3.)
박명규, 「19세기 말 고부지방 농민층의 존재 형태」, 『전라문화논총』(7)(전주 : 전북대 전라문화연구소, 1994)
박인호, 「甲午東學起兵實談」, 『월간 중앙』 1935년 2월호
박종성, 「갑오 농민봉기의 혁명성 연구」, 『갑오동학농민혁명의 쟁점』(서울 : 집문당, 1994)
박찬승, 「1894년 농민전쟁기 남원지방 농민군의 동향」, 『동학농민혁명의 지역적 전개와 사회 변동』, 호남사연구회 주최 동학농민혁명 백주년기념 학술대회(1994. 6. 10~11. 전주)
백종기, 「동학란 때의 일본의 대한정책에 관한 고찰」(서울 : 성균관대 논문집(인문·사회계), 1974)
신복룡, 「갑오농민혁명과 청일전쟁」, 『한민족독립운동사』(11)(서울 : 국사편찬위원회, 1992)
信夫淸三郎, 「陸奧 外交 : 일청전쟁의 외교사적 연구」, 『동학농민전쟁연구자료집』(1)(서울 : 여강출판사, 1991)
신용하, 「고부민란의 沙鉢通文」, 『魯山유원동박사화갑기념논총』(서울 : 정음문화사, 1985)

신용하, 『동학과 갑오농민전쟁연구』(서울 : 일조각, 1993)
신정암, 「정감록의 사상적 영향」(上), 『한국사상』(1~2)(서울 : 고구려문화사, 1959)
양진석, 「충청지역 농민전쟁의 전개 양상」, 『백제문화』(23)(공주 : 공주대 백제문화연구소, 1994)
유석춘, 「지역 감정의 사회심리학」, 『여의도정책논단』(서울 : 여의도연구소, 1995)
유영익, 「갑오농민봉기의 보수적 성격」, 『갑오동학농민혁명의 쟁점』(서울 : 집문당, 1994)
유종국, 「金齊閔의 漢詩 연구」, 『전라문화논총』(5)(전주 : 전북대 전라문화연구소, 1992)
윤원호, 「19세기 고부의 사회 경제」, 『전라문화논총』(7)(전주 : 전북대 전라문화연구소, 1994)
이진영, 「19세기 후반 전라도 고부의 사회 사상」, 『전라문화논총』(7)(전주 : 전북대 전라문화연구소, 1994)
이진영, 「김개남과 동학농민전쟁」, 『한국현대사연구』(2)(서울 : 한울, 1995)
이진영, 「동학농민전쟁기 전라도 태인 古縣內面의 반농민군 구성과 활동 : 金箕述과 道康 金氏를 중심으로」, 『전라문화논총』(6)(전주 : 전북대 전라문화연구소, 1993)
이희권, 「조선 후기의 守令과 그 통치 기능」, 『전라문화논총』(2)(전주 : 전북대 전라문화연구소, 1988)
장영민, 「동학농민군의 '전주화약'에 관한 재검토」, 『진산한기두박사화갑기념논문집』(이리 : 원광대, 1993)
장영민, 「동학의 대선생 신원 운동에 관한 일고찰」, 『백산박성수교수화갑기념논총 : 한국독립운동사의 인식』(서울 : 백산박성수교수화갑기념논총간행위원회, 1991)
정창렬, 「갑오농민전쟁연구」(연세대학교 박사학위 논문, 1991)
조경달, 「1894년 농민전쟁에 있어서 동학지도자의 역할 : 徐丙鶴·徐仁周를 중심으로」, 『역사연구』(2)(서울 : 역사학연구소, 1993)
최기성, 「19세기 후반 고부의 폐정 실태」, 『전라문화논총』(7)(전주 : 전북대 전라문화연구소, 1994)
최순식, 「백제 유민의 저항 운동과 미륵 신앙의 변천 과정 : 전북 모악산 금산사를 중심으로」(김제 : 모악향토문화연구회, 1992), mimeo.
최현식, 「고부와 갑오동학혁명」, 『전라문화논총』(7)(전주 : 전북대 전라문화연구소, 1994)
최현식, 「동학혁명의 향토사적 연구 : 갑오동학혁명에 있어서 손화중의 역할을 중심으로」, 『한국학논집』(10)(서울 : 한양대학교 한국학연구소, 1986)
표영삼, 「동학접주 전봉준」, 『新人間』(서울 : 천도교중앙총부 : 신인간사, 1981년 11·12월 합병호)
표영삼, 「전봉준은 동학교도이다 : 신복룡 교수의 해석에 異義 있다」, 『월간조선』 1981년 12월호
한우근, 「동학군에 대한 日人 幇助說 검토」, 『東方學志』(8)(서울 : 연세대 동방학연구소, 1967)
Hulbert, H. B., "The Religion of the Heavenly Way", *The Korea Review,* Vol. 6, No. 2(Seoul : The Methodist Pub. House, Nov. 1906)

Wright, Quincy, "The Study of War," *International Encyclopedia of the Social Sciences*, Vol. 16(New York : Macmillan Co. & Free Press, 1979)
滝沢誠,「天佑俠ノート : アジア主義神話形成」(2),『海外事情』(東京 : 拓殖大學海外事情研究所, 1988)
山口正之,「譯註 黃嗣永帛書 : 解題」,『朝鮮學報』(2)(奈良 : 天理大學 朝鮮學會, 1951)

7. 번역서

Baradat, Leon P. , *Political Ideologies : Its Origins and Impact*(Englewood Cliffs : Prentice Hall, 1994; 신복룡 외(역),『현대정치사상』(서울 : 평민사, 1995)
Dallet, C., *Histoire de L'Église de Corée*(Paris, 1874); 안응열·최석우(공역),『한국천주교회사』(상)(왜관 : 분도출판사, 1979)
Griffis, W. E., *Corea : The Hermit Nation*(New York, Charles Scribner's Sons, 1907); 신복룡(역주),『隱者의 나라 한국』(서울 : 집문당, 2020)
Hulbert, H. B., *The Passing of Korea*(London : William Heinemann Co., 1906); 신복룡(역주),『대한제국멸망사』(서울 : 집문당, 2020)
Machiavelli, N., *The Prince and Other Works*(New York : Hendricks House, 1946); 신복룡(역주),『군주론』(서울 : 을유문화사, 2016)
McKenzie, F. A., *The Tragedy of Korea*(New York : E. P. Dutton & Co., 1908); 신복룡(역주),『대한제국의 비극』(서울 : 집문당, 2020)
Pooley, A. M.(ed.), *The Secret Memoirs of Count Tadasu Hayashi*(London : G. P. Putnam's Sons, 1915); 신복룡·나홍주(역주),『林董祕密回顧錄』(서울 : 건국대출판부, 2007)
러시아대장성(편), 김병린(역),『구한말의 사회와 경제』(서울 : 유풍출판사, 1983)
베버, M.(저), 양회수(역),「지배의 사회학」,『사회과학논총』(서울 : 을유문화사, 1975)
시오노 나나미(塩野七生),『로마인 이야기』(2)(서울 : 한길사, 1995)

8. 정기간행물

『大阪朝日新聞』明治 27년(1894) 8월 5일, 8월 19일, 29일자
『大韓帝國官報』
『東京朝日新聞』明治 28년(1895) 3월 5~6일자
『동아일보』1970년 11월 7일자, 1981년 10월 21, 26일자, 11월 26일자
이종학,「전봉준은 교수형으로 처형되었다」,『세계일보』1994년 3월 20일자
『한국일보』1983년 11월 23일자

9. 답사기

김의환, 「동학군전적지답사기」(4~13), 『新人間』(320~328호)(서울 : 천도교중앙총부, 신인간사, 1974년 9월호~1975년 8월호)
남영신, 「황톳재에서 우금티까지」, 『백년 이웃』(서울 : 두산그룹, 1995년 1월호)
동학농민전쟁기념사업회, 『황톳재에서 우금재까지』(이리 : 동남풍, 1994)
「성지 순례 : 피로리」, 『大巡會報』 大巡 123년(癸酉, 1993) 7월 6일자
역사문제연구소(편), 『다시 피는 녹두꽃』(서울 : 역사비평사, 1994)
역사문제연구소, 『동학농민전쟁 역사 기행』(서울 : 여강출판사, 1993)
유홍준, 『나의 문화유산답사기』(2)(서울 : 창작과비평사, 1994)
윤덕향, 「천심이 모여든 곳, 농투산이의 백산」, 『문화저널(51)』(전주 : 전북문화저널사, 1992. 2.)

10. 기타(辭典 · 字典 · 팸플릿 · 지도)

「금산사」(김제 : 금산사), *mimeo*
김명택, 『전라북도도로망 · 전라남도도로망 · 충청남도도로망(1/200,000)』(서울 : 중앙지도문화사, 1992)
「동학농민전쟁100주년기념 우금티순국영령추모예술제 팜플렛」(공주 : 동학농민전쟁100주년기념사업회, 1994), *mimeo*
「숨 쉬는 우금티동학농민전쟁전적지 안내」(공주 : 우금티동학농민전쟁100주년기념사업회, 1994)
양기덕 · 박구식, 「갑오동학란에 대한 세론」, *mimeo*
「우금티동학농민전쟁100주년기념 사업계획 및 현황」(공주 : 우금티동학농민전쟁100주년기념사업회, 1994), *mimeo*
이홍직, 『국사대사전』(서울 : 지문각, 1963)
이희승, 『국어대사전』(서울 : 民衆書館, 1988)
인병선, 「100주년기념동학농민전쟁민속전 팜플렛」(서울 : 짚·풀생활사박물관, 1994)
張三植, 『大漢韓辭典』(서울 : 삼영출판사, 1985)

면담자

강금례(姜金禮 : 1905~1983) : 전봉준의 외손녀, 전북 정읍군 산외면 동곡리 원동골
김병일(金昞壹 : 1921년생) : 김덕명의 손자, 서울시 마포구 상암동 705
김씨녀(金氏女 : 1902년생) : 김개남의 종손녀, 전북 정읍군 산외면 동곡리
김영춘(金永春) : 고창군 문화공보실 관광계장
김윤배(金崙培 : 1922년생) : 충남 공주시 태봉동
김태동(金泰桐) : 논산군청 문화공보실
김학섭(金學燮 : 1905년생) : 전북 부안군 백산면 용계리
김환옥(金煥鈺 : 1919년생) : 김개남의 손자, 전북 정읍군 산외면 동곡리
나홍균(羅鴻均 : 1886년생) : 전북 정읍군 영원면 운학리 164
도기홍(都基鴻 : 1925년생) : 대전시 중구 목동 3-103
민준식(閔俊植 : 1931년생) : 전북 고창군 공음면 구수리 당산마을
박맹수(朴孟洙) : 원불교 영산대학 사학과 교수(지금은 원광대학교 총장)
박명규(朴明圭) : 전북대학교 사회학과 교수(지금은 서울대학교 교수)
박승규(朴承圭 : 1923~1986) : 전봉준의 외증손, 姜金禮의 아들, 전북 정읍군 산외면 동곡리 원동골
박종렬(朴鍾烈 : 1921년생) : 여산(礪山) 접주 崔蘭善의 외손자, 전북 익산군 여산면 원수리 상양
손영진(孫英振 : 1929년생) : 전북 김제군 김산면 원평리 학원마을
손홍철(孫洪哲 : 1919년생); 손홍렬(孫洪烈 : 1935년생 : 孫化仲의 손자) : 전북 정주시 상평동 음성마을
송상규(宋翔圭) : 향토사 연구가, 전북 익산군 김마면 동고도리 누동 738
송정수(宋正洙) : 전북대학교 교수
신동기(申東起) : 전주시청 공보실
양기덕(梁基德 : 1919년생) : 의병장 梁在穆의 손자, 충남 공주군 이인면 이인리
옹경원(邕京源 : 1912년생) : 옹택규의 손자, 전북 정읍군 정주읍 광교리 172-2
완산(完山 : 1956년생) : 통도사의 學僧, 속명 홍남권(洪南權)
유환용(柳煥容 : 1916년생) : 전북 완주군 삼례읍 삼례리 910
이기화(李起華) : 고창문화원장, 전북 고창군 고창읍 읍내리 236-5
이종학(李鍾學) : 수원시 장안구 화서동 69-6
이진영(李眞榮) : 전북대학교 사학과 강사
이찬종(李贊鍾 : 1922년생)·이현종(李現鍾 : 1925년생) : 황룡촌 접주 李春榮의 손자, 광주시 광산구 오룡동 토말마을
이학주(李學周 : 1924년생) : 충남 공주시 웅진동 24

이형옥(李衡玉 : 1894년생) : 청류암 신도, 전남 장성군 북하면 가인리
이희종(李熺鍾 : 1928년생) : 전봉준의 딸 김옥련(金玉連)의 손자의 아내, 전북 진안군 부귀면 신정리
인병선(印炳善) : 짚·풀생활사박물관장
장영민(張泳敏) : 상지대학교 사학과 교수
전영래(全榮來) : 전 전라북도박물관장, 원광대학 교수
전창남(全昌南) : 천안 전씨 종친, 전북 정읍군 영원면 은선리
조용진(趙鏞珍) : 서울교육대학 미술과 교수, 한국얼굴학회장
최동의(崔東儀 : 1960년생) : 증산교도, 전북 김제군 김산면 청도리 구릿골
최순식(崔洵植 : 1933년생) : 모악(母岳)향토문화연구회장, 전북 김제군 김산면 원평리
최해상(崔海相 : 1919년생) : 전북 고창군 공음면 구수리 당산마을
최현식(崔玄植) : 정읍문화원장, 전북 정읍군 정주읍 장명리 170
한석숭(韓錫崇 : 1915년생) : 충남 공주시 주미동
황규동(黃圭東 : 1926년생) : 충남 천안군 성남면 화성리 공달원

찾아보기

〈가〉
가와카미 소로쿠(川上操六) 273, 277
『가인 김병로 평전』(街人 金炳魯評傳) 15
가치 박탈(value deprivation) 51-55, 118
갑신정변(甲申政變) 203, 266, 271, 274, 281
강경중(姜敬重) 154, 293
강금례(姜金禮) 283, 361-367, 421
강동진(姜東鎭) 10
강성녀(姜姓女) 362
강성진(姜成振) 361
강수한(姜守漢) 293
강순임(姜舜任) 449
강인철(康寅喆) 120
강일순(姜一淳) 66-68, 461
강장언(姜長彦) 361
강증산(姜甑山) 67, 432, 448-449, 463
거(Ted R. Gurr) 118
검당선사(黔堂禪師) 105
격문(檄文) 124, 136, 197, 205-206, 245, 285, 347-349, 379, 437
견훤(甄萱) 52, 62-68, 448, 449
고경명(高敬命) 57
고경민(高敬旼) 19
고무라 주타로(小村壽太郎) 269
고비(姑比) 63
고순택(高順宅) 350
고영근(高永根) 223, 383
고영숙(高永叔) 154, 293
고이에 도붕(鯉江登文) 289

고종(高宗) 31-32, 78, 126, 146, 188, 281, 355
곡물해외수출금지령(防穀令) 48
곤도 마스키(近藤眞鋤) 49
공자(孔子) 7, 367, 471
공주전투 287, 313, 463
광주민주화운동 420
광해군(光海君) 202
교구제(敎區制) 39
구리노 신이치로(栗野愼一郞) 269
구사카 도라기치(日下寅吉) 205-206
구상조(具相祖) 296, 302-305, 356
구선희(具仙姬) 18
국기헌(鞠奇憲) 19
군정(軍政) 31
군포(軍布) 185
궁방토(宮房土) 115
궁예(弓裔) 63
권상연(權尙然) 37
권인주 469
권풍식(權豊植) 350
균전관 186
근왕사상(勤王思想) 53
금강(金剛) 63, 300-301, 355
금구취당(金溝聚黨) 86-87, 149
금산사(金山寺) 60-68, 107, 362, 448-449, 461-462
기도 다카요시(木戶孝允) 265
기독교 33-41, 242, 258
기우선(奇宇善) 293
기축옥사(己丑獄事) 12, 65, 448
기쿠치 겐조(菊池謙讓) 84, 98-99, 286

길[최](吉[崔]三峰) 65
김개남(金開南) 86-110, 148, 151-154, 159, 196-197, 222-224, 250, 282-285, 292-294, 301, 313-314, 333-336, 342-343, 354-357, 361, 364, 392, 397, 409, 423, 432
김경천(金敬天) 334-335, 338, 433
김계보(金桂甫) 350
김광수(金光洙) 324
『김규식(金奎植)의 생애』 15
김기연(金基然) 352
김기조(金基肇) 350
김낙삼(金洛三) 107, 154
김낙선(金洛先) 252
김낙철(金洛喆) 107
김남주 427
김덕령(金德齡) 57
김덕명(金德明) 99, 102, 106-110, 154, 197, 250, 344, 350-352, 448
김도삼(金道三) 94, 123, 293
김도태(金道泰) 210
김동근(金東根) 159
김명중(金明中) 350
김문달(金文達) 352
김문행(金文行) 154
김문현(金文鉉) 119-120, 130, 147, 158-159, 167, 175-176, 182
김방서(金邦瑞) 350
김병시(金炳始) 164
김병태(金炳泰) 293
김보원(金寶源) 350
김복용(金福用) 296-298
김봉년(金奉年) 154, 293
김봉득(金鳳得) 154, 293
김봉집(金鳳集) 88
김부만(金富萬) 352

김부성(金富成) 18, 444, 459
김사엽(金士曄) 154
김상기(金庠基) 71, 75, 79, 86, 97, 126, 179, 205, 209, 239-243
김상용(金尙容) 182
김석원(金錫元) 349
김석윤(金錫允) 284
김성규(金星奎) 172
김성수(金性洙) 452
김성오(金成五) 350
김성일(金誠一) 202
김성지(金成之) 297
김성천(金成天) 94
김세겸(金世謙) 65
김송현(金松鉉) 342
김순명(金順明) 178
김순영(金順永) 350
김시풍(金始豊) 101, 159-160
김여중(金汝中) 284, 349-350
김영배(金永培) 159
김영생(金永生) 19
김영엽(金永燁) 350
김영우(金永祐) 298
김영일(金永鎰) 19
김영진(金榮鎭) 352
김영철(金永徹) 335-338
김영춘(金永春) 18, 105, 453
김옥균(金玉均) 203, 272-273
김옥련 362-365, 459
김용섭(金容燮) 138-140, 257
김용택 416
김용하(金用夏) 159
김용희(金鏞熙) 297
김유신(金庾信) 257
김윤배(金崙培) 469-470
김윤식(金允植) 45, 281, 343
김응칠(金應七) 123

김의환(金義煥) 71, 126-127, 138, 240, 297-299, 456, 473
김인배(金仁培) 355
김인후(金麟厚) 455
김재영(金在泳) 16, 447
김재찬 22, 435
김제민(金齊閔) 58
김종섭(金從燮) 342
김중화(金重華) 294
김진풍(金振豊) 324
김창규 352
김창석 114-115
김창수(金昌洙) 241-250, 256-257, 443
김천일(金千鎰) 57
김춘서(金春西) 362
김춘추(金春秋) 257
김치선(金致先) 352
김태동(金泰桐) 464, 472
김태정(金泰貞) 223
김택술(金宅述) 422
김학섭(金學燮) 418
김학우(金鶴羽) 216
김학준(金學俊) 15
김한목(金漢穆) 172
김학진(金鶴鎭) 153, 182-183, 188-192
김형훈(金亨勳) 18, 468, 472-473
김화성(金化成) 297
김환옥(金煥鈺) 343, 423

〈나〉
나도진(羅燾珍) 434
나보여(羅保汝) 352
나폴레옹(Napoleon) 6, 51
『나폴레옹 평전』(Napoleon) 6
나홍균(羅鴻均) 71, 80, 434

남경조약(南京條約) 41
남계천(南啓天) 107
남접(南接) 72, 230-234, 251, 259, 387
낭인(浪人) 204
내석겸(乃錫兼) 352
네로(Nero) 202
노즈 미치츠라(野津道貫) 277
논개(論介) 57
눌제(訥堤) 112
능예(能乂) 63
니시오카 소헤이(西岡曹兵) 324
니시와키 에이스케(西脇榮助) 205-206

〈다〉
다나카 지로(田中侍郎) 205-206
다루이 도키치(樽井藤吉) 273
다카하시 슌안(高橋春庵) 282, 341
다케다 한시(武田範之) 205
다키자와 마코도(滝沢誠) 17, 209
달레(Charles Dallet) 31, 53
대동미(大同米) 117, 348, 372
대동법 186
『대동합방론』(大東合邦論) 273
대마도(對馬島) 49, 342, 446
대원군(大院君) 25, 44, 53-54, 106, 181, 201, 209-229, 280-282, 285, 319, 333, 345, 391-400
도계사(道溪祠) 58
도교(道敎) 21, 34-36, 57, 75, 81, 94-96, 126, 160, 196, 208-212, 232, 238-243, 247-248, 253, 256, 297, 346, 442-443
도기홍(都基鴻) 292, 464, 472
도상하(都相廈) 292, 472
도솔암(兜率庵) 105, 452
도야마 미츠루(頭山滿) 204

도참사상(圖讖思想) 33, 46, 460
도키자와 우이치(時澤右一) 205
『독일 국민에 고함』(Reden an die Deutsche Nation) 10
『동경대전』(東經大全) 82-83
『동학사』(東學史) 36, 71-75, 82, 88, 93-97, 105, 113, 131, 135-138, 151, 155-161, 169, 175, 188-192, 208-210, 230-233, 239, 247, 250-253, 294, 313, 329, 334-335, 345, 352, 358-359, 420
동학삼로(東學三老) 297
드미트레브스키(Dmitrevskii) 118

〈라〉
러일전쟁 269
로저스(J. Rodgers) 44
로즈(Adm. Thomas P. Roze) 45
루트비히(Emil Ludwich) 6
룬시맨(W.C.Runciman) 51

〈마〉
마비키(間引) 264
마쓰모토 마사야츠(松本正保) 289
마키아벨리(N. Machiavelli) 96
마토노 한스케(的野半介) 273
만석보(萬石洑) 113-114, 135, 146, 156, 415-416, 450
맑스(K. Marx) 319
맹자(孟子) 11, 234, 269
메시아사상(millenarianism) 60, 66
메이지유신(明治維新) 46, 203, 263-264
모리오 마사가츠(森尾雅一) 289, 302-303, 308-312, 317, 323, 328
몽테스키외(C. de Montesquieu) 474
무례토(無禮討) 263-264
무스니에(Roland Mousnier) 56, 118

무장(茂長) 기포 12-13, 149, 153
『무장동학배포고문』(茂長東學輩布告文) 149
무츠 무네미츠(陸奧宗光) 265, 269, 275-277
문계팔(文季八) 284, 349, 411
문인상(文因祥) 352
문장형(文章衡) 294
문재삼(文在三) 352
뮌처(T. Müntzer) 318
미나미 쇼시로(南少四郎) 287, 291-292, 304, 326, 341
미륵사(彌勒寺) 60-63
미륵신앙 59-68, 107, 448, 452, 460
미야모토 다케타로(宮本竹太郎) 302
민라호(閔邏鎬) 350
민란(民亂) 12-13, 24, 52-57, 95, 101, 118-119, 128-129, 135-141, 145-147, 150, 154, 157, 164-165, 179, 210-213, 222, 230-231, 237-238, 245-258, 272-275, 314-319, 393, 417
민영준(閔泳駿) 137, 383
민요(民擾) 29, 31-32, 132-133, 146, 157, 161
민인백(閔仁伯) 65
민족주의 10, 29, 40, 50, 139-140, 151, 258, 296, 315
민종묵(閔鍾默) 49
민종열(閔鍾烈) 153, 167
민준식(閔俊植) 455
민중사관 14, 201
민중중심 사관(populism) 201
민충식(閔忠植) 292

〈바〉
바라다트(L. P. Baradat) 320

박근영(朴根永) 19
박기수(朴起秀) 19
박낙양(朴洛陽) 294
박동진(朴東鎭) 222-228, 396
박만승(朴萬升) 172
박맹수(朴孟洙) 17, 107, 149-150, 251, 314, 344, 455-457
박명규(朴明圭) 17, 60-62, 76, 115, 446
박문규(朴文圭) 76, 132
박문장(朴文長) 65
박봉양(朴鳳陽) 350
박성동(朴成東) 294
박세곤 19
박승규(朴升圭) 342, 366, 421, 459
박연령(朴延齡) 65
박영우(朴永祐) 324
박영주(朴榮柱) 361
박완남(朴完南) 285
박원명(朴源明) 137, 145-147
박익(朴杙) 65
박인학(朴仁學) 352
박정동(朴晶東) 88
박제순(朴齊純) 182, 294-296
박종성(朴鍾晟) 15, 318
박종열(朴鍾烈) 445
박종홍(朴鍾鴻) 242
박중빈(朴重彬) 67-68, 455
박치경(朴致敬) 107
박태길(朴泰吉) 352
박하일(朴河一) 17
『박헌영론』(朴憲永論) 15
박흥서(朴興西) 355
박희성(朴喜聖) 120
방문(榜文) 160
배규인(裵奎仁) 293
배기현(裵起賢) 19

배인수(裵麟洙) 252
배환정(裵煥廷) 252
「백구시」(白鷗詩) 82
백낙완(白樂浣) 290, 296, 302-305, 308, 313
백낙중(白樂仲) 350
백산(白山) 15, 57, 87, 97, 112, 136, 149, 153-157, 164, 418
백인수 21, 435-437, 441
백정기(白貞基) 83
백종인(白鍾仁) 18, 463
베버(Max Weber) 31
법왕(法王) 61
『법의 정신』 474
벽골제(碧骨堤) 112
변숭복(邊崇福) 65
변시연(邊時淵) 428
병인양요(丙寅洋擾) 45
병자수호조약(丙子修好條約) 46, 266
보부상 155, 158-164, 184-187, 249, 348
보은취회(報恩聚會) 86-87, 149
보천교(普天教) 448
복희씨(伏羲氏) 462
봉록(俸祿) 국가 30-31
북경조약(北京條約) 42
북접(北接) 25, 179, 230-234, 253-255, 259, 296-298, 387
불교 17, 34-36, 55, 60, 63, 67, 95, 168, 251, 428, 455

〈사〉
4대 군율 156
사마광(司馬光) 64
사무라이(侍) 203-204, 263-264
「사발통문」(沙鉢通文) 125-126
사이고 다카모리(西鄉隆盛) 46, 203,

265-266
사이고 쓰구미치(西鄕從道) 264
사이토 신이치로(齋藤新一郎) 273
사케다마루(酒田丸) 287
산자수명각(山紫水明閣) 205
삼례취회 107
삼정(三政) 31, 185
상제교주(上帝敎主) 41
색대질 118
서광범(徐光範) 350-352
서국릉(徐國崚) 158
서병학(徐丙鶴) 87, 410
서영기(徐英基) 342
서울의 봄 14, 316
서장옥(徐璋玉) 231, 239
서재필(徐載弼) 210
서정주(徐廷柱) 452
서학(西學) 36-39, 43, 410
서혜성(徐惠星) 19
선불장(禪佛場) 62
선운사(禪雲寺) 18, 105, 451-453, 460
섭사성(聶士成) 274-275
섭지초(葉志超) 274-275
성충(成忠) 57
성하영(成夏泳) 290, 296, 302-309
성혼(成渾) 64
세실(Adm. Cécile) 44
소지문(訴志文) 180, 227
손병희(孫秉熙) 244-245, 251, 344
손상철 469-470
손여옥(孫如玉) 104-106, 123, 130, 154, 284, 293, 349, 382
손영진(孫英振) 458
손응수(孫應洙) 106, 460
손천민(孫天民) 344
손철주(孫哲柱) 451

손해창(孫海昌) 352
손호열(孫浩烈) 103
손흥렬(孫洪烈) 106, 344, 452, 460
손흥록(孫洪祿) 102
손흥철(孫洪哲) 106, 460
손화중(孫化仲) 99-110, 130, 148-151, 154, 196, 231, 239, 242, 250, 283-284, 301, 313-314, 341, 344, 349-352, 379-384, 403, 407, 452, 460
송간(宋侃) 65
송경찬(宋敬贊) 154, 293
송국섭(宋國燮) 123
송대화(宋大和) 123, 128
송도용(宋道鏞) 342
송두옥(宋斗玉) 123
송두용(宋斗鏞) 342
송두호(宋斗浩) 123-127
송문수(宋文洙) 293
송봉암(宋鳳岩) 152
송상규(宋祥圭) 445
송상현(宋象賢) 58
송연섭(宋延燮) 352
송영순(宋榮淳) 172
송인호(宋寅(?)浩) 123
송일두(宋日斗) 284, 349, 406
송자(宋子) 171
송정수(宋正洙) 17, 73-74, 78, 86, 98-99, 365
송주성(宋柱晟) 123
송주옥(宋柱玉) 123
송진우(宋鎭禹) 429, 441
송태섭(宋泰燮) 293
송후섭(宋後燮) 127
송희옥(宋喜玉) 86, 97, 154, 211, 224-225, 228-229, 284, 293, 349, 390-397, 400, 412

쇠복(衰福) 63
숭제법사(崇濟法師) 61
스기무라 시게루(杉山茂) 265
스기무라 후카시(杉村濬) 276
스즈키 덴칸(鈴木天眼) 205-206
스즈키 아키라(鈴木彰) 303, 328
시라미즈 겐기치(白水健吉) 205-206
시라키 세이타로(白木誠太郎) 302
시오노 나나미(塩野七生) 14
신검(神劍) 63
신동기(申東起) 424
신석헌(申錫憲) 42
신숭겸(申崇謙) 52
신여성(辛汝成) 65
신용하(愼鏞廈) 128, 140, 150
신원운동(伸寃運動) 87, 256, 284
신익희(申翼熙) 459
신일철(申一澈) 443
신정엽(申禎燁) 352
신좌묵(申佐黙) 120
신채호(申采浩) 14
신흥종교 29-34, 55, 58-59, 462
심지연(沈之淵) 15
십승지지(十勝之地) 101, 104, 300, 331, 430, 438,

〈아〉
아시카와마루(安治川丸) 287
아오키 슈조(靑木周藏) 268
아카마츠(赤松) 323
아편전쟁, 40, 59
안고경(顔杲卿) 171
안교선(安敎善) 354
안국형 19
안창항(安昶恒) 350
알렉산더(Alexander, the Great) 51
알몬드(Gabriel A. Almond) 6

야마가타 아리토모(山縣有朋) 265
야마토마루(大和丸) 287
야에야마호(八重山號) 277
양기덕(梁基德) 465-469
양위호(揚威號) 275
양재목(梁在穆) 466
어로권(漁撈權) 49
어염세(漁鹽稅) 187, 348
어윤중(魚允中) 87
엄세영(嚴世永) 182
엔닌(圓仁) 9
엥겔스(F. Engels) 315
연개소문(淵蓋蘇文) 257
연순달(延淳達) 350
연신진(延申辰) 350
『영웅숭배론』(Heroes and Hero Worship) 14, 237
영웅주의 5, 14, 201, 257
오건영(吳建泳) 157-168
오권선(吳勸善) 293
오노(大野) 14, 282
오동호(吳東昊) 293
오시마 요시마사(大島義昌) 277
오시영(吳時泳) 154, 293
오용묵(吳容黙) 350
오원영(吳元泳) 157
5·16군사정변 48
오자키 마사요시(大崎正吉) 205
오지영(吳知泳) 71-72, 75, 82, 93-97, 105, 113, 131, 135-138, 151-161, 169, 175, 188, 190-192, 208-210, 230-233, 239, 247, 250-253, 294, 313, 329, 334-335, 345, 352, 358-359, 420
오창성(吳昌成) 302-304, 308
오카모도 류노스케(岡本柳之助) 273
오쿠보 하지메(大久保肇) 205-207

오페르트(Ernest J. Oppert) 44
오하라 요시타케(大原義剛) 205
오하영(吳夏泳) 293
옹경원(邕京源) 72-73, 420
옹택규(邕宅奎) 72, 83, 151, 420
완산(完山) 60-62, 175-177, 189, 378, 438- 439, 440-442
왕건(王建) 12, 52, 145
왕봉조(汪鳳藻) 272-274
요시다 쇼인(吉田松陰) 265
요시쿠라 오세이(吉倉汪聖) 205-206
용화교(龍華敎) 462-463
우범선(禹範善) 223
우재열 21, 435, 439-440
우치다 료헤이(內田良平) 204-206
우치다 사다츠지(內田定槌) 214, 282, 345, 350
운요호(雲揚號) 46, 266
원균(元均) 202
원불교(圓佛敎) 17, 55, 67, 95, 168, 251, 455
원세개(袁世凱) 272-274
원세록(元世祿) 157, 168
원전옥(元全玉) 298
유교(儒敎) 33-36, 53, 66, 240, 247, 319, 437
유림의병정란사적비(儒林義兵靖亂史蹟碑) 467
유비(劉備) 64
유시헌(劉時憲) 247
유영익(柳永益) 209, 240, 319
유용수(柳龍洙) 104
유원규(柳遠奎) 350
유제관(柳濟寬) 350
유철종(劉哲鍾) 16, 446
유하덕(劉夏德) 355
유한필(劉漢弼) 155, 293
유홍준 131, 332-333, 354, 444, 453
유환용(柳煥容) 446
유희도(劉希道) 294
육임(六任) 190, 459
윤병관(尹秉觀) 197
윤신병(尹申炳) 352
윤영성(尹泳成) 296, 304-305
윤용구(尹用求) 445-447, 450
윤원호(尹源鎬) 16, 114-116
윤응열(尹應烈) 430, 437
윤증(尹拯) 468
윤지충(尹持忠) 37
윤희영(尹喜永) 324, 328
은대정(殷大靜) 135, 161
을지문덕(乙支文德) 257
음모 이론(conspiratorial theory) 214
이갑성(李甲成) 429
이건영(李健永) 222, 388-389
이겸래(李兼來) 324
이경렬(李京烈) 98
이경아(李景兒) 19
이곤양(李昆陽) 155
이광사(李匡師) 451
이광양(李光陽) 152
이규백(李奎白) 120
이규식(李圭植) 324, 328
이규익(李圭益) 168, 456
이규태(李圭泰) 290, 301-323
이기(李沂) 7-9, 13, 16, 20-21, 29, 61, 65, 72-78, 83, 93, 128, 162, 195, 212, 224, 237, 248, 259, 266, 276, 289, 302, 308, 317, 349, 360, 366, 378, 383, 392, 405, 418, 438-440, 443, 449, 450-451
이기(李箕) 65
이기동(李基東) 302, 308

이기화(李起華) 16, 73, 76-78, 93, 366, 449-451
이남규(李南珪) 118
이노우에 가오루(井上馨) 286-287, 300, 325
이노우에 도사부로(井上藤三郎) 205
이도재(李道宰) 341-343
이돈화(李敦化) 81, 95-96, 196, 208-210, 239, 247
이동번(李東番) 350
이동식(李東植) 352
『이동화 평전(李東華評傳) 15
이두황(李斗璜) 157, 290, 297, 300, 303, 323-325, 355
이몽학(李夢鶴) 335
이문경(李文卿) 293
이문영(李文泳) 157
이문형(李文炯) 123
이방언(李邦彦) 169, 293, 352
이병용(李炳用) 294
이병휘(李秉輝) 216, 222, 226, 352
이복용(李福用) 178
이봉근(李鳳根) 123
이봉우(李鳳宇) 344
이봉준(李鳳俊) 350
이사룡(李士龍) 171
이삼만(李三晚) 447
이상덕(李相德) 296
이상백(李相佰) 209
이서구(李書九) 105
이선도(李善道) 350
이성계(李成桂) 447
이성하(李成夏) 123
이순신(李舜臣) 51, 57, 257, 448
이승우(李勝宇) 299, 341
이시쿠로 미츠마사(石黑光正) 289
이영복(李永福) 443

이영오(李永五) 350
이영찬(李永贊) 362
이용거(李龍擧) 294
이용구(李容九) 355-356
이용길(李龍吉) 169
이용선(李鏞善) 74, 80, 98, 421
이용주 19
이용호(李容鎬) 352
이원우(李源佑) 153
이윤용(李允用) 215-216
이은용(李垠容) 119-120, 130
이이(李珥) 64
이익(李瀷) 30
이재정(李在正) 350
이정식(李庭植) 15
이종권(李種權) 21, 414
이종록(李鍾祿) 330
이종용(李種鎔) 18
이종태(李宗泰) 284, 349
이종학(李鍾學) 352-355
이주석(李周錫) 363
이준용(李埈鎔) 215-216, 226
이중환(李重煥) 12, 53
이진영(李眞榮) 17, 72, 99-102, 110, 152, 159, 194, 197, 364
이진호(李軫鎬) 326
이찬종(李贊鍾) 168-169, 456
이철조 22, 435
이춘영(李春榮) 168, 456
이치노헤 효우에(一戶兵衛) 277
이토 스게요시(伊東祐義) 287, 325
이토 스게유키(伊東祐亨) 204
이토 히로부미(伊藤博文) 265
이학승(李學承) 157, 168-170, 174, 456
이학주(李學周) 469
이현상(李鉉相) 432

이현종(李現鍾) 168, 457
이형옥(李衡玉) 428-429, 435-437, 440-441
이홍구(李洪九) 350
이홍장(李鴻章) 272-276
이희종(李熺鍾) 363-366, 459
인병선(印炳善) 332, 354
일진회(一進會) 356
임노홍(林魯鴻) 123
임병욱(林炳昱) 342
임병찬(林炳瓚) 342-343
임오군란(壬午軍亂) 157, 203, 213, 266, 274
임재수(林載洙) 352
임진왜란 37, 46, 57-58, 63, 102, 202, 284, 360
임천서(林天瑞) 293
임태두(任泰斗) 159
임형로(林亨老) 293
『입당구법순례행기』 9
『잊혀진 혁명가의 초상 : 김두봉(金枓奉)』 15

〈자〉

자코뱅의 격정(Jacobin mentality) 5
장각(張角) 307, 466
장경현(張景賢) 350
장도릉(張道陵) 466
장도빈(張道斌) 239, 359
장박(張博) 350
장봉선(張奉善) 71, 75, 81-82, 86, 93-96, 111, 119, 133-134, 148, 209, 334-338, 346
장영민(張泳敏) 17, 86-87, 95, 187-188
장용진 302, 323
장일성(張日晟) 19

장패륜(張佩綸) 271-272
전경수(全景遂) 42
전귀몽(全貴夢) 366
전기정치학(biographical politics) 5-6, 15
전만길(全萬吉) 80, 361, 365-366
전병호(全炳鎬) 78
『전봉준 실기』(全琫準實記) 71, 75, 81-82, 86, 93-96, 111, 119, 133-134, 148, 209, 334-338, 346
「전봉준체포보고서」 335
전세(田稅) 49, 53, 185
전승록(全承彔) 75
전영동(全永東) 284, 349
전영래(全榮來) 362
전옥례(全玉禮) 459
전용규 364
전용진(全用辰) 98
전용현 80, 364
전용호(全容鎬) 365
전운사[영](轉運司[營]) 117-118, 146, 184-6, 348
전정(田政) 31, 421
전주화약(全州和約) 108, 140, 187-188, 192, 204, 222, 227-228, 234, 281, 315, 423
전창남(全昌南) 418-419
전창혁(全彰赫) 75-76, 80, 93-96
접주(接主) 25, 72, 101, 104, 107, 110, 127, 149, 168-169, 174, 190-192, 201, 231, 237-243, 247-259, 284, 293, 324, 347-349, 355-358, 385-386, 408-411, 445-456
『정감록』(鄭鑑錄) 33, 101, 104
정금산(鄭金山) 19
정백현(鄭伯賢) 154

정석모(鄭碩謨) 223-224
정석희(鄭錫禧) 159
정여립(鄭汝立) 12, 53, 64-65, 68, 448-449, 461, 463
정여창(丁汝昌) 274
정유재란(丁酉再亂) 63, 100
정익[일]서(鄭益[一]瑞) 94
정인덕(鄭寅德) 216, 222-226, 396
정일서(鄭一瑞) 293
정종혁(鄭鍾赫) 123
정창렬(鄭昌烈) 17, 87-88, 128
정창욱(丁昌昱) 335-338
정충사(旌忠祠) 58
정충신(鄭忠臣) 57
정치전기학(political biography) 15
정한론(征韓論) 46, 203, 263, 266
제너럴셔먼호 사건 44
제물포조약(濟物浦條約) 266
제원호(濟遠號) 275
조규순(趙奎淳) 19, 116-117
조대비(趙大妃) 111
조두순(趙斗淳) 111
조명운(趙明云) 352
조병갑(趙秉甲) 13, 24, 94-96, 111-138, 146-148, 156, 161, 167, 182, 210-212, 314, 318, 347, 373, 447
조병세(趙秉世) 29, 111
조병식(趙秉式) 48, 111
조병완(曺秉完) 290, 304
조병호(趙秉鎬) 111
조용문(曺用文) 18
조용진(趙鏞珍) 18, 357, 364
조유직(趙惟直) 65
조일통어장정(朝日通漁章程) 49
조준구(趙駿九) 284, 349, 382
조지훈(趙芝薰) 242

조철제(趙哲濟) 448
조필영(趙弼永) 117-118, 182
조청부산전선조약(朝淸釜山電線條約) 271
조청원산전선규약(朝淸元山電線規約) 271
조청전선조약(朝淸電線條約) 271
존슨(Paul E. Johnson) 245
주자(朱子) 162, 171, 178, 439
증산교(甑山敎) 55, 61, 66, 462
진결(陳結) 114
진표율사(眞表律師) 60-62
진회(秦檜) 64, 352, 356
집강소 24, 189-192, 196-197, 205, 447

〈차〉
차치구(車致九) 154, 293
참서(讖書) 53
창룡호(蒼龍號) 157-158
창의문(倡義文) 150-152
채제공(蔡濟恭) 37
처영(處英) 63
『천도교백년약사』(天道敎百年略史) 75, 239
천우협(天佑俠) 17, 25, 201-208, 273
천진조약(天津條約) 42, 204, 266, 271, 275-276
청일전쟁(淸日戰爭) 25, 140, 263-265, 269-271, 277, 287, 315-317
최경선(崔景善) 99, 108-110, 123, 131-132, 148, 154, 189, 197, 242-243, 282-284, 293, 313, 341, 344, 348-352, 381-384, 403-408, 411-412
최근봉(崔根峯) 461
최난선(崔蘭善) 324, 356, 445

최대봉(崔大奉) 284, 293, 349, 406, 411
최동명(崔東明) 352
최동의(崔東儀) 461-463
최만리(崔萬理) 202
최복술(崔福述) 356
최순식(崔洵植) 16, 61-63, 107, 447-449, 458, 461-463
최시형(崔時亨) 34-36, 101, 104, 107, 130, 149, 190, 194, 230-234, 239-240, 244, 247, 250-356, 390, 410-411
최영관(崔泳琯) 17
최영년(崔永年) 118, 147
최영묵(崔永黙) 18
최영학(崔永學) 327
최용진 426
최익현(崔益鉉) 170-171, 342
최익환(崔益煥) 471
최재호(崔在浩) 354
최제우(崔濟愚) 32-36, 230, 247, 355, 385
최지몽(崔知夢) 52
최해상(崔海相) 455
최현식(崔玄植) 16, 21, 57-58, 72, 82, 86, 99-101, 104-108, 112, 118, 123, 130, 133-137, 149, 168-169, 251, 314, 335, 338, 342-344, 362, 366, 413-414, 420, 433-434, 449, 459-460, 463
최흥열(崔興烈) 123
치바 구노스케(千葉久之助) 205-206
칠반천인(七班賤人) 191
칭기즈 칸(成吉思汗) 51

〈카〉
카(E. H. Carr) 20, 237

칼라일(T. Carlyle) 14, 237
킴벌리(John W. Kimberley) 268

〈타〉
태평천국(太平天國) 41-42, 166, 180
『택리지』(擇里志) 12, 53
토인비(A. J. Toynbee) 10-11, 234
「통유문」(通諭文) 194-195, 233
트레버-로퍼(Trevor-Roper) 241

〈파〉
파월(G. B. Powell) 6
파제트(R. S. Paget) 268
팔왕보(八旺洑) 113, 146
평원호(平遠號) 157-158
「폐정개혁안(弊政改革案) 13개조」 184
「폐정개혁안 14개조」 185
「폐정개혁안 24개조」 186
표영삼(表暎三) 241, 245, 248-249, 253
풍수지리 12, 52-53, 81, 300
『플루타르코스 영웅전』(Plutarch's Lives) 6, 14, 165
피천득(皮千得) 8
피향정(披香亭) 19, 117
피히테(J. G. Fichte) 10
필암서원(筆巖書院) 456

〈하〉
하긍일(河肯一) 120
하버드대학 일본유학생회(Japan Club of Harvard) 270
하야시 다다스(林董) 263
학능(學能) 441
한달중(韓達中) 350
한상일(韓相一) 17, 276
한석숭(韓錫崇) 470

한성조약(漢城條約) 266
한신현(韓信賢) 335-338
한양호(漢陽號) 157-158
한영화(韓永化) 350
한일통상장정(韓日通商章程) 48
한정수(韓廷洙) 350
허드(A. Heard) 210
허엽(許爗) 216, 222, 350
허진(許璡) 216
『허헌(許憲) 연구』 15
헐버트(H. B. Hulbert) 244
헤로도토스(Herodotus) 10, 426
헨더슨(Gregory Henderson) 11
현양사(玄洋社) 204, 209, 273
현흥택(玄興澤) 352
호남 기피 12, 55
홍계훈(洪啓薰) 57, 101, 157-162, 168-171, 174-183, 188, 274, 384, 388, 471
홍낙관(洪樂寬) 352
홍낙안(洪樂安) 37
홍수전(洪秀全) 41
홍운섭(洪運燮) 296, 304, 355
환곡(還穀) 31, 185-186, 348
황건적(黃巾賊) 335-337
황규동(黃圭東) 473
황등제(黃登堤) 112
황룡촌전투 165, 456
황명현(黃明鉉) 299, 473
황욱(黃旭) 459
황윤섭(黃允燮) 299, 473
황인수(黃仁秀) 424
황찬오(黃贊五) 123
황채오(黃彩五) 123
황토현(황톳재)전투 12, 66, 98, 134, 140-141, 158-166, 174, 286, 315, 414-415, 425, 450, 460

황해일(黃海一) 239
황헌주(黃憲周) 342, 343
황현(黃玹) 13, 54, 72, 100, 137, 140, 146-148, 162, 168, 227, 278, 283-284, 352
황홍모(黃洪模) 123
효유문(曉諭文) 176, 189, 214, 218-223, 228, 378, 392-393, 397-399
훈요십조(訓要十條) 12, 52
훠스터(John W. Foster) 270
흑룡회(黑龍會) 17, 209
「흥선대원군 효유문」(興宣大院君 曉諭文) 218
히라오카 고타로(平岡浩太郎) 204